Thematischer Wirtschaftswortschatz Englisch

von
Stephen C. France
Philip Mann
Bernd Kolossa

Ernst Klett Verlag
Stuttgart Düsseldorf Leipzig

Thematischer Wirtschaftswortschatz Englisch

von
Stephen C. France
Philip Mann
Bernd Kolossa

durchgeführt vom Büro für Lexikographie
Veronika Schnorr, Gabriele Forst

Sprachdatenverarbeitung: Raimund Drewek, text & tools

Computergrafik: Silvia Marth

Bildquellen: Sämtliche Fotos von Roger M. Gill, Tübingen

Umschlaggestaltung: Gebhard, Asperg

Gedruckt auf Recyclingpapier,
hergestellt aus 100% Altpapier.

1. Auflage 1 4 3 | 2002

Alle Drucke dieser Auflage können im Unterricht nebeneinander benutzt werden, sie sind untereinander unverändert. Die letzte Zahl bezeichnet das Jahr dieses Druckes.

Internetadresse: http://www.klett-verlag.de

Druck: Clausen & Bosse, Leck.
Printed in Germany.

ISBN 3-12-519210-2

Inhaltsverzeichnis

Abkürzungen

adj	Adjektiv
adv	Adverb
GB	britischer Sprachgebrauch
jdm	jemandem
jdn	jemanden
jds	jemandes
n	Substantiv
npl	Substantiv im Plural
phrase	Wendung
prep	Präposition
sb	somebody
US	amerikanischer Sprachgebrauch
v	Verb
®	eingetragenes Warenzeichen

Vorwort

1. Für wen wurde der Wirtschaftswortschatz Englisch geschrieben?

Der Wirtschaftswortschatz richtet sich an Jugendliche und Erwachsene, die über einen allgemeinen Grund- und Aufbauwortschatz von ca. 4.000 Vokabeln und über gute Grammatikkenntnisse verfügen. Er richtet sich an:

- Studierende der Anglistik, Amerikanistik und der Wirtschaftswissenschaften
- Fremdsprachensekretärinnen
- Europasekretärinnen
- Fremdsprachenkorrespondenten/-innen
- Wirtschaftsübersetzer/-innen und -dolmetscher/-innen
- Sachbearbeiter/-innen im Außenhandel
- Exportkaufleute
- Geschäftsleute
- Teilnehmer/-innen an bilateralen und bilingualen Ausbildungsgängen
- Teilnehmer/-innen an beruflichen Austauschprogrammen
- Schüler/-innen an Wirtschaftsgymnasien
- Teilnehmer/-innen an Sprachkursen, die sich auf eine IHK-Prüfung oder eine staatliche Prüfung im Fach Wirtschaftsenglisch vorbereiten
- Teilnehmer/-innen an englischen Wirtschaftssprachkursen von Wirtschaftsakademien, Berufsakademien oder privaten Sprachinstituten
- Teilnehmer/-innen an Sprachkursen im Rahmen innerbetrieblicher Fortbildung.

2. Welche Voraussetzungen sind zum Lernen mit diesem Buch empfehlenswert?

Zur Vorbereitung auf die Arbeit mit dem vorliegenden Buch ist es empfehlenswert, einen Thematischen Grund- und Aufbauwortschatz durchzuarbeiten, da der Wirtschaftswortschatz Englisch eine fachsprachliche Ergänzung des Grund- und Aufbauwortschatzes darstellt und auf die Wiederholung von fachlich relevanten Vokabeln verzichtet, wenn sie bereits zum Grund- und Aufbauwortschatz gehören.

3. Welchen Zweck erfüllt dieses Buch?

Der "Thematische Wirtschaftswortschatz Englisch" ermöglicht dem Lernenden, seinen Wortschatz im Bereich Wirtschaft systematisch und themenbezogen zu erweitern und zu festigen. Er dient der Prüfungsvorbereitung von Fremdsprachenkorrespondenten, Wirtschaftsübersetzern, Wirtschaftsdolmetschern, Exportkaufleuten, Sachbearbeitern im Außenhandel an der IHK und an Volkshochschulen.

4. Wo kann dieses Buch eingesetzt werden?

Der Wirtschaftswortschatz kann an kaufmännischen Schulen, Hochschulen, Wirtschaftsgymnasien, in Sprachlehrinstituten, in der Erwachsenen- und Weiterbildung und für das Selbststudium verwendet werden. Er verträgt sich mit den einschlägigen Englischlehrwerken deutscher, britischer und amerikanischer Verlage, mit jeder Kursform und jeder Lehrmethode.

5. Was beinhaltet dieses Buch?

Der "Thematische Wirtschaftswortschatz Englisch" ist nach Themen gegliedert. Er besteht aus 26 Themenbereichen. Die einzelnen Bereiche sind in Unterkapitel untergliedert, in denen einzelne Aspekte des Bereichsabgehandelt werden.
Die Stichwörter eines Kapitels sind in Grund- und Aufbauwortschatz unterteilt und jeweils in einer thematisch assoziativ sinnvollen Reihenfolge angeordnet.
Der gesamte Wortschatz umfaßt 5118 Stichwörter, davon gehören 2995 zum Grundwortschatz und 2123 zum Aufbauwortschatz.
Die thematische Gliederung erlaubt themenorientiertes Lernen in kleinen, übersichtlichen Lerneinheiten, die es den Lernenden ermöglichen, sich schon in einem bestimmten thematischen Zusammenhang auszudrücken, bevor sie den gesamten Wortschatz erarbeitet haben. Außerdem bietet ein thematisch gegliederter Wortschatz die Möglichkeit zur Auswahl: Man beginnt mit individuell wichtigen, lehrplanbedingten, stoffabhängigen oder sich sinnvoll ergänzenden Themen und läßt andere Themen weg oder behandelt sie später.

6. Was macht dieses Buch lernerfreundlich und lernwirksam?

- Der thematische Aufbau und die Konzeption kleiner inhaltlich sinnvoller Lerneinheiten.
- Die breite Themenauswahl und ausführliche Abhandlung der einzelnen Themenbereiche.
- Die Erfassung von Wortbedeutungen durch Beispielsätze, Kollokationen und idiomatische deutsche Entsprechungen.
- Die regionale Zuordnung bei unterschiedlichen Begriffen, Schreibweisen oder Gebrauch zu britischem oder amerikanischem Wirtschaftsenglisch.
- Das klare, gut leserliche Schriftbild und die Ergänzung der verbalen Information durch ausgewählte graphische Verdeutlichungen.
- Ein alphabetisches Register aller Stichwörter. Die Stichwörter des Grundwortschatzes erscheinen im Register halbfett, die des Aufbauwortschatzes mager.

7. Auf welchen Grundlagen wurde dieses Buch erarbeitet?

Die Auswahl der Stichwörter erfolgte auf der Grundlage zahlreicher Quellen; einige der wichtigsten davon waren:
- Fachwortschätze
- Wortlisten der meistbenutzten Lehrwerke im Bereich Wirtschaftsenglisch
- Wortlisten des Volkshochschulverbandes aus dem Bereich Englisch für den Beruf
- britische und amerikanische Originaltexte aus der Wirtschaft

Die Wörter der genannten Quellen wurden nach der Häufigkeit, nach der Verwendung und nach der Nützlichkeit ausgewertet. Ergänzt wurde die so gewonnene Liste durch themenbezogene Erweiterungen, die sich vom Sachzusammenhang her als notwendig erwiesen.

8. Wie wird der Grund- und Aufbauwortschatz Wirtschaftsenglisch dargeboten?

- Die Kapitel bestehen aus einem Grund- und einem Aufbauwortschatz. Der Grundwortschatz wird zuerst aufgeführt, daran anschließend folgt der Aufbauwortschatz, der sich durch grau unterlegte Felder deutlich abgrenzt.
- Die englischen Stichwörter sind fett gedruckt in der linken Spalte aufgeführt, die deutschen Entsprechungen mager gedruckt in der rechten Spalte. Existiert für ein Stichwort kein deutscher Begriff, oder ist eine deutsche Erläuterung oder Erklärung notwendig, so wird diese (kursiv gedruckt) ebenfalls in der rechten Spalte gegeben.
- Erklärungen, die in Klammern stehen und kursiv sind, erläutern englische Besonderheiten.
- Geklammerte Wortelemente bzw. Ergänzungen können im Sprachgebrauch häufig weggelassen werden, da ihre Bedeutung aus dem Kontext hervorgeht.
- Bei orthographischen Varianten wird in den Beispielsätzen vorwiegend die amerikanische Form verwendet.
- Der häufigere Gebrauch eines Stichwortes in den USA oder in der britisch orientierten Fachsprache wird durch die Regionalangaben GB und US angezeigt.
- Angaben der Wortarten verhelfen dem Lernenden zu einer sprachlich korrekten Anwendung des Stichworts.
- Femininformen werden in der Übersetzung durch Angabe der Femininendung aufgeführt.
- In den 3 026 Beispielsätzen werden typische Kollokationen, idiomatische Wendungen, grammatische Besonderheiten und nützliche Informationen aufgeführt. Die meisten Beispielsätze spiegeln den amerikanischen Sprachgebrauch wider.

9. Wie kann man mit dem "Thematischen Wirtschaftswortschatz Englisch" sinnvoll lernen?

Der Wortschatz sollte in Themen erarbeitet werden, wobei die Reihenfolge der Themen beliebig ist.
Es empfiehlt sich allerdings, innerhalb eines Kapitels in der vorgegebenen Reihenfolge zu lernen, da die Stichwörter in einer inhaltlich sinnvollen Abfolge aufgelistet sind. Zunächst sollte der Lernende den Grundwortschatz erarbeiten, bevor er sich dem Aufbauwortschatz zuwendet. Die bereits erarbeiteten Abschnitte sollte man in regelmäßigen Abständen zur Festigung wiederholen. Tägliche Wortschatzarbeit ist sinnvoll, wobei Pensum und Tempo individuell oder dem Lernziel entsprechend oder in Übereinstimmung mit den Vorgaben der begleitenden Fachlehrer bestimmt werden können.

Autoren und Redaktion

Unser besonderer Dank gilt all denen, die uns bei der Vorbereitung und Durchführung dieses Buches geholfen haben, insbesondere Prof. Steve Hollander Ph.D., Stephen John, Nigel Rigby, Davis J. Rothwell, Christoph Schnorr und Manfred Sima.

Arbeitswelt 1

Motivation und Zufriedenheit

motivation *n*	Motivation
Our new benefits package has had a positive impact on employee motivation.	Unser neues Sozialleistungspaket hat eine positive Wirkung auf die Mitarbeitermotivation gezeigt.
motivate *v*	motivieren
The promise of a bonus motivated employees to improve quality.	Die Aussicht auf eine Prämie hat die Mitarbeiter zur Verbesserung der Qualität motiviert.
keenly *adv*	stark; leidenschaftlich
Jim was keenly interested in being promoted to managing director.	Jim war sehr stark an einer Beförderung zum Geschäftsführer interessiert.
efficiently *adv*	effizient; effektiv
involvement *n*	Beteiligung
Our new management model emphasizes employee involvement in the manufacturing decision-making process.	In unserem neuen Managementmodell wird die Beteiligung der Mitarbeiter am Entscheidungsprozeß in der Fertigung stark betont.
satisfaction *n*	Zufriedenheit
secure *adj*	sicher
The recent round of lay-offs also affected employees who thought that their job was secure.	Die Entlassungsrunde der jüngsten Zeit betraf auch Beschäftigte, die ihren Arbeitsplatz für sicher hielten.
security *n*	Sicherheit
fulfilment *n (GB);* **fulfillment** *n (US)*	Erfüllung; Selbstverwirklichung
The idea of our employee involvement program is to improve the sense of fulfillment workers get from their job.	Die Idee, die hinter unserem Programm der Mitarbeiterbeteiligung steht, besteht darin, das Gefühl der Selbstverwirklichung, das die Arbeiter aus ihrer beruflichen Tätigkeit beziehen, zu stärken.
potential *n*	Potential
recognition *n*	Anerkennung
We feel that bonuses are a good way to show recognition for work well done.	Wir meinen, daß Prämien eine gute Möglichkeit sind, Anerkennung für gute Arbeit auszudrücken.
suggestion scheme *n*	betriebliches Vorschlagsmodell
promote *v*	befördern
Jim was promoted to senior vice-president in recognition for outstanding work in restructuring the sales organization.	In Anerkennung seiner hervorragenden Arbeit bei der Umstrukturierung der Verkaufsorganisation wurde Jim zum leitenden Vizepräsidenten befördert.

promotion *n*	Beförderung
seniority *n* Employees with high seniority will be considered first for new job openings or assignment to day-time shifts, if qualified.	längere Betriebszugehörigkeit Beschäftigte mit längerer Betriebszugehörigkeit kommen, wenn sie qualifiziert sind, als erste für die Neubesetzung offener Stellen oder für die Zuweisung zu Tagschichten in Frage.
prospects *npl* Susan's prospects for getting the job she wants look good.	Aussichten Die Aussichten für Susan, den Job, den sie möchte, zu bekommen, sind gut.
affiliation *n* Japanese workers are known for a high sense of affiliation with their companies.	Zugehörigkeit Japanische Arbeiter sind für ihr starkes Firmenzugehörigkeitsgefühl bekannt.
morale *n*	(Arbeits)moral
work environment *n* Employees will work better in a pleasant work environment.	Arbeitsumfeld, Arbeitsbedingungen Die Beschäftigten arbeiten besser, wenn die Arbeitsbedingungen angenehm sind.
absenteeism *n* Absenteeism is quite high in Mr. Manic's department.	Absentismus, Fernbleiben von der Arbeit, Fehlzeiten Die Fehlzeiten sind in Herrn Manics Abteilung sehr hoch.
esteem *n* The plant manager's nasty behavior shows that he has little esteem for his employees.	Wertschätzung Das ungebührliche Verhalten des Werksleiters zeigt, daß er wenig von seinen Beschäftigten hält.
alienation *n*	Entfremdung
turnover *n* Companies not requiring a skilled work-force can afford high turnover among their staff.	Fluktuation Unternehmen, die keine Fachkräfte benötigen, können sich eine hohe Mitarbeiterfluktuation leisten.
brain drain *n* Higher salaries offered in the industrial sector have caused a brain drain from the teaching profession.	Brain-Drain; Abwanderung von Wissenschaftlern Höhere Gehälter in der Wirtschaft haben eine Abwanderung von qualifizierten Leuten aus dem Lehrberuf bewirkt.

Beschäftigung

employment *n* Mr. Smithers commenced employment with our firm on March 31, 1985.	Beschäftigung Herr Smithers ist seit dem 31. März 1985 in unserer Firma beschäftigt.

commence *v*	anfangen, beginnen
employ *v* He has been employed at our company for over 5 years.	beschäftigen; anstellen Er ist seit über fünf Jahren in unserem Unternehmen beschäftigt.
full employment *n* The West German economy experienced full employment during the economic boom after the last war.	Vollbeschäftigung Während des Wirtschaftsaufschwungs nach dem letzten Krieg lernte die westdeutsche Wirtschaft die Vollbeschäftigung kennen.
self-employed *adj* The number of self-employed persons tends to rise during cycles of high unemployment.	selbständig In Phasen hoher Arbeitslosigkeit tendiert die Zahl der Selbständigen nach oben.
employee *n*	Angestellte(r), Beschäftigte(r); Mitarbeiter(in)
work force *n* We will be forced to reduce our work force by 20% over the next year due to declining orders.	Arbeiterschaft; Belegschaft; Arbeitskräfte Wegen des Auftragsrückgangs werden wir gezwungen sein, unsere Belegschaft im Verlauf des nächsten Jahres um 20% zu reduzieren.
staff *n* Recent new incentive and benefits packages have increased staff morale.	Belegschaft Die kürzlich eingeführten neuen Leistungsprämien und Sozialleistungspakete haben die Arbeitsmoral der Belegschaft erhöht.
personnel *n*	Personal
labo(u)r force *n* Over 70% of Australia's labor force is employed in the service sector.	Erwerbsbevölkerung, Arbeitskräfte Über 70% der australischen Erwerbsbevölkerung ist im Dienstleistungssektor beschäftigt.
human resources *npl* Our new human resources forecast predicts a need for 100 additional technicians over the next ten years.	Humankapital, Arbeitskräftepotential; Personal Unser neuer Personalbedarfsplan sagt einen Bedarf von 100 zusätzlichen Technikern im Verlauf der nächsten 10 Jahre voraus.
employer *n* Employers are responsible for deducting taxes and social security contributions from wages and salaries.	Arbeitgeber(in) Die Arbeitgeber sind für den Abzug der Steuern und Sozialversicherungsbeiträge von den Löhnen und Gehältern zuständig.
manual *adj* Modern machines have reduced the need for manual labour.	körperlich; manuell Moderne Maschinen haben den Bedarf an körperlicher Arbeit verringert.
labo(u)rer *n*	Arbeiter(in)

unskilled *adj* Unskilled workers usually rank lowest on pay scales.	ungelernt Ungelernte Arbeiter finden sich normalerweise am unteren Ende der Lohnskala.
blue-collar *adj* Most of our blue-collar workers will be replaced by skilled technicians after we install automatic equipment.	manuell Wenn wir automatische Anlagen installieren, werden die meisten unserer manuellen Arbeitskräfte durch ausgebildete Techniker ersetzt.
skilled *adj*	fachmännisch; Fach-, fachlich ausgebildet
semi-skilled *adj* John is a semi-skilled machine operator with years of experience yet little professional education.	angelernt John ist ein angelernter Maschinenbediener mit jahrelanger Erfahrung, aber geringer Berufsausbildung.
white-collar *adj* Administrative bodies primarily employ white-collar personnel.	Büro-; Schreibtisch- Verwaltungen beschäftigen hauptsächlich Büropersonal.
professional *adj* Professional groups include doctors, lawyers and accountants.	freiberuflich Zu den freiberuflichen Gruppen gehören Ärzte, Anwälte und Wirtschaftsprüfer.
managerial *adj* CEO's and board directors hold senior managerial positions.	Führungs- Geschäftsführer und Vorstandsvorsitzende haben hohe Führungspositionen inne.
full-time *adj, adv* Carol has a full-time (40-hour week) position at an insurance company.	Vollzeit- Carol hat eine Vollzeitstelle (40 Stunden pro Woche) bei einer Versicherungsgesellschaft.
part-time *adj, adv* June works part-time in the evenings as a waitress.	Teilzeit- June arbeitet abends als Teilzeitbedienung.
shift *n* Joe works the 8 to 4 shift at a tire manufacturing plant.	Schicht Joe arbeitet in der 8.00 bis 16.00 Uhr-Schicht in einer Reifenfabrik.
leave *n* I was given a two day leave to perform jury duty.	Urlaub Ich bekam zwei Tage frei, um meine Verpflichtungen als Geschworener wahrzunehmen.
sick leave *n* The new union contract includes 14 days of annual paid sick leave.	Arbeitsausfallzeit wegen Krankschreibung Der neue Tarifvertrag enthält auch jährlich 14 Tage bezahlte Ausfallzeit wegen Krankheit.
be on sick leave *phrase*	krank geschrieben sein

maternity leave *n*	Mutterschaftsurlaub
Sharon was granted two months' maternity leave for the birth of her son.	Sharon wurden wegen der Geburt ihres Sohnes zwei Monate Mutterschaftsurlaub gewährt.
holiday *n (US)*	Feiertag
the Christmas holidays	die Weihnachtsfeiertage
holiday *n (GB)*; **vacation** *n (US)*	Urlaub
The Smith family took a vacation and went to Mexico for a week.	Familie Smith nahm Urlaub und fuhr eine Woche nach Mexiko.
bank holiday *n (GB)*; **public holiday** *n (US)*; **national holiday** *n (US)*	gesetzlicher Feiertag
Nearly all plants and businesses are closed on public holidays.	An gesetzlichen Feiertagen haben fast alle Betriebe und Geschäfte zu.
day off *n*	Beurlaubung für einen Tag
Jim took a half day off to go to the dentist.	Jim nahm sich einen halben Tag frei, um zum Zahnarzt zu gehen.
freelance *adj, adv*	freiberuflich
Harold is a freelance photographer with a studio in Manhattan.	Harold ist freiberuflicher Fotograf mit einem Atelier in Manhattan.
workaholic *n*	Arbeitssüchtige(r); Workaholic
workmate *n*	Arbeitskollege, Arbeitskollegin
home-worker *n*	Heimarbeiter(in)
non-manual *adj*	nicht-manuell
White-collar workers perform non-manual work.	Schreibtischarbeiter leisten nicht-manuelle Arbeit.
superior *n*	Vorgesetzte(r)
Following the plant accident, Jim was asked to submit a report to his superiors.	Nach dem Unfall in der Fabrik wurde Jim gebeten, seinen Vorgesetzten einen Bericht vorzulegen.
job-sharing *n*	Job-sharing, Arbeitsplatzteilung
Mrs. Huxley introduced job-sharing in the personnel department because several employees were single parents.	Frau Huxley führte das Job-sharing in der Personalabteilung ein, weil mehrere Mitarbeiter alleinerziehende Eltern waren.
flexitime *n (GB)*; **flextime** *n (US)*	Gleitzeit
Flextime has replaced traditional working hours at many companies.	In vielen Unternehmen sind die herkömmlichen Arbeitszeiten durch Gleitzeit ersetzt worden.
paternity leave *n*	Urlaub *(des Vaters aus familiären Gründen)*
Carl was granted paternity leave to look after his children while his wife was ill.	Carl wurde Urlaub gewährt, damit er sich während der Krankheit seiner Frau um die Kinder kümmern konnte.
parental leave *n*	Urlaub *(der Eltern aus familiären Gründen)*

sabbatical *n, adj*	Forschungssemester; Forschungs-
Professor Byrd was granted a one-year sabbatical from Cambridge to do research at the Sorbonne in Paris.	Professor Byrd wurde von der Universität Cambridge ein Forschungsjahr bewilligt, um an der Sorbonne Forschungen zu betreiben.

Bezahlung und Nebenleistungen

wage *n*	Lohn
minimum wage *n*	Mindestlohn
The minimum wage in the United States in 1972 was $2.10 per hour.	1972 betrug der Mindestlohn in den Vereinigten Staaten $ 2,10 pro Stunde.
salary *n*	Gehalt
Our junior salesmen start at a basic salary of £10,000 per annum plus 15% commission.	Unsere jüngeren Verkäufer beginnen mit einem Grundgehalt von £ 10.000,-- pro Jahr plus 15% Kommission.
earnings *npl*	Einkünfte
basic wage *n*	Grundlohn
The basic wage for workers at our assembly plant in Mexico is $4.00 per hour.	Der Grundlohn für Arbeiter in unserem Fertigungswerk in Mexiko beträgt $ 4,-- die Stunde.
basic salary *n*	Grundgehalt
hourly *adj*	stündlich
The Holms Detective Agency has an hourly rate schedule for all of its investigation services.	Die Detektei Holms hat für all ihre Ermittlungsdienste ein Vergütungssystem auf Stundenbasis.
flat rate *n*	Einheitstarif
The union and management agreed to switch to a flat rate 36 hour week and pay reductions.	Gewerkschaft und Unternehmensführung einigten sich darauf, die 36-Stunden-Woche mit Einheitstarif und Lohnkürzungen einzuführen.
time rate *n*	Zeitlohn
Employers and unions usually settle the time rate, or national basic wage, once a year for affected industries.	Arbeitgeber und Gewerkschaften einigen sich normalerweise einmal im Jahr über den Zeitlohn bzw. den landeseinheitlichen Grundlohn für die betroffenen Industriezweige.
piece rate *n*	Stücklohn
Some clothing manufacturers in India pay their employees solely on a piece rate basis.	Einige Textilhersteller in Indien bezahlen ihre Beschäftigten allein auf Stücklohnbasis.
solely *adv*	lediglich, allein
double time *n*	100%ige Zulage; doppelter Lohn
We will pay you double time if you come into the office on Sunday and finish the report.	Wir zahlen Ihnen eine 100%ige Zulage, wenn Sie am Sonntag ins Büro kommen und den Bericht fertigstellen.

overtime *n*	Überstundenzulage
We pay 50% of your basic wage as overtime.	Wir zahlen 50% Ihres Grundlohns als Überstundenzulage.
shift pay *n*	Schichtzulage
The company offered additional shift pay to all workers willing to switch to the midnight shift.	Das Unternehmen bot allen Arbeitern, die zur Nachtschicht bereit waren, eine zusätzliche Schichtzulage.
rise *n (GB)*; **raise** *n (US)*	(Lohn-/Gehalts)erhöhung
Joan will be receiving a 4% pay raise effective March 1.	Joan bekommt ab 1. März eine Gehaltserhöhung von 4%.
rate *n*	Quote
January labor statistics indicated a slight decline in the unemployment rate.	Die Arbeitsmarktstatistiken für Januar zeigten einen leichten Rückgang der Arbeitslosenquote.
gross *adj*	Brutto-
Mr. Pickwood's gross salary as a bank officer is $3,000.00 per month.	Herrn Pickwoods Bruttogehalt als leitender Angestellter einer Bank beträgt $ 3.000,-- pro Monat.
net *adj*	Netto-
His net monthly salary, after all deductions, is $2,400.00.	Sein Nettomonatsgehalt beträgt nach allen Abzügen $ 2.400,--.
take-home *adj*	Netto-
Mr. Pickwood's take-home pay is $2,400.00.	Herrn Pickwoods Nettoverdienst beträgt $ 2.400,--.
maternity rights *npl*	Anspruchsberechtigung von Müttern
Mr. Hawthorn, a union activist, claims that the government's new health law will reduce maternity rights.	Herr Hawthorn, ein aktiver Gewerkschaftler, behauptet, daß das neue Gesundheitsgesetz die Anspruchsberechtigung von Müttern beschneiden werde.
maternity pay *n*	Mutterschaftsgeld (als Lohnfortzahlung)
Joan will receive 6 weeks maternity pay from her company followed by maternity benefits from National Insurance.	Joan bekommt eine sechswöchige Lohnfortzahlung von ihrer Firma und anschließend Mutterschaftsgeld von der Sozialversicherung.
maternity benefits *npl*	Mutterschaftsgeld
National Insurance pays maternity benefits to mothers after their employee maternity pay has terminated.	Die Sozialversicherung zahlt Müttern ein Mutterschaftsgeld, wenn die Lohnfortzahlung durch den Arbeitgeber beendet ist.
pension scheme *n (GB)*; **pension plans** *n (US)*	Pensionskasse; Altersversorgung
An increasing number of insurance companies are marketing private pension schemes.	Immer mehr Versicherungsunternehmen bieten private Altersversorgungspläne an.
old-age pension *n*	Rente, Altersruhegeld
Mr. Smithers will receive an old-age pension from the government after retirement.	Herr Smithers wird, wenn er in den Ruhestand tritt, von der Regierung ein Altersruhegeld beziehen.

company pension *n*	betriebliche Altersversorgung
He will also be entitled to a company pension.	Er wird auch zum Bezug einer Betriebsrente berechtigt sein.
national insurance *n (GB)*; **social security** *n (US)*	Sozialversicherung
National insurance contributions made by workers or companies in the UK help pay for national health insurance, pensions and for unemployment pay.	Die von Arbeitern oder Unternehmen im Vereinigten Königreich geleisteten Sozialversicherungsbeiträge tragen dazu bei, die nationale Krankenversicherung, die Renten und das Arbeitslosengeld zu bezahlen.
contribution *n*	Beitrag
Social security contributions in the US do not include payments toward national health insurance because there is no national health insurance in the US.	In den Vereinigten Staaten enthalten Sozialversicherungsbeiträge keine Zahlungen an eine nationale Krankenversicherung, da es in den USA keine nationale Krankenversicherung gibt.
deduction *n*	Abzug
These contributions are one of the main deductions from each month's wages or salaries.	Diese Beiträge gehören zu den Hauptabzügen, die jeden Monat von den Löhnen oder Gehältern vorgenommen werden.
sick-pay scheme *n (GB)*; **sick pay plan** *n (US)*	Vorsorgeplan zur Zahlung von Krankengeld
Many sick pay plans in the US include a certain number of paid sick days per year which may be used or saved for the future.	In den Vereinigten Staaten enthalten viele Vorsorgepläne zur Zahlung von Krankengeld pro Jahr eine gewisse Anzahl von Tagen, an denen Krankengeld gezahlt wird. Diese Tage können beansprucht oder für später aufgehoben werden.
performance *n*	Leistung
Our corporate policy links bonuses to job performance.	Unsere Firma zahlt Prämien entsprechend der Leistung.
bonus *n*	Prämie
wage structure *n*	Lohngefüge
Opponents of NAFTA feared that easier access to the Mexican work force would threaten the wage structure in the US.	Die NAFTA-Gegner befürchteten, daß der leichtere Zugriff auf mexikanische Arbeitskräfte das Lohngefüge in den Vereinigten Staaten bedrohen würde.
unsocial hours *npl*	Arbeit außerhalb der normalen Arbeitszeit
Jean was required to work unsocial hours over the Easter holidays in order to complete plant repairs.	Jean mußte während der Osterfeiertage außerhalb der normalen Arbeitszeit arbeiten, um die Reparaturen im Werk zu Ende zu bringen.
incremental *adj (GB)*	ansteigend
Civil servants are usually paid in accordance with an incremental pay scale.	Die Bezahlung von Beamten erfolgt normalerweise nach einer ansteigenden Verdienstskala.

in accordance with *prep*	gemäß, in Übereinstimmung mit, nach
increment *n* Under the salary increment plan, your gross pay will increase each year by £100.	Zulage, Erhöhung, Steigerung(sstufe) Aufgrund der Gehaltsstufentabelle wird sich Ihr Bruttoverdienst jährlich um £ 100,-- erhöhen.
appraisal *n* All supervisors are required to submit an annual appraisal on the job performance of each employee in their department.	Bewertung; Beurteilung Alle Vorgesetzten müssen eine jährliche Leistungsbeurteilung jedes Mitarbeiters in ihrer Abteilung vorlegen.
evaluation *n* Susan was disappointed with her supervisor's evaluation of her work.	Bewertung Susan war von der Bewertung ihrer Arbeit durch ihren Vorgesetzten enttäuscht.
assess *v* Management by objectives also requires that management and subordinates assess their contributions to goal definition.	festsetzen; bemessen; veranlagen In der zielgesteuerten Unternehmensführung wird auch verlangt, daß die Führung und die Mitarbeiter ihre Beiträge zu Zieldefinitionen festlegen.
goal definition *n*	Zielfestsetzung, Zieldefinition
fringe benefit *n* Our fringe benefits include life insurance, a company pension and private health insurance.	Lohnnebenleistung Zu unseren Lohnnebenleistungen gehört eine Lebensversicherung, eine Betriebsrente und eine private Krankenversicherung.
perk *n* The company offered me several perks, including a vacation home in Florida and a new car, to persuade me to join their firm as CEO.	Nebenleistung Das Unternehmen bot mir mehrere Nebenleistungen einschließlich eines Ferienhauses in Florida und eines neuen Autos an, um mich als Geschäftsführer zu gewinnen.
expense account *n*	Spesenkonto
per diem *adj* All of our salesmen receive a per diem allowance to cover expenses while on the road.	Reisespesen- Alle unsere Vertreter erhalten, solange sie unterwegs sind, zur Deckung ihrer Ausgaben einen Reisespesentagessatz.
remuneration *n* The board chairman receives a remuneration of $1,000,000.00 annually for his work.	Vergütung Der Aufsichtsratsvorsitzende erhält für seine Tätigkeit eine jährliche Vergütung von $ 1.000.000,--.
emolument *n* The board chairman also receives emoluments such as profit-sharing.	Einkünfte, Bezüge Der Aufsichtsratsvorsitzende erhält auch weitere Einkünfte wie z.B. solche aus Gewinnbeteiligung.
cost-of-living allowance *n (GB)*; **cost-of-living adjustment (COLA)** *n (US)*	Teuerungszulage; Anpassung an die Lebenshaltungskosten

golden handshake *n (GB)*; **golden parachute** *n (US)*	hohe Abfindung
The sales manager received a golden handshake of £50,000 from the company's new owners before his departure.	Der Verkaufsleiter erhielt vor seinem Ausscheiden eine Abfindung von £ 50.000,-- von den neuen Unternehmenseignern.
superannuation *n*	Altersrente
The company paid Mr. Mulligan a superannuation after he became too ill to work any more.	Nachdem Herr Mulligan so krank geworden war, daß er nicht mehr arbeiten konnte, zahlte ihm die Firma eine Rente.
statutory *adj*	gesetzlich
Statutory deductions taken from monthly gross pay in the US may soon include national health insurance contributions.	Es kann sein, daß Beiträge zu einem staatlichen Gesundheitsdienst in den Vereinigten Staaten bald zu den gesetzlichen Abzügen vom Bruttoverdienst gehören werden.
voluntary *adj*	freiwillig
I also have voluntary deductions taken from my gross salary for the company's life insurance and pension schemes.	Ich habe auch freiwillige Abzüge für die betriebliche Lebensversicherung und die Altersversorgung, die von meinem Bruttogehalt abgehen.
Pay As You Earn (PAYE) *phrase (GB)*; **Pay as you go** *phrase (US)*	Quellenabzug/-besteuerung; Lohnsteuer
Freelance professionals do not pay income tax under the PAYE system.	Freiberufler zahlen ihre Einkommensteuer nicht nach dem System der Quellenbesteuerung.
merit pay *n*	leistungsbezogener Lohn
Sharon received merit pay for assuming new supervisory responsibilities.	Für die Übernahme neuer Verantwortung als Vorgesetzte erhielt Sharon leistungsbezogenen Lohn.
incentive *n*	Leistungsanreiz
The head office notified salesmen that they would receive a 10% incentive bonus for each new machine sold.	Die Zentrale gab den Vertretern bekannt, daß sie für jede neue Maschine, die sie verkaufen, eine 10%ige Leistungsprämie erhalten würden.
profit-sharing *n*	Gewinnbeteiligung

Arbeitsplatz, Bewerbung und Einstellung

working conditions *npl*	Arbeitsbedingungen
Federal regulators forced Wesco Mining to close its coal mine due to dangerous working conditions.	Die Bundesaufsichtsbehörden zwangen Wesco Mining, sein Kohlebergwerk wegen gefährlicher Arbeitsbedingungen zu schließen.
safety *n*	Sicherheit

health *n* Public health regulations require that all persons working in a restaurant must have a valid health permit.	Gesundheit Die öffentlichen Gesundheitsvorschriften verlangen, daß all diejenigen Personen, die in einem Restaurant arbeiten, über ein gültiges Gesundheitszeugnis verfügen.
welfare *n* Our company offers fringe benefits to look after the welfare of its employees.	Wohl(ergehen); Fürsorge Damit die Beschäftigten gut versorgt sind, bietet unsere Firma Lohnnebenleistungen.
responsibility *n* John's responsibility as safety engineer is to inspect plant equipment and machines.	Zuständigkeit; Verantwortung Als Sicherheitsingenieur ist John für die Überprüfung der Werksausrüstung und der Maschinen zuständig.
responsible to sb *adj* In the chain of command, each subordinate is responsible to his or her supervisor.	jdm unterstellt Entsprechend der Weisungskette ist jeder Untergebene seinem jeweiligen Vorgesetzten unterstellt.
responsible for *adj* Mr. Trike, the sales manager, is responsible for all of our company's 300 salesmen.	verantwortlich für; zuständig für Herr Trike, der Verkaufsleiter, ist für alle 300 Vertreter unseres Unternehmens zuständig.
duties *npl* Mr. Brazik's duties as chief accountant are to keep and check the company's books.	Aufgaben; Pflichten Herrn Braziks Aufgaben als Leiter des Rechnungswesens bestehen darin, die Bücher des Unternehmens zu führen und zu prüfen.
function *n* One of Mrs. Ratchet's functions as human resources director is to interview and screen new applicants.	Funktion, Aufgabe Eine von Frau Ratchets Aufgaben als Hauptabteilungsleiterin der Personalabteilung ist es, mit den neuen Bewerbern ein Bewerbungsgespräch zu führen und eine Auswahl unter ihnen zu treffen.
title *n*	Titel
skills *npl*	Fähigkeiten
physical *adj* All employees working in the reactor room are required to undergo an annual physical examination.	körperlich Alle Beschäftigten, die im Reaktorraum arbeiten, müssen sich jedes Jahr einmal einer ärztlichen Untersuchung unterziehen.
mental *adj*	geistig
concentration *n* Concentration is one of the mental skills required of a chartered accountant.	Konzentration Konzentration ist eine der geistigen Fähigkeiten, die von einem Wirtschaftsprüfer erwartet werden.

071 629 0111
W.P. CLERK
W.P
OPERATOR
WORDSTAR
COPY TYPING
CLERK
CHECKING
INVOICES
REC/
TYPIST
ADMINISTRATION
JUNIOR
CUSTOMER
SERVICES ASST
X-TRAINED ON
WANG VDU
BASED IN REC
AREA
Photocopying
ALFRED MARKS
We've got everything going for you.

boredom *n*	Langeweile
noise *n*	Lärm
job description *n*	Arbeitsplatzbeschreibung
Before signing my employment contract, the personnel manager explained to me the duties stipulated in my job description.	Bevor ich meinen Arbeitsvertrag unterschrieb, erklärte mir der Personalchef die Aufgaben, die in der Arbeitsplatzbeschreibung festgelegt waren.
requirement *n*	Anforderung
Knowledge of German is one of the requirements for the job of sales manager.	Deutsche Sprachkenntnisse sind eine der Anforderungen für die Stelle des Verkaufsleiters.
education *n*	Ausbildung
James Boyd attended Indiana University Medical School to receive a good education in medicine.	James Boyd ging zur Indiana University Medical School, um eine gute medizinische Ausbildung zu erhalten.
experience *n*	Erfahrung
Dr. Boyd has the experience and skills necessary to be employed as a surgeon.	Dr. Boyd verfügt über die Erfahrung und die Fertigkeiten, die nötig sind, um eine Anstellung als Chirurg zu bekommen.
vacancy *n*	offene Stelle
The hospital's human resources department had advertised the vacancy just last week.	Die Personalabteilung des Krankenhauses hatte die offene Stelle erst letzte Woche ausgeschrieben.
vacant *adj*	frei; offen
The job of head psychologist was vacant.	Die Stelle des leitenden Psychologen war zu besetzen.
application *n*	Bewerbung
application form *n*	Bewerbungsformular
The personnel manager requested John to fill out an application form.	Der Personalchef bat John, ein Bewerbungsformular auszufüllen.
apply *v*	sich bewerben
Ten electricians applied for the advertised job.	Zehn Elektriker bewarben sich um die angebotene Stelle.
appoint *v*	ernennen
Mr. O'Hearn was appointed to the board of directors.	Herr O'Hearn wurde in den Aufsichtsrat bestellt.
hire *v*	anstellen, einstellen
Jim was hired for the electrician's job because of his training and experience.	Aufgrund seiner Ausbildung und Erfahrung bekam Jim die Stelle des Elektrikers.
candidate *n*	Kandidat(in)
curriculum vitae *n (GB)*; **resume** *n (US)*	Lebenslauf
All applicants are required to submit a curriculum vitae along with their application.	Von allen Bewerbern wird, zusammen mit ihrer Bewerbung, die Vorlage eines Lebenslaufes verlangt.
John wrote his resume in standard chronological format.	John schrieb seinen Lebenslauf chronologisch.

reference *n*	Referenz
James was asked to state three references on his application form.	James wurde aufgefordert, auf seinem Bewerbungsformular drei Referenzen zu benennen.
job centre *n (GB)*; **job center** *n (US)*	Arbeitsvermittlung(sstelle), Stellenbörse *(in England staatlich, in den USA privat)*
Bill, a semi-skilled worker, went to a job centre to obtain information on vocational training.	Bill, ein angelernter Arbeiter, ging zur Arbeitsvermittlungsstelle, um sich über Berufsausbildungsmöglichkeiten zu informieren.
attract *v*	anziehen, anlocken, gewinnen
If we want to attract skilled workers we will have to offer higher wages than our competitors.	Wenn wir neue Facharbeiter gewinnen wollen, werden wir höhere Löhne als unsere Konkurrenten bieten müssen.
interview *v*	interviewen; ein Vorstellungsgespräch führen
Mrs. Huxley usually interviews about ten applicants per month.	Frau Huxley führt normalerweise ungefähr zehn Vorstellungsgespräche pro Monat.
interview *n*	Vorstellungsgespräch
suitability *n*	Eignung
Applicants must show suitability for the job before they can be short-listed.	Bewerber müssen ihre Eignung für die Stelle vorweisen, bevor sie in die engere Wahl kommen.
short-list *v*	in die engere Wahl ziehen
abilities *npl*	Fähigkeiten
Mrs. Huxley has started a training program to develop employees' abilities.	Frau Huxley hat ein Trainingsprogramm zur Weiterentwicklung der Fähigkeiten von Mitarbeitern begonnen.
monotony *n*	Monotonie, Eintönigkeit
Sometimes my neighbor complains about the monotony of his job as an assembly line worker.	Mein Nachbar beklagt sich manchmal über die Eintönigkeit seiner Arbeit als Fließbandarbeiter.
drudgery *n*	Plackerei, Schufterei
Joe rarely complains about the drudgery of his work at the steel works because the pay is excellent.	Joe beklagt sich nur ganz selten über die Schufterei an seinem Arbeitsplatz im Stahlwerk, denn die Bezahlung ist sehr gut.
menial *adj*	untergeordnet, niedrig
Slaves were brought to America to perform menial labor in cotton fields.	Sklaven wurden nach Amerika gebracht, um auf den Baumwollfeldern niedere Arbeit zu verrichten.
competence *n*	Kompetenz

effort *n* The union's efforts in justifying job-sharing to company management avoided mass lay-offs.	Anstrengung, Bemühung Die Bemühungen der Gewerkschaft, die Arbeitsplatzteilung gegenüber der Unternehmensleitung zu verteidigen, wendeten Massenentlassungen ab.
initiative *n* The union's initiative was aimed at saving jobs, increasing employee morale and improving the union's image.	Initiative Die Initiative der Gewerkschaft zielte darauf ab, Arbeitsplätze zu erhalten, die Arbeitnehmermoral zu stärken und das Image der Gewerkschaft aufzupolieren.
stamina *n*	Durchhaltevermögen
nervous strain *n* Jim rides the commuter train to work because of the nervous strain of driving in rush hour traffic.	Nervenanspannung, Nervenbelastung Wegen der Nervenanspannung beim Fahren in der Hauptverkehrszeit nimmt Jim den Pendlerzug zur Arbeit.
health hazards *npl* Federal Law requires chemical companies to inform employees adequately about the health hazards involved in handling toxic substances.	Gesundheitsrisiken Ein Bundesgesetz verpflichtet Chemieunternehmen dazu, ihre Beschäftigten in angemessener Weise über die Gesundheitsrisiken beim Umgang mit giftigen Substanzen zu informieren.
adequately *adv*	angemessen
employment agency *n*	(private) Arbeitsvermittlung
state employment agency *n*	staatliches Arbeitsamt
head hunters *npl* Head hunters from the Hammond Foundation are seeking top genetic engineers for a research project in South America.	Headhunters Die Headhunters der Hammond Stiftung suchen hochqualifizierte Gentechniker für ein Forschungsprojekt in Südamerika.
classified *adj* Susan also searched the classified ads in the newspaper for companies seeking secretarial help.	nach Sachgebieten geordnet Susan schaute auch in den Kleinanzeigen der Zeitung nach Firmen, die Bürohilfskräfte suchen.
applicant *n* The police academy only accepted 30 out of a total of 400 applicants.	Bewerber(in) Die Polizeifachhochschule nahm von insgesamt 400 Bewerbern nur 30 auf.
testimonial *n (GB)*; **recommendation** *n (US)*; **letter of recommendation** *n (US)*	Arbeitszeugnis
shortlist *n*	engere Wahl
screen *v* Short-listed candidates were screened to see if they were completely qualified for the vacant position.	aussieben; überprüfen Kandidaten der engeren Wahl wurden genau unter die Lupe genommen, um zu sehen, ob sie auch voll für die offene Stelle qualifiziert waren.

take on *v* I'm terribly sorry, but we are not taking on any new help at this time.	einstellen Es tut mir sehr leid, aber im Augenblick stellen wir keine neuen Hilfskräfte ein.
fill *v* The position was filled by two women working under a job-sharing scheme.	besetzen Die Stelle wurde mit zwei Frauen im Sinne der Arbeitsplatzteilung besetzt.
contract *n* Peter's employment contract included a 90-day probationary period.	Vertrag Peters Arbeitsvertrag schloß eine Probezeit von 90 Tagen ein.
probationary period *n*	Probezeit
panel *n* A panel of independent experts was appointed by the government to investigate the chemical plant explosion.	Gremium, Kommission Zur Untersuchung der Explosion in der Chemiefabrik wurde von der Regierung ein unabhängiges Sachverständigengremium eingesetzt.
aptitudes *npl* Skill tests are used to determine an applicant's aptitudes.	Befähigung, Eignung Zur Feststellung der Befähigung eines Bewerbers werden Eignungstests eingesetzt.
equal opportunity *n* The purpose of equal opportunity employment programs is to implement non-discrimination provisions of the 1964 Civil Rights Act.	Chancengleichheit Der Zweck der Beschäftigungsprogramme mit Chancengleichheit besteht darin, die Nichtdiskriminierungsvorschriften des US Bürgerrechtsgesetzes von 1964 umzusetzen.
equal pay *n*	gleiche Bezahlung
discrimination *n*	Diskriminierung
discriminate *v* The company referred to its equal opportunity employment policy to prove it was not discriminating against blacks and women.	diskriminieren Das Unternehmen führte seine Einstellungspolitik der Chancengleichheit an, um zu beweisen, daß es Schwarze und Frauen nicht diskriminierte.

Ausbildung

training *n* Training programs offered by vocational schools help students acquire skills for working in industry and commerce.	Ausbildung Die von beruflichen Schulen angebotenen Ausbildungsprogramme helfen den Schülern beim Erwerb der zur Arbeit in Industrie und Handel nötigen Fertigkeiten.
train *v* Although Jim trained as a doctor he is now working as a medical consultant at a pharmaceutical company.	ausbilden; eine Ausbildung machen Obwohl Jim ausgebildeter Arzt ist, arbeitet er jetzt als medizinischer Berater in einem Pharmaunternehmen.

instruction *n* Most American high schools provide vocational instruction classes.	Unterricht Die meisten amerikanischen Schulen im Sekundarbereich geben berufskundlichen Unterricht.
instruct *v* Jim was instructed on how to operate the new machine.	unterrichten; anleiten; einweisen Jim wurde in die Bedienung der neuen Maschine eingewiesen.
trainee *n*	Praktikant(in)
training course *n*	Fortbildungskurs, Schulung
training centre *n (GB)*; **training center** *n (US)*	Ausbildungszentrum
apprentice *n* Dave worked for two years as a carpenter's apprentice.	Auszubildende(r) Dave arbeitete zwei Jahre lang als Zimmermannslehrling.
apprenticeship *n* Upon completing his apprenticeship, Dave got a job at a building site.	Lehre Nachdem er seine Lehre beendet hatte, bekam Dave Arbeit auf einer Baustelle.
school leaver *n (GB)*; **graduate** *n (US)* School leavers may go on to study at vocational schools or universities depending on the type of school-leaving certificate they possess.	Schulabgänger(in) Schulabgänger können an beruflichen Schulen oder Universitäten weiterstudieren, je nachdem, welche Art von Abgangszeugnis sie haben.
retraining *n* The government is sponsoring a variety of retraining programs.	Umschulung Die Regierung unterstützt ein breites Spektrum von Umschulungsprogrammen.
retrain *v*	umschulen
qualifications *npl* James had all of the qualifications necessary to work as a bookkeeper.	Qualifikationen James verfügte über alle Qualifikationen, die nötig waren, um als Buchhalter arbeiten zu können.
on-the-job *adj* On-the-job training provides students with practical experience.	am Arbeitsplatz Die Ausbildung am Arbeitsplatz vermittelt den Auszubildenden praktische Erfahrungen.
further *adj* Dave attained further qualifications in his trade and eventually became a master craftsman.	weitere(r, s); zusätzliche(r, s), Zusatz- Dave erwarb zusätzliche berufliche Qualifikationen und wurde schließlich Handwerksmeister.
attain *v*	erwerben
learning-by-doing *n* I prefer learning-by-doing in mastering new software programs.	Lernen durch Ausübung Um mit neuen Softwareprogrammen umgehen zu können, bevorzuge ich das Lernen durch praktische Anwendung.

off-the-job *adj* Sharon's law firm gave her a six-month leave of absence to undergo off-the-job training in criminal law.	außerhalb des Arbeitsplatzes Sharons Anwaltskanzlei gab ihr sechs Monate frei, um sich außerbetrieblich im Strafrecht fortzubilden.
internally *adv* International Grain Inc. prefers to train its employees internally.	innerbetrieblich Die International Grain Inc. bevorzugt die innerbetriebliche Weiterbildung ihrer Beschäftigten.
externally *adv*	außerbetrieblich
lecture *n* On the first day of our induction programme, our managing director gives a lecture to new trainees, in which he explains the activities of the company.	Vorlesung, Vortrag Am ersten Tag unseres Einweisungsprogramms hält der geschäftsführende Direktor vor den neuen Auszubildenden einen Vortrag, in der er die Unternehmenstätigkeit erläutert.
instil *v (GB)*; **instill** *v (US)* The purpose of the weekend seminar was to instil management personnel with the new corporate philosophy.	beibringen; einprägen Der Zweck des Wochenendseminars bestand darin, dem Führungspersonal die neue Unternehmensphilosophie einzuprägen.
seminar *n*	Seminar
YTS (Youth Training Scheme) *n (GB)*	Ausbildungsprogramm für Jugendliche
placement *n* Wesley used the services of a private placement agency to help her find a job in her line of work.	Stellenvermittlung; Stellenbesetzung Um ihr bei der Suche nach einer Arbeit in ihrem beruflichen Tätigkeitsbereich behilflich zu sein, nahm Wesley die Dienste einer privaten Stellenvermittlungsagentur in Anspruch.
line of work *n*	Tätigkeitsbereich
vocational *adj* After finishing his vocational training as an electrician, Dave started working in his uncle's firm.	beruflich Nachdem Dave seine berufliche Ausbildung als Elektriker abgeschlossen hatte, begann er, in der Firma seines Onkels zu arbeiten.
in-service *adj* Alice will receive in-service training in her work environment rather than at a training course.	betrieblich Alice erhält eine betriebsinterne Ausbildung in ihrem Arbeitsumfeld und nicht auf einem Ausbildungslehrgang.
induction *n (GB)*; **introduction** *n (US)* Joe was given one month induction training in software operation before she started working at her job.	Einarbeitung, Einweisung Joe erhielt eine einmonatige Einweisung in die Bedienung der Software, bevor sie ihre Tätigkeit aufnahm.
visits *npl* Part of the company training program involved monthly visits to the main assembly plant.	Besuch; Besichtigung Monatliche Besichtigungen des Hauptmontagewerks gehörten fest zum Ausbildungsprogramm des Unternehmens.

case study *n*	Fallstudie
role play *n;* **role simulation** *n*	Rollenspiel
personal skill instruction *n*	Einweisung/Anlernen durch Zusehenlassen
The company uses personal skill instruction to help new workers learn new skills from older, more experienced workers.	Um neuen Arbeitern beim Erlernen neuer Fertigkeiten behilflich zu sein, wendet die Firma eine Methode an, bei der diese neuen Arbeiter älteren und erfahreneren Arbeitern bei der Arbeit zusehen.
skills analysis *n*	Fähigkeitsanalyse
Video recordings of role plays are used for skills analyses.	Für die Fähigkeitsanalysen werden Videoaufzeichnungen von Rollenspielen eingesetzt.
discovery *n*	Aufdeckung; Beweisermittlung; Entdeckung; Ausfindigmachen
Last year, we introduced the discovery method in our apprentice-training programme. Apprentices find out for themselves how to do a job, and the instructor only helps if he is asked.	Im letzten Jahr führten wir die Methode des Selbst-Entdeckens in unser Ausbildungsprogramm ein. Die Auszubildenden finden selbst heraus, wie eine bestimmte Tätigkeit verrichtet wird, und der Ausbilder hilft nur, wenn er gefragt wird.

Beendigung des Arbeitsverhältnisses und Arbeitslosigkeit

unemployment *n*	Arbeitslosigkeit
Unemployment in the UK declined slightly by 19,000 in February 1994.	Im Februar 1994 ging die Zahl der Arbeitslosen im Vereinigten Königreich geringfügig um 19.000 zurück.
unemployed *adj*	arbeitslos
unemployed *npl*	Arbeitslose
The recession has caused the number of unemployed to rise.	Aufgrund der Rezession ist die Arbeitslosenzahl gestiegen.
short-time *n*	Kurzarbeit
The company announced that all assembly workers would be working short-time for the next three months.	Das Unternehmen gab bekannt, daß in den kommenden drei Monaten alle Montagearbeiter kurzarbeiten würden.
out of work *phrase*	arbeitslos
An increasing number of unskilled workers will be out of work for longer periods due to restructuring in the industrial sector.	Aufgrund der Umstrukturierung im Industriebereich wird eine zunehmende Zahl ungelernter Arbeiter längerfristig ohne Arbeit sein.
redundancy *n (GB)*	Entlassung; Arbeitslosigkeit
The company offered Mr. Cargill a healthy settlement if he were to agree to voluntary redundancy.	Das Unternehmen machte Herrn Cargill das Angebot einer gütlichen Regelung, falls er freiwillig ausscheiden würde.

redundant *adj (GB)* Ian was made redundant for drinking on the job.	arbeitslos Wegen Alkohols am Arbeitsplatz wurde Ian entlassen.
sack *v*	hinauswerfen, feuern, entlassen
fire *v* Bob was fired on the spot for stealing software secrets from the R & D department.	feuern Bob wurde fristlos entlassen, weil er Softwaregeheimnisse aus der Forschungs- und Entwicklungsabteilung gestohlen hatte.
jobless *adj* Some jobless persons are fortunate enough to have skills which enable them to open a business of their own.	arbeitslos Einige Arbeitslose befinden sich in der glücklichen Lage, über Fähigkeiten zu verfügen, die es ihnen erlauben, sich selbständig zu machen.
retire *v* Mr. McGraw retired from International Grain after 45 years of company service.	in den Ruhestand treten Herr McGraw trat nach 45 Jahren im Dienst der Firma International Grain in den Ruhestand.
retirement *n* He automatically qualified for a company pension upon reaching retirement age.	Ruhestand Nachdem er das Rentenalter erreicht hatte, war er automatisch zum Bezug einer Betriebsrente berechtigt.
give sb notice *v* Following privatization, 500 employees of British Leyland's lorry division were given their notice.	jdm kündigen Im Anschluß an die Privatisierung wurde 500 Beschäftigten der Lastwagenabteilung von British Leyland gekündigt.
hand in one's notice *v* Leslie handed in her notice after finding out that she had won a million dollars.	kündigen Nachdem Leslie davon erfahren hatte, daß sie eine Million Dollar gewonnen hatte, kündigte sie.
go/be on the dole *phrase* Ian went on the dole after he was sacked.	stempeln gehen Nachdem Ian gefeuert worden war, ging er stempeln.
unemployment benefit *n* Ian's unemployment benefits ran out after three months.	Arbeitslosengeld Nach drei Monaten bekam Ian kein Arbeitslosengeld mehr.
income support *n (GB)*; **welfare benefits** *n (US)* Reginald's income was too low to support his family of 10 so he applied for income support.	Sozialhilfe Reginalds Einkommen war zu gering, um damit seine 10köpfige Familie zu unterstützen. Daher beantragte er Sozialhilfe.
under-employed *adj* The staff is under-employed due to a cut in production.	nicht ausgelastet, unterbeschäftigt Wegen einer Produktionskürzung ist die Belegschaft nicht ausgelastet.

lay-off *n*	Freisetzung, Entlassung *(wegen Beschäftigungsmangels)*
The company threatened with massive lay-offs if the union did not agree to its demands.	Das Unternehmen drohte mit massiven Freisetzungen, falls die Gewerkschaft nicht auf seine Forderungen einginge.
lay off *v*	freisetzen, entlassen *(wegen Beschäftigungsmangels)*
dismiss *v* Andrew was dismissed from his post for stealing plutonium from company stockpiles.	entlassen Andrew wurde entlassen, weil er Plutonium aus den Beständen des Unternehmens gestohlen hatte.
dismissal *n*	Entlassung
termination *n* Termination of contract requires a 30-day written notice.	Beendigung; Auflösung Zur Auflösung des Vertrages bedarf es einer schriftlichen Kündigung mit einer Frist von 30 Tagen.
notice *n*	Kündigung
period of notice *n*	Kündigungsfrist
resignation *n* The board chairman submitted his resignation following a dispute with shareholders over the merger proposal.	Rücktritt Nach einer Auseinandersetzung mit den Aktionären über den Fusionsvorschlag reichte der Aufsichtsratsvorsitzende seinen Rücktritt ein.
natural wastage *n* General Tapioca was faced with a high rate of natural wastage because it had failed to hire and train younger persons.	natürlicher (Arbeitskräfte)abgang Da General Tapioca es versäumt hatte, jüngere Leute einzustellen und auszubilden, sahen sie sich jetzt mit einem hohen natürlichen Arbeitskräfteabgang konfrontiert.
severance pay *n*	Abfindung
seasonal *adj* Unemployment in October rose by two-tenths of a percent due to a decline of seasonal employment in the farm sector.	saisonal, saisonbedingt Aufgrund zunehmender saisonbedingter Arbeitslosigkeit in der Landwirtschaft stieg die Arbeitslosigkeit im Oktober um zwei Zehntelprozent.
cyclical *adj* Cyclical unemployment is highest at the bottom of a recession.	konjunkturbedingt Konjunkturbedingte Arbeitslosigkeit ist am Tiefpunkt einer Rezession am höchsten.
structural *adj* Structural unemployment is heavy in areas where the skills of unemployed persons fail to match the requirements of new jobs.	strukturell Die strukturelle Arbeitslosigkeit ist in den Gegenden hoch, wo die Fähigkeiten der Arbeitslosen nicht den Anforderungen neuer Stellen entsprechen.
regional *adj*	regional

frictional *adj* A lack of mobility in the work force can result in frictional unemployment.	Fluktuations- Mangelnde Mobilität der Arbeiter kann zu Fluktuationsarbeitslosigkeit führen.

Arbeitnehmer- und Arbeitgeberverbände

(trade) union *n (GB)*; **labor union** *n (US)*	Gewerkschaft
trade unionist *n (GB)*; **labor unionist** *n (US)*	Gewerkschaftler(in)
Eugene Debs was one of America's most famous trade unionists.	Eugene Debs war einer der berühmtesten Gewerkschaftler Amerikas.
TUC (Trades Union Congress) *n (GB)*	Gewerkschaftsbund
The TUC is an association of 83 unions in Great Britain which represents over 80% of total union membership.	Der TUC ist ein Verband von 83 Gewerkschaften in Großbritannien, der über 80% aller Gewerkschaftsmitglieder vertritt.
AFL-CIO (American Federation of Labor & Congress of Industrial Organizers) *n (US)*	Dachverband der amerikanischen Industriegewerkschaften
The AFL and the CIO, America's two largest unions, merged in 1955 under the name AFL-CIO.	Die beiden größten Gewerkschaften der USA, die AFL und die CIO, vereinigten sich 1955 unter dem Namen AFL-CIO.
negotiate *v* After negotiating all night, the union and management finally ended the steel strike.	verhandeln Nachdem Gewerkschaft und Unternehmensführung die ganze Nacht verhandelt hatten, wurde der Streik in der Stahlindustrie beendet.
militant *adj* A minority of militant union members showed up on the picket line armed with guns.	militant Eine Minderheit militanter Gewerkschaftsmitglieder erschien mit Gewehren bewaffnet bei den Streikposten.
picket line *n*	Streikpostenkette
shop steward *n*	gewerkschaftliche Vertrauensperson; Betriebsobmann
Joe is the union's shop steward on the factory floor.	Joe ist der Vertrauensmann der Gewerkschaft bei den Arbeitern der Fabrik.
workplace *n* The union and management have met to settle a dispute about smoking at the workplace.	Arbeitsplatz Gewerkschaft und Unternehmensführung sind zusammengekommen, um einen Streit über das Rauchen am Arbeitsplatz beizulegen.

closed shop *n*	gewerkschaftspflichtiger Betrieb
Employees not in the union may not work in a closed shop.	Beschäftigte, die keiner Gewerkschaft angehören, dürfen nicht in einem gewerkschaftspflichtigen Betrieb arbeiten.
industrial relations *npl*	Arbeitgeber-Arbeitnehmer-Beziehungen
Industrial relations had reached a low point just prior to the strike.	Unmittelbar vor dem Streik hatten die Beziehungen zwischen Arbeitgebern und Arbeitnehmern einen Tiefpunkt erreicht.
labo(u)r flexibility *n*	Arbeitsflexibilität
The national union was willing to consent to management's demand for more labor flexibility in exchange for a COLA clause.	Die landesweit operierende Gewerkschaft war bereit, im Gegenzug für eine Klausel über die Anpassung des Lohns an die Lebenshaltungskosten der Forderung der Unternehmensleitung nach größerer Arbeitsflexibilität nachzugeben.
industrial democracy *n*	Demokratie im Betrieb
worker participation *n*	Arbeitermitbestimmung
Effective worker participation in the corporate decision-making process helps to increase worker morale.	Eine effektive Arbeitermitbestimmung im betrieblichen Entscheidungsprozeß trägt zu einer höheren Arbeitsmoral bei.
worker representation *n*	Arbeitnehmervertretung; Betriebsrat
Worker representation is practiced in the board rooms of several large corporations.	In den Vorstandsetagen mehrerer großer Unternehmen wird die Idee der Arbeitnehmervertretung in die Praxis umgesetzt.
co-determination *n*	Mitbestimmung
Co-determination permits workers to participate in decisions affecting hiring and firing of management personnel, production methods and possible mergers, etc.	Die Mitbestimmung erlaubt es den Arbeitern, an Entscheidungen über Einstellung und Entlassung von Führungskräften, über Produktionsmethoden und über mögliche Fusionen etc. teilzuhaben.
craft *adj*	Handwerks-; Gewerbe-
Harold decided to join the screen writers' craft union after moving to Hollywood.	Als er nach Hollywood gezogen war, beschloß Harold, der Drehbuchautorengewerkschaft beizutreten.
general *adj*	allgemein
A general union is one which has members throughout industry, rather than in one industry.	Eine allgemeine Gewerkschaft ist eine, die überall in der Industrie Mitglieder hat und nicht nur in einem bestimmten Industriebereich.
industrial *adj*	industriell, Industrie-

The National Union of Mineworkers (NUM) is an example of an industrial union, as it represents all the workers in one industry.	Die nationale Bergarbeitergewerkschaft (NUM) ist ein Beispiel für eine Industriegewerkschaft, da sie alle Arbeiter in einem Industriezweig vertritt.
ballot *n*	Abstimmung
The agreement reached between union and management received rank and file approval on the first ballot.	Die Schlichtungsvereinbarung erhielt gleich bei der ersten Abstimmung die Zustimmung der Basis.
rank and file *n*	Basis
The rank and file were clearly in favour of a strike.	Die Basis war eindeutig für einen Streik.
sole recognition *n*	Alleinanerkennung
The National Steel Co. granted the AFL sole recognition in return for a no-strike deal.	Im Gegenzug für ein Streikenthaltungsabkommen erkannte die National Steel Co. die AFL als alleinige Gewerkschaftsorganisation an.
no-strike deal *n*	Streikenthaltungsabkommen
single status employment *n*	Beschäftigung mit einheitlichem Status
Since our company is small, we have a single status employment policy which means our workers and staff have the same working hours and holidays.	Da unser Unternehmen klein ist, verfolgen wir eine Einheitsstatuspolitik, das heißt, daß unsere Arbeiter und Angestellten gleiche Arbeits- und Urlaubszeiten haben.
CBI (Confederation of British Industry) *n*	Britischer Industrieverband
The CBI is an umbrella organization for British employers.	CBI ist eine Dachorganisation britischer Arbeitgeber.
umbrella organization *n*	Dachverband
lock-out *n*	Aussperrung
A lock-out is almost impossible if workers have already gone on a sit-down strike.	Eine Aussperrung ist nahezu unmöglich, wenn sich die Arbeiter bereits im Sitzstreik befinden.
open shop *n*	Betrieb mit Gewerkschaftsfreiheit
Union membership is not required in an open shop although the union will negotiate for all employed workers.	In einem Betrieb mit Gewerkschaftsfreiheit ist die Mitgliedschaft in einer Gewerkschaft nicht notwendig, obwohl die Gewerkschaft im Interesse aller im Betrieb beschäftigten Arbeiter verhandelt.

Arbeitskampfmaßnahmen

dispute *n*	Auseinandersetzung
The labor dispute was finally settled after three weeks of negotiations.	Der Arbeitskampf wurde schließlich nach dreiwöchigen Verhandlungen beigelegt.

conflict *n*	Konflikt
go-slow strike *n* The Electricians' Union is using go-slow strikes to interrupt production.	Bummelstreik Die Elektrikergewerkschaft setzt Bummelstreiks ein, um die Produktion zu unterbrechen.
call for *v*	aufrufen, auffordern
overtime ban *n* A number of workers were unhappy with the union's overtime ban because they would lose overtime pay.	Überstundensperre Eine ganze Reihe von Arbeitern war mit der Überstundensperre der Gewerkschaft nicht zufrieden, weil sie dann ihren Überstundenzuschlag verlieren würden.
non-cooperation *n*	unkooperative Haltung
strike *n, v* The strike by the Transportation Union meant that all the city's main roads were blocked during the rush hour.	Streik; streiken Der Streik der Transportarbeitergewerkschaft bedeutete, daß alle Hauptstraßen der Stadt während der Hauptverkehrszeit blockiert waren.
official *adj* The union called an official strike after employers refused to re-employ 25 workers who had been unfairly dismissed.	offiziell Die Gewerkschaft rief zu einem offiziellen Streik auf, nachdem die Arbeitgeber sich geweigert hatten, 25 Arbeiter wieder einzustellen, denen sie ungerechtfertigt gekündigt hatten.
unofficial *adj* The union did not approve of the unofficial wildcat strike.	inoffiziell; nicht genehmigt Die Gewerkschaft billigte den nicht genehmigten wilden Streik nicht.
call out *v* The head of the nation's Transportation Union called out a strike after negotiations had failed.	ausrufen Nachdem Verhandlungen fehlgeschlagen waren, rief der Vorsitzende der Transportarbeitergewerkschaft des Landes einen Streik aus.
fail *v*	fehlschlagen
picketing *n*	Aufstellen von Streikposten
picket *v, n* Workers picketing the main gate successfully stopped non-union members from getting to work.	Streikposten aufstellen; Streikposten Die Arbeiter, die als Streikposten am Haupttor standen, schafften es, Nicht-Gewerkschaftsmitglieder daran zu hindern, zu ihrem Arbeitsplatz zu gelangen.
organizational picketing *n*	organisierte Streikpostenaufstellung
strike pay *n* Mr. Blake, the union's spokesman, said that union members would receive strike pay from the union's strike fund.	Streikgeld Herr Blake, der Sprecher der Gewerkschaft, sagte, daß Gewerkschaftsmitglieder aus der Streikkasse der Gewerkschaft Streikgeld erhalten würden.
strike fund *n*	Streikkasse

grievance *n*	Beschwerde, Klage
All grievances concerning management or work practices should be channelled through your shop steward.	Alle Beschwerden über die Unternehmensführung oder die Arbeitspraktiken sollten über den Vertrauensmann der Gewerkschaft gehen.
demarcation dispute *n*	Streit über Tätigkeitsabgrenzungen; Kompetenzstreitigkeit
Production of the new car was held up over demarcation disputes regarding airbag installation.	Die Produktion des neuen Autos verzögerte sich wegen eines Streits über die Kompetenzen beim Einbau des Airbags.
work-to-rule *n*	Dienst nach Vorschrift
The work-to-rule was in practice last week at five plants causing a major slow-down in production.	Letzte Woche wurde in fünf Werken Dienst nach Vorschrift gemacht, wodurch die Produktion erheblich verlangsamt wurde.
sit-in *n;* **sit-down strike** *n*	Sitzstreik
scab *n*	Streikbrecher(in)
Pickets for the construction union prevented bus loads of scabs from getting to the building site.	Streikposten der Bauarbeitergewerkschaft hinderten Busladungen von Streikbrechern daran, zur Baustelle zu gelangen.
black *v (GB);* **blackball** *v (US)*	boykottieren
The union blackballed a trucking company for refusing to hire union members.	Die Gewerkschaft boykottierte ein Transportunternehmen, weil es sich weigerte, Gewerkschaftsmitglieder einzustellen.
stoppage *n*	Arbeitsniederlegung
Work stoppages seem inevitable now that negotiations have broken down.	Da die Verhandlungen jetzt fehlgeschlagen sind, scheinen Arbeitsniederlegungen unausweichlich zu sein.
wildcat strike *n*	wilder Streik
selective strike *n*	Schwerpunktstreik
all-out *adj*	total
An all-out strike was called after selective strikes failed to bring management back to the negotiating table.	Nachdem Schwerpunktstreiks die Unternehmensführung nicht an den Verhandlungstisch zurückzubringen vermochten, wurde die kollektive Arbeitsniederlegung ausgerufen.
negotiating table *n*	Verhandlungstisch

secondary picketing *n (GB)*; **secondary boycott** *n (US)*	indirekter Streik; Bestreiken von Drittbetrieben
Secondary picketing took place at two assembly plants to block supplies from the production plant which was on strike.	In zwei Montagewerken fand ein indirekter Streik statt, um den Nachschub von dem Werk abzuschneiden, das bestreikt wurde.
labo(u)r legislation *n*	Arbeitsgesetzgebung

Verhandlungen und Schlichtung

bargain *v*	verhandeln, aushandeln
The union will definitely bargain for increased health benefits at next year's negotiations.	Die Gewerkschaft wird in den Verhandlungen nächstes Jahr auf jeden Fall verbesserte Leistungen bei Krankheit aushandeln.
collective bargaining *n*	Tarifverhandlung, Verhandlungen zwischen Tarifpartnern
The new labor contract was negotiated through the collective bargaining process.	Der neue Tarifvertrag wurde in Tarifverhandlungen ausgehandelt.
union contract *n*; **labor contract** *n (US)*	Tarifvertrag
After long negotiations, unions and employers agreed on a new labor contract giving higher rates of pay for night shift work.	Nach langen Verhandlungen einigten sich Gewerkschaften und Arbeitgeber auf einen neuen Arbeitsvertrag, in dem Nachtschichten höher bezahlt werden.
bargaining *n*	Verhandeln
Bargaining broke off after management staged a lock-out.	Nach der Aussperrung durch die Unternehmensführung wurden die Verhandlungen abgebrochen.
break down *v (GB)*; **break off** *v (US)*	abbrechen; scheitern
agreement *n*	Übereinkunft, Vereinbarung
A four-week strike finally forced management back to the negotiating table to seek an agreement.	Ein vierwöchiger Streik zwang die Unternehmensführung schließlich an den Verhandlungstisch zurück, um zu einer Übereinkunft zu kommen.
drive *v*	aushandeln
Labor experts unanimously agreed that the auto workers' union had driven a hard bargain with car makers.	Arbeitsmarktexperten waren einhellig der Meinung, daß die Gewerkschaft der Automobilarbeiter hart mit den Autoherstellern verhandelt habe.
demand *n*	Forderung
The union was forced to back down on its demand for shorter working hours when the company threatened massive lay-offs.	Die Gewerkschaft sah sich gezwungen, ihre Forderung nach Arbeitszeitverkürzung zurückzuschrauben, als seitens des Unternehmens mit massiven Entlassungen gedroht wurde.

back down *v*	zurücknehmen, zurückschrauben
procedure *n* The company agreed to a new grievance procedure.	Vorgang; Verfahrensweise Das Unternehmen stimmte einem neuen Beschwerdeverfahren zu.
state *v* The mine workers union decided to state its case to the press in an attempt to draw public attention to mining hazards.	feststellen; vorlegen Die Gewerkschaft der Bergarbeiter entschloß sich, ihren Fall der Presse vorzulegen, um damit die öffentliche Aufmerksamkeit auf die Gefahren der Arbeit unter Tage zu lenken.
representation *n* Some manufacturers locate plants in areas where union representation is weak or where there are no unions at all.	Vertretung Einige Hersteller siedeln ihre Produktionsstätten in Gebieten mit schwacher oder gar keiner Gewerkschaftsvertretung an.
arbitrator *n* The decision of the arbitrator is binding for all parties involved in the dispute.	Schiedsrichter(in) Die Entscheidung des Schiedsrichters ist für alle an der Streitsache beteiligten Parteien verbindlich.
arbitrate *v* A prominent attorney was called in to arbitrate in the dispute over several clauses in the labor contract.	schiedsgerichtlich entscheiden Ein prominenter Anwalt wurde berufen, um im Streit über einige Klauseln des Tarifvertrages zu schlichten.
arbitration *n* The arbitration clause in the labor contract requires mediation before arbitration.	schiedsrichterliche Entscheidung Die Schiedsgerichtsklausel im Tarifvertrag verlangt eine Vermittlung vor einem Schiedsgerichtsverfahren.
arbitration clause *n*	Schiedsgerichtsklausel
settle *v* The dispute over contract clauses was finally settled after three weeks of intensive mediation.	beilegen Nach drei Wochen intensiver Schlichtung wurde der Streit über die Vertragsklauseln endlich beigelegt.
unsettled *adj, adv* The dispute had remained unsettled until an arbitrator was called in.	ungeklärt Bis zur Bestellung eines Schiedsrichters war der Streit ungeklärt geblieben.
disciplinary *adj* The company took disciplinary action and fired three union members for destroying machinery during the strike.	disziplinär, Disziplinar- Das Unternehmen ergriff Disziplinarmaßnahmen und feuerte drei Gewerkschaftsmitglieder, weil sie während des Streiks Maschinen zerstört hatten.
compensation *n* The court ruled that the three union members were to be paid compensation since new evidence proved that the machines were already broken before the strike.	Entschädigung Das Gericht entschied, daß den drei Gewerkschaftsmitgliedern eine Entschädigung gewährt werden müsse, da die neuen Beweise belegten, daß die Maschinen bereits vor dem Streik kaputt waren.

re-employ *v* The union members were re-employed with back pay.	wieder einstellen Die Gewerkschaftsmitglieder wurden mit rückwirkender Lohnzahlung wieder eingestellt.
tripartite *adj* A tripartite agreement reached between the company, the union and suppliers saved the company from bankruptcy.	dreiseitig Ein dreiseitiges Abkommen, das zwischen dem Unternehmen, der Gewerkschaft und den Zulieferern erzielt wurde, rettete das Unternehmen vor dem Konkurs.
interference *n*	Einmischung
wage freeze *n* Supporters of a national wage freeze claimed that it was an effective tool in combating inflation.	Lohnstopp Befürworter eines Lohnstopps auf nationaler Ebene behaupteten, daß dies ein wirksames Werkzeug im Kampf gegen die Inflation war.
wage claim *n;* **wage demand** *n* As the economy improves, the unions will be supporting higher wage claims.	Lohnforderung Wenn sich die Wirtschaft wieder erholt, werden die Gewerkschaften die Forderung nach höheren Löhnen unterstützen.
misconduct *n* The senior accountant was fired for misconduct when an internal audit proved that he had stolen money from the pension fund.	Fehlverhalten; Berufsvergehen; Verfehlung im Amt Der Leiter des Rechnungswesens wurde wegen beruflichen Vergehens gefeuert, als eine innerbetriebliche Rechnungsprüfung den Beweis erbrachte, daß er Geld aus der Pensionskasse gestohlen hatte.
demarcation *n* The parent company and one of its subsidiaries held a meeting to discuss demarcation of marketing territories.	Abgrenzung Die Muttergesellschaft und eine ihrer Töchter führten eine Unterredung, um eine Abgrenzung für Absatzgebiete zu diskutieren.
suspend *v* Two workers were suspended from work without pay for violating company safety rules.	suspendieren; beurlauben Zwei Arbeiter wurden wegen Verletzung der Sicherheitsvorschriften des Unternehmens ohne Lohnfortzahlung von der Arbeit suspendiert.
suspension *n*	Suspendierung vom Dienst
mediation *n* Mediation between employers and the unions was difficult due to the previous violent nature of the strike.	Vermittlung, Schlichtung Weil der Streik zuvor gewaltsam gewesen war, war die Schlichtung zwischen Arbeitgebern und Gewerkschaften schwierig.

cooling-off period *n* The government ordered an 80-day cooling-off period which banned strikes and lock-outs and allowed the collective bargaining process to restart.	Friedenspflicht Die Regierung ordnete eine 80tägige Friedenspflicht an, während der Streiks und Aussperrungen untersagt waren, und die die Wiederaufnahme der Tarifverhandlungen ermöglichte.
arbitral tribunal *n* An arbitral tribunal was appointed to settle the labor dispute.	Schiedsgericht Um den Arbeitskampf zu beenden, wurde ein Schiedsgericht ernannt.
verdict *n*	Schiedsspruch
conciliation *n* The mediator attempted to solve the labor dispute by conciliation to avoid the appointment of an arbitrator.	gütliche Einigung Der Schlichter versuchte, den Arbeitskampf durch eine gütliche Einigung beizulegen, um die Ernennung eines Schiedsrichters zu vermeiden.
mediator *n*	Vermittler(in), Schlichter(in) *(der mediator kann zum arbitrator werden, wenn er über die notwendigen, zusätzlichen Vollmachten verfügt; ansonsten kann er nur eine gütliche Einigung (conciliation) vorschlagen)*
reinstate *v* The company accountant was reinstated with back pay.	wieder einstellen Der Buchhalter des Unternehmens wurde bei rückwirkender Gehaltszahlung wieder eingestellt.

Wirtschaftsbereiche 2

Wirtschaftliche Grundbegriffe

sector *n*	Sektor, Bereich
In any economy, production can be divided into the primary, secondary, and tertiary sectors.	In jeder Volkswirtschaft kann man die Produktion in den primären, sekundären und tertiären Sektor unterteilen.
public sector *n*	staatlicher Sektor
US public sector spending on defense in the 1980's increased the national debt.	Die Verteidigungsausgaben des staatlichen Sektors in den USA haben die Staatsverschuldung in den 80er Jahren dieses Jahrhunderts erhöht.
private sector *n*	privater Sektor
production *n*	Produktion
Private sector investment in production and services is expected to rise as the country comes out of recession.	Es wird erwartet, daß in dem Maße, in dem das Land die Rezession überwindet, die Investitionen des Privatsektors im Bereich der Produktion und der Dienstleistungen steigen.
producer *n*	Produzent(in)
General Motors is the world's largest car producer.	General Motors ist weltweit der größte Automobilproduzent.
goods *npl*	Waren
services *npl*	Dienstleistungen
Banks offer a wide range of financial services to consumers, industry and business.	Banken bieten den Verbrauchern, der Industrie und der Geschäftswelt ein breites Spektrum finanzieller Dienstleistungen an.
consumer *n*	Verbraucher(in)
want *n*	Bedürfnis
Department stores try to keep a large variety of goods in stock to satisfy consumer wants.	Kaufhäuser bemühen sich, eine große Warenvielfalt verfügbar zu halten, um die Bedürfnisse der Verbraucher zu befriedigen.
need *n*	Bedürfnis; Bedarf
Following the recent earthquake, hospitals could not keep up with city's need for health care.	Nach dem jüngsten Erdbeben konnten die Krankenhäuser mit dem Bedarf an medizinischer Versorgung in der Stadt nicht Schritt halten.
land *n*	Land; Boden
Public land generally may not be sold, leased or rented to the private sector for mining or manufacturing.	Liegenschaften der öffentlichen Hand dürfen im allgemeinen nicht zum Bergbau oder zur industriellen Produktion an den privaten Sektor verkauft, verpachtet oder vermietet werden.

labo(u)r *n* Over 70% of Australia's labor force is employed in the service sector.	Arbeit Über 70% der australischen Erwerbsbevölkerung ist im Dienstleistungssektor beschäftigt.
capital *n* Banks, stock exchanges and commodity exchanges dominate capital markets.	Kapital Banken, Börsen und Warenbörsen beherrschen die Kapitalmärkte.
machinery *n*	Maschinen
specialization *n* CNN's area of specialization is providing news coverage to viewers in 210 countries and territories.	Spezialisierung Das Spezialgebiet von CNN ist die Nachrichtenversorgung von Zuschauern in 210 Ländern und Gebieten.
line of business *n* Jim's line of business is selling life insurance.	Sparte Jims Sparte ist der Verkauf von Lebensversicherungen.
division of labo(u)r *n*	Arbeitsteilung
simplification *n* Product line simplification can be applied in both the wholesale and retail sectors.	Vereinfachung Eine Produktlinienvereinfachung kann sowohl im Großhandel wie auch im Einzelhandel vorgenommen werden.
standardization *n* A high level of standardization among parts reduces production costs.	Vereinheitlichung Ein hoher Vereinheitlichungsstandard von Bauteilen reduziert die Produktionskosten.
mass production *n*	Massenproduktion
industry *n* The banking industry has suffered from a recent drop in interest rates.	Industrie Die Kreditwirtschaft hat in jüngster Zeit unter einem Rückgang des Zinssatzes gelitten.
mainstream *adj* The production of goods and services are the mainstream economic activities in a free-market economy.	Haupt- Die Produktion von Waren und Dienstleistungen ist in einer freien Marktwirtschaft die wirtschaftliche Hauptaktivität.
black *adj* Al Capone made much of his money selling beer and whiskey on the black market in the 1920's.	schwarz Al Capone hat viel von seinem Geld dadurch verdient, daß er in den 20er Jahren dieses Jahrhunderts Bier und Whisky auf dem Schwarzmarkt verkauft hat.
undisclosed *adj* The company announced that it had sold its hotel chain for an undisclosed amount of money.	geheim; ungenannt, nicht genannt Das Unternehmen gab bekannt, daß es seine Hotelkette für eine nicht genannte Summe verkauft hatte.

grey *adj;* **gray** *adj (US)* High prices in the automobile retail sector have caused a rise in car sales on the grey market.	grau Hohe Preise im Automobilhandel haben zu einem Anstieg der Autoverkäufe auf dem grauen Markt geführt.
moonlighting *n*	Schwarzarbeit
input *n* Manufacturers require inputs, such as land, labor and machines, for the production process.	Produktionsfaktor; Einsatzgüter; Input Hersteller benötigen Produktionsfaktoren wie Boden, Arbeit und Maschinen für den Produktionsprozeß.
output *n* Industrial output declined in the third quarter due to strikes in several manufacturing sectors.	Output Aufgrund von Streiks in mehreren Produktionssektoren ging der industrielle Output im dritten Quartal zurück.
necessity *n* The company went bankrupt because management failed to realize the necessity for investments in new machinery.	Notwendigkeit Das Unternehmen ging pleite, weil die Unternehmensführung die Notwendigkeit von Investitionen in neue Maschinen nicht erkannte.
utility *n* After two years of drought the land lost its utility for agricultural use.	Nutzen, Nützlichkeit Nach zweijähriger Dürre war der Boden nicht mehr landwirtschaftlich nutzbar.
factor (of production) *n* Land, labor and capital are factors of production used in producing goods and services.	(Produktions)faktor Boden, Arbeit und Kapital sind die Produktionsfaktoren, die bei der Produktion von Waren und der Bereitstellung von Dienstleistungen genutzt werden.
entrepreneurial *adj* The entrepreneurial spirit is an important motivating force in free-market economies.	Unternehmer-, unternehmerisch Unternehmergeist ist eine wichtige Triebkraft in freien Marktwirtschaften.
inventiveness *n*	Erfindungsgeist, Einfallsreichtum
key industry *n* Key industries in the transportation sector include airlines, trucking companies and railroads.	Schlüsselindustrie Zu den Schlüsselindustrien auf dem Transportsektor gehören Fluggesellschaften, Fuhrunternehmen und Eisenbahnen.
growth industry *n*	Wachstumsindustrie

Primärer Sektor

primary *adj* Primary industries provide basic materials such as wood, coal and farm produce.	primär Primärindustrien stellen Grundstoffe wie Holz, Kohle und landwirtschaftliche Erzeugnisse bereit.
basic materials *npl*	Grundstoffe
farmer *n*	Landwirt(in), Farmer(in)
farming *n* Agricultural machinery has changed farming from a labor-intensive industry to a capital-intensive industry.	Landwirtschaft Der landwirtschaftliche Maschinenpark hat die Landwirtschaft von einer arbeitsintensiven zu einer kapitalintensiven Industrie gemacht.
farm *v* Mr. Jones and his son farm 250 acres of corn and beans.	bewirtschaften Herr Jones und sein Sohn bewirtschaften 250 Acker Land mit Mais und Bohnen.
agriculture *n*	Landwirtschaft
agricultural *adj* Large food processing companies and supermarkets are the primary purchasers of agricultural products.	landwirtschaftlich Große nahrungsmittelverarbeitende Unternehmen und Supermärkte sind die Hauptabnehmer von landwirtschaftlichen Erzeugnissen.
fisherman *n*	Fischer
forestry *n* Forestry is the science of developing and cultivating forests.	Forstwirtschaft Forstwirtschaft ist die Wissenschaft von der Entwicklung und Pflege der Wälder.
lumberjack *n*	Holzfäller
fell *v;* **cut down** *v (US)* The lumberjacks were not able to cut down any trees for three weeks due to heavy snow.	fällen Wegen heftiger Schneefälle konnten die Holzfäller drei Wochen lang keine Bäume fällen.
mining *n* Coal mining declined as oil and gas replaced coal as the principal industrial and home heating fuels.	Bergbau Als Öl und Gas die Kohle als den Hauptbrennstoff in der Industrie und den Privathaushalten ersetzte, ging der Kohlebergbau zurück.
mine *v* My great-great-grandfather went to California in 1849 to mine for gold.	schürfen; abbauen, fördern Mein Ururgroßvater ging 1849 nach Kalifornien, um Gold zu schürfen.
coal(-)miner *n*	Kohlebergmann, Kumpel
extractive *adj* Extractive industries, such as quarrying, remove natural resources without the possibility of replacing them.	Abbau-; Grundstoff- Grundstoffindustrien wie beispielsweise Steinbrüche bauen natürliche Rohstoffe ab, ohne daß sie die Möglichkeit haben, sie wieder zu ersetzen.

extract *v* Almost all metals have to be extracted from ore before industrial use.	gewinnen Fast alle Metalle müssen, ehe sie industriell genutzt werden, aus Erzen gewonnen werden.
agribusiness *n* Cattle raising is a billion dollar agribusiness in the United States.	Agroindustrie Viehzucht ist eine Milliarden-Dollar-schwere Agroindustrie in den Vereinigten Staaten.
cattle raising *n*	Viehzucht
fishery *n*	Fischerei
quarrying *n* Quarrying always stops as soon as quarry workers strike water.	Steinebrechen Sobald Steinbrucharbeiter auf Wasser stoßen, werden die Steinbrucharbeiten abgebrochen.
quarry *n, v*	Steine brechen, Steine abbauen; Steinbruch
prospect *v* John moved to Alaska to prospect for gold and silver.	nach Bodenschätzen suchen John zog nach Alaska, um dort nach Gold und Silber zu suchen.

Energiewirtschaft

energy *n* Energy prices quickly increased during the 1972 oil crisis.	Energie Während der Ölkrise von 1972 stiegen die Energiepreise schnell an.
power station *n;* **power plant** *n*	Kraftwerk
utility company *n* Our utility company supplies Phoenix with water, gas and electricity.	Energieunternehmen, Versorgungsunternehmen Unser Energieunternehmen versorgt Phoenix mit Wasser, Gas und Strom.
generate *v* Power stations generate electricity.	erzeugen Kraftwerke erzeugen Elektrizität.
power supply *n*	Stromversorgung, Energieversorgung
nuclear power *n*	Atomkraft
solar power *n;* **solar energy** *n*	Sonnenenergie, Solarenergie
wind energy *n*	Windkraft
hydropower *n*	Wasserkraft
oil rig *n* We saw thousands of oil rigs as we drove through Texas.	Ölbohrinsel; Ölbohrturm Wir sahen Tausende von Ölbohrtürmen, als wir durch Texas fuhren.
oil driller *n*	Ölbohrarbeiter(in)
drill *v* The Citgo Co. drilled for oil for three weeks but never found any.	bohren Die Citgo Gesellschaft hat drei Wochen lang nach Öl gebohrt, aber nichts gefunden.

fossil fuel *n*	fossiler Brennstoff
coal-fired *adj* In the early 1950's American railroad companies converted from coal-fired locomotives to oil-fired diesel engines.	Kohle(n)- In den frühen 50er Jahren gingen die amerikanischen Eisenbahngesellschaften von Kohlelokomotiven zu ölbetriebenen Dieselloks über.
oil-fired *adj* Efficient oil-fired power plants produce less pollution than coal-fired power plants.	Öl- Effiziente Ölkraftwerke verursachen geringere Verschmutzungen als Kohlekraftwerke.
non-renewable *adj* Scientists will eventually be forced to find alternative sources of energy to replace non-renewable fuels, such as coal, oil and gas.	nicht erneuerbar Irgendwann einmal werden die Wissenschaftler gezwungen sein, alternative Energiequellen zu finden, um die nicht erneuerbaren Brennstoffe wie Kohle, Öl und Gas zu ersetzen.
renewable *adj*	erneuerbar
biomass *n* Scientists believe that biomass is a potential source of renewable energy.	Biomasse Wissenschaftler glauben, daß Biomasse eine potentielle Quelle für erneuerbare Energie darstellt.
geothermal energy *n*	geothermische Energie
convert *v* The utility company decided to convert three of its power stations from coal to nuclear power.	umrüsten, übergehen zu, umstellen Das Energieunternehmen beschloß, drei seiner Kraftwerke von Kohle auf Atomkraft umzurüsten.

Sekundärer Sektor

manufacturing *n* Manufacturing is a capital-intensive sector.	Herstellung, Produktion Die Güterproduktion ist ein kapitalintensiver Sektor.
heavy industry *n* Shipbuilding and steel manufacturing are considered heavy industries.	Schwerindustrie Schiffbau und Stahlherstellung werden zur Schwerindustrie gezählt.
steel manufacturing *n*	Stahlherstellung
iron and steel industry *n* The initial aim of the ECSC was to integrate the French and German iron and steel industries.	Eisen- und Stahlindustrie Das ursprüngliche Ziel der Montanunion war die Integration der französischen und deutschen Eisen- und Stahlindustrie.
light industry *n* Light industry manufactures smaller products such as clothing, computers and food products.	Leichtindustrie Die Leichtindustrie stellt kleinere Produkte her wie z.B. Textilien, Computer und Nahrungsmittelprodukte.

booming *adj* The discovery of oil in the North Sea turned Aberdeen into a booming oil town.	einen Aufschwung nehmend Die Entdeckung von Öl in der Nordsee hat Aberdeen in eine aufwärtsstrebende Ölstadt verwandelt.
declining *adj* The declining demand for coal caused many smaller mines to close.	fallend, sinkend Die sinkende Nachfrage nach Kohle hat zur Schließung vieler kleiner Zechen geführt.
finished *adj* The plant had a large inventory of finished goods because their prices were too high.	beendet, fertig Wegen zu hoher Preise hatte das Werk einen großen Lagerbestand an fertigen Waren.
consumer goods *npl*	Konsumgüter
secondary *adj* Secondary industries use basic raw materials to make manufactured goods.	sekundär Sekundärindustrien nutzen Grund- und Rohstoffe zur Herstellung von Industriewaren.
building *n* In 1990, 5.1 million persons were employed in the building trades in the United States.	Bau(gewerbe) 1990 waren in den USA 5,1 Millionen Menschen im Baugewerbe beschäftigt.
housing *n* The demand for housing increased as interest rates fell.	Wohnungen Als die Zinsen sanken, stieg die Nachfrage nach Wohnungen.
craftsman *n* My new violin was handmade by a craftsman in Vienna.	Handwerker Meine neue Geige wurde in Handarbeit von einem Handwerker in Wien angefertigt.
handmade *adj*	handgearbeitet
engineer *n* A team of engineers was called in to investigate the nuclear accident.	Ingenieur(in) Ein Ingenieurteam wurde zur Untersuchung des Atomunfalls gerufen.
electrical engineer *n*	Elektroingenieur(in)
electronics *n* The electronics industry produces computers, calculators and telephones for all sectors of the economy.	Elektronik Die Elektronikindustrie stellt für alle Wirtschaftsbereiche Computer, Rechner und Telefone her.
microelectronics *n* There is fierce competition between Japan and the US in the microelectronics sector.	Mikroelektronik Im Mikroelektronikbereich gibt es einen harten Konkurrenzkampf zwischen Japan und den USA.
aerospace *n* The aerospace industry produces commercial and military aircraft.	Luft- und Raumfahrt Die Luft- und Raumfahrtindustrie stellt zivile und militärische Flugzeuge her.

automobile *n*	Automobil
commercial vehicle *n* Great Britain produced 217,000 commercial vehicles and buses in 1991.	Nutzfahrzeug Großbritannien produzierte 1991 217.000 Nutzfahrzeuge und Busse.
mechanical engineering *n* Paul got a degree in mechanical engineering and went to work for a tool and machine manufacturing company.	Maschinenbau Paul schloß sein Maschinenbaustudium mit einem Examen ab und arbeitete dann in einem Werkzeug- und Maschinenbauunternehmen.
precision engineering *n*	Feinmechanik, Präzisionsmechanik
chemicals *npl*	Chemikalien
chemical industry *n*	chemische Industrie
processing *adj* Last year was a good one for the processing industry, especially in the plastics and rubber sectors.	verarbeitend Für die verarbeitende Industrie war letztes Jahr ein gutes Jahr, insbesondere für die Kunststoff- und Gummibranche.
buoyant *adj* The buoyant economy contributed to a drop in unemployment.	prosperierend; rege Der rege Wirtschaftsaufschwung trug zu einem Sinken der Arbeitslosigkeit bei.
ailing *adj* The ailing railroads recovered after a series of mergers and restructuring.	notleidend Die notleidenden Eisenbahnen erholten sich nach einer Reihe von Fusionen und Umstrukturierungen.
defunct *adj* Statistics seem to indicate that the US shipbuilding industry is nearly defunct.	erloschen; nicht mehr existent Aus den Statistiken scheint hervorzugehen, daß der Schiffbau in den USA so gut wie nicht mehr existent ist.
semi-finished *adj* The steel industry primarily produces semi-finished products.	unfertig, halbfertig Die Stahlindustrie produziert zumeist Halberzeugnisse.
producer goods *npl* Producer goods, such as semi-finished products and machinery, are used to make consumer goods.	Produktionsgüter Produktionsgüter, wie beispielsweise Halberzeugnisse und Maschinen, werden zur Herstellung von Konsumgütern verwendet.
capital goods *npl* There is presently a large demand for capital goods in Eastern Europe.	Anlagegüter Zur Zeit gibt es eine starke Nachfrage nach Anlagegütern in Osteuropa.
construction *adj (GB)*; **constructional** *adj (US)* A firm of architects drew up the construction plans for the new airport.	Bau- Die Baupläne für den neuen Flughafen wurden in einem Architekturbüro gezeichnet.

civil engineer *n*	Hoch- und Tiefbauingenieur(in)
structural engineer *n* Structural engineers inspected buildings in Los Angeles after the earthquake to see if they were safe.	Ingenieur(in) für (Hoch)bautechnik Nach dem Erdbeben inspizierten Bautechnikingenieure die Gebäude in Los Angeles, um zu sehen, ob sie sicher waren.
automotive industry *n* The automotive industry produced over 34 million motor vehicles (excluding trucks and buses) in 1991 world-wide.	Automobilindustrie 1991 produzierte die Automobilindustrie weltweit über 34 Millionen Kraftfahrzeuge (ohne Lkws und Busse).
shipbuilding *n*	Schiffbau
food processing *n* Food processing is regulated by strict health laws.	Nahrungsmittelverarbeitung Die Nahrungsmittelverarbeitung wird durch strenge gesetzliche Gesundheitsvorschriften geregelt.
textiles *npl* Textiles and synthetic materials are producer goods used in the clothing industry.	Textilien; Stoffe Stoffe und synthetische Materialien sind Produktionsgüter, die in der Bekleidungsindustrie verwendet werden.
clothing industry *n*	Bekleidungsindustrie
synthetic *adj* The Burmah Oil Co. sells synthetic oil.	synthetisch Die Burmah Ölgesellschaft verkauft synthetisches Öl.
plastics *npl* Plastics are widely used in the aerospace industry because they are lightweight.	Plastikerzeugnisse Plastikerzeugnisse sind aufgrund ihres geringen Gewichts in der Luftfahrtindustrie weit verbreitet.
rubber *n* Rubber is a principle raw material in tire manufacturing.	Gummi, Kautschuk Kautschuk ist ein wichtiges Rohmaterial für die Reifenherstellung.
arms *npl* Many factories converted their production from arms to durable goods after the end of World War I.	Waffen Nach dem Ende des Ersten Weltkrieges haben viele Fabriken ihre Produktion von Waffen auf langlebige Konsumgüter umgestellt.

Tertiärer Sektor

tertiary *adj* The tertiary sector of the economy provides services to industry and consumers.	tertiär Der tertiäre Sektor der Wirtschaft offeriert der Industrie und den Verbrauchern Dienstleistungen.
service sector *n* Nearly 71% of the US work force is employed in the service sector.	Dienstleistungssektor Fast 71% der Erwerbsbevölkerung der USA sind im Dienstleistungssektor beschäftigt.

consultant *n*	Berater(in)
commerce *n*	(Binnen- und Außen)handel; Handelsverkehr
Britain depends on commerce - it has trading links with every continent.	Großbritannien ist vom Handel abhängig. Das Land hat zu jedem Kontinent Handelsverbindungen.
trade *n* Great Britain's trade in goods with foreign countries increased by 12% between 1989 and 1991.	Handel; Gewerbe Zwischen 1989 und 1991 nahm der Warenhandel zwischen Großbritannien und dem Ausland um 12% zu.
trade *v* Our company trades in goods and services for the restaurant sector.	handeln Unser Unternehmen handelt mit Waren und Dienstleistungen für den Gastronomiebereich.
import *adj* The Craig Co. is an import specialist for foreign electronics.	Import- Die Craig Co. ist ein spezialisierter Importeur für ausländische Elektronikerzeugnisse.
export *adj* Most of our machinery is sold on export markets.	Export- Die meisten unserer Maschinen werden auf den Exportmärkten verkauft.
insurance *n*	Versicherung
banking *n*	Bankgeschäft, Bankgewerbe
transport *n (GB)*; **transportation** *n (US)* Railroads and airlines provide transportation to the private sector and public sectors.	Transport Eisenbahnen und Fluggesellschaften übernehmen den Transport für den privaten und den staatlichen Sektor.
communications *npl* Modern electronics has made global communications possible.	Kommunikation Die moderne Elektronik hat die weltweite Kommunikation ermöglicht.
tourism *n*	Tourismus
travel agent *n*	Reiseveranstalter(in)
travel agency *n*	Reisebüro
external *adj* The company called in an external consultant to help it with its security problems.	extern Das Unternehmen beauftragte einen externen Berater, der bei den Sicherheitsproblemen behilflich sein sollte.
home *adj* Although we are a Canadian company, home market sales only account for 20% of all the whiskey we make; export markets take the rest.	Binnen-, Inlands- Obwohl wir ein kanadisches Unternehmen sind, macht der Inlandsabsatz nur 20% der gesamten Whiskymenge aus, die wir herstellen. Der Rest geht in den Export.
foreign *adj* Foreign markets account for 60% of our total sales.	Auslands- Die Auslandsmärkte machen 60% unseres gesamten Absatzes aus.

distributive *adj* Private sector mail and parcel delivery companies compete with the post office system in the distributive sector.	Vertriebs- Private Brief- und Paketdienste konkurrieren auf dem Vertriebssektor mit dem Postsystem.
warehousing *n* Warehousing costs increased sharply after a fire destroyed three warehouses in Boston Harbor.	Lagerhaltung Nachdem drei Lagerhäuser im Hafen von Boston einem Feuer zum Opfer gefallen waren, zogen die Lagerhaltungskosten kräftig an.
catering *n* The airport catering service supplies warm and cold meals and beverages to aircraft before their departure.	Gastronomie Die Flughafengastronomie liefert vor dem Abflug warme und kalte Speisen und Getränke an das Flugzeug.
advertising *n* We use advertising to inform consumers of the goods and services our company offers.	Werbung Wir nutzten die Werbung, um die Kunden über die Waren und Dienstleistungen, die unser Unternehmen anbietet, zu informieren.
personal services *npl* Doctors, teachers and policemen offer personal services rather than goods to consumers.	persönliche Dienstleistung Ärzte, Lehrer und Polizisten bieten dem Verbraucher keine Waren, sondern persönliche Dienstleistungen an.
health care *n* Free health care was introduced in the UK after the Second World War.	Gesundheitsfürsorge In England wurde kostenlose Gesundheitsfürsorge nach dem zweiten Weltkrieg eingeführt.
entertainment industry *n* The entertainment industry has expanded into publishing and television markets in recent years.	Unterhaltungsindustrie In den letzten Jahren hat die Unterhaltungsindustrie in das Verlagswesen und die Fernsehmärkte expandiert.
film industry *n*	Filmindustrie
publishing *n*	Verlagswesen

3 Unternehmen

Unternehmensgründungen

business organization *n* Peter Smith has decided to establish a business organization to import, distribute and sell cars.	(Unternehmens)organisation Peter Smith hat beschlossen, eine Unternehmensorganisation aufzubauen, um Autos zu importieren, zu vertreiben und zu verkaufen.
entrepreneur *n* Young entrepreneurs are often more willing to take risks when going into business.	Unternehmer(in) Jungunternehmer sind oft zu größerem Risiko bereit, wenn sie ihr Geschäft eröffnen.
firm *n* Mr. Meyer and Mr. Pratt established a firm in New York.	Firma; Unternehmen Herr Meyer und Herr Pratt haben ein Unternehmen in New York gegründet.
business *n* Business is booming. A number of small businesses have settled in the new business park.	Geschäft; Gewerbebetrieb; Handelsbetrieb Das Geschäft läuft auf Hochtouren. Einige kleine Gewerbebetriebe haben sich im neuen Industriegebiet niedergelassen.
undertaking *n* The phone company will invest 100 billion dollars in a new commercial undertaking in the telecommunications sector.	Unternehmen, Unternehmung Die Telefongesellschaft wird 100 Milliarden Dollar in ein neues Wirtschaftsunternehmen im Bereich der Telekommunikation investieren.
enterprise *n* The project is completely funded by private enterprise.	Unternehmen Das Projekt wird vollständig von der Privatwirtschaft finanziert.
company *n*	(Kapital)gesellschaft; Unternehmen; Firma
founder *n*	Gründer(in)
found *v* The Mulligan Machine Co. was founded in 1898.	gründen Die Mulligan Machine Co. wurde 1898 gegründet.
establish a company *phrase;* **form a company** *phrase*	ein Unternehmen gründen
establishment *n* Several lawyers were involved in the company's formation.	Gründung Mehrere Anwälte waren an der Unternehmensgründung beteiligt.
start up *v* The new company will start up operations after it has been registered with the Registrar of Companies.	aufnehmen; anfangen Die neue Gesellschaft wird ihre Geschäftstätigkeit aufnehmen, wenn sie beim Handelsregister eingetragen ist.

set up *v*	gründen
One year after setting up their company, Sue and Ellen decided to go public.	Ein Jahr nach ihrer Unternehmensgründung beschlossen Sue und Ellen, an die Börse zu gehen.
go public *v*	an die Börse gehen
Family owned companies sometimes go public in order to get new capital to finance expansions.	Familienunternehmen gehen manchmal an die Börse, um neues Kapital zur Finanzierung ihrer Expansion zu erhalten.
shareholder *n*	Aktionär(in); Gesellschafter(in) einer GmbH
share *n*	Aktie; Anteil an einer Gesellschaft
Shares in public limited companies are bought and sold on stock exchanges, whereas shares in private limited companies are not.	Aktien von Aktiengesellschaften werden an Börsen gekauft und verkauft, nicht aber Anteile in Privatgesellschaften.
registered *adj*	eingetragen
The Zeiss Co. is a registered corporation under the laws of the State of New York.	Die Zeiss Co. ist vor den Gesetzen des Staates New York eine eingetragene Gesellschaft.
registered office *n*	eingetragener Sitz
The company has its registered office in New York.	Die Gesellschaft hat ihren eingetragenen Sitz in New York.
flotation *n*	(Aktien)emission; Börseneinführung; Firmengründung
Obtaining a certificate of trading is the final step in the flotation of a new company.	Der Erwerb einer Gewerbeerlaubnis ist der letzte Schritt bei einer neuen Firmengründung.
subscriber *n*	Anteilszeichner(in)
Several large banks were among the subscribers for new shares.	Mehrere große Banken waren unter den Zeichnern neuer Aktien.
vest *v*	erwerben; liegen
Shareholder rights are vested in the person owning the shares.	Die Aktionärsrechte liegen bei derjenigen Person, die die Aktien besitzt.
(company) secretary *n*	höchste(r) Verwaltungsbeamter/ Verwaltungsbeamtin einer Gesellschaft; Verwaltungsleiter(in)
The company secretary shall keep all company records and observe that the corporation complies with its contracts.	Der Verwaltungsleiter soll alle Aufzeichnungen der Gesellschaft führen und darauf achten, daß die Aktiengesellschaft ihre Verträge erfüllt.
records *npl*	Aufzeichnungen
memorandum of association *n (GB)*; **articles of incorporation** *npl (US)*	Gesellschaftsvertrag; Gründungsurkunde und Satzung
The articles of incorporation create a company and they must be filed with the Secretary of State.	Die Gründungsurkunde begründet eine Gesellschaft und muß beim Staatssekretär hinterlegt werden.

articles of association *npl (GB)*; **by-laws** *npl (US)*	Satzung einer AG
The by-laws basically regulate the rights and duties of company officers and members.	Die Satzung regelt im wesentlichen die Rechte und Pflichten der leitenden Angestellten einer Gesellschaft und die ihrer Mitglieder.
Registrar of Companies *n (GB)*	Handelsregister; Gesellschaftsregister; Registerführer für Aktiengesellschaften
Our memorandum and articles of association were given to the Registrar of Companies for proper registration.	Unsere Gründungsurkunde und die Satzung wurden dem Handelsregister zur ordentlichen Eintragung übergeben.
registration *n*	Eintragung
register of companies *n (GB)*	Handelsregister
The register of companies contains the names of directors and registered addresses of companies.	Das Handelsregister enthält die Namen der Direktoren und eingetragenen Sitze der Gesellschaften.
Secretary of State *n (US)*	Staatssekretär(in)
certificate of incorporation *n*	Gründungsurkunde
A certificate of incorporation, issued by the Secretary of State, formally establishes a company.	Eine vom Staatssekretär ausgestellte Gründungsurkunde stellt die formelle Gründung einer Gesellschaft dar.
certificate of trading *n (GB)*; **business license** *n (US)*	Gewerbeerlaubnis, Gewerbeschein
Business licenses are issued to non-incorporated companies, such as sole proprietors.	Gewerbescheine werden für nicht eingetragene Gesellschaften wie beispielsweise Einzelunternehmer ausgestellt.
partnership articles *npl (GB)*; **articles of partnership** *npl (US)*	Gesellschaftsvertrag einer Handelsgesellschaft
The partnership articles govern the relationship between the partners in a partnership.	Der Gesellschaftsvertrag regelt das Verhältnis zwischen den Gesellschaftern einer Handelsgesellschaft.
deed of partnership *n (GB)*	Gesellschaftsvertrag
The lawyer advised Sue and Sharon to draw up a deed of partnership for their new company.	Der Rechtsanwalt riet Sue und Sharon, für ihre neue Gesellschaft einen Gesellschaftsvertrag aufzusetzen.
partner *n*	Teilhaber(in)
incorporation *n*	Gründung
Formal incorporation of the company took approximately eight weeks.	Die formelle Gründung der Kapitalgesellschaft dauerte ungefähr acht Wochen.
incorporate *v*	(eine Gesellschaft) gründen
British investors decided to incorporate under the laws of the State of Tennessee for tax reasons.	Britische Investoren beschlossen aus Steuergründen, eine Gesellschaft unter der rechtlichen Zuständigkeit des Staates Tennessee zu gründen.

non-registered *adj* A company has non-registered status until it is registered by the Registrar of Companies (UK) or with the Secretary of State (USA).	nicht eingetragen, in Gründung Eine Gesellschaft hat so lange nicht eingetragenen Status, bis sie im Gesellschaftsregister (UK) oder beim Staatssekretär (USA) eingetragen ist.

Einzelunternehmen, Aktiengesellschaften, Genossenschaften

small business *n* Mr. and Mrs. Smith are the only persons working at their small business.	Kleinunternehmen Herr und Frau Smith sind die einzigen Beschäftigten in ihrem Kleinunternehmen.
sole trader *n (GB)*; **sole proprietor** *n (US)*	Einzelunternehmer(in), Einzelkaufmann/-kauffrau; Alleininhaber(in)
one-man business *n (GB)*; **sole proprietorship** *n (US)*	Einzelunternehmen, Einzelfirma
profit-oriented *adj* The Morris Company started a profit-oriented incentive program for its managerial staff.	gewinnorientiert; mit Gewinnbeteiligung Die Morris Company ließ für ihre leitenden Mitarbeiter ein Anreizprogramm mit Gewinnbeteiligung anlaufen.
profit-motivated *adj* Non-profit businesses and charities are not profit-motivated.	gewinnorientiert Gemeinnützige Unternehmen und Wohltätigkeitsorganisationen sind nicht gewinnorientiert.
reap *v* A commodities investor recently reaped a profit of 300% on a futures transaction.	(hohe Gewinne) machen Ein Warentermininvestor machte neulich mit einem Termingeschäft einen Gewinn von 300%.
bear *v* The company had to bear a loss on its South American investment.	ertragen; hinnehmen Die Gesellschaft mußte bei ihrer Investition in Südamerika einen Verlust hinnehmen.
liability *n* The liability of a one-man business owner is not limited.	Haftung Die Haftung des Inhabers eines Einzelunternehmens ist unbeschränkt.
personal liability *n*; **private liability** *n* Mr. Watts, a freelance photographer, assumes personal liability for all of his debts.	unbeschränkte Haftung Herr Watts, ein freiberuflicher Fotograf, übernimmt die unbeschränkte Haftung für all seine Schulden.
limited liability *n* Shareholders' limited liability is restricted to the amount of capital they invest in a company.	beschränkte Haftung Die beschränkte Haftung von Gesellschaftern geht nur bis zur Höhe der Kapitaleinlage, die sie in die Gesellschaft investieren.

limited partnership *n*	Kommanditgesellschaft
In limited partnerships, the partners' liability is limited to the amount of money they have contributed.	In Kommanditgesellschaften ist die Haftung der Kommanditisten auf die Höhe ihrer Einlagen beschränkt.
limited (liability) company (Ltd) *n (GB)*; **private limited company** *n (GB)*; **closed corporation** *n (US)*	Gesellschaft mit beschränkter Haftung
The limited company (Ltd) is the most common type of company in the UK.	Die Gesellschaft mit beschränkter Haftung ist die häufigste Gesellschaftsform im Vereinigten Königreich.
incorporated company (Inc) *n (US)*; **(joint-stock) corporation (Corp.)** *n (US)*	Aktiengesellschaft
In the United States, most incorporated companies are registered with the Secretary of State.	In den Vereinigten Staaten sind die meisten Aktiengesellschaften beim Staatssekretär eingetragen.
partnership *n*	Personengesellschaft; Sozietät; Teilhaberschaft
Partnerships are most common among professional persons such as doctors and lawyers.	Sozietäten sind am meisten verbreitet bei Freiberuflern wie z.B. Ärzten und Anwälten.
member *n*	Mitglied
Mr. Mulligan is a member of the board of directors.	Herr Mulligan ist Mitglied des Aufsichtsrats.
co-ownership *n*	Miteigentum
Mr. Mulligan bought out his partners, thus ending co-ownership of the limited partnership.	Herr Mulligan kaufte die Anteile seiner Kommanditisten auf und beendete damit die Miteigentümerschaft der Kommanditgesellschaft.
objective *n*	Ziel, Zielvorstellung
The business failed because management had no clear objectives.	Das Geschäft war ein Mißerfolg, weil die Unternehmensführung keine klaren Zielvorstellungen hatte.
day-to-day *adj*	Tages-
Our bank's vice-presidents are in charge of day-to-day operations.	Die Vizepräsidenten unserer Bank sind für das Tagesgeschäft zuständig.
be in charge *v*	zuständig sein
running *n*	Leitung
The president is in charge of running the company.	Der Präsident ist für die Leitung der Gesellschaft verantwortlich.
public limited company (plc) *n (GB)*; **open corporation** *n (US)*	Aktiengesellschaft *(britische bzw. amerikanische Form einer Aktiengesellschaft)*
The shares of public limited companies may be bought and sold on the stock exchange.	Die Aktien einer Aktiengesellschaft können an der Wertpapierbörse erworben und verkauft werden.
annual general meeting (AGM) *n (GB)*; **annual meeting of shareholders** *n (US)*	Jahreshauptversammlung

adopt a resolution *v*	einen Beschluß fassen
Shareholders may change the articles of association by adopting resolutions.	Die Aktionäre oder Gesellschafter können die Satzung durch Beschlußfassung verändern.
majority vote *n*	Mehrheitsbeschluß
Shareholders may adopt resolutions by a majority vote of shareholders present at the meeting.	Aktionäre können mit der Mehrheit der auf der Versammlung anwesenden Aktieninhaber Beschlüsse fassen.
unanimity *n*	Einstimmigkeit; Einmütigkeit
The annual general meeting closed with a feeling of unanimity among shareholders.	Die Jahreshauptversammlung schloß mit einem Gefühl der Einmütigkeit unter den Aktionären.
unanimously *adv*	einstimmig
public corporation *n*	Körperschaft des öffentlichen Rechts, öffentlich-rechtliche Anstalt
Public corporations are owned by governments.	Körperschaften des öffentlichen Rechts befinden sich im Besitz von Regierungen.
autonomous *adj*	autonom
Registered corporations are autonomous legal entities.	Eingetragene Gesellschaften sind juristische Personen.
small-scale enterprise *n*	Kleinunternehmen
medium-sized enterprise *n*	mittelgroßes Unternehmen; mittelständisches Unternehmen
Fairway Ltd is a medium-sized enterprise with a staff of 300 persons.	Fairway Ltd ist ein mittelständisches Unternehmen mit 300 Mitarbeitern.
trading company *n*	Handelsgesellschaft
co-partner *n*	Mitgesellschafter(in)
Cornelius Sterling was my father's copartner in their accounting firm.	Cornelius Sterling war Mitgesellschafter in der Steuerberatungskanzlei meines Vaters.
general partner *n*	persönlich haftende(r) Gesellschafter(in)
The general partners will share in the partnership's profits on an equal basis.	Die persönlich haftenden Gesellschafter haben an den Gewinnen der Personengesellschaft den gleichen Anteil.
sleeping partner *n;* **dormant partner** *n*	stiller Teilhaber/stille Teilhaberin
Dormant partners may contribute money to a company but may not take part in its management.	Stille Teilhaber können einen finanziellen Beitrag zu einer Gesellschaft leisten, sie dürfen jedoch nicht in der Geschäftsführung mitwirken.
unlimited *adj*	unbeschränkt
Generally, a sole proprietor will bear unlimited liability for his company.	Im allgemeinen übernimmt ein Einzelunternehmer die unbeschränkte Haftung für seine Gesellschaft.

collaboration *n*	Zusammenarbeit
collaborate *v* Fairway Ltd and Preston plc have agreed to collaborate in the import trade.	zusammenarbeiten Fairway Ltd und die Preston plc haben vereinbart, im Importhandel zusammenzuarbeiten.
conduct *v* The director will conduct the shareholders' meeting.	leiten Der Direktor wird die Aktionärsversammlung leiten.
continuity *n* One purpose of the AGM is to guarantee continuity of succession of company management.	Kontinuität Es ist ein Ziel der Jahreshauptversammlung, die Kontinuität in der Nachfolge der Unternehmensführung zu garantieren.
non-profit-making *adj (GB);* **non-profit** *adj (US)* Charities and public corporations are usually non-profit organizations.	nicht gewinnorientiert; gemeinnützig Wohltätigkeitsorganisationen und öffentliche Körperschaften sind in der Regel gemeinnützige Organisationen.
worker co-operative *n* Each member of a worker co-operative has one vote at the general meeting.	Arbeitergenossenschaft Jedes Mitglied einer Arbeitergenossenschaft hat bei der Hauptversammlung eine Stimme.
consumer co-operative *n* We belong to a consumer co-operative that purchases fresh vegetables from local farmers.	Verbrauchergenossenschaft Wir gehören einer Verbrauchergenossenschaft an, die Frischgemüse von ortsansässigen Bauern kauft.
marketing co-operative *n* Several small-scale enterprises have formed a marketing co-operative for distributing their goods.	Vermarktungsgenossenschaft Mehrere Kleinunternehmen haben eine Vermarktungsgenossenschaft zum Vertrieb ihrer Waren gebildet.
friendly society *n (GB)* Friendly societies are organizations that are owned by their members.	Versicherungsverein auf Gegenseitigkeit (VVaG) Versicherungsvereine auf Gegenseitigkeit sind Organisationen, die im Besitz ihrer Mitglieder sind.
pool *v* Many automobile manufacturers throughout the world are pooling their resources to develop new specialty vehicles.	zusammentun, zusammenlegen Weltweit arbeiten Automobilhersteller mit vereinten Kräften an der Entwicklung neuer Spezialfahrzeuge zusammen.
equitable *adj* Voting rights in a workers' co-operative are equitable because each member has one vote.	fair, gerecht Das Stimmrecht in einer Arbeitergenossenschaft ist gerecht, weil jedes Mitglied eine Stimme hat.

quango (quasi non-government organization) *n (GB)*
Quangos are semi-permanent commissions or agencies set up to investigate special problems or provide special services such as arbitration and conciliation.

halbstaatliche Organisation
"Quangos" sind halbstaatliche Organisationen, die zur Untersuchung besonderer Probleme oder um besondere Dienstleistungen wie Schlichtung und Vermittlung zu erbringen, gebildet werden.

Großunternehmen

market share *n*
Marktanteil

economy of scale *n*
The object of the company's economy of scale is to reduce unit costs and distribution expenses at all of its plants.

Kostendegression
Das Ziel der Kostendegression des Unternehmens ist es, die Stückkosten und die Vertriebskosten in allen Werken zu senken.

operations *npl*
Delta Computer Inc. will invest 200 million dollars in its US operations next year.

Geschäftsbereiche; Geschäfte
Delta Computer Inc. wird im nächsten Jahr 200 Millionen Dollar in ihre amerikanischen Geschäftsbereiche investieren.

business activity *n*
Recent economic recovery has had a positive impact on North American business activities.

Geschäftstätigkeit
Der wirtschaftliche Aufschwung in der letzten Zeit hat eine positive Wirkung auf die geschäftlichen Aktivitäten in Nordamerika ausgeübt.

group *n*
North-Med Inc. belongs to a group of clinics owned by the General Hospital Group.

Gruppe; Konzern
Die North-Med Inc. gehört zu einer Gruppe von Kliniken, die im Besitz des General Hospital Konzerns ist.

expand *v*
Delta Computer Inc. is planning to expand its operations in Poland.

expandieren, ausweiten
Delta Computer Inc. plant, seine Geschäftstätigkeit in Polen auszuweiten.

expansion *n*
Expansion

joint venture *n*
Murdock plc and US Oil Inc. agreed on a joint venture for oil exploration in the North Sea.

Joint-venture
Die Murdock plc und die US Oil Inc. haben sich auf ein Joint-venture zur Ölförderung in der Nordsee geeinigt.

take over *v*
Delta Computer Inc. plans to take over several small software manufacturers over the next 5 years.

übernehmen
Die Delta Computer Inc. plant, in den nächsten fünf Jahren mehrere kleine Softwarehersteller zu übernehmen.

takeover *n*
Übernahme

takeover bid *n*	Übernahmeangebot
Fennway plc has announced a £50 million takeover bid for its main competitor.	Die Fennway plc hat ein Übernahmeangebot von 50 Millionen Pfund für ihren Hauptkonkurrenten angekündigt.
launch a takeover bid *phrase;* **stage a takeover bid** *phrase*	ein Übernahmeangebot machen
merger *n*	Fusion
Federal law in the US forbids mergers which would result in a monopoly.	Das Bundesrecht in den USA untersagt Fusionen, die zu einer Monopolstellung führen würden.
merge *v*	fusionieren
absorb *v*	absorbieren, aufnehmen
Delta Computers Inc. has absorbed three of its competitors through takeovers.	Delta Computers Inc. hat drei ihrer Konkurrenten durch Übernahmen absorbiert.
amalgamation *n*	Unternehmenszusammenschluß
integration *n*	Integration
The integration of all our subsidiaries in a holding company will save on management costs.	Die Integration all unserer Tochterfirmen in einer Holding-Gesellschaft wird Verwaltungskosten sparen.
multinational corporation *n;* **multinational** *n*	multinationales Unternehmen, Multi
conglomerate *n*	Unternehmensgruppe
Conglomerates are diversified companies that usually consist of a holding company and a group of subsidiaries that are involved in different business activities.	Unternehmensgruppen sind breit gefächerte Unternehmen, die normalerweise aus einer Holding und einer Gruppe von Töchtern bestehen, die unterschiedlichen Geschäftsaktivitäten nachgehen.
multi-product firm *n*	Mischkonzern
The objective of our diversification scheme is to make the company into a multi-product firm.	Das Ziel unseres Diversifizierungsplans ist es, das Unternehmen zu einem Mischkonzern zu machen.
subsidiary *n*	Tochtergesellschaft; Tochterfirma
wholly owned *adj*	in 100%igem Besitz
After the merger, North-Med Inc. will become a wholly owned subsidiary of the General Hospital Group.	Nach der Fusion wird North-Med Inc. eine 100%ige Tochterfirma des General Hospital Konzerns sein.
be fully owned *v*	vollständig gehören, 100%ig besitzen
The book shop is fully owned by Mr. Smith, its proprietor.	Die Buchhandlung gehört ganz Herrn Smith, seinem Inhaber.
parent company *n*	Muttergesellschaft
General Electric is the parent company of CNBC.	General Electric ist die Muttergesellschaft von CNBC.
sister company *n*	Schwestergesellschaft
monopoly *n*	Monopol
Section 2 of the Sherman Antitrust Act prohibits monopolies in the US.	Abschnitt 2 des Sherman Antitrust-Gesetzes verbietet Monopole in den Vereinigten Staaten.

natural monopoly *n* Natural monopolies usually exist for gas, water or electricity, where the capital costs for competition are too high.	natürliches Monopol Natürliche Monopole bestehen für Gas, Wasser oder Elektrizität, wo die Investitionskosten für Konkurrenten zu hoch sind.
diseconomy of scale *n (GB)* Large companies sometimes suffer from diseconomies of scale caused by extra costs of advertising, marketing and distribution or bad labor relations.	Größennachteil Große Unternehmen haben manchmal Größennachteile, die durch zusätzliche Kosten in Werbung, Marketing und Vertrieb oder durch gespannte Arbeitsbeziehungen verursacht werden.
diversification *n* The railroad's attempt at diversification into the hotel industry was a failure.	Diversifizierung, Diversifikation Der Diversifikationsversuch der Eisenbahn im Hotelgewerbe war ein Fehlschlag.
diversify *v*	diversifizieren
core activity *n* The railroad's core activity is the operation and management of rail service.	Haupttätigkeit Die Haupttätigkeit der Eisenbahn ist der Betrieb und das Management des Bahndienstes.
friendly takeover *n*	freundliche Übernahme
hostile takeover *n*	unfreundliche Übernahme
reverse takeover *n* The announcement of a reverse takeover by Fennway plc pleased its shareholders.	gegenläufige Fusion Die Ankündigung einer gegenläufigen Fusion durch die Fennway plc erfreute ihre Aktionäre.
buyout *n* The company agreed to the buyout, which saved it from bankruptcy.	Aufkauf Das Unternehmen hat dem Aufkauf, der es vor dem Bankrott rettete, zugestimmt.
management buyout *n* The management purchased the retail sales division of Claymore Wholesale plc in a £20 million management buyout.	Management-Buyout, Übernahme durch die Geschäftsleitung Durch ein 20-Millionen-Pfund Management-Buyout erwarb die Geschäftsleitung den Einzelhandelsbereich der Claymore Wholesale plc.
leveraged buyout (LBO) *n* Leveraged buyouts often lead to liquidation of the purchased company in order to make a quick profit.	fremdfinanzierter Unternehmensaufkauf Fremdfinanzierte Unternehmensaufkäufe führen oft zu einer Liquidation der erworbenen Gesellschaft, um schnellen Gewinn zu machen.
horizontal *adj* Fennway plc is using horizontal integration to take over firms operating in its line of business in order to reduce unit costs.	horizontal Mittels horizontaler Integration übernimmt die Fennway plc Firmen, die in ihrer Sparte tätig sind, um die Stückkosten zu senken.

vertical forward *adj* Due to rising wholesaler costs, Fennway plc choose vertical forward integration in order to directly distribute its products to retailers.	vertikal vorwärts Aufgrund steigender Großhandelskosten entschied sich die Fennway plc für die vertikale Vorwärtsintegration, um ihre Produkte direkt an Einzelhändler zu vertreiben.
vertical backward *adj* American Motors Corp. decided on a vertical backward integration plan so that it could make its own parts and eliminate suppliers.	vertikal rückwärts Die American Motors Corporation entschied sich für einen Plan zur vertikalen Rückwärtsintegration, so daß sie ihre eigenen Bauteile herstellen und ohne Zulieferer auskommen konnte.
conglomerate *adj* Fennway plc uses conglomerate integration to diversify into a range of different product areas.	Misch- Die Fennway plc diversifiziert mittels Mischintegration in eine ganze Reihe unterschiedlicher Produktgebiete.
transnational *adj;* **multinational** *adj* Delta Computers Inc. is a multinational corporation that sells its products in over 90 countries.	multinational Die Delta Computers Inc. ist ein multinationales Unternehmen, das seine Produkte in über 90 Ländern verkauft.
holding company *n* Fennway International plc is a holding company that controls 100% of shares in Fennway companies located outside the UK.	Holding-Gesellschaft Die Fennway International plc ist eine Holding, die 100% der Aktien der Fennway-Gesellschaften außerhalb des Vereinigten Königreichs kontrolliert.
cartel *n* Cartels which fix prices, share markets or restrict production are punishable by law in the US and EU.	Kartell Kartelle, die Preisabsprachen treffen, sich Märkte teilen oder die Produktion reduzieren, machen sich vor dem Gesetz in den Vereinigten Staaten und der Europäischen Union strafbar.
trust *n* Three oil companies attempted to form a trust in order to control markets.	Monopol, Trust Drei Ölgesellschaften versuchten, ein Monopol zur Kontrolle des Marktes zu bilden.
oligopoly *n* An oligopoly is a market structure in which only a few sellers dominate supply conditions.	Oligopol Ein Oligopol ist eine Marktstruktur, bei der nur ein paar Anbieter die Angebotskonditionen bestimmen.

Auflösung von Gesellschaften

go out of business *phrase* The Presto Rubber Co. went out of business because of the poor quality of its products.	schließen, zumachen, dichtmachen Die Preston Rubber Co. mußte wegen der schlechten Qualität ihrer Produkte schließen.

sell off *v*	(aus)verkaufen, abstoßen
The company has decided to sell off three of its unprofitable divisions.	Die Gesellschaft hat beschlossen, drei ihrer unrentablen Bereiche abzustoßen.
dissolve *v*	auflösen
The shareholders of Mayfair Ltd adopted a resolution to dissolve their company.	Die Aktionäre der Mayfair Ltd faßten den Beschluß, ihre Gesellschaft aufzulösen.
liquidation *n*	Liquidation, Abwicklung; Auflösung
Liquidation of a company causes it to cease to exist.	Die Abwicklung einer Gesellschaft beendet ihre Existenz.
cease *v*	aufhören
liquidate *v*	liquidieren, abwickeln; auflösen
A receiver liquidated the company's assets in order to pay its creditors.	Ein Konkursverwalter wickelte die Vermögenswerte der Gesellschaft ab, um ihre Gläubiger zu bezahlen.
go into liquidation *phrase*	in die Liquidation gehen
Mayfair Ltd went into liquidation after the company was dissolved.	Die Mayfair Ltd ging in die Liquidation, nachdem die Gesellschaft aufgelöst wurde.
voluntary *adj*	freiwillig
Some companies will go into voluntary liquidation when they realize that they are insolvent.	Einige Unternehmen gehen freiwillig in die Liquidation, wenn sie ihre Zahlungsunfähigkeit feststellen.
compulsory *adj*	zwangsweise
Other companies are forced into compulsory liquidation by their creditors.	Andere Unternehmen werden von ihren Gläubigern zur Zwangsliquidation gedrängt.
go bust *v*	pleite gehen
The company went bust because of bad management.	Das Unternehmen ging wegen schlechter Geschäftsführung pleite.
go bankrupt *v*	Konkurs machen, bankrott gehen
Reed Ltd went bankrupt because its investments in North American gold mines were not profitable.	Die Reed Ltd macht Konkurs, weil ihre Investitionen in nordamerikanische Goldminen keinen Gewinn einbrachten.
insolvent *adj*	zahlungsunfähig
file for bankruptcy *phrase*	Konkurs anmelden
in the red *phrase*	in den roten Zahlen
The company was in the red for over 30 million dollars.	Das Unternehmen war mit über 30 Millionen Dollar in den roten Zahlen.
bankrupt *adj*	bankrott, im Konkurs befindlich
bankruptcy *n*	Bankrott; Konkurs
The recession has caused thousands of bankruptcies.	Die Rezession hat Tausende von Konkursen verursacht.

cease trading *v* Stockbrokers ceased trading in shares of Fennway plc when they learned that the company had filed for bankruptcy.	den Handel einstellen Als sie hörten, daß die Gesellschaft Konkurs angemeldet hatte, stellten die Börsenbroker den Handel mit Aktien der Fennway plc ein.
wind up *v (GB)* The court appointed a receiver to wind up the company by selling its assets.	liquidieren Das Gericht ernannte einen Liquidator, der die Gesellschaft durch den Verkauf ihrer Vermögenswerte liquidieren sollte.
dissolution *n* Dissolution of the company cost shareholders all of the share capital they had invested.	Auflösung Die Auflösung der Gesellschaft kostete die Aktionäre das gesamte von ihnen investierte Aktienkapital.
failure *n* The company's failure was caused by mismanagement.	Insolvenz Die Insolvenz der Gesellschaft war eine Folge von Mißmanagement.
mismanagement *n*	Mißmanagement, schlechtes Management
divest *v* The firm divested itself of two old factories in order to concentrate production at its new plant.	abstoßen, veräußern Die Firma stieß zwei alte Fabriken ab, um die Produktion in ihrem neuen Werk zu konzentrieren.
deregistration *n (GB)* The bankrupt company applied for deregistration from the Register of Companies.	Löschung Die bankrotte Gesellschaft beantragte die Löschung im Handelsregister.
official receiver *n* The court appointed an official receiver to liquidate the bankrupt company.	amtlich/gerichtlich/behördlich bestellte(r) Konkursverwalter(in) Das Gericht ernannte einen Konkursverwalter zur Abwicklung des in Konkurs gegangenen Unternehmens.
go into receivership *phrase*	Konkurs machen, in Konkurs gehen
preferential *adj* Creditors will usually have preferential rights to the company's assets in case of bankruptcy.	bevorrechtigt Im Falle eines Konkurses haben Gläubiger normalerweise bevorrechtigte Forderungen auf die Aktiva des Unternehmens.

Unternehmensstruktur 4

Strukturtypen

hierarchy *n*	Hierarchie
"Officer" is the term commonly used in many US corporate hierarchies to describe a post held in senior corporate management.	"Officer" ist der in vielen Unternehmenshierarchien in den USA weitverbreitete Begriff, mit dem eine Position im gehobenen Firmenmanagement bezeichnet wird.
business sector *n*	Geschäftsbereich, Unternehmensbereich
The Maxwell Corp. operates in three business sectors: commodity trading, grain import and export and marine shipping.	Die Maxwell Corp. ist in drei Geschäftsbereichen tätig: Warenterminhandel, Getreideimport und -export und Seetransport.
cost centre *n (GB)*; **cost center** *n (US)*	Kostenstelle
Each of our corporation's overseas sales divisions has its own cost center and its own sales department.	Jede Übersee-Verkaufsabteilung unseres Unternehmens hat ihre eigene Kostenstelle und ihre eigene Verkaufsabteilung.
department *n*	Abteilung
profit centre *n (GB)*; **profit center** *n (US)*	Profit Center; Ertragsstelle, Gewinnstelle; Geschäftsbereich mit Gewinnverantwortung
Each overseas sales division has its own profit center which is responsible for the profits earned in that country.	Jede Verkaufsabteilung in Übersee ist ein eigenständiges Profit Center und ist somit verantwortlich für die Gewinne in dem betreffenden Land.
organic *adj*	organisch
Maxwell Corp. is organized according to a hierarchical structure and not an organic structure.	Die Organisation der Maxwell Corporation folgt einer hierarchischen, nicht einer organischen Struktur.
centralize *v*	zentralisieren
decentralize *v*	dezentralisieren
project-based *adj*	projektbezogen
The chief financial officer was asked to make a project-based review of the corporation's new investment plans.	Der Leiter der Finanzabteilung wurde gebeten, eine projektbezogene Überprüfung der neuen Investitionspläne des Unternehmens vorzunehmen.
communication lines *npl (GB)*; **lines of communication** *npl (US)*	Kommunikationsstruktur
Just-in-time manufacturing requires good lines of communication between the manufacturer and his suppliers.	Bei der Just-in-time-Produktion ist eine gute Kommunikationsstruktur zwischen dem Hersteller und den Zulieferern nötig.

procedure *n*	Verfahren
policy *n* Company policy requires that the legal department must review all contracts before they are signed.	Politik; Vorgehensweise Die Unternehmenspolitik verlangt, daß die Rechtsabteilung alle Verträge überprüft, bevor sie unterschrieben werden.
group *v, n* The sales of all our domestic operations are grouped under "North American Sales".	gruppieren; einordnen; Gruppe Die Umsätze unseres Inlandsgeschäfts werden zum "nordamerikanischen Absatz" gerechnet
structure *v, n* Management has decided to structure its manufacturing operations using Japanese work methods.	strukturieren, aufbauen, gestalten; Struktur Die Unternehmensführung hat beschlossen, die Fertigung nach dem Vorbild japanischer Arbeitsmethoden zu strukturieren.
internal structure *n*	interne (Unternehmens)struktur
hierarchical *adj*	hierarchisch
status *n* The chairman of the board of directors holds the highest status in a US corporation.	Status; Stellung In einem amerikanischen Unternehmen hat der Aufsichtsratsvorsitzende die höchste Stellung inne.
division *n* Three of the corporation's divisions produce automobiles.	Geschäftsbereich, Unternehmensbereich In drei Bereichen des Unternehmens werden Automobile produziert.
flat *adj* Promotions are generally horizontal in a flat corporate organization.	flach In Unternehmen mit einer flachen Führungsstruktur erfolgen Beförderungen im allgemeinen auf horizontaler Ebene.
tall *adj* Persons are promoted to positions of increasing responsibility in a tall corporate organization.	vielstufig, stark hierarchisch gegliedert In einer stark hierarchisch gegliederten Führungsstruktur erfolgt ein Aufstieg in zunehmend verantwortungsvollere Positionen.
matrix *adj* In a matrix organization, individuals report to managers in more than one department in order to improve interdepartmental cooperation.	Matrix- Um die Zusammenarbeit der Abteilungen zu verbessern, untersteht in einer Matrixorganisation der einzelne mehreren Abteilungsleitern.
interdependent *adj* The sales and order departments are interdependent on each other.	voneinander abhängig Die Verkaufs- und Auftragsabwicklungsabteilungen sind voneinander abhängig.

cross- *adj* The matrix organizational structure is used where a high degree of cross-functional coordination is required, i.e., for interdepartmental projects.	sich kreuzend Die Matrixorganisation wird da gebraucht, wo ein hohes Maß an Koordination bei Funktionsüberschneidungen nötig ist, z.B. bei abteilungsübergreifenden Projekten.
organizational *adj*	Organisations-
interdepartmental *adj*	abteilungsübergreifend
functional *adj*	Funktions-; funktional
fragmented *adj* The company went bankrupt because its organization was too fragmented.	unzusammenhängend Das Unternehmen ging bankrott, weil es zu unzusammenhängend organisiert war.
implement *v* One of the duties of a chief executive is to implement corporate policy decided by the board of directors.	durchführen; ausführen Es ist eine der Aufgaben eines Hauptgeschäftsführers, die Unternehmenspolitik, die vom Aufsichtsrat beschlossen wurde, auszuführen.
devise *v* The industrial relations officer has devised a new cooperation plan between labor and management.	sich ausdenken; entwickeln Der Leiter für Arbeitgeber-Arbeitnehmerbeziehungen hat einen neuen Plan für die Zusammenarbeit zwischen den Arbeitern und der Unternehmensführung entwickelt.
assign *v* Mr. Cole has been assigned to the post of Executive Director of European Marketing and Sales.	zuweisen, zuteilen; beauftragen Herrn Cole ist die Stelle des geschäftsführenden Direktors übertragen worden.

Führung und Management

manager *n* The department manager holds a monthly staff meeting with his supervisors.	Manager(in), Führungskraft Der Abteilungsleiter trifft sich einmal im Monat zu einer Besprechung mit seinen Vorgesetzten.
senior management *n*	ober(st)e Führungsebene
middle management *n* Middle management devises plans to carry out the directives of top management.	mittleres Management, mittlere Führungsebene Das mittlere Management entwickelt Pläne zur Durchführung der Vorgaben, die das obere Management gemacht hat.
supervisory management *n*; **first-line management** *n* Supervisory management occurs at the lower level of the management hierarchy.	unterste Führungsebene, unteres Management Die Mitglieder der untersten Führungsebene erscheinen am unteren Ende der Führungshierarchie.

supervisor *n*	Aufsichtsführende(r), Vorgesetzte(r); Vorarbeiter(in)
The supervisor is in charge of 25 assembly line workers.	Der Vorarbeiter ist für 25 Fließbandarbeiter verantwortlich.
management consultant *n*	Unternehmensberater(in), Betriebsberater(in)
The company called in an independent management consultant to devise a plan for decentralizing management tasks.	Das Unternehmen berief eine unabhängige Unternehmensberaterin, die einen Plan zur Dezentralisierung der Management-Aufgaben entwickeln sollte.
call in *v*	heranziehen, berufen
head office *n*	Hauptverwaltung, Hauptgeschäftsstelle, Zentrale, Hauptniederlassung, Sitz der Gesellschaft
The company's head office is located in London.	Der Sitz der Gesellschaft befindet sich in London.
headquarters *npl*	Sitz; Zentrale; Hauptverwaltung
The corporation's headquarters are in Detroit, however its manufacturing plants are spread across the US.	Der Unternehmenssitz befindet sich in Detroit, seine Produktionswerke sind jedoch über die gesamten Vereinigten Staaten verstreut.
branch office *n*	Zweigniederlassung
corporate planning *n*	Unternehmensplanung
supervision *n*	Beaufsichtigung, Überwachung
The plant manager is in charge of day-to-day plant supervision.	Der Werksleiter hat die ständige Aufsicht über das Werk.
decision-making *n*	Treffen von Entscheidungen
Plant managers and supervisors were included in the decision-making process regarding the purchase of new machines.	Werksleiter und Aufsichtspersonal wurden in den Entscheidungsprozeß zur Anschaffung neuer Maschinen mit einbezogen.
authority *n*	Autorität; Befugnis
authoritarian *adj*	autoritär
The manager's authoritarian management style caused low morale and production at the plant.	Der autoritäre Führungsstil des Managers führte im Werk zu einer niedrigen Arbeitsmoral und zu einer niedrigen Produktion.
management style *n*	Führungsstil
democratic *adj*	demokratisch
delegate *v*	delegieren
Authoritarian managers often fail to delegate authority to subordinates.	Autoritäre Manager können oft keine Befugnisse an Untergebene delegieren.
transfer *v*	versetzen
Mr. Moore was transferred from the branch office to the head office to assume a new post as senior vice-president.	Herr Moore wurde von der Zweigstelle in die Zentrale versetzt, um dort seine neue Stelle als leitender Vizepräsident anzutreten.

pass on *v*	übergehen auf; übertragen
The post of senior vice-president passed on to Mr. Moore after his predecessor retired.	Die Stelle des leitenden Vizepräsidenten fiel an Herrn Moore, nachdem sein Vorgänger in den Ruhestand trat.
subordinate *adj, n*	unterstellt; Untergebene(r)
General managers are subordinate to vice-presidents in the corporate structure.	In der Unternehmensstruktur stehen Geschäftsführer unter den Vizepräsidenten.
clerical staff *n*	Büropersonal
clerk *n*	Büroangestellte(r); Sachbearbeiter(in)
Caroline Lee, a purchasing clerk, was promoted to office supervisor after seven years of company service.	Nach sieben Jahren Firmenzugehörigkeit wurde Caroline Lee, eine Sachbearbeiterin im Einkauf, zur Büroleiterin befördert.
work-force *n*	Arbeiterschaft, Belegschaft
The company's work-force is managed by the human resources department.	Die Belegschaft des Unternehmens wird von der Personalabteilung verwaltet.
line manager *n*	Linienmanager
Line managers carry out the orders of their superiors and have authority over others.	Linienmanager führen die Aufträge ihrer Vorgesetzten aus und haben selbst Weisungsbefugnis gegenüber anderen.
MBO *n;* **management by objectives** *n*	Management by objectives; zielgesteuerte Unternehmensführung
Management by objectives requires management to establish goals, responsibilities and expected results.	In der zielgesteuerten Unternehmensführung ist es notwendig, daß die Geschäftsführung Ziele, Zuständigkeiten und die erwarteten Resultate definiert.
process-oriented management *n*	prozeßorientierte Unternehmensführung
Production has risen 10% since the introduction of process-oriented management.	Seit der Einführung der prozeßorientierten Unternehmensführung ist die Produktion um 10 Prozent gestiegen.
ad-hoc committee *n*	Sonderausschuß
The CEO appointed an ad-hoc committee in the manufacturing division to study and recommend ways of cutting production costs.	Der Generaldirektor ernannte einen Sonderausschuß in der Produktionsabteilung, der Möglichkeiten der Produktionskostensenkung untersuchen und empfehlen sollte.
acting *adj*	stellvertretend
The company's chief operating officer was appointed acting CEO until the next board meeting.	Der Betriebsleiter des Unternehmens wurde bis zur nächsten Aufsichtsratssitzung zum stellvertretenden Generaldirektor ernannt.
ex officio *adj*	von Amts wegen, in amtlicher Eigenschaft
The company's chief financial officer is an ex officio member of the finance committee.	Der Finanzchef des Unternehmens gehört von Amts wegen dem Finanzausschuß an.

honorary *adj* Mr. Stewart, the corporation's founder, was elected honorary board chairman after his retirement from the company.	Ehren- Herr Stewart, der Gründer der Gesellschaft, wurde, nachdem er sich aus Altersgründen aus dem Unternehmen zurückgezogen hatte, zum Ehrenvorsitzenden des Aufsichtsrats gewählt.
span of control *n* An executive's span of control generally increases as he moves up the corporate ladder.	Weisungsbereich Der Weisungsbereich einer Führungskraft wird im allgemeinen mit dem Aufstieg auf der Unternehmensleiter größer.
hands-on *adj* Mr. Miller, who is considered a hands-on manager, is often seen in the plant talking to supervisors, workers and staff.	aktiv, engagiert Herrn Miller, den man für einen engagierten Geschäftsführer hält, sieht man im Werk oft im Gespräch mit Aufsichtspersonal, Arbeitern und Belegschaft.
chain of command *n* Management's instructions and information are passed through the chain of command to the appropriate corporate level.	Weisungskette Die Anweisungen und Informationen der Geschäftsleitung werden über die Weisungskette an die entsprechende Unternehmensebene weitergeleitet.
discretion *n* The president may appoint or hire managers at his own discretion.	Ermessen Der Präsident kann leitende Angestellte nach eigenem Ermessen ernennen oder einstellen.
expertise *n* The board was convinced that Mr. Smith had the expertise to make the company profitable again.	Sachverstand, Sachkenntnis Der Aufsichtsrat war überzeugt, daß Herr Smith über genügend Sachverstand verfügte, um das Unternehmen wieder in die Gewinnzone zu steuern.
conflict-resolution *n*	Konfliktlösung
autocratic *adj*	autokratisch, selbstherrlich
charismatic *adj* Mr. Killigan is a charismatic person who can inspire his employees.	charismatisch Herr Killigan ist jemand mit Charisma, der seine Angestellten inspirieren kann.
inspire *v*	inspirieren, motivieren
laissez-faire *adj* Some union leaders were suspicious of the Prime Minister's remarks on introducing laissez-faire economic policies.	Laisser-faire- Einige Gewerkschaftsführer wurden gegenüber den Bemerkungen der Premierministerin über die Einführung Laisser-faire-orientierter Wirtschaftspraktiken mißtrauisch.
entrust *v* The bank's branch office manager was entrusted with the combination to the safe.	anvertrauen Dem Filialleiter der Bank wurde die Safekombination anvertraut.

manpower *n* Management expects that manpower requirements will decrease as plants are automated.	Arbeitspotential, Arbeitskräfte Mit der Automatisierung der Werke erwartet das Management einen Rückgang des Arbeitskräftebedarfs.
operative *n (GB)*; **operator** *n (US)*	ausführende Arbeitskraft; Maschinist(in)
The new plant manager has less knowledge of the machines than the operators do.	Der neue Werksleiter kennt sich mit den Maschinen nicht so gut aus wie die Leute, die sie bedienen.
accountable *adj* The executive director of group sales was made accountable for the 25% drop in sales	rechenschaftspflichtig Der Verkaufsdirektor des Konzerns wurde für den 25%igen Umsatzrückgang zur Rechenschaft gezogen.
answerable *adj* The chief operating officer is directly answerable to the chief executive officer.	verantwortlich Der Betriebsleiter ist dem Generaldirektor gegenüber direkt verantwortlich.

Führungsebene

board of directors *n* The board of directors is directly responsible for forming and directing company policy.	Aufsichtsrat Der Aufsichtsrat ist für die Entwicklung und Durchführung der Unternehmenspolitik direkt verantwortlich.
board room *n*	Vorstandsetage
chairperson *n*; **chairman** *n (GB)*; **president** *n (US)* The chairman of a US corporation can also hold the office of company president.	Präsident(in); Hauptgeschäftsführer(in); Aufsichtsratsvorsitzende(r) Der Aufsichtsratsvorsitzende eines amerikanischen Unternehmens kann auch die Position des Geschäftsführers innehaben.
board of management *n*; **board of managers** *n*	Vorstand
managing director *n (GB)*; **chief executive officer (CEO)** *n (US)* The chief executive officer is the most powerful office in the US corporate hierarchy.	Generaldirektor(in); Geschäftsführer(in); geschäftsführender Direktor Der Posten des Generaldirektors ist der mächtigste in der amerikanischen Unternehmenshierarchie.
Chief operating officer (COO) *n (US)*	Betriebsleiter(in)
The chief operating officer of a US corporation is responsible for day-to-day operations and is directly responsible to the CEO or board of directors.	Der Betriebsleiter eines amerikanischen Unternehmens ist für den täglichen Ablauf verantwortlich, und er untersteht direkt dem Generaldirektor oder dem Aufsichtsrat.
executive director *n*	geschäftsführende(r) Direktor(in), Geschäftsführer(in)

chief executive *n*	Hauptgeschäftsführer(in); leitende(r) Direktor(in)
Mr. Planks was made chief executive in charge of the corporation's marketing operation.	Herr Planks wurde leitender Direktor mit der Zuständigkeit für das Marketing des Unternehmens.
senior executive *n*	obere Führungskraft
top management *n*	oberste Führung; Führungsspitze
Top management makes major decisions and long-range plans for a corporation.	Die oberste Führung trifft die wichtigsten Entscheidungen und macht die Langzeitplanung eines Unternehmens.
director *n (GB)*; **vice-president** *n (US)*	Vizepräsident(in); Hauptabteilungsleiter(in)
A vice-president ranks under the chief operating officer or president and is usually responsible for a corporate operation.	Ein Hauptabteilungsleiter steht unter dem Betriebsleiter oder dem Präsidenten und ist normalerweise für einen betrieblichen Aufgabenbereich zuständig.
manager *n (GB)*; **director** *n (US)*	Direktor(in); Manager(in); leitende(r) Angestellte(r)
Mr. Whip is the director of human resources.	Herr Whip ist der Leiter der Personalabteilung.
vice-chairman *n*; **vice-chairperson** *n*	stellvertretende(r) Vorsitzende(r)
The company's vice-chairman will take over the responsibilities of the board chairman until the next annual meeting of shareholders.	Der stellvertretende Vorsitzende der Gesellschaft wird bis zur nächsten Jahreshauptversammlung der Aktionäre die Aufgaben des Aufsichtsratsvorsitzenden übernehmen.
executive vice-president *n*	(hauptamtlicher/hauptamtliche) Vizepräsident(in), Bereichsleiter(in), geschäftsführende(r) Abteilungsleiter(in)
executive *n*	leitende(r) Angestellte(r)
Mrs. Smith is an executive with a major New York bank.	Frau Smith ist leitende Angestellte einer großen New Yorker Bank.
officer *n*	leitende(r) Angestellte(r)
general manager *n*	leitende(r) Direktor(in); Geschäftsführer(in)
The plant's general manager is subordinate to the vice-president in charge of manufacturing operations.	Der Geschäftsführer des Werkes ist dem für die Produktionsabläufe zuständigen Vizepräsidenten unterstellt.
head *n*	Leiter(in); Chef(in)
Mr. Chapin, who is the company's CEO, is the head of the corporation.	Herr Chapin, der Generaldirektor des Unternehmens, ist der Chef der Gesellschaft.
deputy *n, adj*	Stellvertreter(in); stellvertretend
Mrs. Pearson is the deputy director of human resources.	Frau Pearson ist die stellvertretende Personaldirektorin.

department head *n*	Abteilungsleiter(in)
assistant *n*	Assistent(in)
board member *n*	Mitglied des Aufsichtsrates/Verwaltungsrates/ Vorstandes
company secretary *n*	Gesellschaftssekretär(in); Verwaltungsleiter(in)
The company's legal department is subordinate to the company secretary.	Die Rechtsabteilung des Unternehmens untersteht dem Gesellschaftssekretär.
treasurer *n*	Finanzdirektor(in)
non-executive director *n*	nicht geschäftsführendes Aufsichtsratsmitglied
Mr. Sanchez, a bank president, is a non-executive director of the Westmann Clothing Co.	Herr Sanchez, der Präsident einer Bank, ist nicht geschäftsführendes Aufsichtsratsmitglied der Westmann Clothing Co.
principal *adj*	Haupt-, hauptsächlich
The chief executive officer is a corporation's principal executive.	Der Generaldirektor ist die Hauptführungskraft eines Unternehmens.
divisional head *n;* **section head** *n*	Bereichsleiter(in)
Our new divisional head comes to the company with 20 years of experience in plant management.	Unser neuer Bereichsleiter kommt mit einer 20jährigen Betriebsleitungserfahrung zu uns.
project director *n*	Projektleiter(in)
junior manager *n*	Jungmanager(in)
After getting a degree in business administration, John joined Mayfair plc as a junior manager.	Nachdem er sein Studium mit einem akademischen Grad in Betriebswirtschaftslehre abgeschlossen hatte, ging John als Jungmanager zur Mayfair plc.
worker director *n*	Arbeitnehmervertreter(in) im Aufsichtsrat
Mr. Killian is a union member and worker director on our company's board of directors.	Herr Killian ist Gewerkschaftsmitglied und Arbeitnehmervertreter im Aufsichtsrat unseres Unternehmens.
worker representative *n*	Arbeitnehmervertreter(in); Betriebsrat

Produktion, Einkauf, Marketing, Verkauf

shop floor *n*	Betrieb
We often see the plant manager talking to workers on the shop floor.	Wir sehen den Werksleiter oft im Gespräch mit den Arbeitern im Betrieb.
operations *npl*	Geschäftsabläufe, Geschäftvorgänge

works manager *n (GB)*; **plant manager** *n (US)*	Werksleiter(in), Betriebsleiter(in)
The works manager was killed in an explosion at the chemical plant.	Der Betriebsleiter kam bei einer Explosion in dem Chemiewerk ums Leben.
engineering department *n*	Konstruktionsabteilung
design department *n*	Abteilung für Produktgestaltung
production department *n*	Produktion(sabteilung)
foreman *n*	Meister(in)
assistant foreman *n*	Vorarbeiter(in)
master craftsman *n*	Handwerksmeister(in)
purchasing manager *n*	Einkaufsleiter(in)
The purchasing manager has his own cost center.	Der Einkaufsleiter hat seine eigene Kostenstelle.
purchasing department *n*	Einkauf(sabteilung)
warehouse manager *n*	Lagerleiter(in)
stores *npl*	Lager
goods receiving department *n*	Warenannahme(abteilung)
shipping department *n*	Warenausgang, Versandabteilung
chief buyer *n*	Chefeinkäufer(in)
The chief buyer of the Westmann Clothing Co. is often out of the country at cotton auctions.	Der Chefeinkäufer der Westmann Clothing Co. ist oft bei Baumwollauktionen außer Landes.
planning manager *n*	Planungsleiter(in)
The planning manager submitted a cost reduction scheme to the company director.	Der Planungsleiter legte dem Direktor des Unternehmens einen Kostensenkungsplan vor.
marketing manager *n*	Marketingleiter(in)
Our company's marketing manager is also in charge of product advertising.	Der Marketingleiter unseres Unternehmens ist auch für die Produktwerbung zuständig.
marketing department *n*	Marketingabteilung
sales department *n*	Verkaufsabteilung
sales manager *n*	Verkaufsleiter(in)
salesperson *n*	Verkäufer(in); Vertreter(in)
Under the incentive program, each salesperson will be given a $5,000 bonus for every three sales contracts signed.	Das Leistungsprämienprogramm sieht vor, daß jeder Verkäufer $ 5.000,-- für je drei abgeschlossene Verkaufsverträge erhält.
representative *n*	Vertreter(in)
All of our overseas sales representatives are fluent in several foreign languages.	All unsere Vertreter in Übersee sprechen mehrere Fremdsprachen fließend.

export *n*	Export
after sales service *n;* **customer service** *n*	Kundendienst, Kundenbetreuung
complaints department *n*	Reklamation(sabteilung)
advertising department *n*	Werbeabteilung
advertising manager *n*	Werbeleiter(in)
export manager *n*	Exportleiter(in)
research and development (R & D) *n*	Forschung und Entwicklung
The company allocates nearly 30% of its profits to the research and development department.	Das Unternehmen weist fast 30% des Gewinns der Forschungs- und Entwicklungsabteilung zu.
laboratory *n*	Labor
production controller *n (GB)***; production manager** *n (US)*	Produktionsleiter(in)
The production manager sees to it that people, machines, materials and methods are profitably used in the production process.	Der Produktionsleiter kümmert sich darum, daß im Produktionsablauf Menschen, Maschinen, Materialien und Methoden gewinnbringend eingesetzt werden.
chief designer *n*	Chefdesigner(in)
quality control department *n*	Qualitätskontrollabteilung
chief inspector *n*	Leiter(in) der Qualitätskontrolle, leitende(r) Kontrolleur(in)
The chief inspector immediately informed the plant manager about the defective parts appearing on the assembly line.	Der Leiter der Qualitätskontrolle informierte sofort den Werksleiter über die fehlerhaften Teile, die auf dem Fließband auftauchten.
procurement *n*	Beschaffung
Our procurement department also manages the warehouse.	Unsere Beschaffungsabteilung verwaltet auch das Lagerhaus.
transport office manager *n*	Leiter(in) der Transportabteilung
sales office manager *n*	Leiter(in) des Verkaufsbüros
sales force *n*	Verkaufspersonal
The new incentive program has successfully motivated the sales force to break all previous sales records.	Das neue Leistungsprämienprogramm hat das Verkaufspersonal mit Erfolg dazu gebracht, alle bisherigen Umsatzrekorde zu brechen.

Diverse Abteilungen

chief accountant *n (GB)*; **chief accounting officer** *n (US)*	Leiter(in) des Rechnungswesens
The chief accounting officer has designed a new accounting system which links all cost and profit centers to the company's central accounting department.	Die Leiterin des Rechnungswesens hat ein neues Buchhaltungsprogramm entwickelt, welches alle Kostenstellen und Profit Center mit der Buchhaltungszentrale des Unternehmens verbindet.
finance director *n (GB)*; **chief financial officer** *n (US)*	Finanzdirektor(in)
wages office *n*; **payroll office** *n*	Lohnbüro, Lohnbuchhaltung
wages office manager *n (GB)*; **payroll office manager** *n (US)*	Leiter(in) des Lohnbüros
The payroll office manager is subordinate to the director of human resources.	Der Leiter des Lohnbüros untersteht dem Personaldirektor.
auditor *n*	Abschlußprüfer(in), Buchprüfer(in), Rechnungsprüfer(in), Revisor(in)
The accounting department employs three auditors who check the books of the corporation's 23 profit centers.	Die Buchhaltungsabteilung beschäftigt drei Abschlußprüfer, die die Bücher der 23 Profit Center des Unternehmens überprüfen.
financial accountant *n*	Finanzbuchhalter(in)
financial consultant *n*	Finanzberater(in)
accounting department *n*	Buchhaltung(sabteilung)
The accounting department is responsible for internal audits, cost accounting, financial accounting, tax planning and financial reporting.	Die Buchhaltung ist zuständig für das innerbetriebliche Rechnungswesen, Kostenrechnung, Finanzbuchhaltung, Steuerplanung und die Vorlage von Abschlüssen.
accounts department *n*	Kundenbuchhaltung(sabteilung)
The accounts department manages customer's credit accounts.	Die Buchhaltung verwaltet die Kundenkreditkonten.
data processing department *n*	EDV-Abteilung
director of labo(u)r relations *n*	Direktor(in) für Arbeitgeber-Arbeitnehmerbeziehungen
public relations officer *n*	Angestellte(r) für Öffentlichkeitsarbeit
spokesperson *n*	Sprecher(in)
personnel manager *n (GB)*; **director of human resources** *n (US)*	Personalchef(in)
The director of human resources ordered his staff to employ 1,800 workers for the new assembly plant.	Der Personalchef beauftragte seine Mitarbeiter, 1.800 Neueinstellungen für das neue Montagewerk vorzunehmen.

personnel department *n;* **human resources department** *n*	Personalabteilung
The personnel department sent a memo to all department heads reminding them that smoking was not allowed on company premises.	Die Personalabteilung sandte allen Abteilungsleitern eine Mitteilung, um Sie daran zu erinnern, daß auf dem Betriebsgrundstück Rauchverbot herrsche.
memo *n*	(Haus)mitteilung
training manager *n (GB);* **director of educational services** *n (US)*	Leiter(in) des Ausbildungs- und Schulungswesens
legal department *n*	Rechtsabteilung
financial controller *n*	Leiter(in) des Rechnungswesens, Leiter(in) der Buchhaltung
comptroller *n;* **controller** *n*	Leiter(in) des Rechnungswesens
Iain A. Anderson was the comptroller of American Motors Corporation in 1967.	Iain A. Anderson war 1967 Leiter des Rechnungswesens bei AMC.
cost accountant *n*	Kostenbuchhalter(in), Betriebsbuchhalter(in)
records department *n*	Registratur, Akten- und Unterlagenverwaltung
The company secretary is in charge of the record's department.	Der Verwaltungsdirektor ist für die Akten- und Unterlagenverwaltung zuständig.
industrial relations officer *n*	leitende(r) Angestellte(r) für Arbeitgeber-Arbeitnehmerbeziehungen
human resources department *n*	Personalabteilung
predecessor *n*	Vorgänger(in)
The new CEO was given the task of correcting his predecessor's errors and making the company profitable again.	Der neue Generaldirektor bekam die Aufgabe, die Fehler seines Vorgängers zu korrigieren und das Unternehmen wieder in die Gewinnzone zu führen.
successor *n*	Nachfolger(in)

5 Finanzstruktur der Unternehmen

Eigenkapital

assets *npl*	Aktiva; Vermögenswerte
The bank has more than one billion dollars in assets.	Die Aktiva der Bank betragen über eine Milliarde Dollar.
retained *adj*	einbehalten, nicht ausgeschüttet
The retained profits of three of the company's divisions increased by 10% compared with the previous year.	Die nicht ausgeschütteten Gewinne aus drei Geschäftsbereichen des Unternehmens waren im Vergleich zum Vorjahr um 10% gestiegen.
plough back *v (GB)*; **plow back** *v (US)*	reinvestieren; thesaurieren
The company plows back 60% of its annual profit into research and development.	Das Unternehmen reinvestiert 60% seines Jahresgewinns in Forschung und Entwicklung.
release *v*	freigeben
Due to poor earnings in the fourth quarter, management decided to release part of its reserves to cover operating expenses.	Aufgrund der schlechten Ertragslage im vierten Quartal beschloß die Unternehmensleitung, einen Teil der Reserven zur Deckung der Betriebskosten freizugeben.
lock up *v*	anlegen
The Silver Mining Co. has locked up 60% of its retained profits in a new mining project in New Mexico.	Die Silver Mining Co. hat 60% ihrer nicht ausgeschütteten Gewinne in einem neuen Bergbauprojekt in Neu Mexiko angelegt.
discounting *n*	diskontieren
Discounting bills of exchange is a common practice in commerce.	Das Diskontieren von Wechseln ist im Handel gang und gäbe.
reserve *n*	Rücklage
Instead of paying all of its profits out as dividends, the company pays some of its profits into reserves.	Statt die Gewinne als Dividende auszuschütten, bildet das Unternehmen mit einem Teil seiner Gewinne Rücklagen.
revenue reserves *npl*	Gewinnrücklagen
provision *n (GB)*; **reserve** *n (US)*	Rückstellung
The bank has formed a reserve of two million dollars for bad debts.	Die Bank hat eine Rückstellung von zwei Millionen Dollar für uneinbringliche Forderungen gebildet.
capital gain *n*	realisierter Kursgewinn, Kapitalreingewinn; Veräußerungsgewinn
The company realized a capital gain of 20 million dollars by selling its own stock when the market was high.	Das Unternehmen hat einen Kapitalreingewinn von 20 Millionen Dollar realisiert, indem es seine eigenen Aktien verkaufte, als der Markt seinen Höchststand hatte.

proceeds *npl*	Erlös
Craymore Ltd sold its hotel chain and invested the proceeds in its new trading company.	Die Craymore Ltd verkaufte ihre Hotelkette und investierte den Erlös in eine neue Handelsgesellschaft.
invest *v*	investieren
income *n*	Einkommen
Corporations and private persons are required to pay taxes on their income.	Unternehmen und Privatpersonen sind einkommensteuerpflichtig.
capital investment *n*	Kapitalanlage; Investitionsausgaben
The Silver Mining Co. will be spending nearly 50 million dollars for capital investments in new machinery over the next three years.	Im Verlauf der nächsten drei Jahre wird die Silver Mining Co. fast 50 Millionen Dollar als Investitionsausgaben für neue Maschinen ausgeben.
financial investment *n*	Geldanlage; Finanzinvestition
convert *v*	(um)wandeln
Company management decided to convert part of its financial investments into cash to fund a new research project.	Die Unternehmensleitung beschloß, einen Teil ihrer Finanzinvestitionen zur Finanzierung eines neuen Forschungsprojekts in Bargeld umzuwandeln.
fund *v;* **finance** *v*	finanzieren
earmark *v*	vorsehen, an einen bestimmten Zweck binden
A portion of profits is earmarked for allocation to reserves.	Ein Teil der Gewinne ist für die Rücklagenbildung vorgesehen.
portion *n*	Teil
allocation *n*	Zuweisung
depreciation provisions *npl (GB)*	Wertberichtigung auf Anlagevermögen
Depreciation provisions can be used to finance current investments.	Die Wertberichtigung auf Anlagevermögen kann zur Finanzierung laufender Investitionen verwendet werden.
surplus assets *npl*	Vermögensüberschuß
owned capital *n (GB);* **equity capital** *n (US)*	Eigenkapital
The company's owned capital is held by its shareholders.	Die Aktionäre besitzen das Eigenkapital des Unternehmens.
sale and leaseback *n*	Verkauf mit Rückmietgarantie
The Maryville Co. used sale and leaseback to raise cash.	Um Bargeld aufzubringen griff die Maryville Co. zum Mittel des Verkaufs mit Rückkaufgarantie.
distributable *adj*	ausschüttungsfähig
The shareholders were pleased to learn that distributable profits had risen by 15% compared to the previous year.	Die Aktionäre freuten sich, als sie erfuhren, daß die verteilungsfähigen Gewinne im Vergleich zum Vorjahr um 15% gestiegen waren.

floating capital *n (GB)*; **current capital** *n (US)*
Betriebskapital; Nettoumlaufvermögen
Magnum Inc. has a large amount of floating capital which it will use to expand its manufacturing plants.
Die Magnum Inc. verfügt über sehr viel Betriebskapital, das sie zur Erweiterung ihrer Fertigungswerke einsetzen wird.

capitalization *n*
Kapitalisierung
Capitalization refers to the transfer of money from reserves to share capital and issue of free shares to shareholders.
Kapitalisierung bezieht sich auf den Transfer von Kapitalrücklagen in das Aktienkapital und die Ausgabe freier Aktien an die Aktionäre.

appreciation *n*
Wertsteigerung

inflow *n*
Zufluß
The inflow of new capital from investors will provide General Steel plc with the money it needs for a new plant.
Der Zufluß neuen Kapitals von Investoren wird General Steel plc das Geld, das sie für ein neues Werk braucht, bringen.

Fremdfinanzierung

raise capital *phrase*
Kapital beschaffen/aufnehmen
General Steel plc will raise capital by floating a new issue of shares on the London stock exchange.
Die General Steel plc nimmt Kapital auf, indem sie an der Londoner Börse eine Aktienneuemission plaziert.

float *v*
plazieren

back *v*
(finanziell) unterstützen
Several banks will be backing the new issue of shares.
Mehrere Banken unterstützen die Neuemission von Aktien.

backer *n*
Geldgeber(in)

backing *n*
(finanzielle) Unterstützung
Backing of new share issues is required by law.
Die Unterstützung von Neuausgaben von Aktien ist gesetzlich vorgeschrieben.

debenture *n (GB)*; **corporate bond** *n (US)*
Schuldverschreibung, Industrieschuldverschreibung; Obligation

debenture holder *n*
Obligationär(in)
Debenture holders receive interest on their bond from the company which issued the debenture.
Obligationäre beziehen von dem Unternehmen, das die Obligationen ausgegeben hat, Zinsen für ihr Wertpapier.

redeem *v*
tilgen, ablösen, einlösen
Debentures may be redeemed upon maturity.
Obligationen können bei Fälligkeit eingelöst werden.

prospectus *n (GB)*
Emissionsprospekt
A prospectus must be filed with the Registrar of Companies before shares or debentures may be issued for public sale.
Bevor Aktien oder Obligationen für den öffentlichen Erwerb ausgegeben werden können, muß ein Emissionsprospekt beim Handelsregister eingereicht werden.

investor *n*	Investor(in)
investment *n*	Investition
share capital *n*	Aktienkapital
deferred share *n* The holders of deferred ordinary shares will not be paid a dividend this year.	Nachzugsaktie Die Inhaber von Nachzugsaktien werden in diesem Jahr keine Dividende ausbezahlt bekommen.
deferred *adj*	aufgeschoben, zurückgestellt
equity share *n*	Stammaktie (plc); Anteil/Stammanteil (Ltd)
Mr. Jenkins holds a 50% equity share in his own company and his partners hold the other 50%.	Herr Jenkins hält einen 50%igen Stammanteil an seinem eigenen Unternehmen, und seine Partner halten die anderen 50 Prozent.
real value *n* The real value of the company's long term financial assets declined as inflation rose.	Realwert Der Realwert der langfristigen Finanzanlagen des Unternehmens sank in dem Maße, in dem die Inflation zunahm.
return *n* The investors were promised an annual return of 12% on their corporate bonds.	Ertrag, Rendite Den Investoren wurde eine jährliche Rendite von 12 Prozent auf ihre Obligationen versprochen.
new issue *n*	Neuemission
rights issue *n* The rights issue gave shareholders the first right to buy new shares.	Bezugsrechtausgabe Die Ausgabe der Bezugsrechte bevorrechtigte die Aktionäre zum Kauf neuer Aktien.
naked debenture *n;* **unsecured debenture** *n*	ungesicherte Schuldverschreibung
Unsecured debentures are backed only by the general credit of the issuer.	Ungesicherte Schuldverschreibungen werden nur von dem allgemeinen Vertrauen, das der Emittent genießt, gestützt.
issuer *n*	Emittent(in), emittierendes Unternehmen
convertible *adj* The company issued new convertible debentures which can be exchanged for common stock within three years.	Wandel-, wandelbar Das Unternehmen gab neue Wandelschuldverschreibungen aus, die innerhalb von drei Jahren gegen Stammaktien eingetauscht werden können.
floating *adj* General Mining Corp. issued ten year floating debentures which were secured by the company's assets.	variabel Die General Mining Corporation gab variable Schuldverschreibungen mit 10jähriger Laufzeit aus, die durch die Vermögenswerte des Unternehmens gesichert wurden.

fixed *adj* General Mining Corp. issued five year fixed debentures which were secured by the company's machinery.	festverzinslich Die General Mining Corporation gab festverzinsliche Schuldverschreibungen mit fünfjähriger Laufzeit heraus, die durch die Maschinen des Unternehmens gesichert wurden.
perpetual *adj* Holders of perpetual debentures may not redeem them by demanding payment, however, they do continue to receive interest.	unkündbar, unbefristet Inhaber unkündbarer Schuldverschreibungen können diese nicht einlösen indem sie die Auszahlung fordern, jedoch erhalten sie weiterhin Zinsen.
secured *adj* Secured debentures are sometimes backed by a charge on a corporation's property.	gesichert Gesicherte Schuldverschreibungen werden manchmal durch eine dingliche Sicherung auf den Grundbesitz des Unternehmens gestützt.
cumulative *adj* The company issued cumulative preferred stock which guarantees payment of a dividend in a following year, if none is paid in the current year.	kumulativ Das Unternehmen gab kumulative Vorzugsaktien aus, die die Zahlung von Dividenden im nächsten Jahr garantiert, wenn im laufenden Jahr keine Dividendenausschüttungen erfolgen.
participating *adj* Shareholders holding participating preferred stock will receive a dividend if the company's net profit exceeds 50 million dollars in any given year.	Beteiligungs- Aktionäre, die Inhaber von Beteiligungs-Vorzugsaktien sind, erhalten eine Dividende, wenn die Nettogewinne des Unternehmens in einem beliebigen Jahr 50 Millionen Dollar übersteigen.
irredeemable securities *npl;* **non-redeemable securities** *npl*	Wertpapiere ohne Rückkaufsmöglichkeit
bought deal *n*	Emissionsverkaufsgeschäft *(Emissionsverfahren, bei dem eine Bank dem Emittenten ein festes Angebot für die Übernahme der Anleihe macht)*

Finanzielle Belastungen

charge *n* The bank required a charge on the company's property as security for a loan.	Belastung; Grundpfandrecht Als Sicherheit für ein Darlehen forderte die Bank eine Belastung der Unternehmensimmobilien.
mortgage *n, v*	Hypothek; eine Hypothek aufnehmen
encumber *v* The factory building was encumbered with a mortgage.	belasten Das Fabrikgebäude wurde mit einer Hypothek belastet.

repossession *n*	Wiederinbesitznahme, Zurücknahme bei Zahlungsverzug
Morris Ltd was faced with repossession of its new machinery because it could not meet its mortgage payments.	Die Morris Ltd wurde mit der Wiederinbesitznahme ihrer neuen Maschinen konfrontiert, da sie ihren Hypothekenzahlungen nicht nachkommen konnte.
collateral *n*	Sicherheit *(Gegenstand zur Sicherung von Darlehen/Krediten)*
The company used its new machinery as collateral for a short-term loan.	Das Unternehmen setzte seine neuen Maschinen als Sicherungsgegenstand für ein kurzfristiges Darlehen ein.
secure a loan *phrase*	ein Darlehen sichern
The Yorkshire Wool Co. secured a loan by taking out a mortgage on its property.	Die Firma Yorkshire Wool sicherte ein Darlehen, indem sie auf ihren Grundbesitz eine Hypothek aufnahm.
security *n*	Sicherheit, Garantie
The bank required a mortgage and a life insurance policy as security for the loan.	Die Bank verlangte zur Darlehenssicherung eine Hypothek und eine Lebensversicherung.
floating charge *n*	schwebende Belastung
The terms of the loan included a floating charge on the firm's assets.	Die Darlehensbedingungen schlossen eine schwebende Belastung auf den Vermögenswerten der Firma ein.
foreclosure *n*	Zwangsvollstreckung
The company's creditors started foreclosure proceedings in court in order to enforce their right to seize to company's loan collateral.	Die Gläubiger des Unternehmens leiteten das gerichtliche Zwangsvollstreckungsverfahren ein, um ihr Recht auf Übernahme der Sicherheiten für das Darlehen des Unternehmens durchzusetzen.
asset stripping *n*	Ausschlachten von Unternehmen
A group of investors used asset stripping to sell off the company's assets at a profit after purchasing the company below asset value.	Eine Investorengruppe betrieb Firmenausschlachtung, um alle Vermögenswerte des Unternehmens mit Gewinn zu verkaufen, nachdem sie die Firma unter Buchwert erworben hatte.
assignment *n*	Abtretung
The loan agreement prohibited assignment of loan payments to third parties without the bank's prior written consent.	Der Darlehensvertrag untersagte die Abtretung von Darlehenszahlungen an Dritte ohne die vorherige schriftliche Genehmigung der Bank.
prior *adj*	vorherig
lien *n*	Pfandrecht
The bank held a lien against the company's property to secure repayment of the loan.	Die Bank hatte an dem Unternehmen ein Pfandrecht, um die Rückzahlung des Darlehens zu sichern.

recourse *n*
A lien holder has the right of recourse to the courts to initiate foreclosure proceedings against the borrower.

Rückgriff; Regreß
Ein Pfandrechtinhaber hat das Recht, Gerichte anzurufen, um Zwangsvollstreckungsmaßnahmen gegen den Darlehensnehmer einzuleiten.

Finanzierungsmöglichkeiten durch Banken

loan *n*
Loans are a common method of acquiring capital which one presently does not have.

Darlehen; Kredit
Es ist eine übliche Methode, das Kapital, das man gerade nicht hat, durch Darlehen aufzubringen.

principal *n*
With each loan payment, the borrower is repaying both principal and interest.

Darlehensbetrag
Mit jeder Darlehensrückzahlung zahlt der Darlehensnehmer sowohl den Darlehensbetrag wie auch Zinsen zurück.

borrower *n*

Kreditnehmer(in), Darlehensnehmer(in)

overdraft *n*
Banks generally grant overdrafts to financially solvent businessmen and corporate clients.

Kontokorrentkredit
Finanziell solventen Geschäftsleuten und Firmenkunden gewähren Banken im allgemeinen Kontokorrentkredite.

bank loan *n*
Purcell Inc. took out a bank loan to finance its expansion.

Bankkredit, Bankdarlehen
Die Purcell Inc. nahm zur Finanzierung ihrer Expansion ein Bankdarlehen auf.

(credit) facility *n (GB)*
Banks grant credit facilities of various kinds to corporations.

Kredit; Darlehen
Banken gewähren Unternehmen Kredite unterschiedlicher Art.

go into debt *phrase*

sich verschulden

credit policy *n*
The bank's credit policy states its terms and conditions for giving loans to customers.

Kredit(vergabe)politik
Die Kreditpolitik der Bank legt die Bedingungen fest, zu denen Kredite an Kunden vergeben werden.

lenient *adj*
The bank's lenient lending policy caused it to lose several million dollars on bad loans to customers.

nachsichtig, mild
Das nachsichtige Vorgehen der Bank bei der Kreditvergabe führte durch nicht zurückzahlbare Kundenkredite zum Verlust mehrerer Millionen Dollar.

repayment *n*
The terms of the loan require repayment over a period of three years.

Rückzahlung, Tilgung
Die Darlehensbedingungen verlangen die Rückzahlung über einen Zeitraum von drei Jahren.

term *n* The bank did not give Morris Ltd a loan because it would not agree to the bank's terms.	Bedingung Die Bank gab der Morris Ltd keinen Kredit, weil sie die Bedingungen der Bank nicht akzeptieren wollte.
term loan *n;* **fixed-period loan** *n* The Hays Construction Co. usually takes out two year term loans to finance new building projects.	Kredit mit fester Laufzeit Die Hays Construction Co. nimmt zur Finanzierung neuer Bauprojekte normalerweise Darlehen mit zweijähriger Laufzeit auf.
fixed interest loan *n* Fixed interest loans have the same rate of interest for the life of the loan.	festverzinsliches Darlehen; Kredit mit festem Zinssatz Festverzinsliche Darlehen haben während ihrer ganzen Laufzeit den gleichen Zinssatz.

Staatliche Finanzierungsmöglichkeiten

grant *n*	Zuschuß; Subvention
aid *n* Grants and aid received from government agencies usually do not have to be paid back.	Hilfe Zuschüsse und Hilfen von Regierungsstellen müssen in der Regel nicht zurückgezahlt werden.
tax relief *n* The Conservative Party's new economic program promises more tax relief for small businesses.	Steuererleichterung, Steuervergünstigung Das neue Wirtschaftsprogramm der konservativen Partei verspricht mehr Steuervergünstigungen für kleine Unternehmen.
venture capital *n;* **risk capital** *n* Sunoco Oil Co. has found several investors with venture capital for its new oil project in the North Sea.	Risikokapital, Wagniskapital Die Sunoco Oil Co. hat mehrere Investoren mit Wagniskapital für ihr neues Nordsee-Ölprojekt gefunden.
start up capital *n* Mr. Huxley borrowed the start up capital he needed under a special government small business loan program.	Anfangskapital, Startkapital Herr Huxley lieh sich das benötigte Anfangskapital über ein besonderes Darlehensprogramm der Regierung für kleine Unternehmen.
development capital *n* The Huxley Software Co. also received low interest development capital from the government for a new project.	Entwicklungskapital Die Huxley Software Co. bekam für ein neues Projekt auch Entwicklungskapital zu einem niedrigen Zinssatz von der Regierung.

Sanierung

working capital *n*	Betriebskapital
The group increased its working capital by selling off two of its unprofitable subsidiaries.	Der Konzern erhöhte sein Betriebskapital durch den Verkauf von zwei seiner unprofitablen Tochterfirmen.
excessive inventories *npl*	Überbestand
The company sold its excessive inventories at cost and repaid a short-term loan.	Das Unternehmen verkaufte seinen Überbestand zum Selbstkostenpreis und zahlte ein kurzfristiges Darlehen zurück.
sell at cost *phrase*	zum Selbstkostenpreis verkaufen
shortage *n*	Knappheit
The company's shortage of funds caused it to default on one of its loans.	Aufgrund ihrer Mittelknappheit war die Gesellschaft gezwungen, mit einer ihrer Darlehenszahlungen in Verzug zu geraten.
shortfall *n (GB)*; **deficit** *n (US)*	Defizit, Unterdeckung
The management decided to borrow money to cover the shortfall between its costs and revenue.	Die Betriebsleitung entschloß sich, Geld zu leihen, um das Defizit zwischen ihren Kosten und den Einnahmen zu decken.
setback *n*	Rückschlag
The excessive inventories were caused by a series of setbacks in two sales sectors.	Die Überbestände wurden durch eine Serie von Rückschlägen in zwei Verkaufsbereichen verursacht.
fail *v*	scheitern, bankrott gehen
Silver Mining Corp. failed due to improper management.	Die Silver Mining Corporation ging wegen nicht ordnungsgemäßer Unternehmensführung bankrott.
reorganize *v*	umstrukturieren; neu ordnen; sanieren
The court permitted the company to reorganize under Chapter 11 of the US Bankruptcy Reform Act.	Das Gericht erlaubte dem Unternehmen eine Neuordnung im Sinne eines Vergleichs gemäß Abschnitt 11 des amerikanischen Bankruptcy-Reform-Gesetzes.
They reorganized the company by closing down three of their five plants.	Die Firma wurde dadurch saniert, daß drei der fünf Produktionsstätten geschlossen wurden.
restructure *v*	umstrukturieren
They also restructured management by reducing the number of divisions.	Auch das Management wurde dadurch umstrukturiert, daß die Anzahl der Geschäftsbereiche reduziert wurde.
renegotiate *v*	neu aushandeln
The new board chairman explained his plan to restructure the company's loan debt.	Der neue Aufsichtsratsvorsitzende erläuterte seinen Plan zu Neuverhandlungen über die Darlehensschuld der Gesellschaft.

cut costs *phrase*	Kosten senken
overcome *v* Management and the shareholders knew that the company had to overcome its debt problems or go bankrupt.	überwinden Die Unternehmensführung und die Aktionäre wußten, daß die Gesellschaft ihre Schuldenprobleme überwinden müßte oder andernfalls bankrott gehen würde.
eliminate risks *phrase*	Risiken ausschließen
overindebtedness *n*	Überschuldung
overindebted *adj*	überschuldet
personal drawings *npl (GB)* Mr. Miller never let his amount of personal drawings exceed his overdraft limit.	Privatentnahme Herr Miller achtete darauf, daß die Summe seiner Privatentnahmen niemals seinen Überziehungskreditrahmen überstieg.
overcapitalized *adj* The shareholders were upset by the fact that the company was overcapitalized and demanded that management find a way to use the company's capital more profitably.	überkapitalisiert Die Aktionäre waren darüber verärgert, daß die Gesellschaft überkapitalisiert war und forderten die Unternehmensführung auf, einen Weg zu finden, das Kapital des Unternehmens profitabler einzusetzen.
profitably *adv*	gewinnbringend
undercapitalized *adj* The company issued new shares to reverse its undercapitalized financial status.	unterkapitalisiert Das Unternehmen gab neue Aktien aus, um seinen Finanzstatus der Unterkapitalisierung umzukehren.
reverse *v*	umkehren
dire straits *npl (GB);* **difficulty** *n* Smith Tools were in dire straits and looking for an investor willing to bail them out with an injection of new capital.	Schwierigkeit, Notlage Smith Tools befand sich in ernsthaften Schwierigkeiten und suchte einen Investor, der bereit war, sie mit einer neuen Kapitalspritze zu retten.
bail out *v*	helfen, retten
in the clear *phrase* After three year's of restructuring, the company was finally in the clear and making a profit.	aus allem heraus Nach drei Jahren der Umstrukturierung war das Unternehmen endlich aus allem heraus und machte wieder Gewinne.

6 Rechnungswesen

Allgemeine Prinzipien

charge *v* The company charges its wages and salaries to its payroll account.	belasten Das Unternehmen belastet seine Löhne und Gehälter seinem Lohn- und Gehaltskonto.
document *v* Many retail businesses use a journal to document daily debits and credits.	belegen Viele Einzelhandelsbetriebe benutzen ein Journal, um ihre täglichen Einnahmen und Ausgaben zu belegen.
journal *n*	Journal
enter *v* Money owed to creditors is entered under accounts payable.	eintragen Das den Gläubigern geschuldete Geld wird unter Verbindlichkeiten aus Lieferungen und Leistungen eingetragen.
entry *n* We post the entries from our journal to special accounts, e.g., sales, overheads and payroll, kept in our ledger.	Eintrag, Buchung Wir verbuchen unsere Journaleinträge auf besonderen Konten in unserem Hauptbuch, z.B. unter Umsätzen, Gemeinkosten und Lohn- und Gehaltskosten.
ledger *n*	Hauptbuch
balance *v* The company's accounting department balances our accounts each month.	ausgleichen, saldieren Die Buchhaltungsabteilung der Firma saldiert jeden Monat unsere Konten.
account *n*	Konto
column *n*	Spalte
item *n* The items on the balance sheet give a picture of our company's financial status.	Posten Die Bilanzposten vermitteln ein Bild der Finanzlage unseres Unternehmens.
calculate *v* Our company accountant uses the straight-line method to calculate the rate of depreciation on our machinery.	berechnen Unser Firmenbuchhalter berechnet den Abschreibungssatz für unsere Maschinen unter Ansatz der linearen Abschreibungsmethode.
accountant *n*	Buchhalter(in)
sum *v* When we summed up our assets and liabilities we discovered that they did not balance.	summieren, addieren Als wir unsere Aktiva und Passiva addierten, stellten wir fest, daß sie nicht ausgeglichen waren.

addition *n*	Addition, Hinzufügung, Zusatz, Zugang
Our new machinery will be posted as an addition to tangible assets.	Unsere neuen Maschinen werden als Zugänge zu den Sachanlagen verbucht.
less *adj*	weniger, abzüglich
Revenues less expenses will result in the company's net profit before taxes.	Einnahmen abzüglich der Ausgaben ergeben den vor-Steuer-Nettogewinn des Unternehmens.
pay out *v*	auszahlen, ausbezahlen
Smaller purchases, such as coffee, flowers and some office supplies, are paid out of petty cash.	Kleinere Anschaffungen, wie z.B. Kaffee, Blumen und einige Büromaterialien werden aus der Portokasse bezahlt.
as of *prep (GB)*; **at** *prep (US)*	zum
The shareholders approved the company's balance sheet and profit and loss statement at December 31, 1995.	Die Aktionäre billigten die Unternehmensbilanz und die Gewinn- und Verlustrechnung zum 31. Dezember 1995.
carry forward *v*	vortragen
The board of directors decided to carry forward the profit for the year to the new account.	Der Aufsichtsrat beschloß, den Gewinn des Jahres auf das neue Konto vorzutragen.
error *n*	Irrtum, Fehler
A trainee in our accounting department made the error of posting payments received from creditors to accounts payable.	Ein Auszubildender in unserer Buchhaltung beging den Fehler, Zahlungseingänge von Gläubigern unter Verbindlichkeiten aus Lieferungen und Leistungen zu verbuchen.
lump sum *n*	Pauschalbetrag
The company reported income from a lump sum valuation adjustment on receivables.	Das Unternehmen wies einen Gewinn aus der Pauschalwertberichtigung auf Forderungen aus.
report *v*	ausweisen
audit *v*	prüfen
The company had a firm of chartered accountants audit its books each year.	Das Unternehmen ließ seine Geschäftsbücher jedes Jahr von einer Wirtschaftsprüfungsgesellschaft prüfen.
chartered accountant *n*	Wirtschaftsprüfer(in)
transaction *n*	Geschäftsvorgang
All of our store's transactions are posted from the journal to accounts in the ledger.	Alle Geschäftsvorgänge unseres Geschäfts werden vom Journal in die Konten des Hauptbuchs gebucht.
bookkeeping *n*	Buchführung
single-entry *adj*	einfach eingetragen
Single-entry bookkeeping does not require balancing of debits and credits.	Bei einfacher Buchführung ist eine Saldierung von Soll und Haben nicht nötig.

double-entry *adj* Double-entry bookkeeping requires that the debits and credits of one account always balance.	doppelt eingetragen Eine Voraussetzung der doppelten Buchführung ist, daß die Soll- und Habenseiten eines Kontos immer saldiert sind.
itemize *v* Companies usually itemize all of their expenses so that they can deduct them for tax purposes.	einzeln aufführen, nach Posten gliedern Normalerweise führen Unternehmen all ihre Ausgaben einzeln auf, so daß sie sie steuerlich absetzen können.
cross reference *n* We use cross reference to check sales on credit, which are posted as a credit to sales and as a debit to accounts receivable.	Querverweis; Gegenbuchung Wir machen Gegenbuchungen, um Verkäufe auf Kredit zu überprüfen, die als Haben bei Verkauf und als Soll bei Außenständen verbucht werden.
cash basis *n* Transactions made on a cash basis are posted to the cash receipts account.	(auf der Grundlage von) Barzahlung Geschäftsvorgänge, die über Barzahlung abgewickelt werden, werden zu den Bareingängen verbucht.
cash receipts account *n*	Bareingänge
incur *v* The company incurred a loss of $30 million for the 1994 fiscal year.	machen, erleiden *(Schulden oder Verluste)* Im Geschäftsjahr 1994 erlitt das Unternehmen einen Verlust von 30 Millionen Dollar.
periodic *adj* We pay most of our periodic expenses, e.g., rent, leasing, insurance, etc., on a monthly basis.	periodisch, regelmäßig Wir leisten die meisten unserer regelmäßigen Zahlungen, z.B. Miete, Leasing, Versicherung etc. monatlich.
perpetual *adj* The advantage of a perpetual inventory is that it details each item of stock sold or purchased thus keeping inventories up to date.	permanent, laufend Der Vorteil der laufenden Inventur besteht darin, daß sie jeden Lagerartikel, der verkauft oder erworben wurde, genau aufführt, und damit die Bestandsverzeichnisse aktuell hält.
detail *v*	genau aufführen
subtotal *n* The subtotal shows the amount of purchase before addition of VAT.	Zwischensumme Die Zwischensumme zeigt den Kaufbetrag bevor die Mehrwertsteuer hinzugerechnet wird.
subtotal *v* We discovered the error when we subtotaled the figures for accounts payable and accounts receivable.	die Zwischensumme ermitteln Wir entdeckten den Fehler, als wir die Zwischensumme der Zahlen für Verbindlichkeiten aus Lieferungen und Leistungen und Forderungen aus Lieferungen und Leistungen ermittelten.

reconcile *v*	abstimmen
We had trouble reconciling the accounts due to several incorrect entries.	Aufgrund mehrerer Falschbuchungen hatten wir Probleme, die Konten abzustimmen.
irregularity *n*	Unregelmäßigkeit
Our chief accountant discovered irregularities in our company's book-keeping.	Der Leiter des Rechnungswesens entdeckte Unregelmäßigkeiten in der Buchhaltung unseres Unternehmens.
sundry *adj (GB)*; **miscellaneous** *adj (US)*	verschiedene, diverse
We report miscellaneous items, such as magazine subscriptions, donations and lawyer's fees under "other expenses".	Diverse Posten wie Zeitschriftenabonnements, Spenden und Anwaltsgebühren weisen wir unter "Sonstige Aufwendungen" aus.
residual *adj*	Rest-
An asset will have a residual value after it has been fully depreciated.	Ein Vermögensgegenstand hat, wenn er voll abgeschrieben ist, einen Restwert.

Bilanz

source of funds *n*	Kapitalherkunft; Kapitalquellen *(Eigen- und langfristiges Fremdkapital)*
The company's main sources of funds are stated on its source and use of funds statement.	Die Herkunft des größten Teils des Kapitals des Unternehmens wird auf einer Bewegungsbilanz belegt.
shareholders' funds *npl (GB)*; **shareholders' equity** *n (US)*	Eigenkapital/Reinvermögen der Aktionäre; Eigenkapital der Gesellschafter *(Aktienkapital, Rücklagen, Gewinne abzüglich eigener Aktien)*
Shareholders' equity is classified as a liability on the balance sheet.	Das Eigenkapital der Aktionäre wird in der Bilanz als eine Verbindlichkeit klassifiziert.
balance sheet *n*	Bilanz; Jahresabschluß
equities *npl*	Aktien, Beteiligungsrechte
consolidated balance sheet *n*	konsolidierte Bilanz; Konzernbilanz
Large corporations with several divisions will usually publish a consolidated balance sheet and a consolidated P&L for all of its divisional operations in its annual report.	Große Unternehmen mit mehreren Geschäftsbereichen legen normalerweise in ihrem Jahresbericht eine konsolidierte Bilanz und eine konsolidierte Gewinn- und Verlustrechnung für ihre Geschäftstätigkeit in allen Bereichen vor.
retained profits *npl*	einbehaltene Gewinne
Retained profits are not paid out to shareholders or to owners.	Einbehaltene Gewinne werden Aktionären oder Eigentümern nicht ausbezahlt.

owner's equity *n*	Eigenkapital
The shareholders of Morris Ltd report owners' equity of £50,000.00 sterling.	Die Gesellschafter der Morris Ltd weisen ein Eigenkapital von £ 50.000,-- aus.
liabilities *npl*	Passiva; Verbindlichkeiten
All of our company's liabilities are reported on the right side of the balance sheet.	Alle Passiva unseres Unternehmens sind auf der rechten Seite der Bilanz ausgewiesen.
current liabilities *npl*	kurzfristige Verbindlichkeiten
We report debts due within one year under current liabilities.	Schulden mit einer Fälligkeit von unter einem Jahr weisen wir als kurzfristige Verbindlichkeiten aus.
use of funds *n*	Kapitaleinsatz, Verwendung von Mitteln
Use of funds includes such items as taxation paid and dividends paid.	Zu Verwendung von Mitteln werden abgeführte Steuern und ausbezahlte Dividenden gerechnet.
assets *npl*	Aktiva; Vermögenswerte
The company's assets are listed on the left hand side of the balance sheet.	Die Aktiva des Unternehmens sind auf der linken Seite der Bilanz aufgelistet.
tangible assets *npl*	Sachanlagen
The value of our company's machinery, land and buildings is reported under tangible assets.	Der Wert der Maschinen, der Grundstücke und Gebäude unseres Unternehmens ist unter Sachanlagen ausgewiesen.
intangible *adj*	immateriell
The company reported a decrease in the value of intangible assets due to a loss of several patent rights.	Das Unternehmen wies einen Rückgang im Wert der immateriellen Vermögensgegenstände aus, der auf den Verlust mehrerer Patentrechte zurückzuführen ist.
capital assets *npl*	Anlagevermögen
current assets *npl*	Umlaufvermögen
The increase in current assets was caused by a rise in inventories in the year under review.	Die Zunahme des Umlaufvermögens wurde durch eine Steigerung der Lagerbestände im Berichtsjahr verursacht.
asset value *n*	Vermögenswert
year under review *n*	Berichtsjahr
inventory *n*	Lagerbestände
cash flow *n*	Cash-flow
We calculate cash flow by subtracting the money which goes out in purchases or overhead expenditure from the cash which comes in from sales.	Cash-flow wird berechnet, indem man Kosten für Käufe und Gemeinkosten von Einnahmen aus Verkäufen abzieht.
cash in hand *n*	Kassenbestand
Cash in hand is reported under current assets.	Der Kassenbestand wird unter Umlaufvermögen ausgewiesen.

IOU *n*	Schuldschein
debt *n*	Schulden
uncollectible *adj*	uneinbringlich
Our uncollectible debts are covered by a provision for bad debts.	Unsere uneinbringlichen Forderungen sind durch eine Rückstellung für uneinbringliche Forderungen gedeckt.
bad debt *n*	uneinbringliche Forderung
long-term *adj*	langfristig
The company used part of its net income to pay off long-term debts.	Das Unternehmen zahlte langfristige Verbindlichkeiten mit einem Teil seines Nettoeinkommens ab.
fixed assets *npl*	Anlagevermögen
Plant assets are fixed assets and are reported on the balance sheet under "machinery and equipment".	Die Betriebsausstattung ist Anlagevermögen und wird in der Bilanz unter "Betriebs- und Geschäftsausstattung" ausgewiesen.
plant assets *npl*	Werksanlagevermögen, Betriebsvermögen, Betriebsausstattung
share premium *n*	Agio aus Aktienemission
The revenue from a share premium on a new emission of shares was paid into the company's reserves.	Die Einkünfte aus dem Aktienagio einer Neuemisssion wurden in die Rücklagen des Unternehmens einbezahlt.
revaluation *n*	Neubewertung
The 1996 balance sheet will reflect a revaluation of the company's property and buildings.	Die Bilanz von 1996 wird eine Neubewertung des Grundbesitzes und der Gebäude des Unternehmens widerspiegeln.
accounts payable *npl*	Verbindlichkeiten aus Lieferungen und Leistungen; Kreditoren
A rise in the amount of accounts payable was caused by purchases of new machinery.	Durch den Erwerb neuer Maschinen wurde ein Anstieg in der Summe der Verbindlichkeiten aus Lieferungen und Leistungen verursacht.
notes payable *npl*	Schuldwechsel
Notes payable are current liabilities that have to be paid by a certain date, usually with interest.	Schuldwechsel sind kurzfristige Verbindlichkeiten, die bis zu einem bestimmten Datum bezahlt werden müssen, normalerweise mit Zinsen.
salaries payable *npl*	Lohn- und Gehaltsverbindlichkeiten
bonds payable *npl*	Anleiheverbindlichkeiten
Many shareholders converted their debentures into shares causing a 35% drop in bonds payable.	Viele Aktionäre wandelten ihre Schuldverschreibungen in Aktien um, wodurch die Anleiheverbindlichkeiten um 35% sanken.
bills payable *npl*	Wechselschulden, Verbindlichkeiten aus Wechseln
Most of our company's bills payable are due to subsidiary companies.	Die meisten Wechselschulden unseres Unternehmens sind an Tochterfirmen zahlbar.

asset account *n*	Bestandskonto; Aktivkonto
The asset accounts show the value of the company's tangible, intangible and current assets.	Das Bestandskonto zeigt den Wert der Sachanlagen, der immateriellen Vermögensgegenstände und des Umlaufvermögens des Unternehmens an.
debit balance *n*	Sollsaldo
The company hopes to remove the debit balance on its notes payable account within five years.	Das Unternehmen hofft, das Sollsaldo auf seinem Schuldwechselkonto innerhalb von fünf Jahren ausgleichen zu können.
accounts receivable *npl*	Außenstände; Debitoren; Forderungen aus Lieferungen und Leistungen
Our accounts receivable declined by 15% due to the bankruptcy of a major client.	Wegen des Konkurses eines Großkunden stiegen unsere Außenstände um 15%.
bills receivable *npl*	Wechselforderungen
All of the company's bills receivable are due from its subsidiaries.	Alle Wechselforderungen des Unternehmens sind von seinen Tochterunternehmen fällig.
doubtful account *n*	zweifelhafte Forderungen
The company has formed a provision for doubtful accounts.	Das Unternehmen hat eine Rückstellung für zweifelhafte Forderungen vorgenommen.
depletion *n*	Substanzverringerung
The depletion of the company's assets was caused by several bad investments and poor management.	Die Substanzverringerung der Vermögenswerte des Unternehmens wurde durch mehrere Fehlinvestitionen und durch schlechte Unternehmensführung verursacht.
property, plant and equipment *n*	Sachanlagen
Building improvements is one of the items included under "property, plant and equipment" on the balance sheet.	Renovierungsmaßnahmen an Gebäuden ist ein Posten, der in der Bilanz unter "Sachanlagen" aufgeführt wird.
goodwill *n*	Firmenwert, Geschäftswert
The company's goodwill, which is the estimated value of its reputation, is reported at $56,000.00 on the balance sheet.	Der Geschäftswert des Unternehmens, welches der geschätzte Wert seines Rufes ist, wird mit $ 56.000,-- in der Bilanz ausgewiesen.

Rechnungen und Rechenschaftsberichte

profit and loss account (P & L) *n (GB)*; **income statement** *n (US)*; **profit and loss statement** *n (US)*	Gewinn- und Verlustrechnung
The company's profit and loss statement and balance sheet are published every year in the annual report.	Die Gewinn- und Verlustrechnung des Unternehmens und die Bilanz werden jedes Jahr im Jahresbericht veröffentlicht.

revenue *n* The company reported sales revenue of $30 billion on its P & L.	Einnahmen, Einkünfte, Erlöse Das Unternehmen wies in seiner Gewinn- und Verlustrechnung 30 Milliarden Dollar an Verkaufserlösen aus.
receipts *npl* The company keeps a record of all of its receipts which show that money has been paid or goods received.	Belege Das Unternehmen führt Buch über alle Belege, aus denen hervorgeht, daß Zahlungen geleistet oder Waren entgegengenommen wurden.
expenses *npl* All of our business expenses are stated under operating costs on the P & L.	(Un)kosten, Aufwendungen; Ausgaben All unsere Geschäftsausgaben werden in der Gewinn- und Verlustrechnung unter Betriebsaufwendungen aufgeführt.
payments *npl* Due to high demand for its products, the company reports a 15% rise in advance payments received for orders.	Zahlungen Aufgrund der hohen Nachfrage nach seinen Produkten weist das Unternehmen einen 15%igen Anstieg der Vorauszahlungen auf Bestellungen aus.
trading account *n (GB)* Diamond Brewery Ltd reported a gross profit of £3 million in its trading account.	Erfolgsrechnung Die Diamond Brewery Ltd wies einen Bruttogewinn von drei Millionen Pfund auf ihrer Erfolgsrechnung aus.
sales revenue *n* The company's sales revenue for the fiscal year increased by 15% due to demand for its new line of products.	Einkünfte aus Verkauf, Verkaufserlös Aufgrund der Nachfrage nach seiner neuen Produktlinie stiegen die Verkaufserlöse des Unternehmens während des Rechnungsjahrs um 15% an.
operating expenses *npl;* **operating costs** *npl* Operating expenses usually include items such as selling expenses, shipping expense and administrative costs.	Betriebsausgaben, betriebliche Aufwendungen Die Betriebsausgaben beinhalten normalerweise solche Posten wie Vertriebskosten, Versandkosten und Verwaltungskosten.
selling expenses *npl*	Vertriebskosten
shipping expense *n*	Versandkosten
administrative costs *npl*	Verwaltungskosten
make a profit *phrase*	Gewinn erzielen
operating profit *n* Fennway Inc. reports an operating profit of $12 million on its manufacturing and trading operations.	Betriebsgewinn Die Fennway Inc. weist einen Betriebsgewinn von 12 Millionen Dollar in den Bereichen Fertigung und Handel aus.
gross profit *n;* **trading profit** *n* The gross profit is calculated as sales income less cost of sales.	Bruttogewinn Der Bruttogewinn wird als Verkaufseinnahmen abzüglich der Verkaufskosten berechnet.

overhead expenditure *n (GB)*; **overhead costs** *npl (US)* Overhead expenditures are the costs incurred for running a business such as water, electricity, maintenance etc.	Gemeinkosten, Betriebskosten, allgemeine Unkosten; fixe Kosten Gemeinkosten sind die Kosten, die entstehen, wenn man ein Geschäft betreibt, beispielsweise die Kosten für Wasser, Elektrizität, Wartung, etc.
profit *n*	Gewinn
net profit *n* The company's net profit is reported on the profit and loss statement.	Nettogewinn Der Nettogewinn des Unternehmens wird auf der Gewinn- und Verlustrechnung ausgewiesen.
pre-tax profit *n* AMC had a pre-tax profit of $7 million.	Gewinn vor (Abzug der) Steuern Der Gewinn vor Steuern bei AMC betrug sieben Millionen Dollar.
after-tax profit *n* AMC paid $2 million in taxes and reported an after-tax profit of $5 million.	Gewinn nach Steuern Die AMC zahlte zwei Millionen Dollar Steuern und wies einen Gewinn nach Steuern von fünf Millionen Dollar aus.
distribute *v* AMC will not distribute dividends on its after-tax profit but rather will retain them in the business to finance purchases of capital goods.	ausschütten Die AMC wird keine Dividende auf ihren Gewinn nach Steuern ausschütten, sondern sie statt dessen im Unternehmen behalten, um den Erwerb von Anlagegütern zu finanzieren.
retain *v*	(ein)behalten
reserves *npl* AMC will allocate its retained earnings from dividends not paid to its reserves account.	Reserven, Rücklagen Die AMC wird ihre einbehaltenen Gewinne von nicht ausbezahlten Dividenden ihrem Rücklagenkonto zuweisen.
wealth *n* A profitable year will add to a company's wealth, however, a loss will reduce its net worth, as will outflows of funds.	Vermögen Ein profitables Jahr mehrt das Vermögen eines Unternehmens, ein Verlust jedoch senkt sein Reinvermögen, ebenso wie Kapitalabflüsse.
net worth *n*	Reinvermögen, Eigenkapital
outflows *npl*	Ausgaben, Kapitalabfluß
commitments *npl* The company's financial commitments have increased due to a recent issue of 10 year debentures.	Verpflichtungen Die finanziellen Verpflichtungen des Unternehmens haben sich aufgrund der kürzlich erfolgten Ausgabe von Schuldverschreibungen mit zehnjähriger Laufzeit erhöht.
inflows *npl* The company reported major inflows of capital from new shares and the sale of two plants.	Zustrom; Kapitalzufluß Das Unternehmen wies größere Kapitalzuflüsse von neuen Aktien und dem Verkauf von zwei Werken aus.

solvency *n* Our solvency has not been affected by our net loss for the year.	Zahlungsfähigkeit, Solvenz Unsere Zahlungsfähigkeit wird nicht von dem Nettoverlust in diesem Jahr beeinträchtigt.
liquidity *n* The company's cash flow statement shows that its liquidity is quite high.	Liquidität Die Cash-flow-Bericht des Unternehmens zeigt, daß seine Liquidität recht hoch ist.
cash flow statement *n*	Cash-flow-Bericht
source and use of funds statement *n* The source and use of funds statement shows that the company spent most of its cash on new equipment.	Bewegungsbilanz Die Bewegungsbilanz zeigt, daß das Unternehmen das meiste seines Geldes für neue Ausrüstungen ausgegeben hat.
bank balance *n* Bank balances are reported on the balance sheet under current assets.	Bankguthaben Bankguthaben werden in der Bilanz unter Umlaufvermögen ausgewiesen.
petty cash *n*	Portokasse
outstanding *adj* Our outstanding debt owed to suppliers has increased due to our new plant expansion.	ausstehend, unbezahlt Unsere außenstehenden Zahlungsverpflichtungen gegenüber Zulieferern sind wegen unserer neuen Werkserweiterung gestiegen.
net income *n* Net income is the total earnings of a business after tax and other deductions.	Nettogewinn, Reingewinn Nettogewinn ist die Summe all dessen, was ein Geschäft verdient hat, wenn Steuern und andere Abzüge abgezogen sind.
loss *n*	Verlust
net loss *n* The company reported a net loss of 3 million pounds.	Bilanzverlust, Reinverlust Das Unternehmen wies einen Bilanzverlust von drei Millionen Pfund aus.
retained earnings *npl* Retained earnings will be reinvested in the company rather than being distributed to shareholders as dividends.	einbehaltene Gewinne Einbehaltene Gewinne werden wieder in das Unternehmen investiert und nicht als Dividende an die Aktionäre ausgeschüttet.
annual report *n*	Jahresbericht, Jahresabschluß
notes to the accounts *n* The annual report will generally include notes to the accounts which explain special items posted to accounts or valuation methods used to establish the value of an asset.	Anhang Der Jahresbericht enthält im allgemeinen einen Anhang, in welchem besondere auf den Konten gebuchte Posten oder Bewertungsverfahren zur Werterfassung eines Vermögensgegenstandes erläutert sind.

directors' report *n*	Geschäftsbericht; Jahresbericht des Aufsichtsratsvorsitzenden
The Morris Ltd directors' report briefly explained the loss for the year and the hope for a profit in the current fiscal year.	Der Geschäftsbericht der Morris Ltd erläuterte kurz den Jahresverlust und brachte die Hoffnung auf Gewinn im laufenden Geschäftsjahr zum Ausdruck.
current fiscal year *n*	laufendes Rechnungsjahr, laufendes Geschäftsjahr
chairman's statement *n*	Geschäftsbericht des Vorsitzenden
The chairman's statement of General Steel plc confirmed that the board of directors had approved the company's financial statements.	Der Geschäftsbericht des Vorsitzenden der General Steel plc bestätigte, daß der Aufsichtsrat den Jahresabschluß des Unternehmens gebilligt hatte.
auditor's report *n*	Prüfungsbericht des Wirtschaftsprüfers
The auditor's report confirmed that the company's annual financial statements convey a true and fair view of the company's financial position.	Der Prüfungsbericht des Wirtschaftsprüfers bestätigte, daß der Jahresabschluß des Unternehmens ein wahres und ausgewogenes Bild seiner Finanzlage vermittelt.
financial statement *n*	Finanzbericht, Abschluß
realize *v*	erzielen
The company was able to realize a profit of $7 million on sales of $1 billion.	Das Unternehmen konnte bei Umsätzen im Wert von einer Milliarde Dollar sieben Millionen Dollar Gewinn erzielen.
product costs *npl*	Fertigungskosten
period costs *npl*	Periodenkosten
Period costs, or fixed costs, are expected to increase over the coming fiscal year.	Man geht davon aus, daß die Periodenkosten oder Gemeinkosten im Verlauf des kommenden Rechnungsjahres steigen werden.
freight in *n*	Eingangsfracht
Freight in is generally regarded as being part of the cost of goods.	Eingangsfracht wird im allgemeinen als Bestandteil der Warenkosten betrachtet.
freight out *n*	Ausgangsfracht
Freight out paid on outgoing shipments is usually reported under selling expenses.	Ausgangsfracht, die auf den Versandausgang bezahlt wird, wird gewöhnlich unter Vertriebskosten ausgewiesen.
sales returns *npl*	Warenrücksendung *(zum Hersteller)*
The director's report mentioned that sales returns had decreased by 70% compared with the previous year.	Der Geschäftsbericht erwähnte, daß die Warenrücksendungen im Vergleich zum Vorjahr um 70% zurückgegangen waren.

purchase returns *npl* Purchase returns, sales allowances and purchase allowances are posted to separate accounts in the company's ledger.	Warenrücksendungen *(vom Käufer)* Einkaufsretouren, Preisnachlässe auf Verkäufe und Preisnachlässe von Lieferanten werden im Hauptbuch des Unternehmens in unterschiedlichen Konten gebucht.
sales allowance *n*	Preisnachlaß auf Verkäufe
purchase allowance *n*	Preisnachlaß von Lieferanten
non-operating income *n* The company reported non-operating income from the sale of two of its subsidiaries.	betriebsfremde Einnahmen Das Unternehmen wies betriebsfremde Einnahmen durch den Verkauf von zwei seiner Tochterfirmen aus.
appropriation account *n* The appropriation account shows how the net profit is divided between dividend payments and transfers to reserves.	Gewinnverteilungsrechnung Die Gewinnverteilungsrechnung zeigt, wie der Nettogewinn zwischen Dividendenzahlungen und Rücklagenbildung aufgeteilt wird.
appropriate *v* The board of directors appropriated a portion of retained earnings for a new research project.	zuweisen Der Aufsichtsrat wies einen Teil der einbehaltenen Gewinne einem neuen Forschungsprojekt zu.
funds flow statement *n* Our funds flow statement shows the sources and uses of cash during the accounting period.	Kapitalflußrechnung Unsere Kapitalflußrechnung zeigt die Herkunft und Verwendung von Barmitteln während des Abrechnungszeitraums.
liquid *adj* We have converted some of our liquid assets into cash for a new investment in Mexico.	flüssig Für eine neue Investition in Mexiko haben wir einige unserer kurzfristigen Forderungen zu Bargeld gemacht.
non-cash *adj* Depreciation is a non-cash expense since it does not result in an outflow of cash.	bargeldlos, nicht ausgabenwirksam Eine Abschreibung ist eine nicht ausgabenwirksame Aufwendung, da sie nicht zu einem Kapitalabfluß führt.
imprest *n (GB)* Petty cash is often run on an imprest basis.	Kassenvorschuß Portokassen werden oft über ein Kassenvorschußsystem verwaltet.
in transit *adj* The bank stated that $250,000 in deposits were still in transit at the balance sheet date.	noch nicht gebucht Die Bank erklärte, daß Einlagen im Wert von 250.000,-- Dollar zum Bilanzdatum noch nicht gebucht waren.
per bank *adj* There was a discrepancy between the balance per bank and the true balance per books.	Bank- Es gab eine Abweichung zwischen der Bankbilanz und der tatsächlichen Bilanz in den Büchern.
per books *adj* The value of inventories per books was reported at $3 million at balance sheet date.	Bücher-, buchmäßig Der Wert der buchmäßigen Lagerbestände wurde am Bilanzstichtag mit drei Millionen Dollar angesetzt.

Rentabilität

performance *n*	Leistung, Wertentwicklung, Effizienz
Several Japanese investors examined our company's performance over the past five years.	Mehrere japanische Investoren prüften die Effizienz unseres Unternehmens während der vergangenen fünf Jahre.
perform *v*	Leistung erbringen
They were pleased that our company had performed well on overseas markets.	Sie waren damit zufrieden, daß unser Unternehmen auf den überseeischen Märkten eine gute Leistung erbracht hat.
profitability *n*	Rentabilität
profitable *adj*	gewinnbringend, profitabel
Our investment of risk capital in AMC was not as profitable as we had hoped because the company has been losing money for the past three years.	Unsere Risikokapitalinvestition in die AMC war nicht so gewinnbringend wie wir gehofft hatten, weil das Unternehmen drei Jahre lang Verluste gemacht hat.
efficient *adj*	effizient, leistungsfähig, wirtschaftlich
They stated that our production was not efficient and believed that they could run it more profitably.	Sie erklärten, unsere Produktion sei nicht effizient und glaubten, sie könnten rentabler produzieren.
profit margin *n*	Gewinnspanne
Our company's profit margin can be increased by improving productivity.	Die Gewinnspanne unseres Unternehmens kann durch eine Steigerung der Produktivität erhöht werden.
productivity *n*	Produktivität
financial ratio *n*	finanzwirtschaftliche Kennzahl, finanzwirtschaftliche Kennziffer
The board chairman pointed out that the company's financial ratio showed that the company was solvent and not unprofitable.	Der Aufsichtsratsvorsitzende wies darauf hin, daß die finanzwirtschaftliche Kennzahl zeige, daß das Unternehmen solvent und nicht unrentabel war.
solvent *adj*	solvent, zahlungsfähig
unprofitable *adj*	unrentabel
tied up *adj*	gebunden, festgelegt
Over half of the company's current assets are tied up in inventories.	Über die Hälfte des Umlaufvermögens des Unternehmens stecken in Lagerbeständen.
service *v*	bedienen; Kapital und Zinsen zahlen
The investors were not happy that the company was paying 25% of its income to service its debt.	Es gefiel den Investoren nicht, daß das Unternehmen 25% seiner Einnahmen für den Schuldendienst aufbrachte.
operating ratio *n*	Erfolgskennziffer
Our operating ratio measures how well or how efficiently the company has used its resources.	Unsere Erfolgskennziffer ist ein Gradmesser dafür, wie wirtschaftlich das Unternehmen seine finanziellen Mittel genutzt hat.

return on capital employed (ROCE) *n* The return on capital employed is an indicator of a company's profitability.	Ertrag aus investiertem Kapital Der Ertrag aus investiertem Kapital ist ein Rentabilitätsindikator eines Unternehmens.
asset turnover *n* The asset turnover ratio is generally considered an important indicator of business efficiency.	Kapitalumschlag Die Kapitalumschlagskennzahl wird im allgemeinen als wichtiger Indikator für die Wirtschaftlichkeit des Unternehmens betrachtet.
employee ratio *n* The employee ratio is a type of productivity ratio which can be subdivided into three categories: 1. sales per employee, 2. profits per employee and 3. value added per employee.	Arbeitnehmerproduktivität Die Arbeitnehmerproduktivität ist eine bestimmte Art des Produktivitätsgrades, die in drei Kategorien unterteilt werden kann: 1. Umsatz pro Mitarbeiter, 2. Gewinn pro Mitarbeiter, 3. Wertschöpfung pro Mitarbeiter.
sales per employee *npl* Sales divided by the number of employees results in a sales per employee ratio which indicates efficient use of human resources.	Umsatz pro Mitarbeiter Der Umsatz, geteilt durch die Anzahl der Mitarbeiter, ergibt ein Umsatz-pro-Mitarbeiter-Verhältnis, welches ein Indikator für wirtschaftlichen Personaleinsatz ist.
profit per employee *n*	Gewinn pro Mitarbeiter
value added per employee *n*	Wertschöpfung pro Mitarbeiter
current ratio *n*	Verhältnis des gesamten Umlaufvermögens zu kurzfristigen Verbindlichkeiten
The current ratio shows how many times current assets cover current liabilities.	Das Verhältnis des gesamten Umlaufvermögens zu kurzfristigen Verbindlichkeiten (Liquidität 3. Grades) zeigt, wie oft das Umlaufvermögen die kurzfristigen Verbindlichkeiten dekken kann.
acid test *n;* **quick test ratio** *n* The acid test ratio gives a conservative indication of a company's ability to meet obligations, i.e. its solvency.	Liquidität ersten Grades Die Liquidität ersten Grades gibt einen vorsichtigen Hinweis auf die Fähigkeit eines Unternehmens, seinen Verpflichtungen nachzukommen, d.h. auf seine Zahlungsfähigkeit.
stock turnover *n (GB);* **inventory turnover** *n (US)* The inventory turnover ratio showed that the company's products were selling poorly.	Lagerumschlag Die Kennziffer für den Lagerumschlag zeigte, daß sich die Produkte des Unternehmens schlecht verkauften.
debtor turnover *n* The debtor turnover ratio shows how quickly debtors are paying their bills.	Debitorenumsatz Die Debitorenumsatzziffer zeigt, wie schnell Schuldner ihre Rechnungen bezahlen.

interest cover *n (GB)*; **times interest earned (TIE)** *n (US)*	Verhältnis zwischen Gewinn vor Steuern und dem Zinsaufwand für Bankkredite, Anleihen etc.
The TIE (earnings before interest and taxes divided by interest charges) shows how many times interest is covered by earnings.	Der Gewinn vor Zinsen und Steuern, geteilt durch Zinsbelastungen zeigt, wie viel mal die Zinsen durch Einkünfte gedeckt werden.
gearing *n*	Fremdkapitalaufnahme, Verschuldungsgrad
The gearing ratio is the relationship between equity and loan capital.	Das Verhältnis zwischen Eigenkapital und Fremdkapital ist der Verschuldungsgrad.
shareholders' equity ratio *n*	Eigenkapitalverhältnis
The shareholders' equity ratio shows the relationship between funds supplied by shareholders and total capital employed.	Das Eigenkapitalverhältnis zeigt das Verhältnis zwischen den von Aktionären eingebrachten Mitteln und dem Nettogesamtvermögen.
investment ratio *n*	Investitionskennziffer
The investment ratio explores the relationship between share prices, earnings and yields.	Die Investitionskennziffer untersucht das Verhältnis zwischen Aktienpreis, Erträgen und Rendite.
return on equity *n*	Eigenkapitalrendite
The return on equity ratio shows the rate of return that shareholders have obtained on the capital they have invested.	Die Kennziffer für Eigenkapitalrendite zeigt den Renditegrad, den Aktionäre für ihr investiertes Kapital erhalten haben.
dividends per share *npl*	Dividende pro Aktie
earnings per share *npl*	Gewinn je Aktie
Earnings per share are stated on the profit and loss statement.	Der Gewinn je Aktie wird auf der Gewinn- und Verlustrechnung ausgewiesen.
price/earnings ratio (P/E ratio) *n*	Kurs-Gewinn-Verhältnis
A high potential for growth will usually result in a high P/E ratio.	Ein hohes Wachstumspotential führt gewöhnlich zu einem hohen Kurs-Gewinn-Verhältnis.

Abschreibung

amortize *v*	amortisieren
The annual report stated that the company's new machinery would be amortized over a period of 15 years.	Der Jahresbericht stellte fest, daß sich die neuen Maschinen des Unternehmens über einen Zeitraum von 15 Jahren amortisieren würden.
depreciation *n*	Abschreibung
The rate of depreciation usually depends on an asset's useful life.	Der Abschreibungssatz hängt gewöhnlich von der Nutzungsdauer eines Vermögensgegenstandes ab.

useful life *n*	Nutzungsdauer
depreciate *v* Our accountant stated that capital assets would be depreciated over a period of 15 years.	abschreiben Unser Buchhalter stellte fest, daß das Anlagevermögen über 15 Jahre abgeschrieben werde.
write off *v;* **write down** *v* The machines are written down every year on the company's books.	abschreiben Die Maschinen werden jedes Jahr in den Büchern des Unternehmens abgeschrieben.
accumulated *adj* The total amount of accumulated deprecations will amount to $30,000.00.	aufgelaufen Die Gesamtsumme aufgelaufener Abschreibungen wird 30.000,-- Dollar betragen.
book value *n* The book value of the company's capital assets are stated on the balance sheet at $35,000,000.00 million.	Buchwert Der Buchwert des Anlagevermögens des Unternehmens wird in der Bilanz mit 35.000.000,-- Dollar angegeben.
historic cost *n*	Anschaffungskosten
revalue *v* Our property was revalued after completion of new construction, and written up on the balance sheet.	neu bewerten Unser Grundbesitz wurde nach der Fertigstellung des Neubaus neu bewertet und in der Bilanz höher angesetzt.
write up *v*	höher bewerten/ansetzen
replacement cost *n* Replacement cost accounting values assets at the cost of replacing them rather than at historic cost.	Kosten für Ersatzbeschaffung; Wiederbeschaffungskosten Die Rechnungslegung für Wiederbeschaffungskosten bewertet Vermögensgegenstände auf der Grundlage der Wiederbeschaffungskosten und nicht der Anschaffungskosten.
weighted average *n* We use weighted averages for calculating the average cost of a unit of inventory.	gewogener Mittelwert, Durchschnittswert Zur Berechnung der durchschnittlichen Kosten eines Inventargegenstandes benutzen wir den Durchschnittswert.
straight-line *adj* Straight-line depreciation reduces the value of a capital asset at a uniform rate over the asset's projected useful life.	linear Die lineare Abschreibung verringert den Wert eines Vermögensgegenstandes während seiner ganzen vorgesehenen Nutzungsdauer mit gleichbleibendem Abschreibungssatz.
accelerated *adj* The company uses accelerated depreciation in order to reduce its tax liability.	beschleunigt, Sonder- Das Unternehmen nutzt die Sonderabschreibung, um seine Steuerschuld zu verringern.

declining-balance *adj* Declining-balance depreciation is a method of accelerated depreciation that calculates each year's depreciation as a percentage of current book value.	degressiv Die degressive Abschreibung ist eine Methode zur beschleunigten Abschreibung, bei der die jährliche Abschreibung als Prozentanteil des aktuellen Buchwertes berechnet wird.
units-of-production *adj* We use the units-of-production method for depreciating the company's motor vehicles.	verbrauchsbedingt; leistungsbezogen Für die Kraftfahrzeuge des Unternehmens wenden wir die leistungsbezogene Abschreibung an.
net realizable value *n* The net realizable value of a current or fixed asset will usually be lower than the book value carried on the balance sheet.	Netto-Realisationswert Der Netto-Realisationswert eines Vermögensgegenstandes im Umlaufvermögen oder im Anlagevermögen ist gewöhnlich niedriger als der in der Bilanz geführte Buchwert.
FIFO (first-in-first-out costing) *n* Our inventories are costed using the FIFO method as we assume that stock acquired first will be sold first.	Fifo-Kostenerfassung Die Kosten für unser Vorratsvermögen werden nach der Fifo-Methode erfaßt, da wir annehmen, daß die zuerst eingekauften Vorräte auch zuerst verkauft werden.
LIFO (last-in-first-out costing) *n* Our inventories are costed using the LIFO method as we assume that stock acquired last will be sold first.	Lifo-Kostenerfassung Die Kosten für unser Vorratsvermögen werden nach der Lifo-Methode erfaßt, da wir annehmen, daß die zuletzt eingekauften Vorräte zuerst verkauft werden.

Finanzplanung, Controlling

direct costs *npl* Each division's cost center keeps a record of its direct costs, e.g., labor, materials and overheads.	direkte Kosten Die Kostenstelle jedes Geschäftsbereichs führt Buch über ihre direkten Kosten, wie z.B. Arbeit, Materialien und Gemeinkosten.
indirect costs *npl* Indirect costs not directly related to the manufacture of a product, such as office costs and management salaries, are recorded separate from direct costs.	indirekte Kosten Die indirekten Kosten, die nicht im direkten Zusammenhang mit der Herstellung eines Produkts stehen, wie beispielsweise Bürokosten und Gehälter der Unternehmensleitung, werden von den direkten Kosten getrennt erfaßt.
fixed costs *npl* Fixed costs, such as rent, do not increase with the amount of product made, whereas variable costs, i.e., wages and material costs, do.	feste Kosten, Gemeinkosten Feste Kosten, wie z.B. Miete, steigen nicht mit der Produktionsmenge, wohingegen variable Kosten, d.h. Löhne und Materialkosten, dies tun.

variable costs *npl*	variable Kosten
allocate *v* The company allocated $91,000.00 to pension reserves, which is 5% more than in the previous year.	zuweisen Das Unternehmen wies den Pensionsrückstellungen 91.000,-- Dollar zu, 5% mehr als im Vorjahr.
break even *v* The directors' report stated that the company broke even due to a rise in direct costs.	mit plus-minus Null arbeiten; Kosten decken; Gewinnschwelle erreichen Der Bericht des Aufsichtsratsvorsitzenden stellte fest, daß das Unternehmen wegen eines Anstiegs der direkten Kosten mit plus-minus Null arbeitete.
budgetary control *n* Company management has ordered each cost center to exercise budgetary control in all areas of spending.	Budgetkontrolle Die Unternehmensführung hat alle Kostenstellen angewiesen, in allen Ausgabenbereichen die Budgetkontrolle auszuüben.
rolling *adj* The company's senior vice-presidents will meet next week to discuss the company's rolling budget.	rollend Die geschäftsführenden Direktoren des Unternehmens treffen sich nächste Woche zum Gespräch über das rollende Budget des Unternehmens.
strategic *adj*	strategisch
tactical *adj*	taktisch
expected *adj* The expected savings on costs and expenses from the strategic product-line adjustment will help the company to save on costs and to achieve its target profit.	erwartet Die von der strategischen Produktlinienanpassung erwarteten Kosten- und Ausgabenersparnisse werden dem Unternehmen helfen, Kosten zu sparen und den ins Auge gefaßten Profit zu erreichen.
target *n*	Ziel
forecast *n* The favorable forecast for the company's profitability was based on the stock turnover and ROCE ratios.	Vorhersage Die günstige Vorhersage für die Rentabilität des Unternehmens gründete sich auf dem Lagerumschlag und das Verhältnis von Ertrag zu investiertem Kapital.
yardstick *n;* **benchmark** *n (US)* Management ordered all cost centers to use excess costs, as identified in the previous year, as a yardstick for exercising budgetary control.	Maßstab, Kriterium Die Unternehmensführung wies alle Kostenstellen an, die Kostenüberschreitungen, die im vergangenen Jahr festgestellt wurden, als Maßstab für die Ausübung der Budgetkontrolle zu nehmen.
excess cost *n*	Kostenüberschreitung

underspend *v* The manufacturing division reduced direct costs thus underspending its budget by $2 million.	weniger ausgeben Die Fertigungsabteilung senkte die direkten Kosten und blieb damit um 2 Millionen Dollar unter ihrem Budget.
prime costs *npl* The manufacturing division also reduced its prime costs by finding new suppliers.	Gestehungskosten, Fertigungs(einzel)-kosten Die Fertigungsabteilung senkte ihre Gestehungskosten, indem sie neue Zulieferer fand.
semi-variable costs *npl* The company may deduct all of its semi-variable costs incurred for automobiles rented by its salesmen.	teilvariable Kosten Das Unternehmen kann alle seine teilvariablen Kosten, die für von seinen Vertretern angemietete Autos entstanden, in Abzug bringen.
apportionment *n* In absorption costing, an apportionment of various costs, i.e., labor, materials and overhead, to a unit is made first before dividing total costs by units produced.	Umlegung, Verteilung Bei der Vollkostenrechnung erfolgt die anteilmäßige Kostenumlage auf eine Einheit, d.h. für Arbeit, Materialien und Gemeinkosten, zuerst, bevor die Gesamtkosten durch die Anzahl der produzierten Einheiten geteilt werden.
absorption costing *n;* **full costing** *n*	Vollkostenkalkulation, Vollkostenrechnung
marginal costing *n*	Teilkostenrechnung
marginal costs *npl;* **incremental costs** *npl* If our company can produce 10,000 shirts for $20,000.00 then the marginal cost of producing one more shirt will be two dollars.	Grenzkosten Wenn unser Unternehmen 10.000 Hemden für 20.000,-- Dollar produzieren kann, dann betragen die Grenzkosten für die Produktion eines weiteren Hemds zwei Dollar.
margin of safety *n* The amount of sales our company makes above the break-even point represents our margin of safety.	Sicherheitskoeffizient, Sicherheitsmarge Die Verkaufserlöse, die unser Unternehmen nach Erreichen der Gewinnschwelle erzielt, stellen unseren Sicherheitskoeffizienten dar.
break-even point *n*	Break-even-Point, Kostendeckungspunkt
anticipated *adj* Anticipated sales in the first quarter should exceed costs by £10,000, giving us a good margin of safety.	voraussichtlich Die voraussichtlichen Verkaufserlöse im ersten Quartal dürften wohl die Kosten um £ 10.000 übersteigen und uns einen guten Sicherheitsrahmen geben.

attainment *n* Attainment of a balance between budgeted costs and actual costs is the main goal of the remedial steps being taken to control the adverse effects on profits caused by an unforeseen rise in direct costs.	Erreichen, Erlangen Das Erlangen eines Ausgleichs zwischen den im Haushalt vorgesehenen Kosten und den tatsächlichen Kosten ist das Hauptziel der Abhilfemaßnahmen, die getroffen werden, um die aufgrund eines unvorhergesehenen Anstiegs der direkten Kosten entstandenen negativen Auswirkungen auf die Gewinne unter Kontrolle zu halten.
remedial *adj*	Abhilfe-
adverse *adj*	zuwiderlaufend, negativ
unforeseen *adj*	unvorhergesehen
variance *n* The marketing division reported a considerable variance between its estimated costs for the budget and actual costs.	Abweichung, Unstimmigkeit, Schwankung Der Marketingbereich wies eine beträchtliche Abweichung zwischen den geschätzten Budgetkosten und den tatsächlichen Kosten aus.
divergence *n* The divergence between estimated costs and actual costs caused the marketing division to report a loss.	Abweichung Die Abweichung zwischen geschätzten Kosten und tatsächlichen Kosten veranlaßte den Marketingbereich dazu, einen Verlust auszuweisen

7 Produktion

Produktionsstätten und -anlagen

works *npl* Wisconsin Steel closed down its steel works in South Chicago because the equipment was outdated.	Betrieb, Werk, Fabrik Wisconsin Steel schloß ihr Stahlwerk in Südchicago, weil die Anlage veraltet war.
plant *n* General Motors produces automobile bodies at its Fisher Body plant in Flint, Michigan.	Fabrikationsanlage, Werk General Motors stellt Automobilkarosserien in ihrem Fisher Karosseriewerk in Flint, Michigan, her.
factory *n* Management ordered the company's security force to close all of the gates leading to the factory and lock out workers.	Fabrik Die Unternehmensleitung wies die Sicherheitsmannschaft der Firma an, alle Eingangstore der Fabrik zu schließen und die Arbeiter auszusperren.
gate *n*	Tor
centre *n (GB)*; **center** *n (US)* The Wizard Electronics Co. has announced that it will build a new research center in California.	Zentrum Die Wizard Electronics Co. hat den Bau eines neuen Forschungszentrums in Kalifornien angekündigt.
location *n* In the 1940s the US government chose a location in the State of Tennessee for an industrial complex which was used to design and develop the atomic bomb.	Standort In den 40er Jahren wählte die amerikanische Regierung einen Standort im Staat Tennessee für einen Industriekomplex aus, der genutzt wurde, um die Atombombe zu entwerfen und entwickeln.
complex *n*	Komplex
move *v* We hope to reduce costs by moving production abroad.	verlegen Wir hoffen Kosten zu reduzieren, indem wir die Produktion ins Ausland verlegen.
shop *n* Wizard's new research center will include shops for the manufacture of prototype electronic components as well as research facilities for designing and testing new products.	Werkstatt Betrieb, Halle Das neue Forschungszentrum von Wizard wird Werkstätten für die Herstellung von Prototypen elektronischer Bauteile sowie Forschungseinrichtungen für die Entwicklung und Prüfung von neuen Produkten beherbergen.
factory floor *n*	Fabrik, Produktionsstätte
assembly plant *n*	Montagewerk, Fertigungswerk

shop floor *n*	Fabrik, Werkstatt, Produktionsstätte; Betrieb
Working conditions were often hazardous on shop floors of the 19th century due to lack of safety rules and standards.	Wegen fehlender Sicherheitsvorschriften und -standards waren die Arbeitsbedingungen in den Produktionsstätten des 19. Jahrhunderts oft gefährlich.
close down *v;* **shut down** *v*	schließen, zumachen
The Cretan Tool Co. announced that it would shut down its plant in New Haven until completion of major repairs on its assembly line and that it would temporarily increase production at its other manufacturing facilities.	Die Cretan Tool Co. gab bekannt, daß sie ihr Werk in New Haven bis zur Fertigstellung umfangreicher Reparaturarbeiten an ihrem Fließband schließen würde, und daß sie die Produktion an ihren anderen Betriebsstätten vorübergehend hochfahren würde.
completion *n*	Beendigung, Fertigstellung
facilities *npl*	Betrieb(sstätte)
industrial estate *n (GB);* **industrial park** *n (US)*	Gewerbegebiet
business park *n*	Gewerbegebiet, Gewerbepark
Mr. Cornwallis, president of the National Insurance Co., said that he was very pleased with his company's new building in the Three Oaks Business Park.	Herr Cornwallis, der Präsident der National Insurance Co., sagte, er sei sehr zufrieden mit dem neuen Gebäude seiner Firma im Gewerbegebiet Three Oaks.
premises *npl*	Geschäftsräume
He emphasized that the company had worked with architects in designing the building's premises and in developing the layout of purpose-designed floor space for offices.	Er betonte, daß das Unternehmen mit Architekten zusammengearbeitet habe, um die Geschäftsräume des Hauses zu planen und um die Aufteilung der speziell entworfenen Grundfläche für Büros zu entwickeln.
layout *n*	Gestaltung, Anordnung, Aufteilung, Plan
purpose-designed *adj*	speziell entworfen
floor space *n*	Grundfläche, Bodenfläche
green-field site *n (GB)*	Grundstück/Standort/Industriegelände auf der grünen Wiese
Mercia Department Stores have just purchased a green-field site on the edge of Nottingham for their new store.	Mercia Department Stores hat soeben für ihr neues Geschäft ein Grundstück auf der grünen Wiese am Stadtrand von Nottingham erworben.
industrial site *n*	Industriegelände
derelict *adj*	verfallen, baufällig, abbruchreif
The Wesson Co. recently demolished two blocks of derelict buildings at an old industrial site to make room for its new acid processing plant.	Die Wesson Co. hat kürzlich zwei verfallene Gebäudeblocks auf einem alten Industriegelände abgerissen, um Platz für ihr neues Säureverarbeitungswerk zu schaffen.

demolish *v*	abreißen
offshore assembly *n* Offshore assembly allows manufacturing companies to take advantage of low labor costs in foreign countries where labor is cheap.	Fertigung im Ausland Die Fertigung im Ausland gibt Fertigungsunternehmen die Möglichkeit, die niedrigen Arbeitskosten in Niedriglohnländern zu ihrem Vorteil auszunutzen.
closure *n* A spokesman for the Beaver Tool Co. stated that management had not yet set a final date for the closure of its run-down assembly plant.	Schließung Ein Sprecher der Beaver Tool Co. erklärte, daß die Unternehmensleitung noch keinen endgültigen Termin für die Schließung ihres heruntergewirtschafteten Montagewerkes festgesetzt habe.
run-down *adj*	heruntergekommen, abgewirtschaftet, heruntergewirtschaftet

Maschinen und Einrichtungen

machine shop *n* Each of our plants has its own machine shop with trained specialists who repair tools and machinery located on the premises.	(Maschinen)werkstatt; Maschinenhalle Jedes unserer Werke verfügt über seine eigene Maschinenwerkstatt mit ausgebildeten Fachkräften, die die Werkzeuge und Maschinen vor Ort reparieren.
tool *n*	Werkzeug
conveyor belt *n* The company's safety rules require all employees to keep at least three feet away from conveyor belts while they are in operation.	Förderband, Transportband Die Sicherheitsvorschriften des Unternehmens verlangen, daß alle Mitarbeiter mindestens einen Sicherheitsabstand von 90 cm von allen sich in Betrieb befindlichen Förderbändern halten.
in operation *phrase*	in Betrieb
assembly line *n* The assembly line was out of order for three hours today.	Fließband Das Fließband war heute drei Stunden außer Betrieb.
out of order *phrase*	außer Betrieb
maintenance *n* Proper maintenance and use of spare parts will prolong a machine's life and prevent early replacement costs.	Wartung Die richtige Wartung und die Verwendung von Ersatzteilen verlängern die Nutzungsdauer einer Maschine und vermeiden vorzeitigen Wiederbeschaffungskosten.

prolong *v*	verlängern
tooling *n*	Werkzeugbestückung, Maschinenausrüstung
Chrysler spent over 100 million dollars in tooling costs for new machine tools and power tools used for manufacturing new car models.	Chrysler hat über 100 Millionen Dollar an Anlagekosten für neue Werkzeugmaschinen und Elektrowerkzeuge, die für die Herstellung neuer Automodelle gebraucht werden, ausgegeben.
machine tool *n*	Werkzeugmaschine
power tool *n*	Elektrowerkzeug
systems engineering *n*	Anlagenbau, Anlagentechnik
The company's systems engineering department has developed a new computerized materials handling concept that will speed up production, cut costs and require less personnel.	Die Abteilung Anlagenbau des Unternehmens hat ein neues Konzept für die Computerisierung des innerbetrieblichen Transport- und Lagerwesens entwickelt, das die Produktion beschleunigen, Kosten senken und die benötigte Personalstärke reduzieren wird.
materials handling *n*	Materialtransport, innerbetriebliches Transport- und Lagerwesen
console *n*	Bedienungspult
Test personnel can control and monitor the engine's performance from a console located outside of the test bay.	Das Testpersonal kann die Leistung des Triebwerkes von einem außerhalb des Prüfstandes gelegenen Bedienungspult aus kontrollieren und überwachen.
test bay *n*	Prüfstand
gauge *n*	Meßgerät; Meßinstrument
The pressure gauge indicated that several steam lines in the reactor were about to burst.	Der Druckmesser zeigte an, daß mehrere Dampfleitungen in dem Reaktor kurz vor dem Zerplatzen standen.
gear *n*	Gang; Getriebe; Zahnrad
Assembly has been speeded up since we reduced the number of gears in our sewing machines.	Der Zusammenbau geht schneller, seitdem wir die Anzahl der Zahnräder in unseren Nähmaschinen reduziert haben.

Automatisierung

automate *v*	automatisieren
automation *n*	Automatisierung
Automation, robotization and computerization in many industrial sectors has generally made work safer for employees and increased manufacturing efficiency.	In vielen Industriebereichen haben die Automatisierung, die Ausstattung mit Robotern und die Computerisierung die Arbeit für die Beschäftigten sicherer gemacht und die betriebliche Leistungsfähigkeit erhöht.

robotization *n*	Ausstattung mit Robotern, Robotersteuerung
computerization *n*	Computerisierung
robot *n* Welding robots in car assembly plants are a good example of programmable CNC machines.	Roboter Schweißroboter in Automobilwerken sind ein gutes Beispiel für programmierbare CNC-Maschinen.
programmable *adj*	programmierbar
CNC machine *n*	CNC-Maschine *(freiprogrammierbare, durch Zahlencode rechnergesteuerte Werkzeugmaschine)*
labo(u)r-saving *adj* The company has just spent 300 million dollars on modernizing its assembly plant with computerized robots and other labor saving machinery.	arbeits(kräfte)sparend Das Unternehmen hat gerade 300 Millionen Dollar für die Modernisierung seines Montagewerkes mit computergesteuerten Robotern und anderen arbeitskräftesparenden Maschinen ausgegeben.
computerize *v*	computerisieren
integrate *v* The company has recently integrated computer integrated manufacturing into its assembly line operations.	integrieren Das Unternehmen hat kürzlich die computerintegrierte Fertigung in den Betrieb seiner Fließbänder integriert.
computer-aided manufacturing (CAM) *n*	computergestützte Fertigung *(computergestützte Steuerung und Überwachung der Produktion)*
model *n* We use computer models to test our products.	Modell Wir benützen Computerdarstellungen, um unsere Produkte zu prüfen.
simulation *n* We use simulations of the production process at our training center to teach new employees how to assemble automobiles.	Simulation In unserem Ausbildungszentrum arbeiten wir mit Simulationen des Produktionsablaufs, um neuen Mitarbeitern beizubringen, wie sie Automobile montieren müssen.
computer-integrated manufacturing (CIM) *n* Computer integrated manufacturing uses computers to control the complete manufacturing cycle including design, planning and manufacturing.	computerintegrierte Fertigung In der computerintegrierten Fertigung werden Computer benutzt, um den kompletten Fertigungskreislauf einschließlich des Designs, der Planung und der Herstellung zu kontrollieren.
remote *adj* The entire plutonium manufacturing process is operated from a remote console located in a safe part of the plant.	entfernt, abgelegen Der ganze Prozeß der Plutoniumherstellung wird von einem entfernten Bedienungspult aus in einem sicheren Teil des Werkes fernbedient.

numerical control (NC) *n* Plant engineers discovered that several machines were not performing properly because their coded numerical control sequences were incorrect.	numerische Steuerung Werksingenieure fanden heraus, daß mehrere Maschinen nicht ordnungsgemäß arbeiteten, weil die kodierten Sequenzen der numerischen Steuerung nicht korrekt waren.
numerically controlled *adj*	numerisch gesteuert
programmable controller *n* Assembly line robots were welding car doors shut because someone had got into their programmable controllers and changed their programs.	programmierbare Kontroll- und Steuerungseinheit Die Roboter am Fließband schweißten Autotüren zu, weil jemand in ihre programmierbare Kontroll- und Steuerungseinheit eingedrungen war und ihre Programme verändert hatte.
robotics *n* Computer-aided manufacturing uses robotics, usually on an assembly line, to carry out work previously done by humans.	Handhabungstechnik, Robotik *(Bewegung von Arbeitsstücken durch Roboter)* Die computergestützte Fertigung wendet die Handhabungstechnik an, normalerweise in Verbindung mit einem Fließband, um Arbeit verrichten zu lassen, die früher von Menschen gemacht wurde.
finite-element analysis *n* Finite-element analysis is used in kinematics to break down the complete motion process of moving machines, such as robots, so that they can be programmed.	Analyse finiter Elemente In der Kinematik wird die Analysis finiter Elemente zur Unterteilung des gesamten Bewegungsablaufs beweglicher Maschinen, wie beispielsweise von Robotern, angewandt, so daß sie programmiert werden können.
kinematics *n*	Kinematik, Bewegungslehre
flexible manufacturing systems *npl* Flexible manufacturing systems allow industrial producers to combine various or all elements of NC, CNC, CAD and robotics in order to achieve the best and least costly manufacturing results.	flexible Fertigungssysteme Flexible Fertigungssysteme geben Industrieproduzenten die Möglichkeit, unterschiedliche oder alle Elemente der numerischen Steuerung, der freiprogrammierbaren Rechnersteuerung, des computergestützten Designs und der Handhabungstechnik zu kombinieren, um das beste und kostengünstigste Fertigungsergebnis zu erzielen.

Fertigung und Montage

production *n*	Fertigung, Produktion
produce *v*	herstellen, fertigen
production process *n*	Produktionsverlauf
process *v*	verarbeiten
processing *n*	Verarbeitung
production line *n*	Fertigungsstraße; Fließband
The speed of our PC production line allows each worker five minutes to complete his or her workpiece.	Die Geschwindigkeit unseres PC-Montagebandes läßt jeder Arbeiterin oder jedem Arbeiter 5 Minuten Zeit, um ihr oder sein Werkstück fertigzustellen.
workpiece *n*	Werkstück, Arbeitsstück
batch *n*	Charge; Serie
The first step in producing a batch of orange juice is to squeeze the juice from tons of oranges.	Der erste Schritt bei der Produktion einer Charge Orangensaft besteht darin, den Saft aus Tonnen von Orangen zu pressen.
Furniture is often produced in batches.	Möbel werden oft in Serien produziert.
lot *n*	Los, Menge
The lumber mill only sells wood in lots to wholesalers.	Das Sägewerk verkauft nur Holz in Losen an Großhändler.
set up *v*	aufbauen, montieren, zusammenbauen
We are sending a team of five specialists to Peking to help Chinese engineers to set up the chemical plant we sold to the Long March Chemical Co.	Wir schicken ein fünfköpfiges Spezialistenteam nach Peking, um den chinesischen Ingenieuren beim Aufbau des Chemiewerkes zu helfen, das wir der Long March Chemical Co. verkauft haben.
assemble *v*	zusammenbauen, montieren
The plant will be assembled and erected on site, with Chinese workers and technicians carrying out all of the work.	Das Werk wird vor Ort montiert und aufgebaut, wobei chinesische Arbeiter und Techniker die gesamten Arbeiten ausführen.
erect *v*	errichten, aufbauen
on site *adv*	vor Ort
position *v*	positionieren, plazieren, an den rechten Platz stellen
The first step of my job on the production line is to position a disk drive at the front of the PC housing, then I screw it into place and tighten each screw with an electric screwdriver.	Der erste Schritt meiner Tätigkeit am Fließband besteht darin, ein Diskettenlaufwerk vorn im Gehäuse des PCs an die richtige Stelle zu setzen, dann schraube ich es an dieser Stelle an und ziehe jede Schraube mit einem elektrischen Schraubenzieher fest an.

tighten *v*	anziehen, festziehen
fit *v* Finally, I check each drive to make sure that it fits securely in the housing.	passen, sitzen Schließlich überprüfe ich jedes Laufwerk und achte darauf, daß es sicher im Gehäuse sitzt.
operation *n* The Chinese will be sending five operators to Boston for training in the operation of the software that controls various mechanical plant components.	Bedienung Die Chinesen werden fünf Bediener nach Boston schicken, um sie in der Bedienung der Software ausbilden zu lassen, die verschiedene Maschinenelemente des Werkes steuert.
mechanical *adj*	mechanisch, maschinell
maker *n*	Hersteller(in)
efficiency *n*	Leistungsfähigkeit
inefficient *adj* They called in a team of experts to study how the company could eliminate inefficient steps in the production process and increase plant capacity.	unzulänglich, leistungsschwach, ineffizient, unproduktiv, unrationell Sie beauftragte ein Team von Fachleuten damit, zu untersuchen, wie das Unternehmen unproduktive Schritte im Produktionsverlauf beseitigen und die Werkskapazität erhöhen könnte.
capacity *n*	Kapazität
uneconomical *adj* Labor-intensive manufacturing operations are generally considered uneconomical in western economies because labor costs are too high.	unwirtschaftlich Arbeitsintensive Produktionsabläufe werden in den westlichen Volkswirtschaften im allgemeinen für unwirtschaftlich erachtet, weil die Arbeitskosten zu hoch sind.
overcapacity *n* A plant working at 65% has an overcapacity of 35%.	Überkapazität Ein mit 65% ausgelastetes Werk hat eine Überkapazität von 35%.
overproduction *n*	Überproduktion
machinist *n* At least two machinists are in the plant at all times to fix any machines that may break down on the assembly line.	Maschinist(in), Maschinenschlosser(in) Mindestens zwei Maschinenschlosser sind ständig im Werk, um jede Maschine, die eventuell am Fließband ausfällt, in Ordnung zu bringen.
machine *v* Mr. Green machines parts at a small company in Toledo, Ohio.	maschinell herstellen Herr Green stellt in einem kleinen Unternehmen in Toledo, Ohio, Bauteile maschinell her.
fabrication *n* We estimate that the fabrication of the chemical plant in China will take about one year.	Fabrikation; Errichtung; Bau Wir schätzen, daß der Bau des Chemiewerkes in China ungefähr ein Jahr in Anspruch nehmen wird.

cumbersome *adj* Items too cumbersome to ship in one piece are manufactured in prefabricated sections, shipped to the buyer and assembled on his premises.	klobig, umständlich Teile, die zu umständlich in einem Stück zu transportieren sind, werden in vorgefertigten Teilstücken hergestellt, zum Käufer transportiert und auf seinem Werksgelände montiert.
prefabricated *adj*	vorgefertigt
section *n*	Teilstück
labo(u)r-intensive *adj* Clothing manufacturing and construction are labor-intensive industries.	arbeitsintensiv Die Textilherstellung und das Baugewerbe sind arbeitsintensive Industriezweige.
capital-intensive *adj* Steel and automobile manufacturing are capital-intensive industries.	kapitalintensiv Stahl und Automobilbau sind kapitalintensive Industriezweige.
idle *adj* Manufacturers with idle plant capacity will sometimes enter into joint ventures with other companies and rent or lease surplus capacity to the new partner.	frei, ungenutzt, brachliegend Hersteller mit freien Werkskapazitäten gehen manchmal Joint-ventures mit anderen Unternehmen ein und verpachten oder leasen Überkapazitäten an den neuen Partner.
excess *adj;* **surplus** *adj*	Überschuß-
surplus capacity *n;* **excess capacity** *n* Our company is looking for a partner with suitable excess capacity because demand for our new line of low-priced semiconductors has outstripped our ability to produce them.	Überkapazität Unser Unternehmen sucht einen Partner mit angemessener Überkapazität, weil die Nachfrage nach unseren billigen Halbleitern unser Produktionsvermögen übertroffen hat.
outstrip *v*	übertreffen
hold-up *n* The hold-up on the assembly line was caused by a bottleneck on the conveyor system that supplies wheels for the cars.	Verzögerung Die Verzögerung am Fließband wurde durch einen Engpaß an dem Transportsystem verursacht, das Räder für die Autos zuführt.
bottleneck *n*	Engpaß
coordinate *v*	koordinieren
coordination *n* A study by plant management showed that there was poor coordination in the supply and distribution of parts of the assembly line.	Koordination Eine Untersuchung der Werksleitung ergab, daß die Koordination des Nachschubs und der Zuweisung von Teilen an das Fließband schlecht war.
downtime *n* The old machinery was giving us so much trouble with downtime due to constant repairs that the company decided to replace it.	Ausfallzeit Die alte Anlage hat uns wegen ständiger Reparaturen so viele Probleme mit Ausfallzeiten verursacht, daß das Unternehmen beschlossen hat, sie zu ersetzen.

autonomous work group *n* — autonome Arbeitsgruppe

It takes fewer man-hours to produce a tractor using autonomous work groups than it does using old assembly line methods. — Für die Produktion eines Traktors werden weniger Arbeitsstunden benötigt, wenn man autonome Arbeitsgruppen einsetzt, als wenn man mit den alten Fließbandmethoden arbeitet.

man-hour *n* — Arbeitsstunde

production run *n* — Produktionsserie

We hope to start with the first production run in 10 weeks after we have trained the Mexican personnel how to operate the plant. — Wir hoffen, daß wir in zehn Wochen mit der ersten Produktionsserie anfangen können, nachdem wir das mexikanische Personal in den Betrieb des Werkes eingewiesen haben.

Produktionsplanung

planning *n* — Planung

The goal of our planning staff is to achieve high productivity through optimum and efficient use of our plant's manufacturing capacity and personnel. — Es ist das Ziel unserer Mitarbeiter in der Planung, eine hohe Produktivität durch optimale und rationelle Ausnutzung der Fertigungskapazität des Werkes und der Belegschaft zu erreichen.

optimum *adj* — optimal

know-how *n* — Know-how

peak *adj, n* — höchste(r, s); Gipfel, Spitze

The company's production manager explained to the board of directors that three of the corporation's 7 plants were not operating at peak efficiency because they were understaffed. — Der Produktionsleiter des Unternehmens erklärte dem Aufsichtsrat, daß drei der sieben Werke des Unternehmens nicht mit höchster Effizienz arbeiteten, da sie personell unterbesetzt waren.

understaffed *adj* — personell unterbesetzt

flow *n* — Fluß

set back *v* — zurückfallen

Production has been set back by a fire in the main assembly building. — Die Produktion ist durch einen Brand im Hauptfertigungsgebäude zurückgefallen.

overmanning *n* — personelle Überbesetzung

modify *v* — modifizieren, abändern

The company hired a team of outside production planning specialists to study how the company could modify or convert its equipment in order to streamline or step up plant production. — Das Unternehmen stellte ein Team außerbetrieblicher Fachleute für die Produktionsplanung ein, um untersuchen zu lassen, wie es seine Anlagen abändern oder umrüsten könnte, um die Produktion des Werkes zu rationalisieren oder zu erhöhen.

streamline *v*	rationalisieren
step up *v*	steigern, intensivieren, erhöhen
modification *n*	Modifizierung, (Ab)änderung
The team of planning experts concluded that modification of present tools and machines would be too unprofitable in the long-term.	Das Team der Planungsexperten kam zu der Schlußfolgerung, daß die Veränderung derzeit benutzter Werkzeuge und Maschinen langfristig zu unrentabel sei.
modernize *v*	modernisieren
speed up *v*	beschleunigen, erhöhen
phase in *v*	(schrittweise) einführen
We plan to phase out old machinery and production methods and phase in new ones.	Wir haben vor alte Maschinen und Produktionsmethoden schrittweise aufzugeben und allmählich durch neue zu ersetzen.
phase out *v*	(schrittweise) zu Ende gehen lassen
sub-contractor *n*	Subunternehmer(in); Subunternehmen
Company management began the process of finding sub-contractors who could dismantle and scrap old machines and set up and assemble new machines and systems in the plant.	Die Unternehmensleitung begann damit, Subunternehmen zu suchen, die alte Maschinen abbauen und verschrotten und neue Maschinen und Systeme im Werk aufstellen und montieren konnten.
dismantle *v*	zerlegen, abbauen
scrap *v*	verschrotten
shelve *v*	zurückstellen, verschieben, auf Eis legen
A company spokesman explained that management had decided to shelve its plans for a step-by-step plant modernization program.	Ein Sprecher des Unternehmens erklärte, daß die Führung beschlossen hatte, ihre Pläne für ein Programm zur schrittweisen Modernisierung des Werkes auf Eis zu legen.
outsourcing *n*	Produktionsverlagerung an Subunternehmer, Arbeitsauslagerung
He added that the company would use outsourcing to its Mexican subsidiary	Er fügte hinzu, daß das Unternehmen eine Produktionsverlagerung zu seiner mexikanischen Tochter vornehmen würde.
outwork *n*	Heimarbeit
Outwork is still used in the textile industry.	Heimarbeit wird noch in der Textilindustrie angewendet.
scientific management *n*	wissenschaftliche Betriebsführung
Taylorism *n*	Taylorismus
Taylorism is a system of industrial management that is based on time and motion studies.	Taylorismus ist ein System der industriellen Betriebsführung, das auf Bewegungs-Zeit-Studien beruht.

time and motion study *n*	Bewegungs-Zeit-Studie
process planning *n*	Produktionsplanung; Arbeitsvorbereitung
plant utilization *n*	Kapazitätsauslastung
process cycle *n*	Fertigungszyklus
materials planning *n* After modernizing its assembly plant, the company sold its warehouse and retrained its warehouse staff in the concept of materials planning and just-in-time manufacturing.	Materialplanung Nachdem das Fertigungswerk modernisiert worden war, verkaufte das Unternehmen sein Lagerhaus und schulte seine Lagerarbeiter auf das Konzept der Materialplanung und der Just-in-time-Produktion um.
just-in-time manufacturing *n*	Just-in-time-Produktion
continuous process *n* Steel making and petrol production are continuous processes that produce products with little or no change in procedures or equipment over a period of days, months or years.	Fließfertigung; durchgehender Betrieb; dynamischer Prozeß Stahlherstellung und Benzinproduktion sind dynamische Prozesse, aus denen über einen Zeitraum von Tagen, Monaten oder Jahren bei geringer oder gar keiner Verfahrens- oder Anlageveränderung Produkte hervorgehen.
feasibility study *n*	Machbarkeitsstudie; Wirtschaftlichkeitsberechnung
pilot production *n* The Vogon Cement Co. discovered that the conveyor system didn't work properly during pilot production in their new plant.	Pilotbetrieb, Probebetrieb Die Vogon Cement Co. stellte fest, daß das Transportbandsystem beim Probebetrieb in ihrem neuen Werk nicht richtig funktionierte.
means of production *npl*	Produktionsmittel
work study *n* Frederick W. Taylor used work studies to develop his system of scientific management.	Arbeitszeitstudie Frederick W. Taylor verwandte Arbeitszeitstudien, um sein System der wissenschaftlichen Betriebsführung zu entwickeln.
method study *n;* **method analysis** *n* Plant management carried out a method analysis of its existing operations to find out how to improve them through mechanization or specialization.	Abeitsablaufstudie Die Werksleitung führte eine Arbeitsablaufstudie ihrer bestehenden Betriebsabläufe durch, um herauszufinden, wie sie durch Mechanisierung oder Spezialisierung verbessert werden könnten.
work measurement *n* Many industrial manufacturers use work measurement to evaluate employee performance.	Arbeitszeitermittlung Viele industrielle Hersteller wenden die Arbeitszeitermittlung an, um die Leistung der Mitarbeiter zu bewerten.

manufacturing costs *npl*	Herstellungskosten
unit cost *n* Manchu Shoe Manufacturing Ltd cut its unit cost per shoe by increasing production.	Stückkosten Die Manchu Shoe Manufacturing Ltd senkte ihre Stückkosten pro Schuh durch eine Produktionserhöhung.
rationalization *n*	Rationalisierung
defray *v* The company will defray the costs of the new swimming pool.	aufkommen für Das Unternehmen wird für die Kosten des neuen Schwimmbads aufkommen.
rationalize *v* Wangchu Hardware Ltd announced that it would rationalize its manufacturing operations in Hong Kong.	rationalisieren Die Wangchu Hardware Ltd kündigte an, daß sie ihre Produktion in Hongkong rationalisieren würde.
strategic product-line adjustment *n;* **tactical product-line adjustment** *n* The manufacturing and marketing departments are to collaborate on a strategic product-line adjustment in order to remove similar products from the company's range of goods.	strategische Produktlinienanpassung Die Produktions- und Marketingabteilungen müssen bei einer strategischen Produktlinienanpassung zusammenarbeiten, um ähnliche Produkte aus dem Warensortiment des Unternehmens herauszunehmen.
tool up *v* American Motors Corp. announced that it would spend $100,000,000.00 to tool up for production of a new line of luxury cars.	maschinell ausstatten, umrüsten Die American Motors Corp. gab bekannt, daß sie $ 100.000.000,-- ausgeben werde, um die Maschinen für die Produktion ihrer neuen Reihe von Luxusautos umzurüsten.
retooling *n*	Neuausrüstung; Maschinenerneuerung
deskilling *n* Taylorism supported the general idea of deskilling the industrial work force so that routine manufacturing jobs could be carried out by unskilled labor.	Herabstufen von Arbeitsplätzen, Aberkennung des Facharbeiterstatus Der Taylorismus unterstützte die allgemeine Vorstellung von der Herabstufung von Arbeitsplätzen der Industriearbeiterschaft, so daß Routinetätigkeiten in der Produktion von ungelernten Kräften ausgeführt werden könnten.
multi-skilled *adj* We chose to locate our new steel plant in Pittsburgh, PA, because of the availability of a multi-skilled work force in that city with experience in steel manufacturing.	mehrfach qualifiziert, vielfach qualifiziert Wir wählten für unser neues Stahlwerk einen Standort in Pittsburgh, PA., weil in dieser Stadt ein vielfach qualifiziertes Arbeitskräftepotential mit Erfahrungen in der Stahlproduktion zur Verfügung stand.

Qualitätskontrolle

quality control *n*	Qualitätskontrolle
The purpose of our quality control program is to inspect each product several times before it leaves the plant to ensure that it meets our company's quality standards before sale to the consumer.	Der Zweck unserer Qualitätskontrolle besteht darin, jedes Produkt, bevor es das Werk verläßt, mehrfach zu begutachten, um sicherzustellen, daß es die Qualitätsanforderungen unserer Firma erfüllt, bevor es an den Verbraucher verkauft wird.
inspect *v*	begutachten, inspizieren, überprüfen
ensure *v (GB)*; **insure** *v (US)*	sicherstellen
standard *n*	Standard; Anforderung
Our products are expected to meet very high standards.	Von unseren Produkten wird erwartet, daß sie sehr hohen Anforderungen entsprechen.
inspection *n*	Inspektion, Begutachtung, Überprüfung
check *v*	(über)prüfen
After checking several samples of our bacon and sausage at their laboratory, the health office informed us that our meat contained viruses.	Nachdem mehrere Proben unseres Specks und unserer Wurst in ihrem Labor geprüft worden waren, ließ uns das Gesundheitsamt wissen, daß unser Fleisch Viren enthalte.
grade *n*	(Reinheits)grad
We wrote a letter to Van der Loopen Diamond Importers in Amsterdam, complaining that they had delivered the wrong grade of diamonds for jewelry manufacture.	Wir schrieben einen Brief an die Diamantenimportfirma Van der Loopen Diamond Importers in Amsterdam und bemängelten, daß sie uns Diamanten geliefert hatten, die den falschen Reinheitsgrad für die Schmuckherstellung hatten.
care *n*	Sorgfalt
The plant manager sent a memo to all quality control personnel requesting them to exercise more care and attention in carrying out their job.	Der Werksleiter schickte eine Mitteilung an alle in der Qualitätskontrolle tätigen Mitarbeiter, in dem er sie aufforderte, bei ihrer Arbeit mehr Sorgfalt und Aufmerksamkeit walten zu lassen.
quality assurance *n*	Qualitätssicherung
Inspection is an important part of quality assurance.	Qualitätsprüfung ist ein wichtiger Bestandteil der Qualitätssicherung.
meticulous *adj*	peinlich genau, penibel
Mr. Wong, President of Red Star Toys Ltd, explained that his company performed meticulous, random inspections of several toys from each lot manufactured.	Herr Wong, der Präsident der Red Star Toys Ltd, erklärte, daß sein Unternehmen penible stichprobenmäßige Überprüfungen mehrerer Spielzeuge von jeder Produktionseinheit vornähme.

random *adj*	zufällig, stichprobenmäßig
detect *v*	herausfinden, aufdecken
These tests were performed in order to detect defective products and shoddy or subquality manufacturing practices.	Diese Überprüfungen wurden vorgenommen, um schadhafte Produkte und schlampige oder qualitativ minderwertige Produktionspraktiken aufzudecken.
defective product *n*	fehlerhaftes/schadhaftes Produkt
shoddy *adj*	minderwertig, schlampig, schludrig
subquality *n*	minderwertige Qualität
routine *adj*	Routine-
As a routine precaution, we test each batch of juice we manufacture.	Als Routinevorsichtsmaßnahme überprüfen wir jede Charge Saft, die wir herstellen.
precaution *n*	Vorsichtsmaßnahme
reject *v*	zurückweisen
Due to spoilage, the quality control department at the Sharp Food Co. rejected several tons of potatoes that were scheduled to be processed into chips.	Weil die Ware verdorben war, wies die Qualitätskontrollabteilung der Sharp Food Co. mehrere Tonnen Kartoffeln, die zu Pommes frites weiterverarbeitet werden sollten, zurück.
spoilage *n*	Ausschuß, Verderb

Lagerhaltung und Inventar

depot *n;* **warehouse** *n*	Lagerhaus
The Tastebest Baking Co. keeps tons of flour, eggs and sugar in storage at its main warehouse for processing into bread and pastries.	Die Tastebest Baking Co. hält tonnenweise Mehl, Eier und Zucker in ihrem Hauptlagerhaus vorrätig, um diese zu Brot und Gebäck weiterzuverarbeiten.
storage *n*	Lagerung, Lagerhaltung
stores *npl*	Vorräte
Mr. Best, the warehouse manager, noticed after taking inventory that the bakery was running out of stores of flour.	Herr Best, der Lagerleiter, stellte nach der Bestandsaufnahme fest, daß die Mehlvorräte der Bäckerei knapp wurden.
run out of *v*	knapp werden
inventory *n*	Bestandsaufnahme, Inventur; Lagerbestand
The company takes an annual inventory of its stock-in-trade.	Das Unternehmen macht jährlich eine Inventur seines Warenbestandes.
stock-in-trade *n*	Warenbestand, Warenvorrat
outgoing *adj*	abgehend, versandt
The plant's shipping and receiving department packs all outgoing shipments of products to customers and also inspects all incoming orders of parts and raw materials used in manufacturing.	Der Warenausgang und Wareneingang des Werkes verpackt alle an Kunden abgehende Warensendungen und überprüft auch alle eingehenden Lieferungen von Teilen und Rohstoffen, die in der Produktion gebraucht werden.

incoming *adj*	eingehend
stocktaking *n (GB)*; **inventory** *n (US)* The plant warehouse has a stocktaking every three months.	Bestandsaufnahme, Inventur Das Lagerhaus des Werkes macht alle drei Monate Inventur.
reorder level *n* The reorder level is the level at which stock needs to be replaced.	Meldebestand Am Meldebestand muß der Vorrat erneuert werden.
disrupt *v* Our company keeps a buffer stock of imported rubber so that we can continue production in case supplies from overseas are disrupted.	unterbrechen, stören Unser Unternehmen hat einen Mindestbestand an Importgummi, so daß wir die Produktion weiterlaufen lassen können, wenn der Nachschub aus Übersee einmal gestört wird.
buffer stock *n*; **reserve stock** *n*	Mindestbestand
stockpile *v* One advantage of just-in-time-manufacturing is that the manufacturer does not need to stockpile large inventories of parts for assembly.	Vorräte anlegen/halten Ein Vorteil der Just-in-time-Produktion besteht darin, daß der Hersteller keine großen Lagerbestände von Teilen für die Montage anlegen muß.
forklift truck *n (GB)*; **forklift** *n (US)*	Gabelstapler
warehousing costs *npl* We introduced JIT systems in order to reduce warehousing costs.	Lagerkosten Wir stellen auf Just-in-time-Produktion um, um Lagerkosten zu reduzieren.
continuous stocktaking *n* Our continuous stocktaking software, which is directly linked to work in progress in the plant, is part of our stock control system.	permanente Inventur Unsere Software für die permanente Inventur, die direkt mit der laufenden Fertigung im Werk verbunden ist, ist Bestandteil unseres Lagerkontrollsystems.
work-in-process *n*; **work in progress** *n*	unfertige Erzeugnisse; laufende Fertigung
stock control *n*	Lager(bestands)kontrolle; Lagerwirtschaft
itemize *v* Stock control helps itemize stores of parts and components and assists us in keeping an adequate number of parts and components on hand at the lowest possible cost.	aufführen, auflisten Lagerwirtschaft hilft uns dabei, die Vorräte an Bauteilen und Komponenten aufzulisten und trägt dazu bei, eine angemessene Anzahl von Bauteilen und Komponenten zu den geringstmöglichen Kosten bereit zu halten.
stock cover *n*	Mindestdeckungsmenge

8 Produkt

Allgemeines

series *n* The Pedwell Bicycle Co. will be launching a new series of racing bikes in the fall.	Serie, Baureihe Die Pedwell Bicycle Co. wird im Herbst eine neue Rennradbaureihe auf den Markt bringen.
launch *v, n*	auf den Markt bringen, herausbringen; (Markt)einführung
brand *n* We believe that "Fido", our new brand of dog food, will sell well in upper market segments.	Marke Wir glauben, daß "Fido", unsere neue Hundenahrungsmarke, sich im oberen Marktsegment sehr gut verkaufen wird.
trademark *n*	Handelsmarke, Warenzeichen
registered trademark *n* You cannot call your software "SuperWrite" because that name is a registered trademark of the Delta Computer Co.	Warenzeichen Sie können Ihre Software nicht "SuperWrite" nennen, weil dieser Name ein eingetragenes Warenzeichen der Delta Computer Co. ist.
brand name *n*	Markenname
marque *n (GB)*	(Auto)marke
design *n*	Design, Formgebung
make *n* Ferrari is a make of automobile built in Italy.	Marke, Fabrikat Ferrari ist eine in Italien gebaute Automarke.
appliance *n* Most electrical appliances in the US, such as lamps, washing machines and power drills, are approved by Underwriters' Laboratories.	Gerät Die meisten Elektrogeräte in den USA, wie beispielsweise Lampen, Waschmaschinen und Elektrobohrer, sind von den Underwriters' Laboratories zugelassen.
feature *n* A standard feature on all our new car models is this electronic ignition lock device that will only let you start the car after you have entered your own private code number.	Merkmal; Bestandteil Eine Standardausstattung all unserer neuen Automodelle ist die elektronische Zündschloßsperrvorrichtung, die Ihnen das Starten des Autos erst erlaubt, wenn Sie Ihre eigene Geheimnummer eingegeben haben.
device *n*	Gerät, Vorrichtung
component *n* Matsushita builds electrical components for the electronics industry.	Bauteil Matsushita stellt elektrische Bauteile für die Elektronikindustrie her.

feature *v*	eine Besonderheit aufweisen
This Suckmore vacuum cleaner features a number of standard attachments and optional accessories that you can use to clean or shampoo carpets or furniture.	Dieser Suckmore Staubsauger weist eine Reihe von besonderen Standardzusatzteilen auf, sowie wahlweise Zubehör, die man benutzen kann, um Teppiche zu säubern oder mit Schaum zu reinigen.
attachment *n*	Zusatzteil, Zubehörteil
accessory *n*	Zubehör
spare *n;* **spare part** *n*	Ersatzteil
The supplier will provide a set of spares with the new drilling equipment.	Der Lieferant stellt mit der neuen Bohrausrüstung einen Satz Ersatzteile zur Verfügung.
additional *adj*	zusätzlich
If you like, you can select additional options for your new car, such as a stereo radio or a more powerful motor.	Wenn Sie möchten, können Sie für Ihr neues Auto Sonderausstattungen auswählen, wie z.B. ein Stereoradio oder einen stärkeren Motor.
option *n*	Option, Wahl, Möglichkeit
optional *adj*	wahlweise, auf Wunsch erhältlich
You can select the optional extras you might like for your PC from our catalog, such as a color monitor or a laser printer.	Sie können sich die auf Wunsch erhältlichen Zusatzausstattungen für Ihren PC, die Sie möglicherweise haben möchten, wie etwa einen Farbmonitor oder einen Laserdrucker, aus unserem Katalog aussuchen.
extra *n*	Extra, Zusatzausstattung
fit *v*	einbauen
The builder will fit your home with the appliances you want.	Der Bauunternehmer baut Ihnen alle Geräte, die Sie haben möchten, in Ihr Haus ein.
equip *v*	ausrüsten
I'm not too sure if it was such a good idea to equip our office with all of this complex software, no one can operate it.	Ich bin mir nicht allzu sicher, ob es eine gute Idee war, unser Büro mit all dieser komplexen Software auszurüsten, die niemand bedienen kann.
sophisticated *adj*	hochentwickelt, raffiniert
complex *adj*	komplex, differenziert
operate *v*	bedienen
install *v*	installieren, einrichten
Mega Byte Inc. installs hardware and software for end users.	Die Mega Byte Inc. installiert Hardware und Software bei Endverbrauchern.
end user *n*	Endverbraucher(in)
make up *v*	bestehen aus
Our American television set is mostly made up of components that are imported from Mexico.	Unser amerikanisches Fernsehgerät besteht hauptsächlich aus Bauteilen, die aus Mexiko importiert sind.

installation *n* We have hired Mega Byte Inc. to supervise the installation of our new computer-aided manufacturing system.	Installation, Einrichtung Wir haben die Mega Byte Inc. damit beauftragt, die Installation unseres neuen, computergestützten Fabrikationssystems zu überwachen.
life cycle *n* The four stages of a product life cycle are development, growth, maturity and decline.	Lebenszyklus Die vier Phasen im Lebenszyklus eines Produkts sind Einführung, Wachstum, Reife und Degeneration.
development *n*	Einführung
growth *n*	Wachstum
maturity *n*	Reife
decline *n*	Degeneration
product cycle *n* The product cycle for our automobiles, i.e. the period of time from a car's development to its discontinuation, is generally seven years.	Produktzyklus Der Produktzyklus unserer Automobile, d.h. die Zeitspanne von der Entwicklung eines Autos bis zur Produktionseinstellung beträgt im allgemeinen sieben Jahre.
blueprint *n* The workmen installed a water line instead of an electrical line because the blueprints are wrong.	Blaupause; Plan; Projektstudie Weil die Baupläne falsch waren, installierten die Arbeiter statt einer Elektroleitung eine Wasserleitung.
core product *n* Automobiles have been our company's core product for over 75 years.	wichtigstes Erzeugnis, Hauptprodukt Seit über 75 Jahren sind Automobile das Hauptprodukt unseres Unternehmens.
core benefit *n* The core benefit of our new line of cars is that they can be manufactured from 100% recyclable plastic, which means reduced weight and increased fuel efficiency for owners.	Hauptvorteil; Hauptnutzen Der Hauptvorteil unserer neuen Autoserie besteht darin, daß die Autos aus 100%ig wiederverwertbarem Plastik hergestellt sind, was eine Gewichtsreduzierung und eine höhere Treibstoffeinsparung für die Eigentümer bedeutet.
gadget *n* The latest electronic gadget at the Las Vegas computer Show was a wristwatch with a radio link to a PC appointment calendar.	Gerät, Vorrichtung; technische Spielerei Die neueste elektronische Spielerei auf der Computermesse in Las Vegas war eine Armbanduhr mit einer Funkverbindung zu einem PC-Terminkalender.
fixture *n* The price of the house includes all fixtures and fittings.	fest eingebaute Ausstattung, Einbau Im Preis des Hauses sind alle Einbauten und Installationen eingeschlossen.
fitting *n*	Montage, Installation, Einbau

custom-built *adj*	nach Wunsch des Kunden angefertigt, auf Bestellung
Woodpecker Industries Inc. specializes in custom-built wooden office furniture which is tailor-made to customers' specifications.	Die Woodpecker Industries Inc. spezialisiert sich auf nach Wunsch gefertigte Büromöbel aus Holz, die genau nach den Angaben der Kunden hergestellt werden.
tailor-made *adj*	maßgeschneidert
off-the-shelf *adj*	von der Stange; vorrätig; ab Lager
We can take any off-the-shelf, general purpose PC and equip it with a faster processor, a CD ROM drive and customized peripheral equipment.	Wir können jeden beliebigen Universalcomputer ab Lager nehmen und ihn mit einem schnelleren Prozessor, einem CD-ROM-Laufwerk und Peripherieausstattung nach Wunsch ausrüsten.
general purpose *adj*	universal
customized *adj*	nach Bestellung gefertigt, nach Wunsch
complexity *n*	Komplexität; Vielschichtigkeit; Differenziertheit
composite *adj*	gemischt, verbunden
Automobile manufacturing makes use of a number of composite materials.	In der Automobilherstellung wird eine Reihe von Verbundwerkstoffen genutzt.
winner *n*	Verkaufsschlager
Our sales figures show that our new series of low-priced laser printers is a real winner on the market.	Unsere Verkaufszahlen zeigen, daß unsere neue Baureihe preisgünstiger Laserdrucker ein richtiger Verkaufsschlager auf dem Markt ist.
operational *adj*	funktionsfähig, betriebsbereit
The new conveyor system was operational after plant engineers and mechanics completed their trial run.	Nachdem die Werksingenieure und Mechaniker ihren Probelauf abgeschlossen hatten, war das neue Förderbandsystem betriebsbereit.
by-product *n*	Nebenprodukt, Abfallprodukt
spin-off *n*	Nebenprodukt; Nebeneffekt
The development of an electric car has been one of the spin-offs of our research program.	Die Entwicklung eines Elektroautos ist einer der Nebeneffekte unseres Forschungsprogramms.

Verschiedene Produkte

manufactured goods *npl*	Industriewaren, Industriegüter
finished goods *npl*	Fertigwaren, Fertigerzeugnis

semi-finished goods *npl* Manufacturing workers take the raw materials from the extractive industry and change them into semi-finished or finished goods.	Halbfertigwaren, Halberzeugnisse Die Arbeiter im verarbeitenden Gewerbe nehmen die Rohstoffe der Grundstoffindustrie und verarbeiten sie zu Halbfertigwaren oder Fertigwaren.
frozen foods *npl*	Gefrierkost
fresh foods *npl* The Save-More supermarket chain buys its fresh foods, such as eggs, meat and vegetables from wholesalers.	Frischwaren Die Save-More Supermarktkette kauft Frischwaren, wie z.B. Eier, Fleisch und Gemüse von den Großhändlern.
farm produce *n*	landwirtschaftliches Produkt, Agrarerzeugnis
foodstuffs *npl* You will also find natural foodstuffs in our fresh foods section.	Nahrungsmittel In unserer Frischwarenabteilung finden Sie auch Naturkost.
alcoholic beverages *npl;* **alcoholic drinks** *npl*	alkoholische Getränke
soft drinks *npl*	alkoholfreie Getränke
tobacco *n* Tobacco items are sold near the check-out counter.	Tabak Tabakwaren werden in der Nähe der Ausgangskasse verkauft.
household goods *npl*	Haushaltswaren
hardware *n* True Value Hardware Store is having a winter close out sale on garden tools.	Eisen- und Haushaltswaren Das True Value Eisen- und Haushaltswarengeschäft macht einen Winterausverkauf für Gartengeräte.
dry goods *npl* Our store mainly sells dry goods to tourist camping at the Grand Canyon.	Textilwaren Unser Geschäft verkauft hauptsächlich Textilien an Campingtouristen am Grand Canyon.
confectionery *n (GB);* **candy** *n (US)*	Süßwaren; Konfekt
tinned *adj (GB);* **canned** *adj (US)* Canned foods have a longer shelf-life than frozen foods.	in Dosen Lebensmittel in Konservendosen sind länger haltbar als Gefrierkost.
basic foodstuffs *npl* Potatoes are considered basic foodstuffs.	Grundnahrungsmittel Kartoffeln werden als Grundnahrungsmittel betrachtet.
clothing *n* The men's department is having a special sale on summer clothing.	Bekleidung Die Herrenabteilung macht einen Sonderverkauf für Sommerbekleidung.
footwear *n* Mr. Meier went to the footwear department to buy a pair of boots.	Schuhwerk Herr Meier ging in die Schuhabteilung, um ein Paar Stiefel zu kaufen.
manufactures *npl* Exports of manufactures have declined sharply over the last six months.	Industrieprodukte, Industriewaren Während der letzten sechs Monate ist der Export von Industrieprodukten stark rückläufig gewesen.

non-food *adj* Supermarkets also sell non-food items such as light bulbs and magazines.	Non-food Supermärkte verkaufen auch Non-food-Artikel wie z.B. Glühbirnen und Zeitschriften.
non-durable *adj* Hypermarkets sell a mixture of non-durable and durable goods.	kurzlebig Verbrauchermärkte verkaufen ein gemischtes Sortiment kurzlebiger und langlebiger Konsumgüter.
durable *adj*	langlebig
consumer durables *npl*	langlebige Konsumgüter
luxury goods *npl*	Luxusartikel
fancy goods *npl (GB)*; **novelty items** *npl (US)* My brother owns a shop at the mall which sells novelty items, such as magic tricks and gadgets of all kinds.	Neuheiten Mein Bruder besitzt ein Geschäft in der Einkaufsstraße, wo solche Neuheiten wie Zaubertricks und technische Spielereien aller Art verkauft werden.
cosmetics *npl* The cosmetics department at Wulf's Department Store offers a selection of imported French perfumes and toiletries.	Kosmetikartikel In der Kosmetikabteilung des Kaufhauses Wulf gibt es eine Auswahl importierter französischer Parfums und Toilettenartikel.
toiletries *npl*	Toilettenartikel
jewellery *n (GB)*; **jewelery** *n (US)* In many states, jewelery is subject to luxury tax.	Schmuck In vielen Staaten wird auf Schmuck eine Luxussteuer erhoben.
electrical goods *npl*	Elektroartikel
do-it-yourself *adj*	Do-it-yourself, Heimwerker-
brown goods *npl (GB)*; **electronic items** *npl (US)*	braune Ware, Unterhaltungselektronik
white goods *npl* Damage to homes and business during the recent hurricane caused the demand for white goods to rise.	weiße Ware, Haushaltsgeräte Die Schäden, die der Hurrikan neulich an Wohnungen und gewerblichen Bauten angerichtet hat, führten zu einer gesteigerten Nachfrage nach weißer Ware.

Sortiment

product range *n* Twenty years ago our company's product range covered electric typewriters and copiers. Today it covers PCs, fax machines, software, printers, and modems.	Sortiment Vor zwanzig Jahren umfaßte das Sortiment unseres Unternehmens elektrische Schreibmaschinen und Kopiergeräte. Heute umfaßt es PCs, Faxgeräte, Software, Drucker und Modems.

range of goods *n*	Warensortiment
item *n* Our range of goods consists of 1,200 items.	Artikel Unser Warensortiment besteht aus 1.200 Artikeln.
brand *n* This is my favorite brand of beer.	Sorte Dies ist mein Lieblingsbier.
product line *n;* **line** *n* Power tools are one of our company's most important product lines.	Produktlinie Elektrowerkzeuge sind eine der wichtigsten Produktlinien unseres Unternehmens.
class of products *n*	Warengruppe
wide-ranging *adj* Mega Byte Inc. offers a wide-ranging selection of hardware and software products.	weitreichend, umfassend, breitgefächert Die Mega Byte Inc. bietet eine umfassende Auswahl an Hardware- und Softwareprodukten.
selection *n*	Auswahl
assortment *n* We stock a large assortment of Scandinavian magazines.	Sortiment; Auswahl, Zusammenstellung Wir führen ein breites Sortiment skandinavischer Zeitschriften.
assorted *adj* The Pucket Bakery sells an assorted selection of cakes, cookies and breads.	ausgewählt, zusammengestellt, sortiert Die Pucket Bäckerei verkauft ein ausgewähltes Sortiment an Kuchen, Keksen und Broten.
comprehensive *adj* The Wratchet Furniture Store probably has the most comprehensive and wide-ranging selection of antique furniture in New York.	umfassend, weitgespannt Das Möbelgeschäft Wratchet hat wahrscheinlich die umfassendste und breitgefächertste Auswahl antiker Möbel in New York.
stock up *v* Murphy's Department Store stocked up on video games for the Christmas season in August and September.	sich eindecken; Lager auffüllen, einen Vorrat anlegen Das Kaufhaus Murphy hat sich im August und September mit Videospielen für das Weihnachtsgeschäft eingedeckt.
keep pace with *phrase* When Ford introduced the Mustang model in 1964, it had difficulty keeping pace with demand.	Schritt halten mit Als Ford 1964 das Modell Mustang vorstellte, war es schwierig, mit der Nachfrage Schritt zu halten.
clear *v* Mega Byte Inc. is having a spring computer sale to clear stocks of items that have been discontinued by the manufacturer.	räumen, ausverkaufen Die Mega Byte Inc. macht einen Frühjahrs-Computerausverkauf, um das Lager von denjenigen Artikeln zu räumen, die vom Hersteller nicht mehr gebaut werden.

discontinue *v*	einstellen, nicht mehr herstellen; auslaufen lassen, herausnehmen
exhaust *v*	erschöpfen
If we don't get a shipment of coal by Friday our supplies will be exhausted.	Wenn wir bis Freitag keine neue Kohlelieferung bekommen, werden unsere Vorräte erschöpft sein.
be out of *v*	ausverkauft sein
I am sorry, sir, but we are out of video games at the moment.	Es tut mir leid, mein Herr, aber Videospiele sind im Augenblick ausverkauft.
seller *n*	gängiger Artikel
Video games are always good sellers at Christmas time.	Videospiele verkaufen sich zu Weihnachten immer gut.
shelf warmer *n*	Ladenhüter
best-seller *n (GB)*; **best seller** *n (US)*	Bestseller
product mix *n*	Produktpalette, Sortimentsstruktur
The product mix of the Pitwell Publishing Co. includes novels, textbooks, magazines and newspapers.	Die Sortimentsstruktur der Pitwell Publishing Co. umfaßt Romane, Lehrbücher, Zeitschriften und Zeitungen.
non-moving *adj*	schwer verkäuflich
Management has decided to discontinue the non-moving products in our product portfolio.	Die Unternehmensleitung hat beschlossen, schwer verkäufliche Produkte aus unserer Produktpalette herauszunehmen.
product portfolio *n*	Produktpalette
lay in *v*	(ein)lagern
The store manager told Mr. Sidwell to lay in an extra supply of fast-selling dolls for the Christmas holidays.	Der Geschäftsführer gab Herrn Sidwell den Auftrag, einen zusätzlichen Vorrat leicht verkäuflicher Puppen für das Weihnachtsgeschäft einzulagern.
fast-selling *adj*	gutgehend, umsatzstark, leicht verkäuflich
overstock *v*	sich überreichlich eindecken, zu große Warenvorräte haben, zuviel auf Lager haben
Don't order too many of these items: we don't want to overstock.	Bestellen Sie nicht zuviel von diesen Artikeln. Wir möchten nicht zuviel auf Lager haben.
leader *n*	Spitzenreiter, führender Artikel
When we launched our new cosmetics line, we never dreamt it would become a leader.	Als wir unsere neue Kosmetikserie einführten, träumten wir niemals davon, daß sie ein Spitzenreiter werden würde.
replenish *v*	ergänzen, wiederauffüllen
The store lost approximately $150,000.00 in sales revenue because it could not replenish its supply of video games before Christmas.	Das Geschäft machte einen Verlust von ungefähr $ 150.000,-- an Verkaufsumsätzen, da es seinen Vorrat an Videospielen vor Weihnachten nicht mehr ergänzen konnte.

surplus lines *npl* All surplus lines of merchandise will be sold at half price during our special weekend sale.	Überschußwaren Alle Reservewarenvorräte werden auf unserer Wochenendsonderaktion zum halben Preis verkauft.

Qualität

defect *n* Mr. Peabody said the defect in the finish on his new car was caused by poor workmanship.	Defekt, Fehler Herr Peabody sagte, der Fehler in der Lackierung seines neuen Autos sei eine Folge der schlechten Verarbeitung.
finish *n*	Oberflächenbearbeitung, Endbearbeitung, Lack(ierung)
workmanship *n*	Verarbeitung
defective *adj* The mechanic told Mrs. Mulligan that a defective gadget had caused her car to break down and that it would cost £250.00 to repair it.	fehlerhaft, mangelhaft Der Mechaniker sagte Frau Mulligan, daß ein defektes technisches Gerät die Panne ihres Autos verursacht habe und daß die Reparatur £ 250,-- kosten würde.
repair *v*	reparieren
break down *v*	eine Panne haben
breakdown *n* Trevor arrived late at his own wedding because his car had a breakdown near Croydon caused by engine failure.	Panne Trevor kam zu spät zu seiner eigenen Hochzeit, weil sein Auto in der Nähe von Croydon eine Motorpanne hatte.
failure *n*	Versagen, Störung
condition *n* The motor was in bad condition because of the poor quality of the oil that the car's owner was using.	Zustand Wegen der schlechten Qualität des Öls, das der Autobesitzer verwendete, war der Motor in einem schlechten Zustand.
high quality *n* We would point out that we will only accept goods of high quality.	hohe Qualität Wir möchten darauf hinweisen, daß wir nur Waren von hoher Qualität akzeptieren werden.
first-class quality *n*	erstklassige Qualität
fair average quality (faq) *n* We can deliver the goods in fair average quality at a price of £36.60 each.	Durchschnittsqualität Wir können die Waren in Durchschnittsqualität zu einem Stückpreis von £ 36,60 liefern.
mediocre *adj*	mittelmäßig, mittlere(r, s)
poor quality *n*	schlechte Qualität

qualitative *adj*	qualitativ
The latest annual report stressed the qualitative advantages of our products.	Der jüngste Jahresbericht betont die qualitativen Vorzüge unserer Produkte.
service *v*	eine Inspektion machen, den Kundendienst/Wartungsdienst durchführen, warten
After the mechanic serviced my car it didn't run right.	Nachdem der Mechaniker mein Auto gewartet hatte, lief es nicht mehr richtig.
up to standard *phrase*	den Anforderungen genügend
I have the feeling that the service we're getting on our car is not quite up to standard.	Ich habe das Gefühl, daß der Wartungsdienst, der an unserem Auto vorgenommen wird, nicht den Anforderungen genügt.
mark *n*	Fleck
Mrs Mulligan took the white shirt back to the store because there was a big black mark on the left sleeve.	Frau Mulligan brachte das weiße Hemd zum Geschäft zurück, weil auf dem linken Ärmel ein großer schwarzer Fleck war.
in order *phrase*	in Ordnung
I can't seem to find any error in your software program, maybe your PC isn't in order.	Ich kann keinerlei Fehler in Ihrem Softwareprogramm entdecken. Vielleicht ist Ihr PC nicht in Ordnung.
fix *v*	reparieren, in Ordnung bringen
We'll send a repairman to your home this afternoon to fix your heating system.	Wir schicken Ihnen heute nachmittag einen Monteur ins Haus, damit er Ihre Heizung wieder in Ordnung bringt.
unbreakable *adj*	unzerbrechlich
Mr. and Mrs. Archer only buy unbreakable toys for their baby son, Calvin.	Herr und Frau Archer kaufen für ihren kleinen Sohn Calvin nur unzerbrechliche Spielwaren.
impairment *n*	Beeinträchtigung, Störung
There seems to be an impairment of the water flow to your cooling system somewhere.	Im Wasserfluß Ihres Kühlsystems scheint es irgendwo eine Störung zu geben.
flaw *n*	Mangel, Fehler, Defekt
We sent the white shirts back because of flaws in the material.	Wir schickten die weißen Hemden wegen Materialfehlern zurück.
flawed *adj*	fehlerhaft
We sent the flawed shipment of shirts from Taiwan back to the manufacturer.	Wir schickten die fehlerhafte Hemdensendung aus Taiwan an den Hersteller zurück.
teething problems *npl (GB);* **bugs** *npl (US);* **quirks** *npl (US);* **gremlins** *npl (US)*	Kinderkrankheiten, Anfangsprobleme
The launch of our new sports car will be delayed for six weeks due to teething problems with the transmission.	Die Markteinführung unseres neuen Sportwagens wird sich aufgrund von Anfangsproblemen mit dem Getriebe um sechs Wochen verschieben.

soiled *adj*	verschmutzt
wear and tear *n* The warranty does not cover parts subject to normal wear and tear or improper use.	Abnutzung, Verschleiß Die Garantie erstreckt sich nicht auf Teile, die dem normalen Verschleiß unterworfen sind oder durch unsachgemäßen Gebrauch verursacht wurden.
fair wear and tear *phrase*	normaler Verschleiß
improper *adj*	unsachgemäß, mißbräuchlich; nicht ordnungsgemäß
warranty *n*	Garantie
impair *v*	beeinträchtigen
seconds *npl* Our down-market retail stores sell factory seconds, i.e., clothing or merchandise with minor flaws.	zweite Wahl Unsere Einzelhandelsgeschäfte der unteren Preisklasse verkaufen Fabrikwaren zweiter Wahl, d.h. Kleidung oder Waren mit kleinen Fehlern.
rectify *v* The manufacturer promised to rectify the flaws in the electrical system this week.	beheben, in Ordnung bringen Der Hersteller versprach, die Fehler im elektrischen System diese Woche zu beheben.
commission *v (GB)*; **dedicate** *v (US)* The Twin Oaks nuclear power station exploded shortly after it was commissioned by the utility company in 1994.	in Dienst stellen Das Atomkraftwerk Twin Oaks explodierte kurz nachdem es 1994 von dem Versorgungsunternehmen in Dienst gestellt wurde.
high-grade *adj* The manufacturer in Taiwan could not believe that the shirts were flawed. He claimed that only high-grade cloth and non-fading colors had been used to make the shirts.	hochwertig Der Hersteller in Taiwan konnte nicht glauben, daß seine Hemden Mängel hatten. Er behauptete, daß nur hochwertiger Stoff und lichtechte Farben für die Produktion der Hemden verwendet worden waren.
lightweight *adj* This lightweight appliance fits easily into your inside pocket.	leicht Dieses leichte Gerät paßt spielend in Ihre Innentasche.
heavy-duty *adj* Our workers on the shop floor need heavy-duty overalls.	strapazierfähig; Hochleistungs- Unsere Arbeiter in der Produktion benötigen strapazierfähige Overalls.
non-fading *adj*	lichtecht
-resistant *adj* All our watches are shock-resistant.	-fest All unsere Armbanduhren sind stoßfest.

Garantien

customer satisfaction *n* As part of our customer satisfaction program, all of our watches carry a life-time, unconditional warranty against flaws in workmanship.	Zufriedenheit der Kunden Als Teil unseres Programms zur Zufriedenheit der Kunden haben alle unsere Armbanduhren eine lebenslange, uneingeschränkte Garantie auf Verarbeitungsmängel.
life-time *adj*	Lebenszeit-, lebenslang
unconditional *adj*	bedingungslos, uneingeschränkt, vorbehaltlos
buy back *v* The car salesman promised to buy back the car if we were not 100% satisfied.	zurücknehmen Der Autoverkäufer versprach, das Auto zurückzunehmen, falls wir nicht 100%ig zufrieden wären.
valid *adj*	gültig
expire *v* The warranties on most cars made in Germany expire after one year.	auslaufen, ablaufen Die Garantien auf den meisten in Deutschland hergestellten Autos laufen nach einem Jahr ab.
expiry date *n (GB)*; **expiration date** *n (US)* For an additional fee, we will continue to service your machinery after the expiry date of your service contract.	Verfallsdatum, Ablaufdatum; Fälligkeitstermin Für eine Zusatzgebühr warten wir Ihre Maschinen auch nach Ablauf Ihres Wartungsvertrages weiter.
contract of service *n*; **service contract** *n*	Wartungsvertrag
sell-by date *n* The new law would require farmers to inform supermarkets of a sell-by date for eggs, milk and butter.	Verfallsdatum Das neue Gesetz verlangt, daß die Bauern die Supermärkte über das Verfallsdatum von Eiern, Milch und Butter informieren.
use-by date *n* Federal law in the US requires food processors to print or stamp a "use-by date" on all food items they manufacture.	Mindesthaltbarkeitsdatum Das Bundesgesetz in den Vereinigten Staaten verlangt von lebensmittelverarbeitenden Betrieben, daß sie auf alle Lebensmittel, die sie herstellen, ein Mindesthaltbarkeitsdatum aufbringen.
guarantor *n* The warranty states that the guarantor shall repair or replace any defective part free of charge.	Garantiegeber(in) Die Garantie besagt, daß der Garantiegeber jegliches fehlerhafte Teil kostenlos repariert oder ersetzt.
margin of error *n* The sales contract stipulates a 5% margin of error for defective light bulbs ordered in lots of 20,000 or more.	Fehlerbereich, Fehlerspielraum Der Verkaufsvertrag legt einen 5%igen Fehlerbereich für defekte Glühbirnen bei Bestellungen von 20.000 Stück oder darüber fest.

Trade Description Act *n (GB)*	Warenkennzeichnungsgesetz
The Trade Description Act of 1968 is a consumer protection law that prohibits false or misleading statement of prices or the number, amount, grade or quality of merchandise made by a manufacturer.	Das Warenkennzeichnungsgesetz von 1986 ist ein Verbraucherschutzgesetz, welches die falsche oder irreführende Preis- oder Anzahl-, Mengen-, Güteklassen- oder Qualitätsangabe verbietet.

Gestaltung und Merkmale von Produkten

styling *n*	Gestaltung, Formgebung, Styling, Design
The marketing department liked the styling of our new sports car, however, the engineering department was not too sure if they could build a prototype.	Der Marketingabteilung gefiel die Form unseres neuen Sportwagens, jedoch die Konstruktionsabteilung war nicht allzu sicher, ob sie einen Prototyp bauen könnte.
trial *adj*	Versuchs-, Probe-, Test-
After our first prototype car exploded during a trial run, our engineers modified the fuel system.	Nachdem unser erster Prototyp des Autos während eines Probelaufs explodierte, modifizierten unsere Ingenieure das Treibstoffsystem.
prototype *n*	Prototyp
manufacture *n*	Herstellung, Fertigung
The Big-Byte Corp. specializes in the manufacture of user-friendly software programs.	Die Big-Byte Corp. spezialisiert sich auf die gewerbliche Herstellung anwenderfreundlicher Softwareprogramme.
user-friendly *adj*	anwenderfreundlich, benutzerfreundlich
standard *adj*	Standard-
Our hardware systems are equipped with many standard features, such as a keyboard and color monitor, which normally cost extra elsewhere.	Unsere Hardwaresysteme sind mit vielen Standardausstattungen wie Tastatur und Farbmonitor ausgestattet, die normalerweise woanders nicht im Preis enthalten sind.
replace *v*	ersetzen
Because it was too expensive to replace the office software, management decided to update it.	Weil das Ersetzen der Bürosoftware zu teuer war, beschloß die Geschäftsleitung, sie zu aktualisieren.
update *v*	auf den neuesten Stand bringen, aktualisieren
alter *v*	ändern
Consequently, we didn't have to alter any of our existing files.	Folglich brauchten wir keine unserer vorhandenen Dateien zu ändern.
substitute *v*	ersetzen
The fuel system worked fine after we substituted a new high-performance control module for the old control module.	Das Treibstoffsystem funktionierte gut, nachdem wir das alte Kontrollmodul durch ein neues Hochleistungskontrollmodul ersetzt hatten.

high-performance *adj*	Hochleistungs-
module *n*	Modul
modular *adj* We can build a modular home in two days if we have all of the components we need at the building site.	modular, nach dem Baukastenprinzip Wir können, wenn wir alle benötigten Bauteile auf der Baustelle haben, ein modulares Haus in zwei Tagen bauen.
out of date *adj;* **outdated** *adj* Jim decided to replace his out of date tape recorder with a new high-tech stereo system.	veraltet, unzeitgemäß Jim beschloß, sein veraltetes Tonbandgerät durch ein neues High-Tech-Stereosystem zu ersetzen.
housing *n* After several complaints from our customers we modified the design.	Gehäuse Nach mehreren Beschwerden unserer Kunden veränderten wir die Gestaltung.
high-tech *adj*	High-Tech-
built-in *adj* I just bought a new PC with a built-in Pentium processor and an integrated visual display unit.	eingebaut, Einbau- Ich habe soeben einen neuen PC mit eingebautem Pentium-Prozessor und integriertem Bildschirm gekauft.
integrated *adj*	integriert
economical *adj* Our company has just developed an economical, gasoline powered motor that gets 70 miles per gallon of gas.	sparsam Unser Unternehmen hat gerade einen sparsamen Benzinmotor entwickelt, der auf 100 km 4,08 l Benzin verbraucht.
powered *adj* Uncle Bob bought a new solar-powered calculator.	angetrieben Onkel Bob hat einen neuen Solarrechner gekauft.
hard-wearing *adj* All our materials are extremely hard-wearing.	strapazierfähig, verschleißfest All unsere Materialien sind extrem strapazierfähig.
performance *n* We are very pleased with the performance of our new electric motor.	Leistung Wir sind mit der Leistung unseres neuen Elektromotors sehr zufrieden.
fully automatic *adj*	vollautomatisch
environment-friendly *adj* The government is funding a research project which is testing environmental-friendly and non-polluting electric motors for automobiles.	umweltfreundlich Die Regierung finanziert ein Forschungsprojekt zum Testen umweltfreundlicher und umweltverträglicher Elektromotoren für Automobile.
innovative *adj* The Jet Electronics Co. has just announced an innovative breakthrough in battery storage technology.	innovativ Die Jet Electronics Co. hat gerade einen innovativen Durchbruch in der Batterietechnologie angekündigt.

breakthrough *n*	Durchbruch
facility *n*	Einrichtung, Anlage
Our new car features a remote-controlled central locking facility.	Unser neues Auto verfügt über eine fernbedienbare Zentralverriegelungseinrichtung.
remote-controlled *adj*	ferngesteuert
shelf-life *n*	Haltbarkeit
Canned foods usually have a longer shelf-life than frozen foods.	Lebensmittelkonserven sind normalerweise länger haltbar als Gefrierkost.
revamp *v*	aufpolieren, neu gestalten, modernisieren
Our marketing consultants suggested that we revamp our product line and attempt to reposition our products in up market sectors.	Unsere Marketingberater schlugen vor, daß wir unsere Produktlinie modernisieren und versuchen, unsere Produkte in die gehobenen Marktsegmente zu verlagern.
reposition *v*	verlagern
redesign *v*	umgestalten
The design department has redesigned the interiors of all of our truck models and has also come up with a new variant of our successful compact car.	Die Abteilung für Produktgestaltung hat die Innenräume all unserer Lastwagen umgestaltet und hat auch eine neue Variante unseres erfolgreichen Kompaktautos vorgelegt.
variant *n*	Variante
compact *adj*	Kompakt-
supersede *v*	ablösen, ersetzen, an die Stelle treten
Compact disks are quickly superseding tape cassettes on the music market as the predominant sound carrier.	Auf dem Musikmarkt treten CDs sehr schnell an die Stelle von Kassetten als vorherrschende Tonträger.
kit *n*	Bausatz
Some European automobile manufacturers are presently shipping cars in kits to China for assembly.	Einige europäische Automobilhersteller versenden zur Zeit Autos als Bausätze zum Zusammenbau nach China.
knock-down *adj*	zerlegt
We have decided to export knock-down machines to Indonesia and have our engineers assemble them there.	Wir haben beschlossen, zerlegte Maschinen nach Indonesien zu senden und sie dort von unseren Ingenieuren zusammenbauen zu lassen.
high-end *adj (GB)*; **top of the line** *adj (US)*	Spitzen-
The Pentium processor is presently our top of the line product.	Der Pentium-Prozessor ist unser derzeitiges Spitzenprodukt.
state-of-the-art *adj*	auf dem neuesten Stand der Technik
The Indian Government has ordered five state-of-the-art helicopters for the prime minister's staff.	Die indische Regierung hat fünf Hubschrauber auf dem neuesten Stand der Technik für den Stab des Premierministers bestellt.

obsolete *adj*	veraltet
obsolescence *n*	technische Veralterung, Überalterung, Entwertung durch technischen Fortschritt
Some manufacturers used planned obsolescence in designing their products to force customers to update to new equipment.	Einige Hersteller entwickelten ihre Produkte bewußt so, daß sie bald vom technischen Fortschritt überholt wurden, um die Kunden dazu zu zwingen, auf aktuellere, neue Ausstattungen umzusteigen.
one-touch *adj*	Berührungs-, Sensor-
The assembly line is equipped with a one-touch, push-button stop switch that will shut down operations in case of an emergency or a malfunction.	Das Fließband ist mit einem Sensortastenausschalter ausgestattet, mit dem man im Notfall oder bei einer Fehlfunktion den Betrieb abschaltet.
push-button *adj*	Tasten-
adjustable *adj*	verstellbar
All of our cars are equipped with adjustable seats for better driver comfort.	All unsere Autos sind mit verstellbaren Sitzen zum besseren Komfort des Fahrers ausgestattet.

Verpacken und Verpackung

packing *n*	Verpacken; Verpackung
pallet *n*	Palette
crate *n*	Lattenkiste; Kiste
The machinery will be shipped in wooden crates.	Die Maschinenanlage wird in hölzernen Lattenkisten verschickt.
carton *n*	Karton
Books are often packed in cartons.	Bücher werden oft in Kartons verpackt.
case *n*	Kiste
The case arrived in damaged condition.	Die Kiste kam beschädigt an.
lined *adj*	ausgekleidet, gefüttert
The radioactive material was transported in special lined cases.	Das radioaktive Material wurde in besonders ausgekleideten Kisten transportiert.
drum *n*	Tonne
Several drums containing dangerous chemicals were found on a landfill site near the school.	Mehrere Tonnen, die gefährliche Chemikalien enthielten, wurden auf einer Deponie in der Nähe der Schule gefunden.
barrel *n*	Barrel; Faß
Although oil is priced by the barrel it is transported by pipeline or tank vehicles.	Obwohl Öl barrelweise berechnet wird, wird es mit Pipelines oder Tankfahrzeugen transportiert.

bag *n*	Beutel, Sack, Tüte
The grocery store packs our groceries in paper bags at the check-out.	Der Lebensmittelladen verpackt unsere Lebensmittel an der Kasse in Papiertüten.
sack *n*	Sack
The Harris Bakery bought 1,000 50-pound sacks of flour from a wholesaler.	Die Bäckerei Harris kaufte 1.000 50-Pfund-Säcke Mehl von einem Großhändler.
canvas *n*	Segeltuch
The large crates on deck were covered with canvas to protect them from sea water.	Die großen Kisten an Deck wurden mit Segeltuch abgedeckt, um sie vor dem Seewasser zu schützen.
airtight *adj*	luftdicht
sealed *adj*	versiegelt
Customs agents opened the sealed container to inspect its contents.	Zollagenten öffneten den versiegelten Container, um dessen Inhalt zu inspizieren.
waterproof *adj*	wasserdicht
insulated *adj*	isoliert
Refrigerated railroad cars are insulated to keep in the cool air.	Kühlwaggons sind isoliert, um die Innenlufttemperatur niedrig zu halten.
nail *v*	nageln
The stevedores nailed the crates shut before loading them on the ship.	Die Schauerleute nagelten die Lattenkisten zu, bevor sie sie auf das Schiff verluden.
screw *v*	schrauben
The captain ordered us to screw on the tops of the crates so that customs officers could easily open them for inspection.	Der Kapitän wies uns an, die Deckel der Lattenkisten mit Schrauben zu schließen, damit die Zollbeamten sie zur Inspektion leicht öffnen konnten.
wrapping *n*	(Einwickel)verpackung
The bags on each pallet are protected by a strong plastic wrapping.	Die Säcke auf jeder Palette werden durch eine starke Plastikverpackung geschützt.
padding *n*	Polsterung, Polstermaterial, Füllmaterial
The inside of each case of wine is lined with padding to protect the bottles during shipment.	Die Innenseite jeder Weinkiste ist mit Polstermaterial ausgefüttert, um die Flaschen während des Transports zu schützen.
carboy *n*	Korbflasche
bundle *n*	Bündel
The wooden posts were wrapped in bundles for loading into the ship's hold.	Zur Verladung in den Frachtraum des Schiffes wurden die Holzpfosten zu Bündeln verpackt.

bale *n* The cotton bales were loaded onto barges.	Ballen Die Baumwollballen wurden auf Lastkähne verladen.
bubble pack *n;* **blister pack** *n* Toys are often packed in bubble packs that can be easily hung on displays in stores.	Klarsichtpackung Spielwaren werden oft in Klarsichtpackungen verpackt, die in den Geschäften leicht in die Auslage gehängt werden können.
cleat *v* The large crates were cleated to provide extra strength.	mit Querleisten versehen Die großen Lattenkisten wurden zur zusätzlichen Verstärkung mit Querleisten versehen.
batten *v* The crates were battened for extra security.	mit Latten verstärken Um zusätzliche Sicherheit zu erreichen wurden die Kisten mit Latten verstärkt.
bolt *v* Factory workers bolted the larger machines to the base of the packing crate.	mit Bolzen befestigen Fabrikarbeiter befestigten die größeren Maschinen mit Bolzen am Boden der Verpackungskiste.
brace *n* Wooden braces on the side of the crates broke when the cargo shifted in the vessel's hold.	Strebe, Verstrebung Als die Ladung im Frachtraum des Schiffes verrutschte, brachen die hölzernen Verstrebungen an den Seiten der Lattenkisten.
caution marks *npl* Caution marks on cartons and crates indicate that their contents are dangerous.	Sicherheitsmarkierungen Die Sicherheitsmarkierungen auf Kartons und Kisten geben an, daß deren Inhalt gefährlich ist.
this side up *phrase*	hier oben
empties *npl* We returned the empties to the store and received 10 cents for each bottle.	Leergut Wir gaben das Leergut an das Geschäft zurück und bekamen für jede Flasche 10 Cents.

9 Marketing und Verbraucher

Markterfassung

segment *n* Majitsu Motor Co. believes that its new car will attract potential customers in the sports car market segment.	Segment Die Majitsu Motor Co. glaubt, daß ihr neues Auto potentielle Kunden im Marktsegment für Sportwagen anziehen werde.
potential customer *n*	potentieller Kunde, potentielle Kundin
consumption *n*	Konsum, Verbrauch
purchaser *n;* **buyer** *n* Inflation has caused purchasers to stay out of the stores due to a drop in their purchasing power.	Käufer(in) Die Inflation hat die Kunden aufgrund eines Kaufkraftverlustes veranlaßt, den Geschäften fernzubleiben.
purchasing power *n*	Kaufkraft
demographic *adj* Our marketing department has recently completed a demographic survey that examines distinct niches in various market segments and that shows how the company can cater to potential customers in these niches.	demographisch Unsere Marketingabteilung hat kürzlich eine demographische Studie fertiggestellt, welche verschiedene Nischen in unterschiedlichen Marktsegmenten untersucht und die zeigt, in welcher Weise das Unternehmen auf potentielle Kunden in diesen Nischen ausgerichtet ist.
distinct *adj*	verschieden
niche *n*	Nische
cater for *v (GB);* **cater to** *v (US)*	ausgerichtet sein auf
competition *n* Competition in the software business is very tough at present.	Wettbewerb Die Konkurrenz im Softwaregeschäft ist zur Zeit sehr hart.
tough *adj*	stark
rival *adj, n* Don't buy any rival products before you've taken a look at our generous hire purchase terms.	Konkurrenz-; Konkurrent(in) Kaufen Sie keine Konkurrenzprodukte, solange Sie unsere günstigen Ratenzahlungsbedingungen noch nicht gesehen haben.
competitor *n*	Konkurrent(in)
competitive *adj* We are sure you will agree that this is a very competitive offer.	konkurrenzfähig Sie werden sicher mit uns übereinstimmen, daß dies ein sehr konkurrenzfähiges Angebot ist.

segmentation *n* We apply segmentation to divide up the market or consumers according to their buying habits.	Segmentierung Wir segmentieren, um den Markt oder die Verbraucher nach ihren Kaufgewohnheiten einzuteilen.
clientele *n*	Kundenkreis, Klientel
social grade *n* Segmentation may also be used to divide up consumers according to their social grade.	soziale Position, sozialer Status Eine Segmentierung kann auch angewandt werden, um Verbraucher nach ihrem sozialen Status einzuordnen.
maximize *v* We hope to maximize sales by offering more goods that attract impulse buyers.	maximieren Dadurch, daß wir mehr Waren anbieten, die Spontankäufer anziehen, hoffen wir, den Verkauf zu maximieren.
impulse buyer *n*	Spontankäufer(in)
optimize *v* The Wulf Department Store has optimized its range of goods to include both up-market and down-market merchandise.	optimieren Das Kaufhaus Wulf hat sein Warensortiment so optimiert, daß es sowohl Waren des gehobenen Bedarfs als auch Massenwaren einschließt.
up-market *adj*	exklusiv, anspruchsvoll
down-market *adj*	Massen-, Billig-
SWOT analysis *n* The results of a SWOT analysis showed that our company did not have the financial resources to bear the risk of entering the plutonium market.	SWOT-Analyse *(Stärken und Schwächen des Unternehmens, sowie Gelegenheiten und Gefahren des Marktes)* Die Ergebnisse der SWOT-Analyse zeigten, daß unser Unternehmen nicht über die finanziellen Mittel verfügte, um das Risiko, das mit dem Einstieg in den Plutoniummarkt verbunden ist, zu tragen.

Marketing Mix

marketing *n*	Marketing
marketing mix *n* The marketing mix is made up of the "four Ps": product, price, promotion and place.	Marketing-Mix; Marketinginstrumentarium Das Marketinginstrumentarium besteht aus den "vier Ps": Produkt, Preis, Werbung und Ort.
price-cutting *n* Price-cutting by our competitors has forced us to change our pricing policy.	Preissenkung Die Preissenkung unserer Konkurrenten hat uns gezwungen, unsere Preispolitik zu ändern.
pricing *n*	Preisgestaltung

sales drive *n*	Verkaufsaktion
Delta Computer Co. will soon start a nation-wide sales drive to stop falling sales.	Die Delta Computer Co. wird bald eine landesweite Verkaufsaktion beginnen, um den sinkenden Umsätzen entgegenzuwirken.
falling *adj*	sinkend, abnehmend, zurückgehend
pitch *v (GB)*	gestalten, festsetzen, festlegen
Price must be pitched at a level which allows the company to make a profit.	Die Preisgestaltung muß auf einem Niveau erfolgen, das es dem Unternehmen ermöglicht, einen Gewinn zu erzielen.
sample *n*	Muster, Warenprobe
The marketing department sent out samples of our new product to a target population of 10,000 persons and interviewed 2,000 of them to get samplings of consumer reactions to the product.	Die Marketingabteilung versandte Proben von unserem neuen Produkt an eine Zielgesamtheit von 10.000 Personen. Davon wurden 2.000 befragt, um Stichproben der Verbraucherreaktionen auf das Produkt zu erhalten.
free sample *n*	kostenlose Warenprobe, Gratisprobe
packaging *n*	Verpackung
The company will change all of its packaging as part of a new Christmas promotion scheme.	Als Bestandteil der neuen Weihnachtswerbeaktion ändert die Firma all ihre Verpackungen.
promotion scheme *n*	Werbeaktion
package *v*	verpacken
The shipping department will have to work overtime to get all of the free samples packaged and labeled before the promotion drive begins.	Die Versandabteilung wird Überstunden machen müssen, um alle Gratisproben zu verpacken und mit einem Etikett zu versehen, bevor die Werbeaktion anläuft.
branding *n*	(Marken)kennzeichnung
The company has called in a marketing consultant to help with branding its new line of shampoo.	Das Unternehmen hat einen Marketingberater beauftragt, bei der Markenkennzeichnung seiner neuen Shampoolinie behilflich zu sein.
promotion *n*	Werbung, Verkaufsförderung
promotion drive *n*	Werbeaktion; Werbekampagne
The promotion drive will include giving away free samples and gifts to potential customers.	Zu der Werbeaktion gehört auch, daß Gratisproben und Werbegeschenke an potentielle Kunden abgeben werden.
gift *n*	(Werbe)geschenk
special offer *n*	Sonderangebot
demonstration *n*	Vorführung
All Delta Computer outlets will be offering free demonstrations of Delta's new "SuperWrite" software.	In allen Delta Computer Verkaufsstellen gibt es eine kostenlose Vorführung der neuen "SuperWrite" Software von Delta.

after-sales service *n* Sales have increased by 15% since we introduced our after-sales service policy.	Kundendienst Der Umsatz ist um 15% gestiegen, seit wir unsere Kundendienstpolitik eingeführt haben.
loss leader *n* We will use our older software version as a loss leader to help us penetrate the word processing market.	Lockvogel, Lockartikel Wir werden unsere ältere Software als Lockartikel einsetzen, damit wir uns auf dem Textverarbeitungsmarkt durchsetzen können.
penetrate a market *phrase*	sich auf einem Markt durchsetzen
price plateau *n* The company reduced its manufacturing costs in order to achieve a market-orientated price plateau.	Preisniveau Das Unternehmen senkte seine Herstellungskosten, um zu einem marktorientierten Preisniveau zu gelangen.
market-orientated *adj*	marktorientiert
brand loyalty *n* Our marketing consultant suggested that we could increase brand loyalty by improving our after-sales service.	Markentreue Unser Marketingberater schlug vor, daß wir durch die Verbesserung unseres Kundendienstes die Markentreue fördern könnten.
gimmick *n* Some retail food chains offer gimmicks such as newspaper coupons or vouchers to attract customers to their stores.	verkaufsfördernde Maßnahme Einige Lebensmitteleinzelhandelsketten arbeiten mit verkaufsfördernden Maßnahme wie beispielsweise Zeitungsgutscheinen oder Bons, um Kunden in ihre Geschäfte zu locken.
voucher *n*	Gutschein, Bon
coupon *n*	(Zeitungs)gutschein
give-away price *n* The Macon TV Store is selling all of its black and white TVs at give-away prices.	Schleuderpreis Das Fernsehgeschäft Macon verkauft all seine Schwarzweißfernsehgeräte zum Schleuderpreis.
token *n (GB)*; **gift certificate** *n (US)* We gave Mary a $100.00 gift certificate for her birthday which she could use at any Readmore Bookstore.	Geschenkgutschein Wir gaben Mary zum Geburtstag einen Geschenkgutschein über $ 100,--, den sie in jeder Readmore Buchhandlung einlösen konnte.

Marktforschung

market research *n*	Marktforschung
consumer research *n* Our marketing department has spent several million dollars on consumer research to find out why people buy our products and what they want from our company.	Verbrauchsforschung Unsere Marketingabteilung hat mehrere Millionen Dollar für Verbrauchsforschung aufgewendet, um herauszufinden, warum unsere Produkte gekauft werden und welche Erwartungen man an unser Unternehmen hat.

consumer acceptance *n*	Akzeptanz/Aufnahmebereitschaft des Verbrauchers
Consumer acceptance of our new gooseberry-banana pie was very low.	Die Aufnahmebereitschaft des Verbrauchers für unsere neue Stachelbeer-Bananenpastete war sehr gering.
consumer behavio(u)r *n*	Verbraucherverhalten
survey *n, v*	Untersuchung, Studie; untersuchen
carry out *v*	durchführen, betreiben
We carried out a market survey to find out why customers didn't like our pies.	Wir haben Marktforschung betrieben, um herauszufinden, warum die Kunden unsere Pasteten nicht mögen.
sales forecast *n*	Absatzprognose
Our marketing department bases its sales forecasts on customer interviews, opinion polls and questionnaires.	Unsere Marketingabteilung macht ihre Absatzprognose auf der Grundlage von Kundeninterviews, Meinungsumfragen und Fragebögen.
interview *n*	Interview, Befragung
opinion poll *n*	Meinungsumfrage
questionnaire *n*	Fragebogen
target group *n*	Zielgruppe
forecast *v*	vorhersagen
The marketing department is forecasting a decline in sales unless we change our pricing policy and improve quality.	Die Marketingabteilung sagt einen Umsatzrückgang voraus, es sei denn wir ändern unsere Preispolitik und verbessern die Qualität.
sample *n*	Stichprobe
sampling *n*	Stichprobe(nverfahren)
interviewer *n*	Interviewer(in), Fragesteller(in), Befrager(in)
The interviewers were trained in getting unbiased information from consumers participating in taste tests.	Die Interviewer waren darauf trainiert, unvoreingenommene Informationen von Verbrauchern zu bekommen, die an dem Geschmackstest teilnahmen.
taste test *n*	Geschmackstest
unbiased *adj*	unvoreingenommen
bias *n*	Befangenheit; vorgefaßte Meinung
Marketing experts agreed that there was too much bias in the responses from the female target population.	Marketingfachleute stimmten dahingehend überein, daß die Antworten der weiblichen Zielgesamtheit einen zu hohen Anteil vorgefaßter Meinungen enthielten.
target population *n*	Zielgesamtheit

census *n*	Volkszählung
pilot survey *n* Our marketing consultant is conducting a pilot survey which uses random and non-random samplings to find out consumer acceptance of the company's products among homogeneous and heterogeneous target populations.	Pilotstudie, Vorlaufstudie Unser Marketingberater führt eine Pilotstudie durch, bei der er das Zufallsstichproben- und das Auswahlverfahren benutzt, um die Aufnahmebereitschaft der Verbraucher für die Produkte des Unternehmens bei homogenen und heterogenen Zielgesamtheiten herauszufinden.
random sampling *n*	Zufallsstichprobenverfahren
random sample *n*	Zufallsstichprobe
non-random sampling *n*	Auswahlverfahren
homogeneous *adj*	homogen
heterogeneous *adj*	heterogen
stratified *adj* Stratified sampling divides target populations into various groups according to age, sex, income, etc.	geschichtet Ein geschichtetes Stichprobenverfahren teilt Zielgesamtheiten nach Alter, Geschlecht, Einkommen, usw. in verschiedene Gruppen ein.
systematic *adj* The samplings are easy to understand because they are stated in a very systematic way.	systematisch Die Stichprobenverfahren sind leicht zu verstehen, weil sie sehr systematisch festgelegt sind.
multi-stage *adj* In multi-stage sampling, the population surveyed is spread over a wide geographical area.	mehrstufig, Mehrphasen- Bei dem mehrstufigen Stichprobenverfahren ist die befragte Bevölkerung geographisch weit gestreut.
category *n* The target population will be divided up into five categories of consumers, ranging from impulsive buyers to window shoppers.	Kategorie; Gruppe; Merkmalsklasse Die Zielgesamtheit wird in fünf Verbraucherkategorien von Spontankäufern bis Schaufensterbummlern aufgeteilt werden.
quota sample *n* The Milton Pharmaceutical Co. preferred using a quota sample since it needed information on the effects of its new drug on various types of cancer.	Quotenauswahlverfahren Die Milton Pharmaceutical Co. bevorzugte die Anwendung des Quotenauswahlverfahrens, da sie Informationen über die Wirkung ihres neuen Medikaments auf verschiedene Krebstypen benötigte.
strata *n* In stratified sampling, individuals within each strata may be selected randomly.	Schicht Bei dem geschichteten Stichprobenverfahren können Einzelne innerhalb jeder Schicht nach dem Zufallsprinzip ausgewählt werden.

subset *n* — Teilmenge
We noticed a distinct preference for rice, versus potatoes, among some subsets of the population sampled. — Bei einigen Teilmengen der untersuchten Gesamtheit stellten wir eine deutliche Vorliebe für Reis gegenüber Kartoffeln fest.

sample *v* — eine Repräsentativerhebung durchführen; probieren; testen

Verarbeitung und Darstellung von Daten

process *v* — verarbeiten
The data from our samplings will have to be processed and interpreted correctly before we can present it to company management. — Die Daten von unseren Stichproben müssen verarbeitet und richtig interpretiert werden, bevor wir sie der Unternehmensleitung vorlegen können.

present *v* — vorlegen

group *v* — gruppieren, klassifizieren
The final results of samplings will be grouped according to product. — Die endgültigen Ergebnisse der Stichproben werden nach dem jeweiligen Produkt klassifiziert werden.

graph *n* — Schaubild, Diagramm, Kurve

diagram *n* — Diagramm
The diagram shows how consumer preferences for up-market products break down according to age, income and sex. — Das Diagramm zeigt, wie sich Verbraucherpräferenzen für Produkte des gehobenen Bedarfs nach Alter, Einkommen und Geschlecht aufschlüsseln lassen.

break down *v* — aufgliedern, aufschlüsseln

display *n* — Anzeige, Darstellung
Each display is divided up into columns and rows. — Jede Darstellung ist in Spalten und Zeilen aufgeteilt.

row *n* — Zeile

represent *v* — repräsentieren, darstellen
The columns represent the sample methods used. — Die Spalten repräsentieren die angewandten Untersuchungsmethoden.

breakdown *n* — Aufgliederung, Aufschlüsselung
The breakdown of samplings made in Europe for wool jackets takes into account bias among persons living in warmer and colder climates. — Die Aufschlüsselung des für Wolljakken in Europa durchgeführten Stichprobenverfahrens berücksichtigt vorgefertigte Meinungen von Personen, die in wärmeren und kälteren Klimazonen wohnen.

take into account *phrase* — berücksichtigen

spread *n* The spread of incomes resulting from our research would indicate a need for increased dispersion of down-market merchandise at our chain stores.	Spanne Die sich aus unserer Untersuchung ergebende Einkommensspanne zeigt an, daß es notwendig ist, die Waren der unteren Preisklasse in unseren Filialgeschäften weiter zu streuen.
dispersion *n*	Streuung
ratio *n* In our sample, the ratio of men to women is 2:3.	Verhältnis Nach unserer Stichprobe ist das Verhältnis von Männern und Frauen 2:3.
tabulation *n* The marketing department uses tabulation to present its figures.	tabellarische Darstellung Zur Präsentation ihrer Zahlen benutzt die Marketingabteilung tabellarische Darstellungen.
table *n* The results of our market research are stated in tables at the end of the report.	Tabelle Die Ergebnisse unserer Marktuntersuchung werden am Ende des Berichts tabellarisch dargestellt.
tabular format *n*	tabellarisches Format
tabulate *v* As requested by our client, we tabulated all of our findings at the end of the report.	tabellarisch darstellen Wie von unserem Kunden gewünscht, stellten wir all unsere Ergebnisse am Ende des Berichts tabellarisch dar.
bar chart *n;* **bar graph** *n*	Balkendiagramm, Stabdiagramm
pie chart *n* Each constituent part of this pie chart shows sales revenues generated by each of our subsidiaries expressed as a percent figure.	Kreisdiagramm Jeder Bestandteil dieses Kreisdiagramms zeigt die Verkaufserlöse, die von jeder unserer Töchter erzielt wurden.
constituent *adj*	Bestand-
pictogram *n*	Piktogramm
histogram *n* This computer-generated histogram shows how often the people under 30 buy our company's brands of cigarettes.	Säulendiagramm, Histogramm Dieses mit dem Computer erstellte Säulendiagramm zeigt, wie oft Leute unter 30 die Zigarettenmarke unseres Unternehmens kaufen.
computer-generated *adj*	computergeneriert, mit dem Computer erstellt
raw data *n* We will take the raw data collected from random samples and display it in pie charts and histograms.	unaufbereitete Daten, Ursprungsdaten Wir werden die unaufbereiteten Daten, die bei Zufallsstichproben gesammelt worden sind, nehmen und in Kreis- und Säulendiagrammen darstellen.

array *n* The array of prices, as arranged on the chart, shows that the mode price in our toy department is $2.95.	Anordnung, Gruppierung Die Gruppierung der Preise, so wie sie auf der Tafel angeordnet ist, zeigt, daß der am häufigsten auftretende Preis in unserer Spielwarenabteilung $ 2,95 ist.
mode *n*	häufigster Wert
median *n* Out of the following range of prices: $3.00, $5.00, $7.00, $15.00, $27.00, the median price is $7.00.	Zentralwert, Mittelwert; Halbwert Der Mittelwert aus der Bandbreite der folgenden Preise: $ 3,--, $ 5,--, $ 7,--, $ 15,--, $ 27,-- beträgt $ 7,--.
range *n*	Bandbreite, Bereich
distort *v* The results of the survey to test our new hamburgers were distorted by the fact that more than half of those surveyed were vegetarians.	verfälschen, verzerren, entstellen Die Ergebnisse der Teststudie für unsere neuen Hamburger wurden dadurch verzerrt, daß mehr als die Hälfte der Befragten Vegetarier waren.
skewed *adj* This skewed distribution of figures shows that the mode has a different value than the mean.	schräg, schief, verzerrt, verfälscht Diese schiefe Verteilung zeigt, daß der häufigste Wert anders ist als der statistische Mittelwert.
mean *n*	Durchschnitt, statistischer Mittelwert
interquartile *adj* The interquartile range is the difference between the items in the middle 50% of the data.	Quartils- Der Quartilsabstand ist der Unterschied zwischen den Positionen innerhalb der mittleren 50% der Werte.
frequency distribution *n*	Verteilungsdichte
standard deviation *n*	Standardabweichung

Messen

trade fair *n*	Messe
exhibition *n*	Ausstellung
exhibitor *n* Each exhibitor has to pay a fee before he can set up his stand on the trade fair grounds.	Aussteller(in) Jeder Aussteller muß eine Gebühr zahlen, bevor er seinen Stand auf dem Messegelände aufbauen kann.
stand *n*	Stand
trade fair grounds *npl*	Messegelände
show *n* Over 50 boat builders will be exhibiting sailing and power boats at this year's LaSalle Boat Show.	Ausstellung, Messe Über 50 Bootshersteller werden in diesem Jahr auf der LaSalle Bootsmesse Segel- und Motorboote ausstellen.

exhibit *v*	ausstellen
trade fair site *n*	Messeplatz, Messegelände, Ausstellungsgelände
The trade fair site provides a forum for exhibitors and visitors to exchange information on the latest developments in computer technology.	Der Messeplatz bietet Ausstellern und Besuchern ein Forum zum Austausch von Informationen über die neuesten Entwicklungen in der Computertechnologie.
exchange information *phrase*	Informationen austauschen
open-air *adj* In the summer, many exhibitors set up open-air stands on the fair grounds.	Freiluft-, im Freien Im Sommer bauen viele Aussteller Stände im Freien auf dem Messegelände auf.
exhibition hall *n*	Messehalle
biennial *adj* The Cotton Growers' Association will be holding its biennial exhibition in the West Pavilion at the LaSalle fair grounds.	zweijährig Der Verband der Baumwollpflanzer wird seine alle zwei Jahre stattfindende Ausstellung im Westpavillon des LaSalle Messegeländes ausrichten.
pavilion *n*	Pavillon
fair promoter *n*	Messeveranstalter(in)
joint stand *n*	Gemeinschaftsstand
modular stand *n*	Stand in Modulbauweise
hired *adj (GB)*; **rented** *adj (US)*	gemietet
exhibition space *n*	Ausstellungsfläche
stand rental *n* The stand rental for one of our modular stands is $300.00 per day, which includes all utilities and set-up.	Standmiete Die Standmiete für einen unserer Modulstände beträgt einschließlich sämtlicher Nebenkosten und Aufbau $ 300,-- pro Tag.
utilities *npl*	Nebenkosten
trade visitor *n* The National Carpet Show is always attended by a large trade audience which includes trade visitors from over 96 countries and wholesale trade buyers.	Fachbesucher(in) Die nationale Teppichmesse wird immer von einem großen Fachpublikum besucht, das Fachbesucher aus mehr als 96 Ländern und Facheinkäufer aus dem Großhandel einschließt.
trade audience *n*	Fachpublikum
trade buyer *n*	Facheinkäufer(in)
cater *v* The CEBIT Trade Fair caters to the needs of private and commercial hardware and software users, dealers and buyers.	bieten Die CeBIT hat etwas zu bieten für private und kommerzielle Hardware- und Softwareanwender, Händler und Käufer.

Konsum, Konsumenten, Kaufverhalten

consumer demand *n* After the recent flood, there was strong consumer demand for durables, primarily for washing machines and refrigerators.	Verbrauchernachfrage Nach der jüngsten Überschwemmung gab es eine starke Verbrauchernachfrage nach langlebigen Konsumgütern, insbesondere nach Waschmaschinen und Kühlschränken.
wants *npl* Market research tries to find out the wants, desires and the tastes of consumers.	Bedürfnisse Die Marktforschung versucht, die Bedürfnisse, die Wünsche und den Geschmack der Verbraucher herauszufinden.
desires *npl*	Wünsche, Verlangen, Begehren
taste *n*	Geschmack
consumer spending *n* Consumer spending dropped in the third quarter due to an overall rise in the cost of living.	Verbraucherausgaben Aufgrund eines allgemeinen Anstiegs der Lebenshaltungskosten gingen die Verbraucherausgaben im dritten Quartal zurück.
cost of living *n*	Lebenshaltungskosten
spending power *n* Persons with greater spending power are often able to afford a more luxurious life style and a better standard of living.	Kaufkraft Personen mit höherer Kaufkraft können sich oft einen luxuriöseren Lebensstil und einen besseren Lebensstandard leisten.
afford *v*	leisten
lifestyle *n*	Lebensstil
standard of living *n*	Lebensstandard
window-shopping *n* We enjoy going window-shopping during the Christmas season.	Schaufensterbummel Während der Weihnachtszeit machen wir gerne einen Schaufensterbummel.
consumer profile *n* The marketing department prepared a consumer profile on the socio-economic classes and the disposable income of persons shopping in our stores.	Verbraucherprofil Die Marketingabteilung erstellte ein Verbraucherprofil der sozioökonomischen Klassen und des frei verfügbaren Einkommens der Personen, die in unseren Geschäften kaufen.
socio-economic class *n*	sozioökonomische Klasse
disposable income *n*	frei verfügbares Einkommen

savings ratio *n* The savings ratio is the ratio of savings by individuals and households to disposable income.	Sparquote Die Sparquote ist das Verhältnis von Spareinlagen von Einzelpersonen und Haushalten zu ihrem verfügbaren Einkommen.
thrift *n* We hope to improve savings by encouraging thrift at an early age.	Sparen, Wirtschaftlichkeit Wir hoffen, daß wir das Sparen stärken können, indem wir Sparsamkeit schon in jungen Jahren fördern.
consumerism *n* With the fall of the Berlin Wall East Germany went through a phase of extreme consumerism.	Konsumerismus, Kaufrausch Mit dem Fall der Berliner Mauer machte das ehemalige Ostdeutschland eine Phase des extremen Kaufrausches durch.
impulse buying *n* Frequent impulse buying and compulsive buying will rarely cause people to hoard money.	Spontankauf Häufige Spontankäufe und der Kaufzwang veranlassen Menschen nur selten dazu, Geld zu horten.
compulsive buying *n*	Kaufzwang
hoard *v*	horten; hamstern
hoarding *n* Mr. Mulligan believed in hoarding money.	Hamstern; Anhäufen, Horten Das Anhäufen von Geld war für Herrn Mulligan sehr wichtig.
spree *n* After his death Mrs. Mulligan went on shopping sprees and lived a life of extravagance with the money he had hoarded.	Tour Nach seinem Tod ging Frau Mulligan auf große Einkaufstouren und führte mit dem Geld, das er gehortet hatte, ein Leben im Luxus.
extravagance *n*	Luxus; Verschwendung
browse *v* We spent the day at the shopping mall browsing through book stores.	sich umsehen Wir verbrachten den Tag damit, uns in der Einkaufsstraße in den Buchläden umzusehen.

Individuelle wirtschaftliche Verhältnisse

consumer credit *n* The nation's banks and finance companies are pleased with the recent increase in consumer credit and consumer borrowing.	Konsumentenkredit; Kundenkredit Die Banken und Finanzierungsgesellschaften des Landes sind mit der jüngsten Zunahme der Konsumentenkredite und der Kreditaufnahme durch Verbraucher zufrieden.
consumer borrowing *n*	Kreditaufnahme durch Verbraucher
hire purchase *n (GB)*; **installment plan** *n (US)* We bought our car on an installment plan.	Ratenkauf, Teilzahlungskauf Wir kauften unser Auto über einen Finanzierungsplan.

credit sale *n*	Kreditkauf
Consumer credit sales generally increase during the Christmas season.	Kreditkäufe von Konsumenten nehmen während der Weihnachtszeit allgemein zu.
sale by instalments *n (GB)*; **sale on instalments** *n (US)*	Verkauf auf Raten
Sales on instalment make up nearly 60% of our total car sales.	Ratenverkäufe machen fast 60% unseres gesamten Autoverkaufs aus.
deposit *n;* **down payment** *n*	Anzahlung
The salesman told us that he would hold the car for us for 10 days if we paid a $1,000.00 deposit.	Der Verkäufer sagte, er werde das Auto zehn Tage lang für uns zurückhalten, wenn wir eine Anzahlung von $ 1.000,-- leisteten.
We made a down payment of $3,000.00 on the car and will pay the rest in instalments of $400.00 per month.	Wir leisteten für das Auto eine Anzahlung von $ 3.000,-- und zahlen den Rest in monatlichen Raten zu $ 400,--.
instalment *n*	Rate
budget account *n (GB)*	Kundenkreditkonto
Many retail organizations provide budget accounts by which their customers pay regular instalments and can then buy goods up to a certain fixed limit.	Viele Einzelhandelsorganisationen bieten Kundenkreditkonten, auf die ihre Kunden regelmäßige Raten einzahlen und dann bis zu einer gewissen Obergrenze Waren kaufen können.
lease *v, n*	leasen; Leasingvertrag
Our company leases all of its PCs on a 24 month lease.	Unser Unternehmen least all seine PCs über einen Leasingvertrag mit einer Laufzeit von 24 Monaten.
leasing *n*	Leasing
There are tax advantages for leasing and we get new PCs and software updates every two years when the lease expires.	Für das Leasing gibt es Steuervorteile, und wir bekommen alle zwei Jahre, wenn der Leasingvertrag abläuft, neue PCs und Software-Updates.
household *n*	Haushalt
We pay extra household expenses, such as repairs, from our savings.	Zusätzliche Haushaltsaufwendungen, wie z.B. Reparaturen, zahlen wir von unseren Ersparnissen
savings *npl*	Ersparnisse
budget *v*	einen Etat aufstellen, im Haushalt einplanen; budgetieren
Mrs. Pilfer budgets her money so that 10% of her net income goes into savings.	Frau Pilfer verplant ihr Geld so, daß sie 10% ihres Nettoeinkommens spart.

bail *v* In the Credit Consumer Act of 1974, a hire-purchase agreement is defined as one in which goods are bailed in return for periodic payments by the bailee.	in Verwahrung geben, hinterlegen Im Verbraucherkreditgesetz von 1974 wird eine Ratenkaufvereinbarung als eine Vereinbarung definiert, bei der Waren in Verwahrung gegeben werden als Gegenleistung für regelmäßige Zahlungen durch den Verwahrer.
bailee *n*	Verwahrer(in), Pfandgläubiger(in)
deferred payment *n* We bought the car in March on a 90 day deferred payment plan which means that the first payment is due in June.	Zahlungsaufschub, Stundung Wir kauften im März ein Auto mit einem 90tägigen Zahlungsaufschub, das heißt, die erste Zahlung ist im Juni fällig.
APR (annual percentage rate) *n* The finance company's 5% APR for car loans is 2% below the bank's interest rate.	effektiver Jahreszins Der effektive Jahrezins des Finanzierungsunternehmens von 5% für Kredite zum Erwerb von Autos liegt 2% unter dem Zinssatz der Bank.
on the never-never *phrase (GB)* He bought his boat on the never-never, i.e. on credit.	auf Pump Er kaufte sein Boot auf Pump, d.h. auf Kredit.
lapse *v* The lease will lapse if the lessee dies during the term of the lease.	erlöschen Das Leasingverhältnis erlischt, wenn der Leasingnehmer während der Laufzeit stirbt.
lessee *n* The lessee and the lessor both signed the lease.	Leasingnehmer(in) Sowohl der Leasingnehmer wie auch der Leasinggeber unterzeichneten das Leasingabkommen.
lessor *n*	Leasinggeber(in)
set aside *v* Mark set aside a sizeable nest-egg so that he could travel to Australia for a 6 month holiday.	beiseite legen Mark legte ein ansehnliches finanzielles Polster beiseite, so daß er zu einem sechsmonatigen Urlaub nach Australien reisen konnte.
seizeable *adj*	ansehnlich
nest-egg *n*	finanzielles Polster, Rücklage, Notgroschen

10 Werbung

Zweck der Werbung

advertising *n*	Werbung; Werbebranche; Anzeigenwesen
The purpose of advertising is to inform the public about a product, thus increasing their awareness of it.	Es ist der Zweck der Werbung, die Öffentlichkeit über ein Produkt zu informieren und auf diese Weise ihr Bewußtsein für das Produkt zu schärfen.
awareness *n*	Bewußtsein
advertisement *n;* **advert** *n;* **ad** *n*	Anzeige; Werbeanzeige, Werbespot
I've got nothing against advertising in general, but I find these advertisements shocking.	Ich habe nichts gegen Werbung im allgemeinen, aber ich finde diese Werbeanzeigen schockierend.
advertise *v*	werben
The Sunbeam Baking Co. uses a clown to advertise for its new line of chocolate cakes to influence children to buy them.	Die Sunbeam Baking Co. bedient sich eines Clowns, um für ihre neuen Schokoladenkuchen zu werben und Kinder so zu beeinflussen, daß sie sie kaufen.
influence *v*	beeinflussen
promote *v*	werben für, Reklame machen
Some companies use movie stars or athletes to promote their brand names.	Einige Unternehmen setzen Filmstars oder Sportler ein, um für ihre Markennamen zu werben.
benefit *n*	Nutzen
The benefit of selling a brand name is that it is already widely known.	Was beim Verkauf eines Markennamens nützt, ist, daß er bereits einen hohen Bekanntheitsgrad hat.
widely *adv*	weit, weit und breit, überall, allgemein
credibility *n*	Glaubwürdigkeit
Advertisers frequently try to support the credibility of a particular brand name to attract prospective customers and strengthen potential brand loyalty.	Werbeagenturen versuchen häufig, die Glaubwürdigkeit eines bestimmten Markennamens zu unterstreichen, um potentielle Kunden zu gewinnen und die potentielle Markentreue zu stärken.
strengthen *v*	stärken
advertiser *n*	Werbeunternehmen, Werbeagentur; Inserent(in), Anzeigenkunde, Anzeigenkundin

loyalty *n*	Treue
potential *adj*	potentiell
prospective *adj*	potentiell, voraussichtlich
attention *n*	Aufmerksamkeit
The TV ad for "Smug" after shave used beautiful girls to catch male viewers' attention.	Die Fernsehwerbung für "Smug" After-shave arbeitete mit hübschen Mädchen, um die Aufmerksamkeit männlicher Zuschauer zu erregen.
catch sb's attention *phrase*	jds Aufmerksamkeit erregen
encourage *v*	ermutigen; fördern
Some critics claim that children's advertising encourages kids to want sweet foods which are bad for their teeth.	Einige Kritiker behaupten, daß Werbung mit Kindern den Wunsch von Kindern nach Süßigkeiten, die aber schlecht für ihre Zähne seien, fördere.
stimulate *v*	beleben, ankurbeln, motivieren
timing *n*	Zeitplanung
The strategy of timing the Senator Goldsmith's ads 10 days before the election failed to have enough impact to win him the election.	Die Zeitplanungsstrategie, die Senator-Goldsmith-Anzeigen zehn Tage vor den Wahlen erscheinen zu lassen, hatte nicht genug Wirkung, um ihm zum Wahlsieg zu verhelfen.
impact *n*	Wirkung
message *n*	Botschaft
publicize *v*	öffentlich bekannt machen, ankündigen
Attendance at the play was poor because is was not publicized enough.	Das Theaterstück war nur schwach besucht, da es in der Öffentlichkeit nicht genügend bekannt gemacht wurde.
distinguish *v*	unterscheiden
Our advertising department was very pleased with the car's new design which makes it easy to distinguish it from all the other cars on the road.	Unsere Werbeabteilung war mit dem neuen Design des Autos, welches es erleichterte, es von allen anderen Autos auf der Straße zu unterscheiden, sehr zufrieden.
distinctive *adj*	unterscheidend, charakteristisch
In America, advertisers sometimes compare brand name products to stress the distinctive features of one product over another.	In Amerika vergleichen Leute oder Firmen, die für ein Produkt Werbung machen, manchmal Markenprodukte miteinander, um die Merkmale zu verdeutlichen, die ein Produkt von einem anderen unterscheiden.
canvass *v*	befragen, eine Meinungsumfrage machen
Our advertising agency canvassed over 100,000 housewives to determine their familiarity with "Crud" soap.	Unsere Werbeagentur befragte über 100.000 Hausfrauen, um festzustellen, welchen Bekanntheitsgrad "Crud"-Seife bei ihnen hat.

familiarity *n*	Bekanntheit, Vertrautheit
inclined *adj* Customers may be more inclined to buy a product with a green image.	geneigt Die Kunden neigen vielleicht eher dazu, ein Produkt mit umweltfreundlichem Image zu kaufen.
urge *v* In his ad, the senator urged voters to elect him.	drängen In seiner Werbung drängte der Senator die Wähler dazu, für ihn zu stimmen.
convey *v* The government's new advertising campaign will attempt to convey that smoking is harmful to health.	vermitteln, klarmachen Die neue Werbekampagne der Regierung versucht zu vermitteln, daß Rauchen gesundheitsschädlich ist.
put across *v*	vermitteln
exposure *n* The Watt Utility Co. has received major exposure in press lately due to newspaper coverage of several accidents at its nuclear power plant.	Publizität, Publicity Die Watt Utility Co. hat kürzlich aufgrund der Berichterstattung über mehrere Unfälle in ihrem Atomkraftwerk eine große Publizität in der Presse erfahren.
coverage *n*	Berichterstattung
reach *n, v* National newspapers have a greater reach than local newspapers.	Reichweite; erreichen Nationale Zeitungen haben eine größere Reichweite als die Lokalpresse.

Werbungsarten

persuade *v* The Watt Utility Co. has recently published a series of informative advertisements to persuade the public that nuclear power is safer than air travel.	überzeugen Die Watt Utility Co. hat kürzlich eine Reihe informativer Anzeigen veröffentlicht, um die Öffentlichkeit davon zu überzeugen, daß Atomkraft sicherer ist als das Fliegen.
series *n*	Serie
informative *adj*	informativ
exploit *v* Some critics have attacked the utility company's adverts stating that they exploit the public's ignorance of the true facts on nuclear power.	ausbeuten, ausnutzen Einige Kritiker haben die Anzeigen des Versorgungsunternehmens attakkiert und erklärt, sie nutzen die Unwissenheit der Öffentlichkeit über Atomkraft aus.
collective *adj* The British Egg Marketing Board once ran a series of collective advertisements on the slogan "Go to Work on an Egg".	Sammel-, gemeinsam Der britische Eier-Marketingverband schaltete einmal eine Reihe von gemeinsamen Anzeigen mit dem Slogan "Vor der Arbeit ein Ei".

collective advertising *n;* **generic advertising** *n*	Gemeinschaftswerbung, kooperative Werbung
informative advertising *n* Informative advertising provides information which is of benefit for the public.	Social Spot Social Spots liefern Informationen, die der Öffentlichkeit von Nutzen sind.
discourage *v* It may also be intended to discourage people from drinking and driving or smoking.	abraten, abbringen von Sie können auch dazu bestimmt sein, die Bevölkerung vom Autofahren im alkoholisierten Zustand und vom Rauchen abzubringen.
preference *n* Our company's new TV commercial will show the public's preference for our cola compared with a rival company's cola.	Vorliebe, Vorzug Der neue Werbespot unseres Unternehmens im Fernsehen wird die Vorliebe der Öffentlichkeit für unser Cola im Gegensatz zum Cola eines Konkurrenzunternehmens herausstellen.
over-emphasize *v* The board of directors does not like the ad for the firm's new sports car because it over-emphasizes the car's power and says nothing about its safety features.	überbetonen Dem Aufsichtsrat gefällt die Werbung für den neuen Sportwagen der Firma nicht, weil sie die Leistung des Autos zu stark betont und nichts über seine Sicherheitsmerkmale aussagt.
advertising agency *n* The company hired an advertising agency to launch its TV ad campaign for its new sports car.	Werbeagentur Das Unternehmen beauftragte eine Werbeagentur damit, seine Fernsehwerbekampagne für seinen neuen Sportwagen zu starten.
campaign *n*	Kampagne, Feldzug
client *n*	Kunde, Kundin
advertising copy *n* The agency sent the advertising copy to the client for final approval.	Werbetextvorlage; Werbetext einer Anzeige Die Agentur schickte dem Kunden die neue Werbetextvorlage zur Genehmigung.
sponsor *v, n* The utility decided to sponsor local sporting events as a part of its public relations work to improve its public image.	finanziell fördern/unterstützen; Sponsor(in) Das Versorgungsunternehmen beschloß, als Bestandteil seiner Öffentlichkeitsarbeit lokale Sportveranstaltungen zu unterstützen, um sein Image in der Öffentlichkeit aufzupolieren.
public relations *npl*	Public Relations, Öffentlichkeitsarbeit
public image *n*	Bild in der Öffentlichkeit

public relations exercise *n*	PR-Kampagne, Öffentlichkeitsarbeitsmaßnahme
The utility company's wide-reaching public awareness campaign will be divided into several public relations exercises.	Die weitreichende Kampagne des Versorgungsunternehmens, sich ins Bewußtsein der Öffentlichkeit zu rücken, wird in mehrere Public Relations Kampagnen unterteilt werden.
wide-reaching *adj*	weitreichend
press release *n*	Pressemitteilung
The Duff Brewery stated in its press release that it has just received the sponsorship of our city's hockey team.	Die Duff Brauerei erklärte in einer Pressemitteilung, daß sie soeben die Förderung für die Hockeymannschaft unserer Stadt erhalten habe.
sponsorship *n*	finanzielle Förderung; Schirmherrschaft; Sponsoring
persuasive *adj*	überzeugend
Company management felt that the ad was not persuasive enough and sounded more like knocking copy.	Die Unternehmensführung hatte das Gefühl, daß die Anzeige nicht überzeugend genug wäre und eher wie herabsetzende Werbung klänge.
knocking copy *n*	herabsetzende Werbung
delude *v*	täuschen, irreführen
The utility was accused of trying to delude and manipulate the public with its recent series of advertisements.	Das Versorgungsunternehmen wurde beschuldigt, mit seiner jüngsten Anzeigenserie versucht zu haben, die Öffentlichkeit irrezuführen und zu manipulieren.
manipulate *v*	manipulieren
comparative advertising *n*	vergleichende Werbung
Unlike in Germany, comparative advertising is allowed in the USA and the UK.	Anders als in Deutschland ist die vergleichende Werbung in den USA und im Vereinigten Königreich erlaubt.
proclaim *v*	erklären, verkünden, proklamieren
The ad showed a group of Bavarian farmers proclaiming the fine taste of Duff beer.	Die Werbeanzeige zeigte eine Gruppe bayerischer Bauern, die den feinen Geschmack von "Duff"-Bier proklamierten.
copy writer *n*	Werbetexter(in)
The copy writer had omitted using the company's slogan in the ad text.	Der Werbetexter hatte vergessen, den Slogan des Unternehmens im Anzeigentext zu verwenden.
omit *v*	auslassen, vergessen
subliminal *adj*	unterschwellig
Subliminal advertising is illegal in many countries.	In vielen Ländern ist unterschwellige Werbung illegal.

account *n*	Kunde, Kundin, Etatkunde, Etatkundin
The Duff Brewery is one of the Sellmore Ad Agency's most important accounts.	Die Duff Brauerei ist einer der wichtigsten Kunden der Sellmore Ad Agentur.
billing *n*	Umsatz (einer Werbeagentur)
With billings of more than $95 million, the Sellmore Ad Agency was one of the New York's most successful advertising companies last year.	Mit mehr als 95 Millionen Dollar Umsatz war die Sellmore Ad Agentur im letzten Jahr eines der erfolgreichsten Werbeunternehmen in New York.
advertising company *n*	Werbeunternehmen
advertising costs *npl;* **advertising expenditure** *n*	Werbeausgaben
artwork *n*	Illustrationen, Werbegraphik
The Sellmore Ad Agency does all of the artwork and layout for its clients.	Die Sellmore Ad Agentur macht die gesamte Werbegraphik und das Layout für ihre Kunden.
layout *n*	Layout
art director *n*	Art-direktor(in)
visualizer *n*	Werbegraphiker(in), Gestalter(in)
Our company's advertising department sends all of its ad copy to a visualizer for layout work.	Die Werbeabteilung unseres Unternehmens schickt ihr ganzes Anzeigenmaterial zum Layout an einen Werbegraphiker.
patronage *n*	(Stamm)kundschaft
The new artwork on our latest posters is intended to increase young peoples' patronage of our theater.	Die neue Graphik auf unseren aktuellen Plakaten zielt darauf ab, den regelmäßigen Besuch unseres Theaters durch junge Leute zu erhöhen.

Werbemedien

media *npl*	Medien
Advertising uses various media to convey messages to the public.	Werbung benutzt unterschiedliche Medien, um der Öffentlichkeit Botschaften zu vermitteln.
time *v*	den Zeitpunkt wählen
We timed our advertisements for sports shoes with the start of the baseball season.	Wir haben unsere Werbung für Sportschuhe zeitlich am Beginn der Baseballsaison ausgerichtet.
announcement *n*	Ankündigung, (öffentliche) Erklärung
place *v*	schalten, setzen
Acreman and Sons placed a number of ads in the local newspaper.	Acreman und Söhne schaltete eine Anzahl von Anzeigen in der Lokalzeitung.

small ad *n*	Kleinanzeige
general interest *adj* General interest magazines and newspapers often carry advertising for common consumer items.	von allgemeinem Interesse Magazine mit allgemeininteressierendem Inhalt und Zeitungen enthalten oft Werbung für alltägliche Konsumgüter.
broadcast *v* Our new "Lucky Steer" restaurant commercial will be broadcast in the early evening hours on all of the city's radio stations.	senden Der Werbespot für unser neues "Lucky Steer"-Restaurant wird in den frühen Abendstunden von allen Radiostationen der Stadt gesendet.
commercial *n (US)*	Werbespot
special interest *adj* The Highlife Pharmaceutical Co. primarily advertises in special interest magazines and journals for doctors and pharmacists.	Fach- Die Highlife Pharmaceutical Co. wirbt hauptsächlich in Fachzeitschriften und Journalen für Ärzte und Pharmazeuten.
commercial TV *n* Commercial TV receives most of its revenues from advertisements broadcast during commercial breaks.	kommerzielles Fernsehen Das kommerzielle Fernsehen bezieht den größten Teil seiner Einkünfte von Werbesendungen während der Werbeunterbrechungen.
commercial break *n*	Werbeunterbrechung
audience *n*	Zuschauer(schaft), Zuhörer(schaft)
trade journal *n* Our company advertises both in trade journals and in the Yellow Pages.	Branchenblatt, Fachblatt Unser Unternehmen wirbt sowohl in Fachblättern wie auch in den Gelben Seiten.
Yellow Pages *npl*	Gelbe Seiten
directory *n* You will find a commercial directory of all businesses in the front part of the Yellow Pages.	(Adressen)verzeichnis Im vorderen Teil der Gelben Seiten finden Sie ein Handelsadreßbuch von jedem Gewerbe.
poster *n*	Poster, Plakat
logo *n* The company's new logo is part of its recent corporate identity program.	Logo, Firmenzeichen Das neue Firmenlogo ist Teil des jüngsten Corporate Identity Programms.
corporate identity *n*	Corporate Identity
corporate image *n* The Watt Utility Co. hired an advertising agency to improve its corporate image after a series of accidents at its nuclear power plant.	Firmenimage Nach einer Reihe von Unfällen in ihrem Atomkraftwerk beauftragte die Watt Utility Co. eine Werbeagentur damit, ihr Firmenimage zu verbessern.

leaflet *n*	Handzettel, Reklamezettel
insert *n (GB)*; **supplement** *n (US)* Murphy's Department Store has had 250,000 color supplements printed for its "Back to School" sale, which will be circulated in the Sunday Gazette newspaper.	Werbebeilage Das Kaufhaus Murphy hat 250.000 Farbbeilagen für seine "Schule hat begonnen" Verkaufsaktion drucken lassen, die mit der Zeitung Sunday Gazette verteilt werden.
circulate *v*	verteilen
circular *n* Wilkins and Seymour sent their customers a circular informing them of their new opening hours.	Serienbrief Wilkins und Seymour schickten ihren Kunden einen Serienbrief, in dem sie sie über ihre neuen Öffnungszeiten informierten.
window display *n* The department store's Christmas window display appeals to young and old alike.	Schaufensterauslage Die Weihnachtsauslage des Kaufhauses spricht jung und alt gleichermaßen an.
appeal *v*	ansprechen, anziehen, Anreiz bieten
direct *v* Mr. McCoy from the Sellmore Ad agency suggested that we direct buyers' attention the car's safety features.	lenken, richten Herr McCoy von der Agentur Sellmore Ad schlug vor, daß wir die Aufmerksamkeit der Käufer auf die Sicherheitseinrichtungen des Autos lenken.
book space *phrase* We have booked space on billboards at all of the city's subway stations.	Werbefläche anmieten/belegen Wir haben Werbeflächen auf den Plakatwänden aller Untergrundbahnhöfe der Stadt angemietet.
advertising space *n*	Werbefläche
desirable *adj* Depending on the client and his product, we will stress various themes in our advertisements such as ambition, success, romance, comedy or status, to make his product desirable to consumers.	erstrebenswert, wünschenswert Je nach Kunde und Produkt betonen wir in unserer Werbung unterschiedliche Themenbereiche, wie z.B. Ehrgeiz, Erfolg, Romantik, Komik oder Stellung, um bei den Konsumenten sein Produkt erstrebenswert zu machen.
ambition *n*	Ehrgeiz
success *n*	Erfolg
romance *n*	Romantik
comedy *n*	Komik
exclusive *adj* The exclusive image attached to "Old Senator Whiskey" is that it is enjoyed by wise men in important positions.	exklusiv Das exklusive Image, das mit "Old Senator Whiskey" verbunden wird, besteht darin, daß er von weisen Männern in wichtigen Positionen getrunken wird.

exclusivity *n*	Exklusivität
slogan *n*	Slogan
classified advertisement *n*	Kleinanzeige
readership *n* Our newspaper has a daily readership of over 1,000,000 persons.	Leserschaft Unsere Zeitung hat einen täglichen Leserkreis von über 1.000.000 Menschen.
circulation *n*	Auflage
slot *n* A prime time slot for a commercial at our TV station costs $250,000 per half minute.	Werbesendezeit Bei unserem Fernsehsender kostet Werbezeit zur Hauptsendezeit 250.000,-- Dollar für jede halbe Minute.
TV channel *n (GB)*; **TV station** *n (US)*	Fernsehsender
peak-viewing *adj (GB)*; **prime time** *adj (US)*	Hauptsendezeit-
code of conduct *n (US)* Nearly all TV and radio stations follow the Advertising Council's code of conduct.	Verhaltenskodex Fast alle Fernseh- und Rundfunksender halten sich an den Verhaltenskodex des Werberats.
hoarding *n (GB)*; **billboard** *n (US)* The city passed an ordinance which prohibited advertising hoardings on the sides of buildings.	Anschlagwand, Plakatwand, Reklamewand Die Stadt verabschiedete eine Verordnung, die Reklamewände an Gebäuden verbot.
placard *n* The travel agency has several placards in its window advertising trips to Bermuda.	kleines Plakat, Anschlagzettel Das Reisebüro hat mehrere kleine Plakate, die für Bermudareisen werben, in seinem Schaufenster.
point-of-sale advertising *n* Some candy manufacturers use point-of-sale advertising to persuade children to buy chocolates or chewing gum.	Werbung am Verkaufsort, POS-Werbung Einige Hersteller von Süßigkeiten nutzen Werbung am Verkaufsort, um Kinder zum Kauf von Schokowaren oder Kaugummi zu animieren.
illuminated sign *n*	Leuchtreklame
device *n* The Old Senator Distilling Co. uses exclusivity as a device to persuade consumers to buy its "Old Senator Whiskey".	Kunstgriff Die Old Senator Destilling Co. benutzt die Exklusivität als einen Kunstgriff, um die Konsumenten zum Kauf ihres "Old Senator Whiskey" zu bewegen.
glamour *n* In its advertising, the Cord Motor Co. often emphasized the glamour, sophistication and vitality associated with owning an Auburn, Cord or Dusenburg Automobile.	Glamour, Glanz In ihrer Werbung betonte die Cord Motor Co. oft den Glamour, die Eleganz und die Vitalität, die mit dem Besitz eines Autos von Auburn, Cord oder Dusenburg einhergehen.

associate *v*	assoziieren, in Verbindung bringen mit
sophistication *n*	Raffiniertheit, Kultiviertheit, Eleganz
vitality *n*	Vitalität
social acceptance *n* Cigarette advertisements of the 1960s seemed to emphasize the social acceptance of smoking almost anywhere.	soziale Akzeptanz Die Zigarettenwerbung der 60er Jahre schien herauszustellen, daß Rauchen nahezu überall soziale Akzeptanz erfuhr.
hero worship *n* Some sportswear companies rely on hero worship to sell their products by featuring tennis or football stars in their ads.	Heldenverehrung Einige Sportbekleidungsunternehmen zählen beim Verkauf ihrer Produkte auf die Heldenverehrung, indem sie in ihren Anzeigen Tennis- oder Fußballstars zeigen.
jingle *n* My little sister has been singing that jingle she heard on the radio for the last three hours.	Werbemelodie, Jingle Meine kleine Schwester singt die Werbemelodie, die sie im Radio gehört hat, nun schon seit drei Stunden.

11 Vertrieb und Handel

Allgemeines

distribution *n*	Vertrieb
Distribution of goods and services to the marketplace is a key component of the market economy.	Der Vertrieb von Waren und Dienstleistungen auf dem Markt ist eine Schlüsselkomponente der Marktwirtschaft.
manufacturer *n*	Hersteller(in)
manufactured goods *npl*	Industriewaren, Industriegüter
Some manufactured goods, such as steel and chemicals, are sold to other companies for processing into finished goods.	Einige Industriegüter wie zum Beispiel Stahl und Chemikalien werden an andere Unternehmen verkauft, um zu Fertigwaren weiterverarbeitet zu werden.
commodity *n*	Wirtschaftsgut; an der Warenbörse gehandeltes Gut
The McMillian Corp. deals exclusively in farm commodities such as wheat and corn.	Die McMillian Corporation handelt ausschließlich mit Agrarprodukten wie beispielsweise Weizen und Mais.
raw material *n*	Rohstoff
primary product *n*	Primärprodukt
The Sinclair Oil Co. imports oil as a primary product and refines it into salable products such as gasoline and lubricants.	Die Sinclair Ölgesellschaft importiert Rohöl als Primärprodukt und verarbeitet es in Raffinerien zu verkaufsfähigen Erzeugnissen wie z.B. Benzin und Schmierstoffen weiter.
merchandise *n*	(zum Verkauf bestimmte) Waren
Retailers will generally increase their stocks of merchandise shortly before the Christmas season.	Kurz vor der Weihnachtszeit erhöhen Einzelhändler normalerweise ihre Warenvorräte.
channel of distribution *n*	Vertriebsweg
Middlemen, warehouses and transportation systems are three vital links in the channel of distribution.	Zwischenhändler, Lagerhäuser und Transportsysteme sind die drei Lebensadern des Vertriebsweges.
distribution system *n*	Vertriebssystem
Railroads are a necessary part of any national distribution system.	Egal in welchem Land, Eisenbahnen sind immer ein notwendiger Bestandteil des Vertriebssystems.

Großhandel

wholesale trade *n*	Großhandel
The wholesale trade links manufacturers with retailers.	Der Großhandel stellt die Verbindung zwischen Herstellern und Einzelhändlern dar.
wholesale *adv*	im Großhandel
The McGrog Brewery only sells beer wholesale.	Die McGrog Brauerei verkauft Bier nur im Großhandel.
wholesaler *n*	Großhändler(in); Großhandelsunternehmen
in bulk *adv*	in (großen) Mengen, en gros
We sell flour in bulk to many large bakeries.	Wir verkaufen Mehl en gros an viele Großbäckereien.
warehouse *v*	lagern
Customs officials discovered several kilos of cocaine in containers warehoused in New York harbour.	Zollbeamte haben Behälter mit mehreren Kilogramm Kokain entdeckt, das im Hafen von New York gelagert war.
cash-and-carry *adj*	Abhol-; Mitnahme-
Mail-order houses do not operate on a cash-and-carry basis.	Versandhäuser arbeiten nicht auf Abholbasis.
commodity market *n*	Warenbörse
The Chicago Board of Trade is America's largest commodity market for farm goods.	Amerikas größte Warenbörse für Agrarprodukte ist "The Chicago Board of Trade".
"spot" market *n*	Spotmarkt, Kassamarkt
Rotterdam is Europe's biggest spot market for oil.	Rotterdam ist der größte europäische Spotmarkt für Öl.

Einzelhandel

retailer *n*	Einzelhändler(in); Einzelhandelsunternehmen
retail trade *n*	Einzelhandel
The retail trade provides goods and services to consumers.	Der Einzelhandel bietet den Verbrauchern Waren und Dienstleistungen an.
supermarket *n*	Supermarkt
retail *adj*	Einzelhandels-
Retail prices have declined over the past three months due to the recession.	Wegen der Rezession sind die Einzelhandelspreise während der vergangenen drei Monate zurückgegangen.
opening hours *npl*	Öffnungszeiten
late-night shopping *n*	spätabendliches Einkaufen
Late-night shopping is convenient for those who work late shifts.	Das Einkaufen am späten Abend kommt denen gelegen, die Spätschicht arbeiten.

Sunday opening *n*	Sonntagsöffnungszeit
Sunday opening laws generally ban or restrict opening hours on Sunday.	Gesetze zur Regelung der Sonntagsöffnungszeit untersagen im allgemeinen die Geschäftsöffnungszeiten am Sonntag oder schränken sie ein.
department store *n*	Kaufhaus
multiple store *n (GB)*; **chain store** *n (US)*	Kette, Filialgeschäft
K-Mart has chain stores throughout America.	K-Mart hat überall in Amerika Filialgeschäfte.
specialist *adj (GB)*; **specialized, speciality** *adj (US)*	Fach-
Beta Computer is a specialist retailer for software products.	Beta Computer ist ein Software-Fachhändler.
variety *adj*	vielfältig
Variety retailers attempt to meet consumer demand by offering a diversified range of products.	Gemischtwarenhändler versuchen, der Verbrauchernachfrage durch ein breitgefächertes Produktangebot gerecht zu werden.
market *n*	Markt
stand *n*	Stand
Mr Johnson has a fruit stand at the market.	Herr Johnson hat einen Obststand auf dem Markt.
stockist *n (GB)*	Fachhändler(in); Fachgeschäft
Perry & Bros is our town's largest stockist of scientific books.	Perry & Bros ist das größte Fachgeschäft für naturwissenschaftliche Bücher in unserer Stadt.
dealer *n*	Händler(in)
Jerry Lane is an authorized dealer of the Studebaker Motor Car Corp.	Jerry Lane ist Vertragshändler der Studebaker Motor Car Corp.
sole retailer *n (GB)*; **independent retailer** *n (US)*	selbständige(r) Einzelhändler(in)
Mr. McNarney is an independent retailer who owns a small grocery store.	Herr McNarney ist selbständiger Einzelhändler und besitzt ein kleines Lebensmittelgeschäft.
showroom *n*	Ausstellungsraum
mobile shop *n (GB)*	Verkaufswagen
James Monroe, a mobile shop owner, travels the Scottish countryside selling bread, eggs, fruit and vegetables.	James Monroe, der einen Verkaufswagen besitzt, fährt damit über die ländlichen Gegenden Schottlands und verkauft Brot, Eier, Obst und Gemüse.
specialty shop *n*	Spezialgeschäft
Leslie's specialty shop sells only hand made candles.	In Leslies Spezialgeschäft gibt es nur handgemachte Kerzen zu kaufen.
own brand *n (GB)*; **generic brand** *n (US)*	Hausmarke, Eigenmarke
Generic brands are always priced lower than name brands.	Hausmarken sind immer preisgünstiger als Markenprodukte.

counter service *n* Department stores provide counter service in their cosmetic and electronics departments.	individuelle Bedienung In den Kosmetik- und Elektronikabteilungen der Kaufhäuser wird man individuell bedient.
superstore *n*	Verbrauchermarkt *(Markt mit mindestens 2.700 qm Verkaufsfläche und Parkplätzen in Stadtrandlage)*
Superstores are large scale retail outlets for consumers.	Verbrauchermärkte sind große Einzelhandelsgeschäfte für Endverbraucher.
hypermarket *n*	Verbrauchermarkt; Selbstbedienungswarenhaus *(Markt ab ca. 5.000 qm Verkaufsfläche)*
discount store *n* Discount stores offer low prices every day.	Discountgeschäft Discountgeschäfte bieten täglich Niedrigpreise.
shopping precinct *n (GB)*; **shopping mall** *n (US)* The new Bristol shopping precinct will open in early May.	Einkaufsgegend; Ladenstraße, Einkaufspassage Die neue Ladenstraße in Bristol wird Anfang Mai eröffnet.
pedestrian precinct *n (GB)*; **pedestrian zone** *n (US)*	Fußgängerzone
franchising *n*	Franchising *(vertraglich straff geführtes Filialsystem mit Alleinverkaufsrecht)*
Restaurant franchising first became popular in the U.S. in the late 1950's.	Das Restaurant-Franchising begann gegen Ende der 50er Jahre in den USA populär zu werden.
franchise *n* The franchise contract stipulates payment of commissions to the franchiser.	Franchise; Alleinverkaufsrecht Der Franchisevertrag macht Kommissionszahlungen an den Franchisegeber zur Auflage.
franchisee *n* Trevor Johnson became the franchisee of a hamburger restaurant in London.	Franchisenehmer(in) Trevor Johnson wurde Franchisenehmer eines Hamburger-Restaurants in London.
franchisor *n (GB)*; **franchiser** *n (US)*	Franchisegeber(in); Konzessionserteiler(in)
The McDugal restaurant chain was the franchisor in Trevor Johnson's franchise contract.	Die McDugal-Restaurantkette war Trevor Johnsons konzessionserteilender Franchise-Vertragspartner.

Direktvertrieb

direct distribution *n* Direct distribution eliminates retailers and other middlemen in the process of supplying goods to consumers.	Direktvertrieb Der Direktvertrieb schließt Einzelhändler und andere Zwischenhändler von der Versorgung der Endverbraucher mit Waren aus.
mail order *n* The mail order business originally served rural and small town markets.	Postversand Ursprünglich hat der Postversand ländliche und kleinstädtische Märkte bedient.
mail-order catalogue *n (GB)*; **catalog** *n (US)*	Versandhauskatalog
mail-order company *n*; **mail-order house** *n*	Versandhaus
part-time agent *n* Betsy is a part-time agent for a major insurance company.	Teilzeitvertreter(in) Betsy ist Teilzeitvertreterin für eine große Versicherungsgesellschaft.
doorstep selling *n (GB)*; **door to door selling** *n (US)*	Haustürverkauf
sell direct *v* Manufacturers sometimes sell direct to customers, thus avoiding middlemen.	direkt verkaufen Manchmal verkaufen Hersteller direkt an die Kunden und umgehen auf diese Weise Zwischenhändler.
mail shot *n (GB)*; **direct mail** *n (US)* The Adams Insurance Co. uses direct mail letters to gain new clients.	Briefwerbung, Postwurfsendung Die Adams Versicherungsgesellschaft setzt Briefwerbung ein, um neue Kunden zu gewinnen.
home shopping *n* Home shopping television networks are rapidly expanding in the United States.	Homeshopping; Teleshopping In den Vereinigten Staaten breiten sich Teleshoppingnetze sehr schnell aus.
party selling *n*; **party plan** *n* Party selling is a casual way to for a salesperson to sell products in peoples' homes.	Partyverkauf Der Partyverkauf gibt einem Verkäufer die zwanglose Gelegenheit, seine Produkte bei den Leuten zu Hause zu verkaufen.

Auktionen

auction *n*	Auktion
bid *v* John Morris bid 1,500,000 pounds for an original Rembrandt.	bieten John Morris hat 1.500.000 Pfund für einen echten Rembrandt geboten.

highest bidder *n*	Meistbietende(r)
outbid *v* Trevor Johnson outbid John Morris by 20,000 pounds and bought the Rembrandt.	überbieten Trevor Johnson hat 20.000 Pfund mehr geboten als John Morris und den Rembrandt erworben.
lot *n* Auctioneers often sell smaller items, e.g., kitchen utensils, tools, etc., in lots to save time.	Los Auktionshäuser verkaufen kleinere Gegenstände, z.B. Küchengerätschaften, Werkzeuge etc. oft in Losen, um Zeit zu sparen.
opening bid *n* The opening bid for the Rembrandt was £1,000,000.00.	erstes Gebot, Eröffnungsgebot Das erste Gebot für den Rembrandt lag bei £ 1.000.000,00.

Mittelsmänner

middleman *n* Wholesalers are middlemen between manufacturers and retailers.	Zwischenhändler(in) Großhändler sind Zwischenhändler zwischen Herstellern und Einzelhändlern.
principal *n* The City of Los Angeles is the principal in a highway building contract.	Auftraggeber(in) Die Stadt Los Angeles ist Auftraggeberin bei einem Straßenbauauftrag.
agent *n* Our agent in India informed us that the government was planning to build a new motorway.	Auftragnehmer(in); Vermittler(in); Vertreter(in) Unser Vertreter in Indien informierte uns darüber, daß die Regierung den Bau einer neuen Autobahn vorhatte.
commission *n* Alex receives a commission of 10% from the dealer on every new car he sells.	Provision Alex erhält von dem Autohändler eine Provision von 10% für jeden Neuwagen, den er verkauft.
broker *n*	Broker(in), Makler(in)
factor *n;* **commission agent** *n* Trevor Johnson is a factor in Columbia for a large coffee trading company.	(Verkaufs)kommissionär(in) Trevor Johnson ist in Kolumbien Kommissionär für eine große Kaffeehandelsgesellschaft.
del credere *adj* The Mercantile Bank charges a 15% del credere commission for guaranteeing bills of exchange.	Delkredere- Die Handelsbank berechnet eine Delkredere-Provision von 15% für die Garantie von Wechseln.
on one's own account *adv* The agent buys and sells on his own account.	auf eigene Rechnung Der Vertreter kauft und verkauft auf eigene Rechnung und im eigenen Namen.

merchant *n*	Händler(in)
export house *n;* **export company** *n;* **export firm** *n* Miles Standish operates an export house in London.	Exportfirma Miles Standish betreibt in London eine Exportfirma.

Ladeneinrichtung

trolley *n (GB)*; **shopping cart** *n (US)* Elaine picked up a trolley at the self-service supermarket entrance.	Einkaufswagen Elaine nahm sich am Eingang des Selbstbedienungssupermarktes einen Einkaufswagen.
self-service *adj*	Selbstbedienungs-
check-out *n*	Kasse (am Ausgang)
cash point *n* Department stores often have cash points located in each department rather than a check-out at the store exit.	Kasse Statt einer Kasse am Ausgang haben Kaufhäuser oft in jeder Abteilung eine.
cash register *n* The cash register at the check-out is connected to a scanner.	Registrierkasse Die Registrierkasse am Ausgang ist mit einem Scanner verbunden.
shelf *n*	Regal
aisle *n* The toiletries section is located in aisle No. 3.	Gang Die Toilettenartikel befinden sich im Gang Nummer 3.
counter *n* Mom ordered a pound of ground beef at the meat counter.	Ladentisch; Tresen; Theke Mutter bestellte ein Pfund Rinderhackfleisch an der Fleischtheke.
display *n* Next to the meat counter was a display offering a special on rice.	Auslage Neben der Fleischtheke befand sich eine Auslage mit einem Sonderangebot für Reis.
assistant *n*	Verkäufer(in)
EFT/POS system (electronic funds transfer at point of sale) *n* The EFT/POS system makes paying with a credit card easier.	elektronische Abbuchung am Verkaufsterminal Die elektronische Abbuchung am Verkaufsterminal erleichtert das Zahlen mit einer Kreditkarte.
in-store *adj (GB)* Sears offers in-store credit cards which can be used at all of their outlets throughout the United States.	hausintern; hauseigen Sears bietet hauseigene Kundenkreditkarten an, die bei all ihren Filialen überall in den Vereinigten Staaten benutzt werden können

light pen *n* All of our employees in the stock room have a light pen because they are more handy than scanners.	Lichtstift Unsere Angestellten im Lager haben alle einen Lichtstift, denn Lichtstifte sind handlicher als Scanner.
scanner *n*	Scanner
bar code *n* Bar codes indicate the price of a product and are read by scanners.	Barcode, Balkencode, Strichcode Strichcodes zeigen den Preis eines Produktes an und werden mit Scannern gelesen.
self-service *n;* **self-selection** *n (GB)* Self-selection reduces the need for sales assistants.	Selbstbedienung Bei Selbstbedienung werden weniger Verkäuferinnen und Verkäufer gebraucht.
security devices *npl* Security devices, such as cameras, act to deter crime on store premises.	Sicherheitseinrichtungen Sicherheitseinrichtungen wie beispielsweise Kameras sind da, um vor kriminellen Handlungen in den Verkaufsräumen abzuschrecken.

Preiskalkulation

sales *npl* We hope that these special offers will have a positive effect on sales.	Umsatz; Absatz Ich hoffe, daß diese Sonderangebote sich positiv auf den Umsatz auswirken.
turnover *n (GB)* Turnover was down 30% last year due to the recession in the construction industry.	Umsatz Letztes Jahr sank der Umsatz um 30% aufgrund der Rezession in der Baubranche.
recommended retail price *n*	unverbindliche Preisempfehlung
price *v* When pricing products, factors such as overheads, running expenses and expected profit have to be taken into account.	festsetzen; berechnen Beim Festsetzen der Preise der Produkte müssen Faktoren wie Gemeinkosten, laufende Kosten und erwarteter Gewinn berücksichtigt werden.
running expenses *npl*	laufende Kosten
cover *v* Business is so bad, we'll be lucky if we manage to cover our costs.	decken Die Geschäfte gehen so schlecht, daß wir von Glück reden können, wenn wir es schaffen, unsere Kosten zu decken.
unit price *n* The unit price of coffee for a 5 pound bag is the same as the unit price for a one pound bag.	Stückpreis; Preis je Einheit Der Stückpreis für einen 5-Pfund-Beutel Kaffee ist der gleiche wie für einen 1-Pfund-Beutel.

VAT (value added tax) *n* Your purchase includes 17½% VAT.	Mehrwertsteuer Ihr Kaufpreis enthält 17,5% Mehrwertsteuer.
sales tax *n (US)* There is no VAT in the United States, however, each state does collect sales tax on goods and services.	(Waren)umsatzsteuer, Verkaufssteuer In den Vereinigten Staaten gibt es keine Mehrwertsteuer, aber jeder Staat behält eine Umsatzsteuer auf Waren und Dienstleistungen ein.
price-fixing method *n* The price-fixing method (unit cost + overheads + profit margin) is a sound commercial formula for establishing the selling price.	Preisermittlungsmethode Die Preisermittlungsmethode (Stückpreis + Gemeinkosten + Gewinnspanne) ist eine vernünftige kommerzielle Vorgehensweise zur Festsetzung des Verkaufspreises.
purchase price *n*	Kaufpreis
delivery costs *npl* Mail-order houses generally pass delivery costs on to the customer.	Versandkosten Versandhäuser geben im allgemeinen die Versandkosten an den Kunden weiter.
overheads *npl* Overheads are figured into the retail purchase price.	Gemeinkosten Gemeinkosten werden bei der Ermittlung des Verkaufspreises mit einbezogen.
capital expenditure *n* The Beam Scanner Corp. effected a capital expenditure of $10,000,000.00 for new production and testing equipment.	Kapitalaufwendung Die Beam Scanner Corporation wendete $ 10.000.000 für eine neue Produktions- und Testausrüstung auf.
cost of sales *n* High inventories of unsold goods will increase the cost of sales.	Absatzkosten Eine große Menge unverkaufter Waren erhöht die Absatzkosten.
profit mark-up *n* Profit mark-ups will generally appear in a seller's market.	Gewinnzuschlag Gewinnzuschläge gibt es im allgemeinen bei einer für den Verkäufer günstigen Marktsituation.
net price *n* Net prices do not include taxes, shipping charges and insurance.	Nettopreis Die Nettopreise enthalten keine Steuern, Transport- und Versicherungskosten.
gross (total) selling price *n* A gross selling price will include all additional expenses.	Bruttoverkaufspreis Ein Bruttoverkaufspreis schließt alle Zusatzkosten ein.
resale price maintenance (RPM) *n* Retail price maintenance is a method of fixing the minimum price at which goods may be sold.	Preisbindung Die Preisbindung ist eine Methode zur Festsetzung eines Minimalpreises, zu dem Waren verkauft werden können.

Internationaler Handel 12

Import und Export

foreign trade *n*	Außenhandel, internationaler Handel
The decline in the dollar had a positive impact on US foreign trade.	Der Rückgang des Dollars hatte eine positive Wirkung auf den Außenhandel der Vereinigten Staaten.
overseas trade *n*	Überseehandel
trading links *npl*	Handelsverbindungen
We hope to improve our trading links with the East Asian NICs.	Wir hoffen unsere Handelsverbindungen mit den ostasiatischen Schwellenländern zu verbessern.
home trade *n;* **domestic trade** *n*	Binnenhandel
The government is forecasting a rise in home trade.	Die Regierung sagt eine Zunahme des Binnenhandels voraus.
domestic market *n*	Binnenmarkt, heimischer Markt, Inlandsmarkt
Nearly 70% of the orders we receive are for delivery to manufacturers on the domestic market.	Nahezu 70% der Aufträge, die wir erhalten, sind Zulieferaufträge für Hersteller auf dem Inlandsmarkt.
gain access to *phrase*	Zugang bekommen zu
US companies often complain that they cannot gain access to Japanese markets because of high tariffs and other restrictions.	Amerikanische Unternehmen beklagen sich oft darüber, daß sie wegen der hohen Zölle und anderer Beschränkungen keinen Zugang zu den japanischen Märkten bekommen.
barrier *n*	Barriere, Schranke
The main purpose of EU Single Market policy is to remove barriers, obstacles and restrictions that prevent free trade among member states.	Der Hauptzweck des europäischen Binnenmarktes besteht darin, Barrieren, Hindernisse und Beschränkungen abzubauen, die den freien Handel zwischen Mitgliedstaaten verhindern.
remove *v*	abbauen; aufheben; entfernen
obstacle *n*	Hindernis, Hemmnis
restriction *n*	Beschränkung
ban *n*	Bann, Sperre, (amtliches Einfuhr)verbot
British farmers were upset over the prospect of a unilateral ban by Germany on British beef.	Die britischen Landwirte waren bestürzt, daß ein einseitiges deutsches Einfuhrverbot für britisches Rindfleisch zu erwarten war.
prospect *n*	Möglichkeit, Aussicht
unilateral *adj*	einseitig, unilateral

quarantine *n*	Quarantäne
US Customs officials placed a shipment of rare birds from Brazil into a six week quarantine.	Amerikanische Zollbeamte verhängten eine sechswöchige Quarantäne über eine Sendung seltener Vögel aus Brasilien.
visibles *npl*	Waren/Güter, die ein- und ausgeführt werden, Güterverkehr, Warenverkehr *(im Gegensatz zu Dienstleistungen/ Dienstleistungsverkehr im Außenhandel)*
EU exports of visibles in the machine, electronic, building and automobile sector in 1991 amounted to nearly 585 million dollars.	Die europäischen Ausfuhren im Warenverkehr in den Bereichen Maschinenbau, Elektronik, Bauwesen und Automobilbau beliefen sich 1991 auf fast 585 Millionen Dollar.
amount *v*	betragen, ausmachen, sich belaufen auf
visible exports *npl*	Warenausfuhren
Increased industrialization in developing countries has resulted in an increase in their share of visible exports.	Die zunehmende Industrialisierung in Entwicklungsländern hat zu einer Zunahme ihres Anteils an Warenausfuhren geführt.
visible imports *npl*	Wareneinfuhren
invisibles *npl*	Dienstleistungen, die ein- und ausgeführt werden, Dienstleistungsverkehr
Invisibles account for approximately 25% of total world trade.	Der Dienstleistungsverkehr macht annähernd 25% des gesamten Welthandels aus.
invisible exports *npl*	Ausfuhr von Dienstleistungen
Invisible exports include banking and insurance.	Zu den Dienstleistungen, die ausgeführt werden, gehören Bank- und Versicherungsdienstleistungen.
invisible imports *npl*	Einfuhr von Dienstleistungen
Restrictions on foreign banks and insurance companies prevent the free flow of invisible imports and exports in international trade.	Beschränkungen gegenüber ausländischen Banken und Versicherungsunternehmen behindern den freien Fluß der Einfuhren und Ausfuhren von Dienstleistungen im internationalen Handel.
trade balance *n*	Handelsbilanz
Over the past 10 years, the US trade balance has usually shown a trade deficit and has rarely shown a trade surplus.	Im Verlauf der vergangenen 10 Jahre hat die amerikanische Handelsbilanz gewöhnlich ein Handelsdefizit und selten einen Handelsüberschuß ausgewiesen.
trade deficit *n*	Handelsdefizit
trade surplus *n*	Handelsüberschuß

balance of visible trade *n*	Warenbilanz
The government reported that the general negative balance of visible trade was caused by rising imports of electronic products from Asian countries over the past year.	Die Regierung berichtete, daß die allgemeine negative Warenbilanz während des vergangenen Jahres auf zunehmende Importe von Elektronikprodukten aus asiatischen Ländern zurückzuführen wäre.
balance of invisible trade *n*	Dienstleistungsbilanz
balance of current account *n*	Leistungsbilanz
The balance of the UK's current account indicates a decline in its visible balance and an increase in its invisible balance.	Die Leistungsbilanz des Vereinigten Königreichs zeigt einen Rückgang in seiner Warenbilanz und eine Steigerung in seiner Dienstleistungsbilanz an.
receipts *npl*	Einnahmen, Eingänge
A country's receipts and outgoings in foreign trade are reflected in its balance of payments.	Die Außenhandelseingänge und -ausgänge eines Landes spiegeln sich in seiner Zahlungsbilanz wieder.
outgoings *npl (GB)*; **expenditures** *npl (US)*	Ausgänge
outflow *n*	Abfluß
The plans of several major American banks to invest in South East Asian financial markets will require a major outflow of capital.	Die Pläne mehrerer großer amerikanischer Banken, auf den südostasiatischen Finanzmärkten zu investieren, machen einen großen Kapitalabfluß notwendig.
currency outflow *n*	Devisenabfluß
Currency outflows for overseas investments have caused a surplus in the balance of capital movements.	Devisenabflüsse für Überseeinvestitionen haben zu einem Kapitalbilanzüberschuß geführt.
balance of capital movements *n*	Kapital(verkehrs)bilanz
balance of payments *n*	Zahlungsbilanz
The balance of payments shows a country's transactions with the rest of the world.	In der Zahlungsbilanz werden die Transaktionen eines Landes mit der restlichen Welt aufgezeigt.
balance of trade *n*	Handelsbilanz
The balance of trade was negatively affected by a rise in the number of people taking foreign vacations.	Die Handelsbilanz wurde durch die erhöhte Anzahl von Leuten, die im Ausland Urlaub machten, negativ beeinflußt.
balance of trade deficit *n*	Handelsbilanzdefizit
balance of trade surplus *n*	Handelsbilanzüberschuß
barter trade *n*	Tauschhandel, Warentauschgeschäft; Kompensationsgeschäft
Our company made most of its money in the 1980s through barter trade with the former Soviet Union.	Unser Unternehmen hat 1980 das meiste Geld durch Kompensationsgeschäfte mit der früheren Sowjetunion gemacht.

bartering *n* Bartering is a form of trade where payment is made in the form of goods.	Tauschhandel, Tauschverkehr Der Tauschhandel ist eine Form des Handels, bei dem in Naturalien bezahlt wird.
countertrade *n* Countertrade, which includes exchanges of finished products or raw materials, was a common form of trade among East European countries between 1949 and 1989.	Kompensationshandel Der Kompensationshandel, zu dem der Tausch von Fertigprodukten oder Rohstoffen gehört, war zwischen 1949 und 1989 eine verbreitete Form des Handels zwischen osteuropäischen Ländern.
re-export *v, n* Master Mix Inc., a US grain company, specializes in importing grain from South America and re-exporting it to European countries.	reexportieren, wieder ausführen; Reexport, Wiederausfuhr Die Master Mix Inc., ein amerikanisches Getreidehandelsunternehmen, ist darauf spezialisiert, Getreide aus Südamerika zu importieren und es in europäische Länder zu reexportieren.
re-import *v, n* GM used to export some of their car models to Italy for special mechanical and interior work and then re-import them to the US for domestic sale.	reimportieren, wieder einführen; Reimport, Wiedereinfuhr GM exportierte einige seiner Automodelle zu speziellen Arbeiten an der Technik und der Innenausstattung nach Italien und reimportierte sie dann zum Verkauf auf dem Inlandsmarkt in die USA.
entrepot trade *n;* **free-port trade** *n* Hamburg and Rotterdam are two of Europe's largest ports for entrepot trade.	Wiederausfuhrhandel Hamburg und Rotterdam sind zwei der größten europäischen Wiederausfuhrhandelshäfen.
free-port *n* The advantage of a free-port is that customs duties are not collected on goods when they enter the port, but rather are collected when the goods enter the country where the port is located.	Freihafen Der Vorteil eines Freihafens besteht darin, daß Zollgebühren nicht auf Waren erhoben werden, wenn diese in den Hafen kommen, sondern erst, wenn die Waren in das Land gelangen, in dem der Hafen liegt.
dumping *n* Under the terms of the GATT agreement, countries may impose special duties to stop foreign countries from dumping on their domestic markets.	Dumping Nach den Bestimmungen des GATT-Abkommens dürfen Staaten besondere Zölle erheben, um auf ihren Inlandsmärkten Dumping durch fremde Staaten zu unterbinden.

Zoll

customs *npl*	Zoll
We were stopped at customs and asked if we had anything to declare.	Wir wurden beim Zoll angehalten und gefragt, ob wir etwas zu verzollen hätten.
declare *v*	verzollen, deklarieren, anmelden
customs inspection *n*	Zollkontrolle, Zollabfertigung
customs officer *n*	Zollbeamtin, Zollbeamter
import *v*	importieren
Pewter Inc. imports and exports machinery and chemicals world-wide.	Die Firma Pewter Inc. importiert und exportiert weltweit Maschinen und Chemikalien.
world-wide *adj, adv*	weltweit
export *v*	exportieren
charges *npl*	Gebühren
The customs officer told us that we would have to pay penalty charges and duties on the cigarettes that we didn't declare.	Die Zollbeamtin sagte uns, daß wir für die Zigaretten, die wir nicht deklariert hatten, Strafgebühren und Zoll zahlen mußten.
clearance *n*	Abfertigung
Under FCA terms, the seller must bear the costs of customs clearance for export.	Gemäß der FCA-Klauseln muß der Verkäufer die Kosten der Zollabfertigung für den Export tragen.
import duty *n*	Einfuhrzoll
US Customs notified us that they would keep our shipment of Jamaican rum in a bonded warehouse at the harbor until we had paid all of the import duties on it.	Der amerikanische Zoll benachrichtigte uns, daß er unsere Sendung mit Rum aus Jamaika in einem Zollager im Hafen lagern würde, bis wir alle Einfuhrzölle bezahlt hätten.
basis *n*	Grundlage, Basis
The value of an imported item is the basis for the import duty collected on it.	Der Wert eines importierten Artikels ist die Basis für den auf den Artikel zu erhebenden Einfuhrzoll.
duty-free *adj*	zollfrei
customs duty *n*	Zollgebühr
Duty-free shops at airports or on ships are not required to collect customs duties on the items they sell.	Zollfreie Geschäfte auf Flughäfen oder Schiffen brauchen keine Zölle auf die von ihnen verkauften Artikel erheben.
duty-paid *adj*	verzollt
The receipts for the cigarettes and vodka we bought on the ship were marked "duty-paid".	Die Belege für die Zigaretten und den Wodka, die wir auf dem Schiff gekauft hatten, waren mit "verzollt" gekennzeichnet.
clear *v*	verzollen, abfertigen
We have just received notification from customs that the certificate of origin has arrived for our goods, and that they can now be cleared for import.	Wir haben soeben vom Zoll die Nachricht erhalten, daß das Ursprungszeugnis für unsere Waren eingetroffen sei und daß sie nun zum Import abgefertigt werden können.

DEPARTMENT OF THE TREASURY
UNITED STATES CUSTOMS SERVICE
19 U.S.C. 1481, 1482, 1484

SPECIAL CUSTOMS INVOICE

(Use separate invoice for purchased and non-purchased goods.)

Form Approved.
O.M.B. No. 48-RO342

1. SELLER	2. DOCUMENT NR.* / 3. INVOICE NR. AND DATE*
	4. REFERENCES *
5. CONSIGNEE	6. BUYER *(if other than consignee)*
	7. ORIGIN OF GOODS
8. NOTIFY PARTY *	9. TERMS OF SALE, PAYMENT, AND DISCOUNT
10. ADDITIONAL TRANSPORTATION INFORMATION*	
	11. CURRENCY USED / 12. EXCH. RATE *(if fixed or agreed)* / 13. DATE ORDER ACCEPTED

14. MARKS AND NUMBERS ON SHIPPING PACKAGES	15. NUMBER OF PACKAGES	16. FULL DESCRIPTION OF GOODS	17. QUANTITY	UNIT PRICE 18. HOME MARKET	UNIT PRICE 19. INVOICE	20. INVOICE TOTALS

21. ☐ If the production of these goods involved furnishing goods or services to the seller *(e.g., assists such as dies, molds, tools, engineering work)* and the value is not included in the invoice price, check box (21) and explain below.

22. PACKING COSTS

27. DECLARATION OF SELLER/SHIPPER (OR AGENT)

I declare:

(A) ☐ If there are any rebates, drawbacks or bounties allowed upon the exportation of goods, I have checked box (A) and itemized separately below.

(B) ☐ If the goods were not sold or agreed to be sold, I have checked box (B) and have indicated in column 19 the price I would be willing to receive.

I further declare that there is no other invoice differing from this one (unless otherwise described below) and that all statements contained in this invoice and declaration are true and correct.

(C) SIGNATURE OF SELLER/SHIPPER (OR AGENT):

23. OCEAN OR INTERNATIONAL FREIGHT

24. DOMESTIC FREIGHT CHARGES

25. INSURANCE COSTS

26. OTHER COSTS *(Specify Below)*

28. THIS SPACE FOR CONTINUING ANSWERS

THIS FORM OF INVOICE REQUIRED GENERALLY IF RATE OF DUTY BASED UPON OR REGULATED BY VALUE OF GOODS AND PURCHASE PRICE OR VALUE OF SHIPMENT EXCEEDS $500. OTHERWISE USE COMMERCIAL INVOICE.

*Not necessary for U.S. Customs purposes.

Customs Form 5515 (12-20-76)

Vertrieb:
Verlag Carl H. Dieckmann · Fachverlag für den Außenhandel · Postfach 11 20 08, 2000 Hamburg 11
Telefon (040) 36 66 95, 36 66 96, 36 63 20 · Ferngespräche (040) 37 35 40 · Telex 2 13 481 CHD HH

notification *n*	Benachrichtigung, Mitteilung
smuggle *v* Police arrested three men at San Diego harbor for trying to smuggle high-tech computers onto a ship bound for North Korea.	schmuggeln Die Polizei nahm drei Männer im Hafen von San Diego fest, weil sie versucht hatten, High-Tech-Computer auf ein Schiff nach Nordkorea zu schmuggeln.
bound for *adj*	auf dem Weg nach, unterwegs nach; mit dem Ziel
Customs and Excise *n (GB)*; **US Customs** *n (US)* The British government has recently announced plans to cut Customs and Excise staff.	britische Zollbehörde; amerikanischer Zoll Die britische Regierung hat kürzlich Pläne zur Personalreduzierung beim Zoll bekanntgegeben.
customs authorities *npl*	Zollbehörden
bonded warehouse *n*	Zollager
formalities *npl* Under the provisions of the EU Single Market, customs formalities are no longer handled at the borders of member states.	Formalitäten Nach den Bestimmungen des europäischen Binnenmarktes werden die Zollformalitäten nicht mehr an den Grenzen der Mitgliedstaaten durchgeführt.
in bond *phrase* Customs sent us a notice informing us that our shipment would be held in bond until duties were paid on it.	unter Zollverschluß Der Zoll sandte uns einen Hinweis mit der Information, daß unsere Sendung noch so lange unter Zollverschluß gehalten werde, bis die Zollgebühren darauf entrichtet wären.
ad valorem *adj* Ad valorem duties and tariffs are levied on the value of dutiable goods and not on their weight or quantity.	wertzollbar Wertzölle und Zolltarife werden auf den Wert von zollpflichtigen Waren erhoben, nicht auf ihr Gewicht oder ihre Menge.
dutiable *adj*	zollpflichtig
drawback *n* Customs generally pays a drawback on imported products used in the production of goods for export.	Zollrückvergütung Im allgemeinen zahlt der Zoll eine Rückvergütung für Importwaren, die in der Produktion von Exportwaren verwendet werden.
contraband *n, adj* A group of smugglers were arrested while trying to bring contraband whiskey into the US from Canada.	Schmuggelware; Schmuggel- Eine Gruppe von Schmugglern wurde festgenommen, während sie versuchten, geschmuggelten Whiskey aus Kanada in die Vereinigten Staaten zu bringen.

Dokumente

documentation *n*	Dokumentation
Customs informed us that the shipment would be seized because part of the documentation, including the B/L, was missing.	Der Zoll informierte uns, daß die Ladung beschlagnahmt würde, weil die Dokumente zum Teil fehlten, darunter auch das Konnossement.
indent *n (GB)*; **order** *n (US)*	Auslandsauftrag
Sahib Cotton Ltd received two indents from a clothing manufacturer in England for cotton cloth.	Die Sahib Cotton Ltd erhielt zwei Auslandsaufträge zur Lieferung von Baumwollstoff von einem Textilfabrikanten in England.
bill of lading (B/L) *n*	Konnossement
A bill of lading is issued in triplicate, with one copy for the shipper, one for the ship's master (the captain) and one for the buyer or his agent.	Ein Konnossement wird in dreifacher Ausfertigung erstellt, eine für den Ablader, eine für den Kapitän des Schiffes, und eine für den Käufer oder seinen Agenten.
triplicate *adj*	dreifach
foul bill of lading *n*	unreines Konnossement
The master of the "MS Wicket" endorsed a foul bill of lading which stated that a cargo of machinery had been loaded on his vessel in damaged condition.	Der Kapitän der "MS Wicket" unterzeichnete ein unreines Konnossement, aus dem hervorging, daß eine aus Maschinen bestehende Fracht im beschädigten Zustand auf sein Schiff verladen worden war.
endorse *v*; **indorse** *v*	unterzeichnen
clean bill of lading *n*	reines Konnossement
to order *phrase*	an die Order
The captain told the shipper that the B/L was made out to order of the wrong vessel.	Der Kapitän sagte dem Ablader, daß das Konnossement an die Order des falschen Schiffes ausgestellt worden sei.
metric specifications *npl*	metrische Angaben, metrische Spezifizierungen
country of origin *n*	Ursprungsland
Customs officials asked the captain of the ship why the country of origin was not stated on the shipping documents.	Die Zollbeamten fragten den Kapitän des Schiffes, warum das Ursprungsland nicht auf den Versanddokumenten angegeben war.
certify *v*	beglaubigen, bestätigen
The prosecuting attorney's office in Los Angeles received a letter from Long March Chemical Ltd in China stating that the person who had certified the correctness of the information on the B/L had never worked for their company.	Das Büro des Staatsanwaltes in Los Angeles erhielt einen Brief der Long March Chemical Ltd in China, der besagte, daß diejenige Person, die die Richtigkeit der Information auf dem Konnossement bestätigt hatte, niemals für Ihr Unternehmen gearbeitet habe.

correctness *n*	Richtigkeit
import license *n* The Wayne Feed Co. has an import license which allows it to import agricultural commodities of all kinds into the US.	Importlizenz Die Wayne Feed Co. verfügt über eine Importlizenz, die es ihr erlaubt, jede Art von Agrarprodukten in die Vereinigten Staaten einzuführen.
export license *n* The US government revoked the export licenses of two companies in Miami that were exporting contraband to Cuba.	Exportlizenz Die amerikanische Regierung widerrief die Exportlizenzen zweier Unternehmen in Miami, die Schmuggelware nach Kuba exportierten.
revoke *v*	widerrufen
export permit *n*	Ausfuhrgenehmigung
customs entry *n (GB)*; **customs declaration** *n (US)* Under new EU directives and rules, manufacturers or forwarders fill out a customs entry for cross-border shipments of goods within the EU.	Zollerklärung, Zollanmeldung Unter den neuen EU-Richtlinien und Vorschriften füllen Hersteller und Spediteure eine Zollanmeldung für grenzüberschreitende Warentransporte innerhalb der EU aus.
cross-border *adj*	grenzüberschreitend
free entry *n* Provisions of the new NAFTA Agreement will permit free entry of many Mexican and Canadian goods into the US.	zollfreie Einfuhr Die Bestimmungen des neuen Nordatlantischen Freihandelsabkommens (NAFTA) erlauben die zollfreie Einfuhr vieler mexikanischer und kanadischer Waren in die Vereinigten Staaten.
customs specification *n* Closing or sealing goods in such a manner that they cannot be inspected violates customs specifications.	Zollbestimmung Das Verschließen oder Versiegeln von Waren in einer Weise, die das Kontrollieren nicht zulaßt, verletzt die Zollbestimmungen.
air waybill (AWB) *n* Customs seized a small shipment of diamonds at the airport because the air waybill was missing.	Luftfrachtbrief Der Zoll beschlagnahmte eine kleine Diamantensendung am Flughafen, weil der Luftfrachtbrief fehlte.
postal receipt *n*	Posteinlieferungsschein
pro forma invoice (p/i) *n* We requested the Abawi Cloth Co. in Lagos to send us a pro forma invoice for 50,000 yards of white cotton cloth.	Proforma-Rechnung Wir baten die Abawi Cloth Co. in Lagos, uns eine Proforma-Rechnung für 50.000 Yards weißen Baumwollstoff zu schicken.
packing list *n*	Packliste

shipping note *n* One of the shipping notes that is sent with a cargo of exported goods is the mate's receipt, which shows that the goods were loaded aboard ship.	Verladeschein Einer der Verladescheine, der mit der Fracht der exportierten Waren mitgeschickt wird, ist die Bordempfangsbescheinigung, die bestätigt, daß die Waren auf das Schiff geladen wurden.
mate's receipt *n*	Bordempfangsbescheinigung
freight note *n* The shipowner sent a freight note to the shipper informing him of the amount of freight due for payment.	Frachtrechnung Der Schiffseigner schickte dem Ablader eine Frachtrechnung, die ihn über das zur Zahlung fällige Frachtaufkommen informierte.
master's copy *n* The captain of the "MS Globe" received the master's copy of the B/L after the goods were loaded aboard ship.	Kapitänskopie Der Kapitän erhielt die Kapitänskopie des Konnossements, nachdem die Waren auf das Schiff verladen worden waren.
certificate of inspection *n* The manufacturer included a certificate of inspection and a quality assurance certificate, issued by local health authorities, in a shipment of medicines that he was exporting to Saudi Arabia.	Beschaffenheitszeugnis, Inspektionszertifikat Der Hersteller legte einer Medikamentensendung, die er nach Saudi-Arabien exportierte, ein Inspektionszertifikat und ein von den örtlichen Gesundheitsbehörden ausgestellten Qualitätszertifikat bei.
quality assurance certificate *n*	Qualitätszertifikat, Gütepaß
sanitary certificate *n*	Gesundheitszeugnis
certificate of insurance *n*	Versicherungspolice
commercial invoice *n*	Handelsrechnung
consular invoice *n* Some countries require consular invoices, which are issued by their own overseas consulate, to be sent with goods imported into their country.	Konsulatsfaktura *(bildet die Grundlage für die Berechnung des Wertzolls)* Einige Länder benötigen Konsulatsfakturen, die von ihren eigenen überseeischen Konsulaten ausgestellt wurden, und die mit den importierten Waren in ihr Land geschickt werden müssen.
certificate of origin *n* Customs requires a certificate of origin for all goods imported into the country to determine the tariff that applies for the country of manufacture.	Ursprungszeugnis Der Zoll benötigt für alle ins Land eingeführten Waren ein Ursprungszeugnis, um die für das Herstellungsland gültige Zollgebühr festzustellen.

in free circulation *phrase* Goods in free circulation within the EU are not subject to border inspections any more.	frei im Umlauf befindlich Innerhalb der EU unterliegen frei im Umlauf befindliche Waren nicht mehr den Grenzkontrollen.
ATA carnet *n* Walker and Sons Ltd had to fill out an ATA carnet before they sent their XT 500 diesel engine to the Leipzig Trade Fair.	ATA Carnet Die Walker and Sons Ltd mußte ein ATA Carnet ausfüllen, bevor sie ihren XT 500 Dieselmotor zur Leipziger Messe schickten.
TIR carnet *n*	TIR Carnet
ship's manifest *n* Customs officials noticed that the ship's manifest of the "MS Wicket" did not list 5,000 cartons of cigarettes and 50 cases of rum found in the ship's hold.	Schiffsmanifest Die Zollbeamten stellten fest, daß auf dem Schiffsmanifest der "MS Wicket" 5.000 Kartons mit Zigaretten und 50 Kisten Rum, die im Laderaum des Schiffes gefunden wurden, nicht aufgeführt waren.
ship's report *n* The ship's report, which the captain gave to customs officials, stated that the cargo had been loaded in Rotterdam.	Schiffsmeldung Die Schiffsmeldung, die der Kapitän den Zollbeamten abgab, besagte, daß die Ladung in Rotterdam aufgenommen worden war.

Finanzierung und Hilfe

Eximbank *n (US)*	Export-Import Bank *(der Vereinigten Staaten)*
Some of the purposes of the US Export-Import Bank (Eximbank) are to establish guidelines for the promotion of US trade with foreign countries and to assist non-US buyers of US products with loans.	Einige Ziele der amerikanischen Export-Import Bank (Eximbank) bestehen darin, Richtlinien für die Förderung des Handels zwischen den USA und anderen Ländern aufzustellen, und nichtamerikanischen Käufern von amerikanischen Produkten mit Krediten zu helfen.
guideline *n*	Richtlinie
promotion *n*	Förderung
assist *v*	helfen
guidance *n* The United Nations has various organizations that provide developing countries with guidance and aid in developing their export economy.	Leitung, Führung, Beratung Die Vereinten Nationen haben verschiedene Organisationen, die den Entwicklungsländern beim Aufbau ihrer Exportwirtschaft mit Rat und Hilfe zur Seite stehen.

promote *v*
fördern
The main purpose of the Single Market is to promote free movement of goods and services among EU member states.
Der Hauptzweck des europäischen Binnenmarktes ist es, den freien Verkehr von Waren und Dienstleistungen zwischen den Mitgliedstaaten der EU zu fördern.

assistance *n*
Hilfe, Unterstützung
The US government recently offered Mexico a package of loan guarantees as assistance for its weak economy.
Die amerikanische Regierung bot Mexiko kürzlich ein Paket mit Kreditgarantien als Unterstützung für seine schwache Wirtschaft an.

International Chamber of Commerce (ICC) *n*
Internationale Handelskammer
The International Chamber of Commerce provides counseling on all aspects of cooperation in international shipping.
Die Internationale Handelskammer bietet Beratung bei allen Aspekten der Kooperation im internationalen Transport.

advisory *adj*
beratend

worthwhile *adj*
lohnend, der Mühe wert
A group of US businessmen and exporters were able to make worthwhile contacts with Chinese companies during a recent three week visit to Peking.
Eine Gruppe amerikanischer Geschäftsleute und Exporteure konnte kürzlich während eines dreiwöchigen Pekingbesuchs lohnende Kontakte mit chinesischen Unternehmen knüpfen.

contacts *npl*
Kontakte

win *v*
gewinnen, erhalten
Feelwell Pharmaceuticals plc recently won an order for medicines from a large Chinese distributor, giving the company a chance to break into this sector of the Chinese market.
Die Feelwell Pharmaceuticals plc erhielt kürzlich von einem großen chinesischen Vertriebsunternehmen einen Auftrag zur Lieferung von Medikamenten, wodurch das Unternehmen die Chance bekam, auf diesem Sektor des chinesischen Marktes Fuß zu fassen.

break into *v*
einbrechen, eindringen

economic climate *n*
Wirtschaftsklima
The 1994 NAFTA Agreement will help to improve the economic climate and market conditions for free trade between Mexico, Canada and the United States.
Das NAFTA-Abkommen von 1994 wird dazu beitragen, das Wirtschaftsklima und die Marktbedingungen für den freien Handel zwischen Mexiko, Kanada und den Vereinigten Staaten zu verbessern.

market conditions *npl*
Marktbedingungen

Export Credit Guarantees Department (ECGD) *n (GB)*	staatliche Exportkreditversicherung *(vergleichbar der Hermes Kreditversicherungs-AG)*
The Export Credit Guarantees Department granted Farmsworth Exporters Ltd guarantees to protect it against bad debts in its trading business with several Third World countries.	Die staatliche Exportkreditversicherung gewährte der Farmsworth Exporters Ltd Garantien, um sie gegen uneinbringliche Forderungen in ihren Handelsgeschäften mit mehreren Ländern der dritten Welt abzusichern.
guarantee *n*	Garantie
forward dealing *n*	Terminhandel
Our company uses forward dealing as a means of buying commodities overseas at a fixed price to eliminate the risk of fluctuations in exchange rates.	Unser Unternehmen nutzt den Terminhandel dazu, Waren aus Übersee zu einem festen Preis an der Börse zu kaufen, um das Risiko von Wechselkursschwankungen auszuschalten.
eliminate *v*	ausschalten, eliminieren
sell forward *v*	am Terminmarkt verkaufen
secure payment *phrase*	die Zahlung garantieren, für die Zahlung bürgen
The Eximbank offered several US exporters guarantees that they would secure payment of foreign debts in case of political trouble in the countries where they were doing business.	Die Export-Import Bank bot mehreren amerikanischen Exporteuren Garantien, daß sie im Fall politischer Turbulenzen in den Ländern, in denen sie geschäftlich tätig waren, für die Zahlung von Auslandsschulden bürgen würde.
out-of-pocket *adj*	aus eigener Tasche, aus eigenen Mitteln
Guarantees provided by the Eximbank cover the debt of foreign buyers, but not the US exporter's out-of-pocket expenses.	Die von der Export-Import Bank gegebenen Garantien decken die Schulden ausländischer Käufer, nicht aber die eigenen Ausgaben der amerikanischen Exporteure.
commercial attaché *n*	Handelsattaché
embassy *n*	Botschaft
trade mission *n*	Handelsmission
inward trade mission *n (GB)*; **foreign trade delegation** *n*	fremde Handelsdelegation
A foreign trade delegation from Taiwan will be in San Francisco next week.	Eine ausländische Handelsdelegation aus Taiwan wird nächste Woche in San Francisco sein.

outward trade mission *n (GB)*; **US trade delegation** *n (US)*	Handelsdelegation
A US trade delegation, made up of several leading corporate presidents and politicians, was in Tokyo last week to discuss reductions of trade barriers.	Eine amerikanische Handelsdelegation, bestehend aus mehreren führenden Unternehmenspräsidenten und Politikern war letzte Woche in Tokio, um den Abbau von Handelsbeschränkungen zu diskutieren.
trade official *n*	Handelsbeamter, Handelsbeamtin
counsel(l)ing *n*	Beratung
intelligence *n*	Informationen, Auskünfte, Nachrichten
Our bank's international investment division gathers market intelligence on all overseas financial markets, which provides our portfolio managers with an overview of world markets and an insight into key factors that could affect the bank's investments in those markets.	Die internationale Investitionsabteilung unserer Bank sammelt Marktinformationen über alle überseeischen Finanzmärkte, was unseren Portefeuille-Managern einen Überblick über die Weltmärkte und einen Einblick in die Schlüsselfaktoren gibt, die Einfluß auf die Investitionstätigkeit der Bank auf diesen Märkten haben könnten.
overview *n*	Überblick
insight *n*	Einblick
key factor *n*	Schlüsselfaktor
liaison *n*	Verbindung, Zusammenarbeit
Our bank in New York has formed a liaison with two major Russian banks to promote the financing of trade between the US and the Russian Federation.	Unsere New Yorker Bank hat mit zwei großen russischen Banken eine Zusammenarbeit begonnen, um die Finanzierung des Handels zwischen den Vereinigten Staaten und der russischen Föderation zu fördern.
entail *v*	zur Folge haben, nach sich ziehen, beinhalten
International commodities trading entails the need to keep abreast of information on local markets because a draught in Brazil or a flood in Columbia could affect coffee prices.	Der internationale Warenterminhandel macht es erforderlich, daß man mit Informationen über die Märkte vor Ort auf dem laufenden bleibt, da eine Dürre in Brasilien oder eine Überschwemmung in Kolumbien Auswirkungen auf den Kaffeepreis haben können.
keep abreast of *v*	auf dem laufenden bleiben
disseminate *v*	verbreiten, (aus)streuen
The International Chamber of Commerce disseminates information on international commercial fraud, arbitration procedures, and trademark piracy.	Die Internationale Handelskammer verbreitet Informationen über Betrug im internationalen Handel, über Schlichtungsverfahren und über Warenzeichenpiraterie.

gather *v* Paul spent six months at the library gathering and gleaning through information on the differences between US and British customs laws.	sammeln Paul verbrachte sechs Monate in der Bibliothek damit, Informationen über den Unterschied zwischen der amerikanischen und der britischen Zollgesetzgebung zu sammeln und herauszubekommen.
glean *v;* **sift through** *v*	erkunden, ausfindig machen
aid-trade provision *n* Langley Ltd, a British machine exporter, received an aid-trade provision from the government to help them clinch a deal with the Somalian Government.	Handelsförderungsmaßnahme Langley Ltd, ein britisches Maschinenexportunternehmen, erhielt von der Regierung eine Handelsförderungsmaßnahme, die ihm dazu verhelfen sollte, einen Vertrag mit der Regierung von Somalia unter Dach und Fach zu bringen.
clinch *v*	unter Dach und Fach bringen, endgültig regeln
eventuality *n* Our bank informed us that it would not cover the eventuality of credit risks involved in business transactions with African countries.	Eventualität, Möglichkeit Unsere Bank informierte uns, daß sie die Möglichkeit von Kreditrisiken wie sie im geschäftlichen Umgang mit afrikanischen Ländern auftreten, nicht tragen könnte.
credit risk *n*	Kreditrisiko
forward risk *n* We negotiated a fixed price contract in May for delivery of wheat in November to avoid the forward risk of currency fluctuations in the six month period between signing of contract and the delivery date.	Terminrisiko Wir handelten im Mai einen Festpreisvertrag für die Weizenlieferung im November aus, um das Terminrisiko der Währungsschwankungen in den sechs Monaten zwischen der Vertragsunterzeichnung und dem Liefertermin zu vermeiden.

13 Kauf und Verkauf

Anfragen

enquiry *n (GB)*; **inquiry** *n (US)*	Anfrage
enquire *v (GB)*; **inquire** *v (US)*	anfragen
Several of our overseas wholesalers have inquired whether we could send them new catalogs, brochures, leaflets and sales literature for their retail customers.	Mehrere unserer überseeischen Großhändler haben angefragt, ob wir ihnen neue Kataloge, Broschüren, Handzettel und Verkaufsprospekte für ihre Kunden aus dem Einzelhandel senden können.
purchase *v*	kaufen, erwerben
We are interested in purchasing a new computer system.	Wir sind am Kauf eines neuen Computersystems interessiert.
catalogue *n (GB)*; **catalog** *n (US)*	Katalog
brochure *n*	Broschüre
sales literature *n*	Verkaufsprospekte, Werbematerial
keenest *adj*	größte(r, s), stärkste(r, s), günstigste(r, s)
Please quote your keenest prices and earliest delivery dates.	Bitte nennen Sie uns Ihre günstigsten Preise und den frühestmöglichen Liefertermin.
competitive *adj*	Konkurrenz-, Wettbewerbs-
Our low prices and excellent quality give us a competitive advantage.	Unsere niedrigen Preise und unsere hervorragende Qualität bringen uns einen Wettbewerbsvorteil.
trade press *n*	Fachpresse
quote *v*	nennen, angeben
Delta Computer Inc. quoted us a price of $700.00 per PC for orders over 150 units.	Delta Computer Inc. nannte uns einen Preis von $ 700,-- pro PC bei einem Auftragsvolumen von mehr als 150 Stück.
quotation *n*	Preisangabe, Preisangebot
We requested several computer manufacturers to send us quotations on their wholesale prices for PCs.	Wir baten mehrere Computerhersteller, uns ihre Großhandelspreise für PCs anzugeben.
trade reference *n*	Handelsauskunft, (Geschäfts)referenz
Please send us three trade references that state your company's financial situation and reputation.	Bitte senden Sie uns drei Referenzen, die Aussagen über die Finanzlage und den Ruf Ihres Unternehmens machen.
reputation *n*	Ruf, Reputation; Ansehen
specialize *v*	spezialisieren
The Edgemore Tool Co. specializes in building machines for heavy industry.	Die Edgemore Tool Co. ist auf den Bau von Maschinen für die Schwerindustrie spezialisiert.

specifications *npl*	Angaben; warenbegleitende Information
Edgemore Tool Co. requested us to send them the technical specifications for the tools we needed.	Die Edgemore Tool Co. bat uns, die technischen Angaben für die von uns benötigten Werkzeuge zu senden.
pattern *n*	Muster
We sent them samples of the types of cloth patterns we are presently using to manufacture dresses.	Wir schickten ihnen Warenmuster von den Stoffmustern, die wir zur Zeit für die Kleiderherstellung benutzen.
specimen *n*	Muster; Probe; Probeexemplar
We will send a specimen to the laboratory for analysis.	Wir werden dem Labor eine Probe zur Analyse senden.
descriptive *adj*	beschreibend; anschaulich; ausführlich
Unfortunately, their specifications were not descriptive enough so we requested additional information.	Ihre Angaben waren leider nicht ausführlich genug, so daß wir um Zusatzinformationen baten.
credit enquiry *n (GB)*; **credit inquiry** *n (US)*	Kreditanfrage, Kreditauskunft; Anfrage wegen Kreditfähigkeit
banker's reference *n*	Bankauskunft
The banker's reference provides us with information on a company's credit status and credit standing with his bank.	Die Bankauskunft liefert uns Informationen über den Kreditstatus und die Kreditwürdigkeit eines Unternehmens bei seiner Bank.
credit status *n*	Kreditstatus
credit standing *n*	Kreditwürdigkeit, Bonität
creditworthy *adj*	kreditwürdig
Trade references, banker's references and credit inquiries give us a general impression of whether a company is creditworthy, trustworthy and reliable in paying its debts.	Handelsauskünfte, Bankauskünfte und Kreditauskünfte vermitteln uns ein allgemeines Bild davon, ob ein Unternehmen kreditwürdig und vertrauenswürdig ist und zuverlässig seine Schulden abzahlt.
trustworthy *adj*	vertrauenswürdig
reliable *adj*	zuverlässig
brisk *adj*	rege, lebhaft
We are quite pleased that there has been brisk demand for our new PCs and continued moderate demand for older models.	Wir sind recht froh darüber, daß die Nachfrage nach unserem neuen PC rege war, und die Nachfrage nach älteren Modellen gemäßigt weiterging.
moderate *adj*	mäßig; gemäßigt; maßvoll
steady *adj*	kontinuierlich
Over the past three years there has been steady demand for our food products on all European markets.	Im Verlauf der letzten drei Jahre gab es auf allen europäischen Märkten eine kontinuierliche Nachfrage nach unseren Lebensmittelprodukten.

in demand *phrase*	gefragt
estimate *n* Kindly send us an estimate for an order of 5,000 children's sweaters and coats.	Kostenvoranschlag Bitte senden Sie uns freundlicherweise einen Kostenvoranschlag für einen Auftrag über 5.000 Kinderpullover und Mäntel.
kindly *adv*	freundlicherweise, bitte
pattern card *n* We chose the textiles we needed from a pattern card that the sales representative had brought with him.	Musterkarte Wir suchten die Stoffe, die wir brauchten, von einer Musterkarte aus, die der Vertreter mitgebracht hatte.
booklet *n*	Broschüre; Handbuch
prospectus *n* All of the members of our sales staff will have the new prospectus in their hands by next week.	Prospekt Allen unseren Verkaufsmitarbeitern wird der neue Prospekt bis nächste Woche vorliegen.
texture *n* The texture of this cloth does not meet our quality standards for clothing manufacturing.	Beschaffenheit, Struktur Die Beschaffenheit dieses Stoffs entspricht nicht unserem Qualitätsstandard für die Herstellung von Bekleidung.
sale or return *phrase* We supply our larger wholesalers on a 90 day sale or return basis which means that they can return goods which they do not sell at their own discretion.	Kauf mit Rückgaberecht Wir beliefern unsere größeren Großhändler mit Rückgaberecht innerhalb von 90 Tagen, d.h. sie können nicht verkaufte Ware nach eigenem Ermessen zurückgeben.
on approval *phrase* When a customer buys on approval, he pays for the product only if he is satisfied with it.	zur Ansicht Wenn ein Kunde zur Ansicht kauft, zahlt er für das Produkt nur, wenn er damit zufrieden ist.
discreet *adj* All credit inquiries are handled in a discreet manner.	diskret Alle Kreditanfragen werden diskret behandelt.
creditworthiness *n*	Kreditwürdigkeit
trustworthiness *n*	Vertrauenswürdigkeit
good for *adj* The bank manager has just confirmed that our company is good for a loan of $5,000,000.00.	kreditwürdig Der Bankdirektor hat soeben bestätigt, daß unser Unternehmen in Höhe von $ 5.000.000,-- kreditwürdig ist.
safe for *adj* The bank confirmed that the Field Co. was safe for credit of up to $250,000.00 and that it was a financially sound company.	unbesorgt Die Bank bestätigte, daß die Field Co. unbesorgt einen Kredit bis zu $ 250.000,-- haben könne, und daß sie ein finanziell gesundes Unternehmen sei.

sound *adj*	gesund
astute *adj* Our new business manager is a very astute man who observes proper caution in conducting the company's business.	schlau; scharfsinnig Unser neuer Geschäftsleiter ist ein schlauer Mann, der die Geschäfte des Unternehmens mit der nötigen Umsicht führt.
caution *n*	Umsicht

Angebot

offer *n*
Our offer is firm for a period of 30 days.

Angebot
Unser Angebot ist 30 Tage lang fest.

firm *adj*

fest

binding *adj*
Order now! This offer is only binding while stocks last.

verbindlich
Bestellen Sie jetzt. Dieses Angebot gilt nur, solange die Artikel noch vorrätig sind.

non-binding *adj*
A non-binding offer will usually include a phrase such as "subject to confirmation"

unverbindlich
Ein unverbindliches Angebot enthält üblicherweise eine Wendung wie z. B. "vorbehaltlich der Bestätigung".

be subject to *v*

unterliegen; unterworfen sein; abhängig sein

All orders are subject to our prior approval and our conditions of sale.

Sämtliche Bestellungen bedürfen unserer vorherigen Zustimmung und unterliegen unseren Verkaufsbedingungen.

conditions of sale *npl;* **sales terms** *npl*

Verkaufsbedingungen, Geschäftsbedingungen

negotiate *v*
Mr. Smith, our sales manager, will arrive in Lagos next Tuesday to negotiate a contract for importing oil to England.

verhandeln
Herr Smith, unser Verkaufsleiter, wird am nächsten Dienstag in Lagos ankommen, um Vertragsverhandlungen über den Import von Öl nach England zu führen.

negotiation *n*

Verhandlung

grant *v*
We will grant you a 10% discount off the price list for merchandise which we can deliver from stock.

gewähren
Wir gewähren Ihnen 10% Rabatt auf den Listenpreis für Waren, die wir ab Lager liefern können.

price list *n*

Preisliste

from stock *phrase*

ab Lager

out of stock *adj*
I'm sorry, but the new 586 processors are out of stock.

nicht vorrätig; ausverkauft
Es tut mir leid, aber die neuen 586er Prozessoren sind ausverkauft.

in stock *adj;* **on stock** *adj*	vorrätig
However, we do have 486 high performance processors in stock.	Aber wir haben 486er Hochleistungsprozessoren vorrätig.
stock *v*	auffüllen
Sharon's job is to stock the shelves with new items.	Es ist Sharons Aufgabe, die Regale mit neuen Artikeln aufzufüllen.
sell out *v*	ausverkaufen
We are all sold out of printers right now.	All unsere Drucker sind zur Zeit ausverkauft.
unsold *adj*	nicht verkauft
Unsold merchandise has been reduced 50%.	Die nicht verkaufte Ware ist um 50% reduziert worden.
subject to availability *phrase*	soweit lieferbar
Cragill Commodities Ltd sells wheat subject to availability.	Cragill Commodities Ltd verkauft Weizen, soweit lieferbar.
while stocks last *phrase*	solange vorrätig, solange der Vorrat reicht
Come in and take advantage of super savings while stocks last.	Kommen Sie und nutzen Sie unsere Supersparangebote, solange der Vorrat reicht.
available *adj*	lieferbar, verfügbar; vorrätig
We regret to inform you that this line is no longer available.	Wir bedauern, Ihnen mitteilen zu müssen, daß diese Artikelgruppe nicht mehr lieferbar ist.
allow *v*	zugestehen, zubilligen; einplanen
Please allow 10 days for delivery.	Bitte planen Sie eine Lieferzeit von 10 Tagen ein.
specify *v*	(genau) angeben
Please specify your delivery date on the order form.	Bitte geben Sie das gewünschte Lieferdatum auf dem Bestellschein an.
order form *n*	Bestellschein, Bestellformular
invitation to tender *n*	Ausschreibung, Aufforderung zur Abgabe eines Angebots
The First National Bank has issued invitations to tender for contracts for its new 200 million dollar office building.	Die First National Bank hat die Arbeiten zum Bau ihres neuen 200-Millionen-Dollar-teuren Bürogebäudes ausgeschrieben.
invite a tender *phrase*	(öffentlich) ausschreiben
bid *n*	Angebot
Over 130 companies have submitted bids in keeping with the specifications stated in the tender.	Über 130 Unternehmen haben Angebote vorgelegt, die sich an die Baubeschreibung der Ausschreibung halten.
submit *v*	vorlegen
specifications *npl*	Ausschreibungsunterlagen; Baubeschreibung

tender *n*	Ausschreibung, Submission; Angebot
bid *v*	sich um einen Auftrag bewerben; ein Angebot machen
We expect that a large number of companies will bid on the contract.	Wir gehen davon aus, daß sich eine große Zahl von Unternehmen um den Auftrag bewerben wird.
bidder *n*	Bewerber(in); Bietende(r); Anbieter(in)
The lowest bidder will be awarded the contract.	Der billigste Anbieter wird den Auftrag bekommen.
tender *v*	bieten, ein (An)gebot vorlegen
Our company will tender for the contract.	Unsere Firma wird sich an der Ausschreibung beteiligen.
unsolicited *adj*	unverlangt, unaufgefordert
Our company regularly sends out unsolicited books to special, prospective customers as introductory offers to join our book club.	Unser Unternehmen schickt regelmäßig nicht angeforderte Bücher als Einführungsangebot an bestimmte potentielle Kunden, damit diese unserem Buchclub beitreten.
send out *v*	(ver)schicken, (ver)senden
introductory *adj*	Einführungs-
pitch *n (US)*	(aggressives) Verkaufsgespräch
A telephone salesman gave me a sales pitch yesterday on buying farm land in Siberia.	Ein Telefonverkäufer führte gestern ein aggressives Verkaufsgespräch mit mir über den Kauf von landwirtschaftlichem Nutzland in Sibirien.
pitch *v (US)*	zum Verkauf anbieten/drängen
While the salesman pitched the crowd, his wife went around giving away free samples to the listeners.	Während der Verkäufer die Menge zum Kauf drängte, ging seine Frau herum und gab den Zuhörern kostenlose Warenproben.
hard sell *n*	aggressive Verkaufstaktik
We did not buy the car because the salesman kept trying to give us a hard sell.	Wir haben das Auto nicht gekauft, weil der Verkäufer andauernd eine aggressive Verkaufstaktik angewandt hat.
soft sell *n*	zurückhaltender Verkauf, diskreter Verkauf
Ms. Bolder uses the soft sell on all of her clients.	Frau Bolder wendet bei all ihren Kundinnen die diskrete Verkaufsmethode an.
follow-up *adj*	Anschluß-, Nachfolge-
After 14 days, we send out a follow-up letter to customers who have not responded to our special offer.	Nach 14 Tagen versenden wir einen Anschlußbrief an die Kunden, die nicht auf unser besonderes Angebot reagiert haben.

respond to *v*	reagieren auf
to specification *phrase* Matrix Inc. had 10 machines made to specification for its new plant in Chicago.	nach (genauer) Angabe Die Matrix Inc. ließ sich zehn Maschinen nach ihrer genauen Angabe für ihr neues Werk in Chicago bauen.
subject to confirmation *phrase* All orders are subject to our confirmation.	vorbehaltlich der Bestätigung Alle Aufträge bedürfen unserer Bestätigung.
without obligation *phrase* We would point out that this information is strictly confidential and given without obligation on our part.	unverbindlich Wir möchten darauf hinweisen, daß diese Information streng vertraulich ist und von uns ohne jegliche weitere Verpflichtungen weitergegeben wird.
on our part *phrase*	unsererseits
prior sale *n* You will appreciate that this special offer is made subject to prior sale.	vorhergehender Kauf Bitte haben Sie Verständnis dafür, daß dieses Sonderangebot erst nach einem vorhergehenden Kauf gültig ist.
concession *n* Our purchasing manager negotiated a concession from the General Tool Co. for a 15% price reduction on all the tools we order.	Entgegenkommen, Zugeständnis Unser Einkaufsleiter handelte mit der General Tool Co. das Zugeständnis eines 15%igen Preisnachlasses auf alle von uns bestellten Werkzeuge aus.
ample *adj* We have purchased ample stocks of clothing for our spring sale.	reichlich, genügend Wir haben genügend Warenbestände an Bekleidung für unseren Winterschlußverkauf erworben.
sale *n*	(Aus)verkauf
bargain *n*	günstiger Kauf
contractor *n*	Vertragsunternehmer(in); Lieferant(in); Auftragnehmer(in)
in excess of *prep* We estimate that the costs for a turnkey operation will be in excess of $350 million.	mehr als Wir schätzen, daß die Kosten für den bezugsfertigen Betrieb mehr als $ 350 Millionen betragen werden.
turnkey *adj* The Majors Construction Co. won a contract for turnkey construction of a new plant in Saudi Arabia.	bezugsfertig, schlüsselfertig Die Majors Construction Co. bekam den Auftrag für die schlüsselfertige Erstellung eines neuen Werkes in Saudi-Arabien.
win a contract *phrase*	einen Auftrag bekommen, den Zuschlag erhalten

Auftrag, Bestellung

order *n, v* National Express plc just placed an order for 20 airplanes with a Dutch aircraft manufacturer.	Auftrag, Bestellung; bestellen Die National Express plc hat soeben 20 Flugzeuge bei einem niederländischen Flugzeughersteller bestellt.
place an order *phrase*	einen Auftrag erteilen, eine Bestellung aufgeben
date of order *n* You will find the date of order on the purchase order.	Bestelldatum Das Bestelldatum geht aus dem Kaufauftrag hervor.
purchase order *n*	Kaufauftrag
trial *n* We inquired whether Hiku Electronics Ltd would send us a trial sample of their new calculator so that we could test it before placing an initial order.	Probe; Prüfung; Erprobung Wir fragten an, ob die Hiku Electronics Ltd uns ein Prüfmodell ihres neuen Rechners schicken würde, so daß wir ihn vor dem Erteilen unseres ersten Auftrags ausprobieren könnten.
initial *adj*	Anfangs-, Erst-
acknowledge *v* Hiku Electronics Ltd acknowledged our inquiry and confirmed that they would send us a trial sample.	bestätigen; anerkennen; bescheinigen Die Hiku Electronics Ltd bestätigte den Eingang unserer Anfrage und sagte zu, daß sie uns ein Prüfmodell schicken würde.
confirm *v*	bestätigen, bekräftigen
acknowledgement *n (GB)*; **acknowledgment** *n (US)* We immediately send acknowledgements to all customers on receipt of their orders.	Bestätigung; Anerkennung; Beglaubigung; Dank Bei Empfang ihrer Aufträge schicken wir unverzüglich allen Kunden Bestätigungen.
on receipt *phrase*	bei Empfang
process *v* Unfortunately, we cannot process your order due to the fact that we have run out of the grade of steel you ordered, however, as an alternative we can deliver another grade at a lower price.	bearbeiten Da uns der Stahl mit dem von Ihnen georderten Härtegrad ausgegangen ist, können wir Ihre Bestellung leider nicht bearbeiten. Statt dessen können wir Ihnen jedoch einen anderen Härtegrad zu einem niedrigeren Preis liefern.
run out *n*	ausgehen, zu Ende gehen, knapp werden
alternative *n*	Alternative
grade *n*	Güteklasse; Härtegrad
handle *v* We guarantee that all orders will be handled on a 24 hour basis.	bearbeiten, erledigen Wir garantieren, daß alle Aufträge innerhalb von 24 Stunden bearbeitet werden.

hold *v (GB)*; **put on hold** *phrase (US)*	warten lassen, zurückstellen
We will put your order on hold for 30 days until the high quality components you ordered have arrived from the manufacturer in Japan.	Wir werden Ihren Auftrag 30 Tage zurückstellen bis die hochwertigen Qualitätsbauteile, die Sie bestellt haben, von dem Hersteller in Japan geliefert worden sind.
quality *n*	Qualität
take sb up on *phrase*	jdn beim Wort nehmen; jdn in Anspruch nehmen
This is the best offer we have ever received, it would be a mistake not to take them up on it.	Dies ist das beste Angebot, das wir jemals bekommen haben. Es wäre ein Fehler, keinen Gebrauch davon zu machen.
turn down *v*	ablehnen, zurückweisen
Our purchasing department turned down several offers because they were too expensive.	Unsere Einkaufsabteilung lehnte mehrere Angebote ab, weil sie zu teuer waren.
cancel *v*	rückgängig machen, widerrufen, abbestellen, annullieren, zurückziehen, stornieren
The Jason Jelly Co. cancelled their order for 30 tons of first-class oranges due to a fire at their main plant.	Die Jason Jelly Co. zog ihren Auftrag über 30 Tonnen erstklassiger Orangen wegen eines Brandes in ihrem Hauptwerk zurück.
first-class *adj*	erstklassig
follow up *v*	aufnehmen; nachfassen
We will follow up on your suggestion and ship your last-minute order by air express.	Wir nehmen Ihren Vorschlag auf und versenden Ihren in letzter Minute erteilten Auftrag per Luftexpreßfracht.
last-minute *adj*	in letzter Minute
make up *v*	zusammenstellen
We will make up your order today and ship it by air freight.	Wir werden Ihre Lieferung heute zusammenstellen und per Lufttfracht versenden.
put in hand *phrase (GB)*	Auftrag bearbeiten
Thank you for your order of 15 September, which has been put in hand.	Vielen Dank für Ihren Auftrag vom 15. September, der zur Zeit bearbeitet wird.
lead time *n*	Lieferzeit
The lead time on your order will be six weeks.	Die Lieferzeit für Ihren Auftrag wird sechs Wochen betragen.
execute *v*	ausführen
Your order will be executed by the end of the week.	Ihr Auftrag wird bis Ende der Woche ausgeführt werden.
attend to *v*	ausführen; sich kümmern um; sich befassen mit
Jason Tool Co. stated on their order confirmation that they would attend to our order within the week.	Die Jason Tool Co. erklärte in ihrer Auftragsbestätigung, daß sie sich noch diese Woche um unseren Auftrag kümmern würden.

order confirmation *n*	Auftragsbestätigung
observe *v* Please observe our special packing instructions.	beachten Beachten Sie bitte unsere besonderen Packanweisungen.
observance *n* Newton Importers Ltd claimed that their Canadian supplier had not acted in observance of the supply contract and had especially failed to adhere to the provisions covering discounts for orders of identical wood products.	Beachtung, Einhaltung, Befolgung Die Newton Importers Ltd behauptete, daß ihr kanadischer Lieferant den Liefervertrag nicht beachtet habe und sich insbesondere nicht an die Bestimmungen gehalten habe, in denen es um Preisnachlässe für Bestellungen identischer Holzprodukte geht.
supplier *n*	Lieferant, Lieferfirma
supply contract *n*	(Zu)liefervertrag
fail *v*	etw nicht tun
adhere to *v*	sich halten an
identical *adj*	identisch
without fail *phrase* We request you to deliver the goods by the end of the week without fail because we need them for an export order.	ganz bestimmt, auf jeden Fall Wir bitten Sie, daß Sie die Waren auf jeden Fall bis Ende der Woche liefern, da wir sie für einen Exportauftrag benötigen.
keep to *v* We insist that you keep to the delivery deadline since it is too late to reschedule our production.	sich halten an, einhalten Wir bestehen darauf, daß Sie die Lieferfrist einhalten, da es jetzt zu spät ist, unsere Produktion umzustellen.
reschedule *v*	umstellen
rotation *n* We deal with orders on a rotation basis.	Rotation; Wechsel Wir bearbeiten Aufträge turnusmäßig.
deal with *v*	bearbeiten, sich befassen
delete *v* Lawyers from the Fenway Corp. wanted to delete the provisions of the supply contract which permitted delivery of substitutes instead of required superior quality components.	löschen, tilgen, streichen Die Anwälte der Fenway Corp. wollten die Bestimmungen des Liefervertrages streichen, die Ersatzlieferungen statt der verlangten qualitativ hochwertigen Bauteile zuließen.
substitute *n*	Ersatz(lieferung)
superior *adj*	überlegen, hochwertig
elsewhere *adv* Fenway Corp. informed us that it would order its components elsewhere if we did not agree to changing the supply contract.	woanders, anderswo Die Fenway Corp. informierte uns, daß sie ihre Bauteile woanders bestellen würde, wenn wir der Änderung des Liefervertrages nicht zustimmten.

Lieferbedingungen

deliver *v*	(aus)liefern
We inquired whether the Old South Co. could deliver the cotton within two weeks.	Wir fragten an, ob die Old South Co. die Baumwolle innerhalb von zwei Wochen liefern konnte.
delivery *n*	(Aus)lieferung
We check each delivery as soon as it arrives at the plant before we accept it.	Bevor wir eine Lieferung annehmen, überprüfen wir sie, sobald sie am Werk ankommt.
supply *v*	beliefern
Mahatsu Electronics Ltd will supply us with the parts we need and ship each consignment from Hong Kong every 90 days.	Die Mahatsu Electronics Ltd wird uns die Teile liefern, die wir benötigen, und wird alle 90 Tage eine Sendung von Hongkong aus verschiffen.
ship *v*	versenden; transportieren; verschiffen
shipment *n*	Transport, Beförderung; Verschiffung; (Schiffs)ladung; (Waren)sendung
Our forwarding agent informed us that the shipment had been dispatched two days ago aboard the “SS Belgian Queen”.	Unser Spediteur informierte uns darüber, daß die Ladung vor zwei Tagen mit der “SS Belgian Queen” versandt wurde.
aboard *adv*	an Bord
terms of delivery *npl*	Lieferbedingungen
delivery date *n*	Liefertermin; Auslieferungstermin
The delivery date is clearly stated in the terms of delivery.	Der Liefertermin wird in den Lieferbedingungen eindeutig festgelegt.
delivery period *n*	Lieferfrist
Our terms of delivery grant the supplier a 28 day delivery period beginning with date of order.	Unsere Lieferbedingungen gewähren dem Lieferanten eine Lieferfrist von 28 Tagen ab dem Bestelldatum.
immediate delivery *n*	sofortige Lieferung
delay *n*	Verzögerung, Verzug
Our French suppliers informed us that there would be a slight delay with our shipment due to a backlog of orders.	Unsere französischen Lieferanten teilten uns mit, daß es aufgrund eines Auftragsrückstandes bei unserer Warensendung zu einer geringfügigen Verzögerung kommen werde.
backlog *n*	Rückstand
be behindhand *phrase*	im Rückstand sein
We are still rather behindhand with our orders.	Wir sind immer noch etwas im Rückstand mit unseren Aufträgen.
delayed delivery *n*	Lieferverzug
call for *v*	abholen
We will call for the parts as soon as we need them.	Wir werden die Teile abholen, sobald wir sie benötigen.

refuse *v*	ablehnen, verweigern
Fillmore Inc. refused the consignment because it was not complete as ordered.	Die Fillmore Inc. verweigerte die Annahme der Lieferung, weil sie unvollständig war und nicht der Bestellung entsprach.
decline *v*	nicht annehmen
Fillmore Inc. declined our offer to rush the missing parts to them at no extra cost.	Die Fillmore Inc. nahm unser Angebot, die fehlenden Teile ohne zusätzliche Kosten sofort zu liefern, nicht an.
rush *v*	sofort liefern, schnell liefern
extra cost *n*	Zusatzkosten
delivery note *n*	Lieferschein
C/F (carriage forward) *adv (GB)*; **freight forward** *adv (US)*	unfrei; Fracht gegen Nachnahme
The goods were shipped C/F, which means that the consignee paid for them upon receipt.	Die Waren wurden unfrei versandt, was bedeutet, daß der Empfänger sie bei Erhalt bezahlte.
carriage free *adv*	frachtfrei
Goods will be delivered carriage free to consignee's warehouse.	Die Waren werden frachtfrei zum Lagerhaus des Empfängers geliefert.
C/P (carriage paid) *adv (GB)*; **freight paid** *adv (US)*	Fracht bezahlt, frachtfrei
The delivery contract stipulated that goods would be delivered to the buyer carriage paid.	Der Liefervertrag legte fest, daß die Waren dem Käufer frachtfrei zugestellt werden.
delivery contract *n*	Liefervertrag
prepaid *adj*	bereits bezahlt, frei
Prepaid freight charges will be invoiced separately.	Für bereits bezahlte Frachtgebühren wird eine getrennte Rechnung erstellt.
viable *adj*	ausführbar
Our suppliers informed us that our order would be shipped once the forwarding agents had a viable consignment.	Unsere Lieferanten informierten uns darüber, daß unser Auftrag versandt würde, sobald die Spedition eine (aus betriebswirtschaftlicher Sicht) ausführbare Lieferung hatte.
bulking *n*	Zusammenstellen/Zusammenlegen einer größeren Menge
Bulking of orders is a common method used by wholesale fuel suppliers.	Das Zusammenlegen vieler Aufträge ist eine übliche Praxis bei Treibstoffgroßhändlern.
one-off *adj*	Einzel-
One-off shipments make up about 35% of our mail-order business.	Einzelsendungen machen ungefähr 35% unseres Versandgeschäfts aus.
redirect *v*	umleiten
The Spanish manufacturer informed us that he would redirect our shipment along the French border due to heavy snow in the Alps.	Der spanische Hersteller teilte uns mit, daß er unsere Warensendung wegen schwerer Schneefälle in den Alpen an der französischen Grenze entlang umleiten würde.

suspend *v*	(zeitweilig) einstellen
All rail and truck traffic through the Alps has been suspended due to heavy snow.	Der gesamte Schienen- und Lastwagenverkehr über die Alpen ist wegen heftiger Schneefälle zeitweilig eingestellt worden.
withhold *v*	vorenthalten, zurückhalten
Fillmore Inc. informed us that they would withhold payment unless we gave prompt attention to their complaint.	Die Fillmore Inc. ließ uns wissen, daß sie uns ihre Zahlungen vorenthalten würde, es sei denn wir würden uns unverzüglich um ihre Beanstandung kümmern.
prompt *adj*	sofort, unverzüglich, prompt
deadline *n*	letzter Termin, Fristablauf
The Rawlings Manufacturing Co. informed us that they could not grant an extension of the deadline for delivery.	Die Rawlings Manufacturing Co. informierte uns dahingehend, daß sie den letztmöglichen Liefertermin nicht weiter hinausschieben könne.
put forward *v*	vorziehen, vorverlegen, vorher erledigen
Mr. Rawlings assured us that our order would be put forward to the middle of April.	Herr Rawlings versicherte uns, daß unser Auftrag auf Mitte April vorverlegt würde.
bring forward *v*	vorverlegen, nach vorn bringen
The date of the next delivery has been brought forward from August to June.	Der nächste Liefertermin ist von August auf Juni vorverlegt worden.

Incoterms

free carrier (FCA) *phrase*	frei Frachtführer (... benannter Ort)
We will deliver your goods free carrier, i.e., to a carrier whom you specify to us.	Wir liefern Ihre Waren frei Frachtführer an benanntem Ort, das heißt an denjenigen Frachtführer, den Sie uns benennen.
free on board (FOB) *phrase*	frei an Bord (... benannter Verschiffungshafen)
All of our overseas suppliers who deliver goods by ship must deliver FOB.	Unsere überseeischen Lieferanten, die uns mit Waren beliefern, müssen alle frei an Bord benannter Verschiffungshafen liefern.
cost and freight (CFR) *phrase*	Kosten und Fracht
We advise all of our customers to take out insurance for their shipment since we only deliver CFR.	Wir raten all unseren Kunden, eine Transportversicherung abzuschließen, da wir nur mit Kosten und Fracht liefern.
cost, insurance and freight (CIF) *phrase*	Kosten, Versicherung und Fracht
We chose the Mulligan Co. as our supplier because they deliver CIF, which is less expensive than the ex works conditions their competitors offered us.	Wir entschieden uns für die Mulligan Co. als Lieferanten, denn sie liefert mit Kosten, Versicherung und Fracht, was weniger kostet als die ab-Werk-Konditionen, die ihre Konkurrenten uns angeboten haben.

ex works (EXW) *phrase* If you buy your car ex works you pay less, because you pick it up from the factory yourself.	ab Werk Wenn Sie Ihr Auto ab Werk kaufen, bezahlen Sie weniger, denn Sie holen es selbst von der Fabrik ab.
landed *adj* The exporter in New York agreed to landed terms which will save our company over $10,000.00 in shipping costs.	Löschungs- Der Exporteur in New York stimmte der frei Bestimmungshafen-Klausel zu, wodurch unser Unternehmen über $ 10000,-- an Schiffsfrachtkosten spart.
franco domicile *phrase* The goods will be delivered franco domicile from the seller's warehouse to the buyer's place of business.	frei Haus Die Waren werden frei Haus vom Lager des Verkäufers an die Geschäftsadresse des Käufers geliefert.
place of business *n*	Geschäftsräume, Geschäftsadresse
E term *n* The only E term is EXW (ex works).	"E"-Klausel EXW (ab Werk) ist die einzige "E"-Klausel.
F term *n* Under F terms, the seller delivers the goods to a carrier named by the buyer.	"F"-Klausel Unter Verwendung der "F"-Klauseln liefert der Verkäufer die Waren an ein vom Käufer angegebenes Transportunternehmen.
FAS *phrase* Under FAS terms, the seller must deliver the goods alongside the ship named by the buyer.	frei Längsseite Schiff Bei FAS-Klauseln muß der Verkäufer die Waren an der Längsseite des vom Käufer benannten Schiffes abliefern.
ship's rail *n* When goods are delivered FOB, the point of delivery is the ship's rail.	Schiffsreling Wenn die Waren FOB geliefert werden, ist die Schiffsreling der Auslieferungsort.
C term *n* Under C terms, the seller has the same obligations as under the E and F terms, with the additional obligation of contracting for the main carriage.	"C"-Klausel Unter den "C"-Klauseln hat der Verkäufer die gleichen Verpflichtungen wie unter den "E"- und "F"-Klauseln, jedoch mit der Zusatzverpflichtung, den größten Teil der Beförderung zu übernehmen.
contract for *v*	sich vertraglich zu etwas verpflichten
critical point *n* The critical point is when the risk of loss of or damage to the goods passes from the seller to the buyer.	Gefahrenübergang Gefahrenübergang ist der Punkt, an dem das Risiko des Verlustes oder des Schadens an den Gütern vom Verkäufer auf den Käufer übergeht.

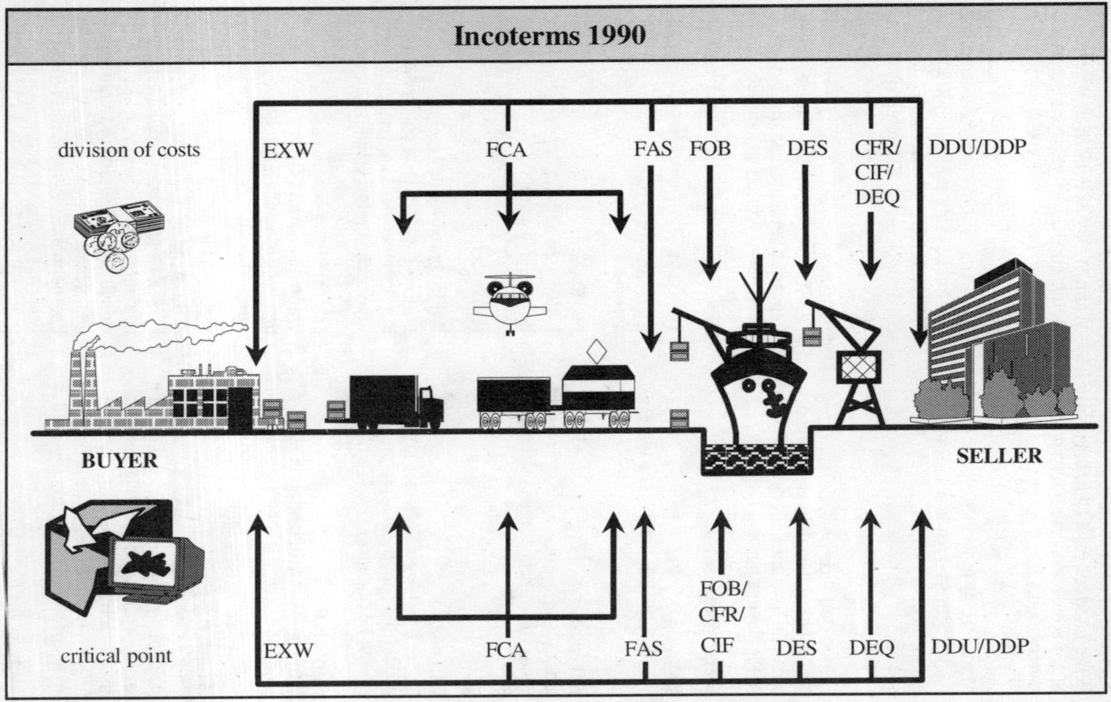
Incoterms 1990
division of costs
EXW
FCA
FAS
FOB
DES
CFR/
CIF/
DEQ
DDU/DDP
BUYER
SELLER
critical point
EXW
FCA
FAS
FOB/
CFR/
CIF
DES
DEQ
DDU/DDP

division of costs *n* When goods are sold CFR, the division of costs between seller and buyer is at the port of destination, but the buyer bears the risk from the time they pass the ship's rail.	Kostenteilung Wenn Waren CFR verkauft werden, findet die Kostenteilung zwischen Verkäufer und Käufer im Bestimmungshafen statt, aber der Käufer trägt das Risiko von dem Augenblick an, in dem die Waren über die Schiffsreling gehen.
CIP *phrase* Under CIP terms, the obligations of the buyer and the seller are the same as under CPT, except that the seller must arrange for transport insurance.	frachtfrei versichert Nach den CIP-Klauseln sind die Verpflichtungen des Käufers und des Verkäufers die gleichen wie unter CPT, außer, daß der Verkäufer sich um den Abschluß einer Transportversicherung kümmern muß.
CPT *phrase*	frachtfrei
D term *n* If goods are sold under D terms, most of the costs and risks will be borne by the seller.	"D"-Klausel Wenn Waren nach den Bestimmungen von "D"-Klauseln verkauft werden, trägt der Verkäufer den größten Teil der Kosten und der Risiken.
DAF *phrase* Because we ordered the goods DAF, we have to pick them up from the agreed frontier point.	geliefert Grenze Weil wir die Waren DAF bestellt haben, müssen wir sie vom vereinbarten Grenzübergang abholen.
DES *phrase* The fact that we had agreed to DES terms meant that we also had to pay the costs of demurrage.	geliefert ab Schiff Daß wir den DES-Klauseln zugestimmt haben, bedeutete auch, daß wir für die Lagerkosten aufkommen mußten.
DEQ *phrase* If DEQ duty paid is quoted, the buyer will be able to compare the seller's price with those quoted by domestic sellers.	geliefert ab Kai Wenn der Preis DEQ verzollt angegeben wird, kann der Käufer den Preis des Verkäufers mit den von Verkäufern im Inland genannten Preisen vergleichen.
DDU *phrase* As we had delivered DDU, we were not obliged to pay any of the costs associated with importing the goods.	geliefert unverzollt Da wir DDU geliefert hatten, waren wir nicht verpflichtet, Kosten zu übernehmen, die mit dem Warenimport zusammenhingen.
DDP *phrase* We prefer DDP terms, as the seller then bears all the costs and risks of the goods.	geliefert verzollt Wir ziehen die DDP-Klauseln vor, da der Verkäufer dabei alle mit den Waren im Zusammenhang stehenden Kosten und Risiken trägt.

Zahlung

payment *n* Please effect payment of invoice amount within 30 days.	Zahlung Bitte veranlassen Sie die Zahlung des Rechnungsbetrages innerhalb von 30 Tagen.
effect *v*	leisten; veranlassen
invoice *n*	Rechnung
terms *npl* Our terms of payment grant you a 5% discount for payment within 10 days.	Bedingungen Unsere Zahlungsbedingungen räumen Ihnen bei Zahlung innerhalb von zehn Tagen einen Rabatt von 5% ein.
period of payment *n* We have agreed on a 30-day period of payment.	Zahlungsfrist Wir haben einer Zahlungsfrist von 30 Tagen zugestimmt.
invoice *v* Under our CFR terms, we will invoice you for insurance costs but not for freight costs.	berechnen, in Rechnung stellen Gemäß unserer Kosten-und-Fracht-Klausel berechnen wir Ihnen Versicherungskosten, nicht aber Frachtkosten.
bill *v* Intertrade Ltd requested us to bill their Paris office and not the London office.	berechnen; Rechnung ausstellen; in Rechnung stellen Die Intertrade Ltd bat uns, die Rechnung auf ihr Büro in Paris und nicht auf ihr Büro in London auszustellen.
bill *n* You will receive a bill with the shipment.	Rechnung Mit der Warensendung erhalten Sie die Rechnung.
balance *n* We will settle the balance of invoice due, less deposit, after all of the goods have been delivered and accepted.	Saldo Wir begleichen den fälligen Rechnungsbetrag abzüglich der Anzahlung, wenn alle Waren geliefert und angenommen sind.
settle *v*	begleichen, ausgleichen
remit *v* The London office will remit the invoice amount to your bank in Lagos.	überweisen; Zahlung leisten Das Londoner Büro wird Ihrer Bank in Lagos den Rechnungsbetrag überweisen.
payable *adj* The invoice amount is payable immediately after acceptance by your receiving department.	zahlbar Der Rechnungsbetrag ist unmittelbar nach der Warenannahme durch Ihre Wareneingangsabteilung zahlbar.

receipt *n* — Quittung
Naturally, you will be issued a receipt for all deposits or partial payments made or for cash in advance received. — Selbstverständlich wird Ihnen eine Quittung für alle Anzahlungen, Abschlagszahlungen oder erhaltene Vorauszahlungen ausgestellt.

part payment *n (GB)*; **partial payment** *n (US)* — Abschlagszahlung, Teilzahlung

cash in advance *adv (GB, US)*; **cash advance** *n (US)* — Vorauszahlung

cash with order (CWO) *phrase* — Zahlung bei Auftragserteilung
We require cash with order from new clients. — Bei Neukunden verlangen wir Zahlung bei Auftragserteilung.

cash on delivery (COD) *adv* — Barzahlung bei Lieferung, per Nachnahme
The Readmore Book Club will send you a new book each month COD. — Der Readmore Buchclub schickt Ihnen jeden Monat ein neues Buch per Nachnahme.

on account *phrase* — als Teilzahlung; gegen Kredit
As the Maloney Co. is such a good customer, we allow them to buy goods on account. — Da die Maloney Co. solch ein guter Kunde ist, räumen wir ihnen den Kauf von Waren auf Kredit ein.

statement *n* — Kontoauszug
Our customers are required to effect quarterly partial payments for 75% of the amount shown on their customer account statement. — Wir verlangen von unseren Kunden, daß sie vierteljährliche Teilzahlungen für 75% des auf ihrem Kundenkontoauszug ausgewiesenen Betrags leisten.

clear *v* — abrechnen
We clear all of our customer accounts in November. — Wir rechnen all unsere Kundenkonten im November ab.

discount *n* — Rabatt
Discounts are automatically shown on each customer account statement. — Rabatte werden auf jedem Kundenkontoauszug automatisch ausgewiesen.

standard discount *n* — Standardrabatt
We offer a standard discount of 3% for all invoices paid in cash. — Wir gewähren einen Standardrabatt von 3% auf alle Rechnungen, die bar bezahlt werden.

cash discount *n* — Barzahlungsrabatt, Skonto

quantity discount *n* — Mengenrabatt
You will receive a quantity discount of 12.5% on all orders for 1,000 PCs or more. — Sie erhalten einen Mengenrabatt von 12,5% auf alle Aufträge über 1.000 oder mehr PCs.

trade discount *n* — Händlerrabatt, Widerverkäuferrabatt
We offer a trade discount of 10% to wholesalers. — Großhändlern bieten wir einen 10%igen Preisnachlaß.

special discount *n*	Sonderrabatt
If you order within seven days, we will give you a special discount of 20% on all items ordered.	Wenn Sie innerhalb von sieben Tagen bestellen, geben wir Ihnen einen Sonderrabatt von 20% auf alle bestellten Artikel.
correct *v*	berichtigen
Our accounting department will correct the error on the invoice immediately.	Unsere Buchhaltungsabteilung wird den Fehler in Ihrer Rechnung sofort berichtigen.
agree *v*	übereinstimmen; vereinbaren
The figures on our statement do not agree with the figures on the invoices received.	Die Beträge auf unserem Kontoauszug stimmen nicht mit den Beträgen auf den von uns erhaltenen Rechnungen überein.
figures *npl*	Beträge
correspond *v*	entsprechen
Our accountant has noticed that the figures on your invoice do not correspond with the prices agreed in the supply contract.	Unserem Buchhalter ist aufgefallen, daß die in Ihrer Rechnung genannten Beträge nicht den im Liefervertrag vereinbarten Preisen entsprechen.
calculate *v*	(be)rechnen
We have calculated all of the costs involved and estimate that you will have to pay an additional 40% for air freight instead of rail freight.	Wir haben alle zugehörigen Kosten berechnet und schätzen, daß Sie für Luftfracht 40% mehr zahlen müssen als für Bahnfracht.
estimate *v*	schätzen
extend *v*	verlängern
Unfortunately, we cannot extend any further credit until you have met all of your previous financial engagements.	Leider können wir keine weitere Kreditverlängerung gewähren, solange Sie nicht all Ihren früheren finanziellen Verpflichtungen nachgekommen sind.
engagements *npl*	Verpflichtungen; Verbindlichkeiten
extension *n*	Verlängerung
reduction *n*	Verringerung, Senkung, Minderung, Ermäßigung, Reduzierung
We agree to a reduction of outstanding invoice amounts, however, we will not refund any payments you have already made.	Wir stimmen einer Verminderung der noch nicht bezahlten Rechnungsbeträge zu, werden jedoch keine bereits geleisteten Zahlungen zurückerstatten.
Take advantage of these price reductions while stocks last.	Nutzen Sie diese Preisermäßigungen, solange die Waren noch vorrätig sind.
repay *v*	zurückzahlen
We will repay your deposit if you are not fully satisfied with our product.	Wir werden Ihre Anzahlung zurückerstatten, wenn unser Produkt nicht Ihre volle Zufriedenheit findet.

invoice amount *n*	Rechnungsbetrag
astronomic *adj* Captain Blair thought that the repair bill was astronomic because the invoice amount was nearly 300% over the estimated costs.	astronomisch Kapitän Blair hielt die Reparaturrechnung für astronomisch, weil der Rechnungsbetrag fast 300% über den geschätzten Kosten lag.
rock-bottom *adj* The Coastal Shipping Co. offers rock-bottom prices for shipments to South America and Canada.	Tiefst- Die Coastal Shipping Co. bietet Frachttransporte nach Südamerika und Kanada zu Tiefstpreisen an.
remainder *n* The contract stipulated that we pay 75% of the purchase price at delivery and the remainder one month later.	Rest Der Vertrag besagte, daß wir 75% des Kaufpreises bei Lieferung zahlen und den Rest einen Monat später.
settlement *n*	Bezahlung; Abrechnung; Begleichung
settlement date *n*	Zahlungsziel, Zahlungstermin
quarterly *adj* Our major customers purchase goods on open account terms and settle outstanding balances on a quarterly basis.	vierteljährlich Unsere Großkunden kaufen Waren zu den Bedingungen eines Kontokorrentkontos und regeln ausstehende Schulden vierteljährlich.
major customer *n*	Großkunde, Großkundin
open account *adj*	offen; laufend, Kontokorrent-
credit note *n* If we overcharge a customer we send them a credit note and if we undercharge them we send them a debit note.	Gutschrift(anzeige) Wenn wir den Kunden zu viel berechnen, senden wir ihnen eine Gutschrift. Berechnen wir zu wenig, senden wir eine Lastschrift.
international money order *n* Please deduct bank charges if you are paying by international money order.	internationale Zahlungsanweisung Bitte ziehen Sie die Bankspesen ab, wenn Sie mit einer internationalen Zahlungsanweisung zahlen.
overcharge *v*	zu viel berechnen
undercharge *v*	zu wenig berechnen
debit note *n*	Lastschrift(anzeige)
commercial rate *n* We charge wholesalers a commercial rate for handling and shipping which is lower than the rate charged to consumers.	handelsüblicher Satz Wir berechnen den Großhändlern für das Verladen und den Transport einen handelsüblichen Satz, welcher unter dem Satz liegt, der den Verbrauchern berechnet wird.
trade-in *n* The Ford dealer will give us $5,000.00 for our trade-in plus the $1,000.00 factory rebate on the new car we want.	in Zahlung gegebener Artikel Der Ford-Händler gibt uns $ 5.000,-- für das in Zahlung gegebene Fahrzeug plus $ 1.000,-- Werksrabatt auf das neue Auto, das wir haben wollen.

rebate *n*	Preisnachlaß, Rabatt
adjust *v* We can naturally adjust our prices if you order in bulk.	anpassen Natürlich können wir, wenn Sie große Mengen bestellen, eine Korrektur unserer Preise vornehmen.
rectify *v*	richtigstellen, berichtigen
concur *v* Mr. Mulligan concurred with his lawyer's request to take legal action to recover outstanding debts.	zustimmen, übereinstimmen Herr Mulligan stimmte der Anfrage seines Anwaltes zu, zum Beitreiben von Außenständen mit rechtlichen Mitteln vorzugehen.
recover *v;* **collect** *v*	beitreiben, einziehen, hereinbekommen
overdue *adj;* **past due** *adj* Each client who is 30 days overdue with a payment receives a reminder. Bills which are 90 days past due are sent to our legal department.	überfällig, im Rückstand Jeder Kunde, der mit seiner Zahlung 30 Tage im Rückstand ist, bekommt eine Zahlungserinnerung. Rechnungen, die seit 90 Tagen überfällig sind, werden an unsere Rechtsabteilung weitergeleitet.
be in default *phrase*	in Zahlungsverzug sein
default interest *n* We shall charge default interest.	Verzugszinsen Wir werden Verzugszinsen erheben.
reimburse *v* Coastal Shipping Co. will reimburse us for damage caused to our shipment of toys when one of their trucks crashed in Colorado.	rückvergüten, entschädigen Die Coastal Shipping Co. wird uns für die Beschädigung unserer Spielwarensendung, die durch den Unfall eines ihrer Lastwagen in Colorado entstand, entschädigen.

Beschwerde, Mahnung, Reklamation

reminder *n* The Mulligan Co. kept sending us reminders although we had paid their bill three months ago.	Mahnung, Mahnschreiben Obwohl wir ihre Rechnung schon vor drei Monaten bezahlt hatten, schickte uns die Mulligan Co. ständig Mahnungen.
remind *v* This final notice is to remind you that you are over 90 days in arrears with payment.	erinnern, mahnen Dies ist der letzte Hinweis, um Sie daran zu erinnern, daß Sie mit Ihrer Zahlung seit über 90 Tagen im Verzug sind.
in arrears *phrase*	im Verzug
complaint *n*	Beschwerde, Beanstandung, (Mängel)-rüge

complain *v* Our company complained that the manufacturer had not supplied replacement parts while they were repairing the damaged ones they sent us.	beschweren, beanstanden, rügen Unser Unternehmen beanstandete, daß der Hersteller keine Ersatzteile zur Verfügung gestellt hatte, während die schadhaften Teile, die sie uns geschickt hatten, repariert wurden.
disposal *n* As we have no use for these parts we are holding them at your disposal.	Verfügung Da wir für diese Teile keine Verwendung haben, halten wir sie zu Ihrer Verfügung.
damaged *adj*	schadhaft
tear *n* Inspectors believe that the tears in the material were due to faulty handling during manufacturing.	Riß Die Inspektoren glauben, daß die Risse in dem Material auf falsche Behandlung während der Herstellung zurückzuführen seien.
faulty *adj*	falsch, fehlerhaft
torn *adj*	(ein)gerissen, zerrissen
inferior *adj* Our supplier in Hong Kong delivered inferior quality suits instead of the first-class merchandise we had ordered.	schlecht; unzureichend; mangelhaft Unser Lieferant in Hongkong lieferte statt der bestellten erstklassigen Ware Anzüge von unzureichender Qualität.
match *v* The problem with the suits was that the material used for the pants did not match the material used for the jacket.	passen Das Problem mit den Anzügen bestand darin, daß das Material für die Hosen nicht zu dem Material für die Jacketts paßte.
defective *adj*	schadhaft, fehlerhaft
fault *n* All defects in workmanship or faults are to be reported to the manufacturer within five days after delivery.	(Fabrikations)fehler, Schaden, Mangel Alle Verarbeitungsmängel oder Fabrikationsfehler müssen dem Hersteller innerhalb von fünf Tagen nach der Lieferung gemeldet werden.
hidden defect *n;* **concealed defect** *n* The customer has the right to report hidden defects with a period of 30 days after delivery.	verborgener Mangel Der Kunde hat das Recht, verborgene Mängel innerhalb eines Zeitraumes von 30 Tagen nach der Lieferung zu melden.
visible defect *n*	sichtbarer Mangel
unsuitable *adj* The goods we received were unsuitable for our needs.	ungeeignet Die Waren, die wir erhielten, waren für unsere Bedürfnisse ungeeignet.
unacceptable *adj* The machines you delivered are unacceptable due to major defects in the electrical systems.	unannehmbar, unzumutbar Die von Ihnen ausgelieferten Maschinen sind wegen erheblicher Fehler im elektrischen System unannehmbar.

oversight *n* We apologize for any inconvenience as a result of this delay, which was caused by an oversight in our shipping department.	Versehen Wir bitten um Entschuldigung für jegliche Unannehmlichkeiten aufgrund dieser Verspätung, die auf ein Versehen in unserer Versandabteilung zurückzuführen ist.
inconvenience *n*	Unannehmlichkeit
overlook *v* One of our packing employees had overlooked that you had ordered electric motors with your machines.	übersehen Einer unserer Packer hatte übersehen, daß Sie Ihre Maschinen mit Elektromotoren bestellt hatten.
inconvenience *v* We were quite inconvenienced by your failure to deliver on time.	Unannehmlichkeiten bereiten Wegen Ihrer nicht fristgemäßen Lieferung haben wir ziemliche Unannehmlichkeiten gehabt.
dunning letter *n (GB)*; **late payment notice** *n (US)* The Mulligan Co. has still not paid our invoice despite the fact that we have sent them two dunning letters.	Mahnschreiben, Mahnung Die Mulligan Co. hat unsere Rechnung immer noch nicht bezahlt, obwohl wir ihnen zwei Mahnschreiben geschickt haben.
dun *v* Preston Ltd paid after we dunned them twice.	mahnen Nachdem wir sie zweimal gemahnt hatten, zahlte die Preston Ltd.
collection letter *n* The finance company sent a collection letter to Mr. Mooney requesting him to pay his bill.	Beitreibungsschreiben Die Finanzierungsgesellschaft sandte Herrn Mooney ein Beitreibungsschreiben, in dem sie ihn aufforderte, seine Rechnung zu zahlen.
final demand *n* We will send them a final demand for payment before going to our lawyer.	letzte Mahnung, letzte Zahlungsaufforderung Wir werden ihnen eine letzte Mahnung schicken, bevor wir unseren Anwalt einschalten.
debt collection agency *n* We contacted a debt collection agency for help with collecting our bad debts.	Inkassobüro Wir haben ein Inkassobüro hinzugezogen, um Hilfe bei der Beitreibung uneinbringlicher Forderungen zu erhalten.
default summons *n* Since we had still not been paid after several reminders, we asked the court to send a default summons.	Mahnbescheid Da wir trotz mehrmaliger Mahnung noch immer nicht bezahlt wurden, beantragten wir beim Gericht einen Mahnbescheid.
warrant for execution *n*	gerichtlicher Vollstreckungsbescheid

at a loss *phrase* As we sent you a reminder over a month ago, we are at a loss to understand why our invoice has still not been settled.	verwirrt, konsterniert, ratlos Da wir Ihnen nun vor einem Monat eine Mahnung geschickt haben, tun wir uns schwer damit, zu verstehen, warum unsere Rechnung immer noch nicht beglichen wurde.
discolo(u)red *adj* The dealer complained that the finish on three new cars was discolored and that the doors were dented.	verfärbt, mit Farbschäden Der Händler beanstandete, daß die Lackierungen bei drei neuen Autos Farbschäden hatten und daß die Türen verbeult waren.
dented *adj*	verbeult
leakage *n* The manufacturer informed its dealers that leakage of sea water in the vessel's hold had caused the finish on several cars to discolor.	Auslaufen; Versickern; Lecken Der Hersteller informierte seine Händler darüber, daß durch ein Leck Seewasser in den Laderaum des Schiffes eingedrungen war und bei mehreren Autos zu Lackverfärbungen geführt hatte.
tally *v* We informed Mulligan Ltd that the prices on their invoice did not tally with those printed on their price list.	übereinstimmen Wir informierten die Mulligan Ltd, daß die Preise auf ihrer Rechnung nicht mit denen, die auf ihrer Preisliste ausgedruckt sind, übereinstimmen.
sub-standard *adj* Sub-standard workmanship was stated as the reason for the defective engines.	unterdurchschnittlich, unzulänglich, minderwertig, unter der Norm Unzulängliche Verarbeitung wurde als Grund für die defekten Maschinen angegeben.
second-rate *adj* We will return the entire shipment of toys to you at your expense because they are second-rate compared with the toys we received from you in the past.	zweitklassig Wir werden Ihnen die gesamte Spielwarensendung auf ihre Kosten zurückschicken, da sie im Vergleich zu den Spielwaren, die wir in der Vergangenheit von Ihnen erhielten, nur zweitklassig sind.
at your expense *phrase*	auf Ihre Kosten
deficient *adj* All of the rubber gloves we received are deficient and unsaleable because they are torn.	fehlerhaft, unzulänglich, mangelhaft Alle Gummihandschuhe, die wir erhalten haben, sind fehlerhaft und unverkäuflich, weil sie eingerissen sind.
unsaleable *adj (GB)*; **unsalable** *adj (US)*	unverkäuflich

discrepancy *n*	Diskrepanz, Abweichung, Unstimmigkeit
We sent a complaint to the manufacturer regarding the discrepancy between the toys we ordered (dolls and doll clothing) and the toys we received (tractors & video games).	Wir schickten dem Hersteller bezüglich der Unstimmigkeit zwischen den von uns bestellten Spielwaren (Puppen und Puppenbekleidung) und den Spielwaren, die wir erhalten haben (Traktoren und Videospiele) eine Beanstandung.
mix-up *n*	Verwechslung
The manufacturer apologized for the mix-up and promised to send us a new shipment of toys immediately.	Der Hersteller entschuldigte sich für die Verwechslung und versprach, uns unverzüglich eine neue Sendung Spielwaren zu schicken.
go astray *v*	verlorengehen
The manufacturer informed us that our shipment had gone astray in Bulgaria and that they would inform us as soon as it was located.	Der Hersteller informierte uns, daß unsere Sendung in Bulgarien verlorengegangen sei und daß er es uns sofort mitteilen würde, sobald sie wieder aufgefunden würde.
come adrift *v*	ins Treiben geraten; sich lösen, sich losreißen
The damage to our shipment was caused when the "SS Belgian Queen" came adrift from the dock in a storm causing the cargo to give way.	Der Schaden an unserer Sendung wurde verursacht, als sich die "SS Belgian Queen" in einem Sturm vom Kai löste, wobei die Ladung nachgab.
give way *v*	nachgeben
shortship *v*	zu knapp/wenig liefern
That's the third time that the Mulligan Co. has shortshipped us. Their behavior is inexcusable this time.	Dies ist das dritte Mal, daß die Mulligan Co. uns zu wenig geliefert hat. Ihr Verhalten ist dieses Mal unentschuldbar.
inexcusable *adj*	unentschuldbar, unverzeihlich

Büroausstattung

office chair *n* Mr. Johnson ordered a new desk, an office chair and a new wastepaper basket for his office.	Bürostuhl Herr Johnson bestellte für sein Büro einen neuen Schreibtisch, einen Bürostuhl und einen neuen Papierkorb.
desk *n*	Schreibtisch
wastepaper basket *n*	Papierkorb
shelving *n;* **book shelves** *n*	(Bücher)regale
filing cabinet *n*	Aktenschrank
notice board *n (GB);* **bulletin board** *n (US)* The company notice board is located at the entrance to the human resources department.	Schwarzes Brett Das Schwarze Brett der Firma befindet sich am Eingang zur Personalabteilung.
flip chart *n* The company's conference room is equipped with a flip chart, a slide projector, an overhead projector and a screen, which some of our executives use when making reports.	Flip-chart Der Konferenzraum des Unternehmens ist mit einem Flip-chart, einem Diaprojektor, einem Tageslichtprojektor und einer Projektionswand ausgestattet, die einige unserer leitenden Angestellten einsetzen, wenn sie ihre Berichte vorlegen.
slide projector *n*	Diaprojektor
overhead projector *n*	Overheadprojektor, Tageslichtprojektor
screen *n*	Projektions(lein)wand
tape recorder *n*	Tonbandgerät
photocopier *n;* **copier** *n*	Fotokopiergerät, Fotokopierer
safe *n*	Tresor, Safe
swivel chair *n*	Drehstuhl
open plan *adj* I work in a large open plan office that has a few partitions in the corners which serve as offices for the supervisors.	Großraum- Ich arbeite in einem weiträumigen Großraumbüro, wo es ein paar mit Trennwänden abgeteilte Ecken gibt, die den Vorgesetzten als Büro dienen.
partition *n*	Raumteiler, Trennwand
pigeon hole *n* I'll put the report in your pigeon hole as soon as it is finished.	(Post)fach Ich lege den Bericht, sobald er fertig ist, in Ihr Fach.

franking machine *n (GB)*; **postage meter** *n (US)*	Frankiermaschine
We use a postage meter to put stamps on the 3,000 letters which we send out daily.	Wir benutzen eine Frankiermaschine, um die 3.000 Briefe, die wir täglich versenden, freizumachen.
visual aid *n*	visuelles Hilfsmittel
The employee training department uses visual aids, such as maps and slides, to instruct new sales personnel.	Die Schulungsabteilung setzt visuelle Hilfsmittel wie z.B. Karten und Dias ein, um neues Verkaufspersonal zu unterweisen.
podium *n*	Podium
The chairman of the board got up on the podium to address the shareholders.	Der Aufsichtsratsvorsitzende begab sich auf das Podium, um zu den Aktionären zu sprechen.
ergonomically *adv*	ergonomisch
Our new offices were designed ergonomically so that each employee would be located close to the equipment they use.	Unsere neuen Büros waren ergonomisch geplant, so daß jeder Mitarbeiter seinen Platz in der Nähe der Geräte bekommen würde, mit denen er arbeitete.
vending machine *n*	Automat
shredder *n*	Aktenvernichter, Reißwolf

Bürobedarf

stationery *n*	Briefpapier; Schreibwaren, Papierwaren, Bürobedarf
The company had to order new stationery after changing all of its telephone and fax numbers.	Das Unternehmen mußte neues Briefpapier bestellen, nachdem es seine Telefon- und Faxnummern geändert hatte.
document *n*	Dokument
Our manager keeps all of the company's important documents in the office safe.	Unser Chef verwahrt alle wichtigen Firmendokumente im Bürotresor.
record *n*	Aufzeichnung, Beleg, Protokoll
The police wanted to know if we had a record of a John Mulligan ever having worked at our company.	Die Polizei wollte wissen, ob wir einen Beleg dafür hatten, daß ein John Mulligan jemals in unserer Firma gearbeitet hatte.
in black and white *phrase*	schwarz auf weiß
Tom said that he would only believe the rumors about his promotion when he had it in black and white.	Tom sagte, das Gerücht über seine Beförderung glaube er erst, wenn er es schwarz auf weiß habe.
records *npl*	Akten, Unterlagen, (Archiv)materialien
The company keeps its records in filing cabinets.	Das Unternehmen hebt seine Archivmaterialien in Aktenschränken auf.

notebook *n* Each salesman will receive an electronic notebook in two weeks.	Notebook In zwei Wochen erhält jeder Verkäufer einen Notebook-Computer.
note pad *n* Miss Strack, would you come into my office please, and bring your note pad for a dictation.	Stenoblock, Notizblock Fräulein Strack, würden Sie bitte mit Ihrem Stenoblock zum Diktat in mein Büro kommen!
desk diary *n (GB)*; **desk calendar** *n (US)*; **appointment calendar** *n (US)*	Tischkalender; Terminkalender
wall calendar *n* Our company has 10,000 wall calendars printed every year which it gives out to its customers as presents.	Wandkalender Jedes Jahr läßt unsere Firma 10.000 Wandkalender drucken, die sie ihren Kunden zum Geschenk macht.
paper-clip *n*	Büroklammer
pencil sharpener *n*	Bleistiftspitzer
adhesive tape *n* I keep a ruler, scissors, my calculator and a roll of adhesive tape in my top desk drawer.	Klebeband In meiner oberen Schreibtischschublade bewahre ich ein Lineal, eine Schere, meinen Rechner und eine Rolle Klebeband auf.
ruler *n*	Lineal
scissors *npl*	Schere
calculator *n*	(Taschen/Tisch)rechner
file *n* Have we got that on file?	Aktenordner, Dokumentenordner Haben wir das bei den Akten?
folder *n*	Ordner, Schnellhefter, Aktenmappe
stapler *n*	Hefter
staple *n, v* Always place a date stamp on the customer's order and staple a copy of our acknowledgement to it before filing.	Heftklammer; heften Stempeln Sie immer das Datum auf den Kundenauftrag und heften Sie eine Kopie unserer Auftragsbestätigung an, bevor Sie ihn ablegen.
date stamp *n*	Datumsstempel
briefcase *n*	Aktenkoffer, Aktentasche
self-adhesive *adj* Murdoc plc placed an order for 100,000 self-adhesive, padded envelopes, with their return address printed on the back, and 150,000 sheets of company stationery, with the company's name, new address and logo at the top.	selbstklebend Die Murdoc plc erteilte einen Auftrag über 100.000 selbstklebende, gefütterte Briefumschläge mit gedrucktem Absender auf der Rückseite und 150.000 Blatt Firmenbriefpapier mit dem Firmennamen, der neuen Anschrift und dem Logo auf dem Briefkopf.
padded envelope *n*	gefütterter Umschlag

headed paper *n (GB)*; **company stationery** *n (US)*	Firmenbriefpapier
scribbling pad *n*	Notizblock
I keep a scribbling pad next to the phone to jot down caller's names, phone numbers and any messages they may leave.	Ich bewahre einen Notizblock neben dem Telefon auf, um die Namen, Telefonnummern und die Mitteilungen der Anrufer, die sie hinterlassen möchten, zu notieren
jot down *v*	notieren, sich eine Notiz machen
Filofax *n (GB)*; **personal organizer** *n (US)*	Terminplaner
All of our salesmen will receive a personal organizer that will help them keep track of customers' names, appointment dates, orders placed, etc.	Alle unsere Verkäufer werden ein Zeitplansystem erhalten, das ihnen dabei hilft, sich über die Namen der Kunden, Terminverabredungen, erteilte Aufträge etc. auf dem laufenden zu halten.
arch board file *n (GB)*; **ring binder** *n (US)*	Ringbuch, Ordner mit Ringmechanik
suspension file *n*	Hängehefter, Hängemappe, Hängetasche
As his business grew, Gary replaced his suspension files with ring binders because they hold more documents and business papers.	Als sein Geschäft größer wurde, ersetzte Gary seine Hängemappen durch Ringordner, weil diese mehr Platz für Dokumente und Geschäftspapiere boten.
in tray *n*	Ablagekorb für Eingänge
When I get to work in the morning, my in tray is usually filled with claims which need to be processed. Somehow I always manage to have them all in the out tray by the time I go home.	Wenn ich morgens zur Arbeit komme, ist meine Eingangsablage normalerweise voll mit Anträgen, die bearbeitet werden müssen. Irgendwie schaffe ich es aber immer, daß sie, bis ich nach Hause gehe, in der Ausgangsablage sind.
out tray *n*	Ablagekorb für Ausgänge
card index *n*	Karteikarten, Kartei (mit Karteikarten)
We replaced all of our card indexes with a PC-based customer filing system.	Wir ersetzten all unsere Karteikarten durch eine computergestützte Kundenverwaltung.
punch *v*	lochen
hole puncher *n (GB)*; **perforator** *n (US)*	Locher
scales *npl*	Waage
guillotine *n (GB)*; **paper cutter** *n (US)*	(Hebel)schneidemaschine
You can cut up to 20 sheets of paper at one time on the paper cutter.	Auf der Schneidemaschine kann man bis zu 20 Blatt Papier auf einmal schneiden.

correcting fluid *n*	Korrekturflüssigkeit
moistener *n* We use this moistener for stamps instead of licking them with our tongue.	(Briefmarken)anfeuchter Statt Briefmarken mit der Zunge zu belecken, benutzen wir diesen Anfeuchter.
dictating machine *n;* **dictaphone®** *n*	Diktiergerät
portable *adj*	tragbar
microfiche *n*	Mikrofiche
microfilm *n* All of the court's records, some of them dating back to 1855, are stored on microfilm.	Mikrofilm Alle Gerichtsunterlagen, von denen manche bis 1855 zurückgehen, sind auf Mikrofilm festgehalten.

Hardware

microcomputer *n* The Delta Computer Co. claims in its advertising that its new range of microcomputers are just a powerful as some mainframes.	Mikrocomputer Die Delta Computer Co. behauptet in ihrer Werbung, daß ihr neues Computersortiment ebenso leistungsfähig sei wie einige Großrechner.
personal computer (PC) *n*	Personalcomputer (PC)
operation *n* Computer speed is measured in operations per second (ops).	Operation, Arbeitsgang Die Computergeschwindigkeit wird in Arbeitsgängen pro Sekunde gemessen.
hardware *n*	Hardware
processor *n* We will be spending $250,000.00 to replace our 386 SX processors with 586 (pentium) processors.	Prozessor Wir werden $ 250.000,-- ausgeben, um unsere 386er SX-Prozessoren durch 586er (Pentium-)Prozessoren zu ersetzen.
memory *n* You can order between 250 to 500 MB memory with your new 586 processor.	Speicher Sie können zwischen 250 und 500 MB Speicherkapazität mit Ihrem neuen 586er Prozessor bestellen.
operating system *n* Each of the new PCs will have DOS-based operating systems, a 3.5" disk drive, a 350 MB hard disk, a state-of-the art keyboard, a mouse, and a color monitor with a 17" screen.	Betriebssystem Alle neuen PCs werden ein Betriebssystem auf der Grundlage von DOS, ein 3.5" Diskettenlaufwerk, eine 350 MB Festplatte, eine Tastatur modernster Art, eine Maus und einen 17" Farbmonitor haben.
disk drive *n*	Diskettenlaufwerk
hard disk *n*	Festplatte
keyboard *n*	Tastatur

mouse *n*	Maus
monitor *n*	Monitor
screen *n*	Bildschirm
workstation *n* Five workstations will share one laser printer; however, each workstation will have a modem for data transfer.	(Computer)arbeitsplatz Fünf Arbeitsplätze werden sich einen Laserdrucker teilen, jedoch wird jeder über ein Modem für die Datenübertragung verfügen.
modem *n*	Modem
information transmission *n* Our teacher explained that information transmission is the process of sending data from terminal to terminal.	Informationsübermittlung Unser Lehrer erklärte, daß die Informationsübermittlung der Prozeß des Datensendens von Terminal zu Terminal sei.
terminal *n* The parts warehouse will replace its microfiche system with terminals directly linked to company's mainframe.	Terminal Das Ersatzteillager wird sein Mikrofichesystem durch Terminals ersetzen, die direkt mit dem Zentralrechner des Unternehmens verbunden sind.
mainframe *n, adj* The mainframe's CPU will be powerful enough to support 100 workstations.	Zentralrechner, Hauptrechner, Großrechner; Zentral- Die Zentraleinheit des Hauptrechners wird leistungsfähig genug sein, um 100 Arbeitsplätze zu unterstützen.
mainframe network *n* Our company has installed a new mainframe network which links all of our PC workstations to one central computer.	vernetzte Großanlage Unsere Firma hat eine neue Computervernetzung installiert, die alle PC-Arbeitsplätze mit einem Zentralcomputer verbindet.
storage *n* The advantage of our new mainframe computer is that it facilitates the storage, access to and retrieval of information for all of our departments.	Speicher, Speicherung Der Vorteil unseres neuen Großrechners besteht darin, daß er die Speicherung, den Zugang zu und die Abfrage von Informationen für all unsere Abteilungen ermöglicht.
facilitate *v*	ermöglichen
retrieval *n*	Abruf, Abfrage
access *n*	Zugang
central processing unit (CPU) *n*	Zentraleinheit
RAM (random access memory) *n* You need at least 4 MB RAM to operate this new program, but it would be better to have 8 MB.	RAM, Hauptspeicher Um mit diesem neuen Programm zu arbeiten, benötigen Sie eine Hauptspeicherkapazität von mindestens 4 MB, aber es wäre besser, 8 MB zu haben.

ROM (read-only memory) *n* Unlike diskettes, which you can use to store data, you cannot store data on a ROM-CD because it can only be read.	Lesespeicher Im Gegensatz zu Disketten, mit denen man Daten speichern kann, kann man auf einer CD-ROM keine Daten speichern, weil sie nur gelesen werden kann.
peripherals *npl (GB)*; **peripheral equipment** *n (US)* None of the peripheral equipment, i.e., keyboard, mouse, monitor and printer, worked correctly because they were connected to the wrong interfaces at the back of the PC.	Peripheriegeräte, Peripherieausstattung Keines der Peripheriegeräte, d.h. Tastatur, Maus, Monitor und Drucker arbeitete ordnungsgemäß, weil sie an die falschen Schnittstellen an der Rückseite des Computers angeschlossen waren.
interface *n*	Schnittstelle, Anschluß
prompt *n* To start your software just type "win" at the C prompt like this: "C: win".	Eingabeaufforderung Um Ihre Software zu starten, geben Sie nur "win" nach der Eingabeaufforderung folgendermaßen ein: "C: win".
arrow key *n* The arrow keys move the cursor up and down or left and right.	Cursortaste Die Cursortasten bewegen den Cursor nach oben und unten oder nach links und rechts.
return key *n* You can use the return key or your mouse to confirm commands.	Returntaste Mit der Returntaste oder Ihrer Maus können Sie Befehle bestätigen.
control key (Ctrl key) *n* Depress the control key and the F7 function key at the same time to underline a marked text.	Controltaste, Steuerungstaste Um einen markierten Text zu unterstreichen, drücken Sie die Controltaste (Strg) und die Funktionstaste F 7 gleichzeitig.
function key (F key) *n* The function keys are located at the top of the keyboard and are numbered F1 to F12.	Funktionstaste Die Funktionstasten befinden sich oben auf der Tastatur und sind mit F 1 bis F 12 numeriert.
shift key *n* If you hold down the shift key and F7, then you will get a word search function.	Umschalttaste Wenn Sie die Umschalttaste und F 7 drücken, erhalten Sie eine Wortsuchfunktion.
back shift *n* The back shift will move the cursor back one space or can be used to delete letters from right to left.	Rücktaste Die Rücktaste bewegt den Cursor einen Schritt zurück oder kann benutzt werden, um Buchstaben von rechts nach links zu löschen.
tab key *n*	Tabulatortaste
VDU (visual display unit) *n*	(Daten)sichtgerät, Bildschirm

dot-matrix printer *n*	Matrixdrucker, Nadeldrucker
We replaced all of or dot-matrix printers with quieter and faster ink jet printers and laser printers.	Wir ersetzten all unsere Nadeldrucker durch leisere und schnellere Tintenstrahldrucker und Laserdrucker.
ink jet printer *n*	Tintenstrahldrucker
laser printer *n*	Laserdrucker
plotter *n*	Plotter
We use a plotter to draw all of our graphs.	Wir benutzen einen Plotter zum Zeichnen all unserer Graphiken.

Arbeit am Computer und Software

software *n*	Software
SpeedScribe is a software program that can run several applications such as word processing programs or entertainment packages.	SpeedScribe ist ein Softwareprogramm, das mehrere Anwendungen betreiben kann, beispielsweise Textverarbeitungsprogramme oder Spiele.
program *n*	Programm
application *n*	Anwendung
This year the company plans to update all of its hardware in order to improve PC applications.	In diesem Jahr plant das Unternehmen, seine gesamte Hardware auf den neuesten Stand zu bringen, um die PC-Anwendungen zu verbessern.
update *v, n*	updaten, auf den neusten Stand bringen; Update, neueste Version
compatible *adj*	kompatibel
floppy disk *n*	Diskette mit 5 ¼"
Just copy the file from the hard drive to your disk drive and send me a 5 ¼" floppy disk.	Kopieren Sie einfach die Datei von der Festplatte auf Ihr Diskettenlaufwerk und senden Sie uns eine 5 ¼" Diskette.
file *n*	Datei
disk *n;* **diskette** *n*	Diskette
Diskettes come in two standard sizes: 3 ½" and 5 ¼".	Disketten gibt es in zwei Standardgrößen: 3 ½ und 5 ¼ Zoll.
file *v*	ablegen
My new software lets me file back-ups on a diskette with a few simple mouse clicks.	Meine neue Software erlaubt mir, mit ein paar einfachen Mausklicks Sicherungskopien auf einer Diskette abzulegen.
load *v*	laden
Run the set-up program to load your software on the hard disk.	Lassen Sie Ihr Set-up-Programm laufen, um Ihre Software auf der Festplatte zu laden.

display *v*	anzeigen
Your graphics will automatically be displayed on the screen as soon as you enter the "display graphics" command by pushing Ctrl + F11.	Ihre Graphiken werden automatisch auf dem Bildschirm angezeigt, sobald Sie den Befehl "Graphik anzeigen" durch Drücken der Controltaste und F 11 eingeben.
graphics *npl*	Graphik
key in *v (GB)*; **enter** *v (US)*	eingeben
command *n*	Befehl
icon *n*	Ikone, ikonisches Zeichen
When you click "file icon" on the menu bar you will get a menu which lets you open any file you like in order to process, save, copy, print, rename or delete it.	Wenn Sie die Ikone "öffnen" in der Menüzeile anklicken, erhalten Sie ein Menü, mit dem Sie jede beliebige Datei öffnen können, um Sie zu bearbeiten, zu sichern, zu kopieren, zu drucken, umzubenennen oder zu löschen.
menu bar *n*	Menüzeile
open *v*	öffnen
save *v*	sichern
rename *v*	umbenennen
hard copy *n*	Ausdruck
Jim, could you please send me a hard copy along with your diskette?	Jim, könntest Du mir bitte zusammen mit Deiner Diskette einen Ausdruck schicken?
error *n*	Irrtum, Fehler
An error message appeared on the screen, telling me that there were no files under DOS.	Auf dem Bildschirm erschien eine Fehlermeldung, die besagte, daß keine unter DOS abgespeicherten Dateien vorlagen.
bug *n*	Programmfehler; Programmierfehler; Störung
I think there is a bug somewhere in the software program because it crashes every time I push F 10.	Ich glaube, irgendwo in dem Softwareprogramm gibt es einen Programmierfehler, denn jedesmal, wenn ich F 10 drücke, stürzt es ab.
crash *v*	abstürzen
virus *n*	Virus
A virus is intentionally written into a software program whereas a bug is an honest mistake made by a programmer.	Ein Virus wird absichtlich in ein Softwareprogramm geschrieben, wohingegen ein Programmfehler ein unbeabsichtigter Fehler des Programmierers ist.
input *v*	eingeben
We use a scanner to input entire pages of data into our computerized newspaper file.	Wir benutzen einen Scanner, um ganze Datenseiten in unsere computerisierte Zeitungsdatei einzugeben.

scanner *n*	Scanner
output *v* My PC is very slow, it outputs data to the printer at a rate of one page per minute.	ausgeben Mein PC ist sehr langsam, seine Datenausgabe an den Drucker erfolgt mit einer Geschwindigkeit von einer Seite pro Minute.
data *npl*	Daten
data bank *n* General Hospital stores all of its patient files in a computerized data bank.	Datenbank Das General Hospital speichert all seine Patientendateien in einer Computerdatenbank.
store *v*	speichern
data processing *n* Our data processing department has replaced all of the company's 200 word processors with new PCs that can be used for many applications and that are networked with an E-mail software program.	Datenverarbeitung Unsere EDV-Abteilung hat alle 200 Textverarbeitungsgeräte des Unternehmens durch neue PCs ersetzt, die für viele Anwendungen eingesetzt werden können und mit einem Softwareprogramm für E-Mail vernetzt sind.
word processor *n*	Textverarbeitung(sgerät); Textverarbeitungsprogramm
information processing *n*	Informationsverarbeitung, Datenverarbeitung
network *v*	vernetzen
systems software *n* After you buy your hardware, you can choose from any number of systems software and application software packages.	Systemsoftware Wenn Sie Ihre Hardware gekauft haben, können Sie von jeder beliebigen Anzahl von Systemsoftware- und Anwendersoftwarepaketen wählen.
applications software *n*	Anwendersoftware
dedicated *adj* Our legal department has a dedicated software which can only be accessed by a few persons with proper pass words.	dediziert, anwendungsgebunden Unsere Rechtsabteilung verfügt über anwendungsgebundene Software, zu der nur wenige Leute mit den richtigen Codewörtern Zugang haben.
access *v*	Zugang haben/bekommen, zugreifen auf, aufrufen
download *v* If I want to send a message by modem or E mail, I simply download it from the send file. If I want to receive a message I upload it from the receive file.	laden Wenn ich eine Nachricht über Modem oder elektronischen Briefverkehr versenden möchte, lade ich sie einfach aus der Sendedatei. Wenn ich eine Nachricht erhalten möchte, lade ich sie von der Empfängerdatei.

upload *v*	laden
on-line *adj* My modem is usually off-line, however I can put it on-line by turning it on and starting my send and receive program.	On-line- Normalerweise ist mein Modem auf Off-line-Betrieb, ich kann es aber durch Einschalten auf On-line-Betrieb schalten und mein Sende- und Empfangsprogramm starten.
off-line *adj*	Off-line-
backup *n, adj* Whenever I store a file, my software automatically makes a backup copy.	Sicherungskopie; Sicherungs- Immer wenn ich eine Datei speichere, legt meine Software automatisch eine Sicherungskopie an.
scroll *v* Use your arrow up or arrow down key to scroll through your files. When you have reached the one you want, retrieve it by depressing the enter key or by clicking your mouse twice.	scrollen, blättern Benutzen Sie die Cursortasten "Pfeil nach oben" und "Pfeil nach unten", um durch Ihre Datei zu scrollen. Wenn Sie diejenige gefunden haben, die Sie wollen, rufen Sie sie ab, indem Sie die Eingabetaste drücken oder zweimal mit der Maus klicken.
retrieve *v*	abfragen, abrufen
printout *n* I don't believe that a spreadsheet from a dot-matrix printer looks as good as a printout from a laser printer.	Ausdruck Ich glaube nicht, daß eine Kalkulationstabelle, die mit einem Matrixdrukker gedruckt wurde, so gut aussieht wie ein Ausdruck von einem Laserdrucker.
spreadsheet *n*	Tabellenkalkulation; Kalkulationstabelle
debug *v* My software dealer promised to send a programmer to debug my software, after I told him about the problem I was having with the F10 key.	Programmfehler beseitigen Mein Softwarehändler versprach mir, einen Programmierer vorbeizuschikken, um den Programmfehler in meiner Software zu beseitigen, nachdem ich ihm das Problem, das ich mit der F 10 Taste habe, vorgetragen hatte.
programmer *n*	Programmierer(in)
ASCII (American Standard Code for Information Interchange) *n* Most common software programs can read ASCII files.	ASCII *(amerikanischer Standardcode für den Informationsaustausch)* Die meisten allgemein verbreiteten Softwareprogramme können ASCII-Dateien lesen.
alphanumeric *adj* My word-processing program has an alphanumeric sorting function which will automatically sort numbered word lists in alphabetical order.	alphanumerisch Mein Textverarbeitungsprogramm verfügt über eine alphanumerische Sortierfunktion, mit der numerierte Wörterlisten automatisch in alphabetischer Reihenfolge sortiert werden.

real time *n*	Echtzeit
Most major airlines rely on real time computer operations that guarantee a minimum time delay in getting information.	Die meisten großen Fluggesellschaften verlassen sich auf Echtzeitcomputeranwendungen, die beim Abrufen von Informationen eine minimale Zeitverzögerung garantieren.
desktop publishing *n*	Desktop publishing (DTP)
We use a desktop publishing program to design and print most of our company forms.	Wir benutzen ein Desktop-publishing-Programm, um die meisten unserer Firmenformulare zu entwerfen und zu drucken.
computer-aided design (CAD) *n*	computergestütztes Design, CAD
The engineering department uses a CAD program to design airplanes and airplane parts.	Das Konstruktionsbüro benutzt CAD-Programme, um Flugzeuge und Flugzeugteile zu entwerfen.
computer-aided *adj*	computergestützt
artificial intelligence *n*	künstliche Intelligenz
computer-readable *adj*	computerlesbar

Bürotätigkeiten

copy typist *n (GB)*; **clerk typist** *n (US)*	Schreibkraft
Sharon worked as a copy typist in the typing pool before being promoted to a secretarial position in the data processing department.	Sharon arbeitete als Schreibkraft im zentralen Schreibdienst, bevor sie die Beförderung auf eine Sekretariatsstelle in der EDV-Abteilung erhielt.
typing pool *n*	zentraler Schreibdienst, Schreibzentrale
in duplicate *phrase*	in zweifacher Ausfertigung, mit Durchschlag
Please write the report in duplicate and give me the carbon copy.	Bitte schreiben Sie den Bericht in zweifacher Ausfertigung und geben Sie mir den Durchschlag.
in triplicate *phrase*	in dreifacher Ausfertigung
rough copy *n (GB)*; **rough draft** *n (US)*	Entwurf; Konzept
Our company lawyers revised the rough draft of the contract and sent it back to the tying pool so that they could prepare a final copy.	Unsere Firmenanwälte überarbeiteten den Vertragsentwurf und schickten ihn zum zentralen Schreibdienst zurück, so daß sie eine Reinschrift vorbereiten konnten.
fair copy *n (GB)*; **final copy** *n (US)*	Reinschrift
carbon copy *n*	(Kohlepapier)durchschlag
The problem with carbon copies is that they always look so messy if you have to correct a few typing errors on them.	Das Problem mit Kohlepapierdurchschlägen besteht darin, daß sie immer sehr unordentlich aussehen, wenn man auf ihnen ein paar Tippfehler korrigieren muß.

typing error *n*	Tippfehler
take a dictation *phrase*	ein Diktat aufnehmen
Most of the women in the typing pool can take a dictation in shorthand.	Die meisten Frauen im zentralen Schreibdienst können ein Diktat in Kurzschrift aufnehmen.
shorthand *n*	Kurzschrift
dictate *v*	diktieren
receptionist *n*	Empfangsdame, Vorzimmerdame
Carol's job as a receptionist is to take incoming calls and to greet clients and visitors who come to our company.	Carols Aufgabe als Empfangsdame besteht darin, Telefonate anzunehmen und Kunden und Besucher, die in unsere Firma kommen, zu begrüßen.
personal assistant *n*	persönliche(r) Assistent(in), Chefsekretär(in), rechte Hand
James is the personal assistant to Mr. Merles.	James ist der persönliche Assistent von Herrn Merles.
confidential secretary *n (GB)*; **private secretary** *n (US)*	Privatsekretär(in)
Miss Stack worked as a copy typist in the typing pool before she was promoted to Mr. Crane's private secretary.	Fräulein Stack arbeitete als Schreibkraft im Schreibdienst, bevor sie zu Herrn Cranes Privatsekretärin befördert wurde.
clerical *adj*	Büro-
Jill quit his low-paying clerical job as a filing clerk to take on a better-paying secretarial job with at a bank.	Jill gab seine schlechtbezahlte Bürotätigkeit als Registraturgehilfe auf, um eine besser bezahlte Sekretariatsarbeit bei einer Bank aufzunehmen.
filing clerk *n*	Registraturangestellte(r), Archivar(in)
secretarial *adj*	Sekretariats-
filing system *n*	Ablagesystem
Mr. Pebbly invented our filing system over 30 years ago.	Herr Pebbly erfand unser Ablagesystem vor 30 Jahren.
index *n*	Index, Kartei, Verzeichnis, Register
The order department uses an index which is organized according to the type of products we sell.	Die Bestellannahmeabteilung benutzt ein Verzeichnis, das nach dem Typ der von uns verkauften Produkte angelegt ist.
file under *v*	ablegen unter, einordnen unter
Each customer is filed in alphabetical order under the type of product he or she purchases.	Jeder Kunde ist in alphabetischer Reihenfolge unter dem Produkttyp, den er oder sie kauft, eingeordnet.
photocopy *n, v*	Fotokopie; fotokopieren
enlarge *v*	vergrößern
reduce *v*	verkleinern
written *adj*	schriftlich
I just got a written memo from Mr. Hatherway, our company president, asking me if the report would be finished by tomorrow.	Ich habe soeben eine schriftliche Notiz von Herrn Hatherway, dem Präsidenten unseres Unternehmens, erhalten, mit der er bei mir anfragte, ob der Bericht bis morgen fertig würde.

wpm (words per minute) *npl* Typing speed is measured in the US and the UK in words per minute (wpm) and not strokes per minute.	Wörter pro Minute Die Schreibgeschwindigkeit wird in den Vereinigten Staaten und im Vereinigten Königreich in Wörtern pro Minute und nicht in Anschlägen pro Minute gemessen.
(key)stroke *n*	Anschlag
bold *adj* Mr. Johnson brought me the rough draft of his report and asked me to change several passages to bold type and to change all of the underlined passages to italics.	fett Herr Johnson brachte mir den Entwurf seines Berichts und bat mich, mehrere Passagen in Fettschrift umzuändern und alle unterstrichenen Passagen kursiv zu drucken.
underlined *adj*	unterstrichen
italics *npl*	Kursivschrift
capitals *npl*	Großbuchstaben, Versalien
upper case *adj* Mr. Johnson also wanted all of the headings in upper case letters and the sub-headings in lower case.	Groß- Herr Johnson wollte auch alle Überschriften in Großbuchstaben und alle Untertitel in Kleinbuchstaben haben.
lower case *adj*	Klein-
sub-heading *n*	Untertitel
pitch *n* The size of the pitch you choose will determine the number of characters in a line.	Zeichendichte Mit der gewählten Zeichendichte wird die Anzahl der Zeichen pro Zeile festgelegt.
character *n*	Buchstabe, Zeichen
proof reading *n* Miss Strack does all of the proof reading in our office because she is about the only one who can spell well.	Korrekturlesen In unserem Büro übernimmt Fräulein Strack das gesamte Korrekturlesen, denn sie ist nahezu die Einzige, die über gute Rechtschreibkenntnisse verfügt.
audio typing *n* The job description for the secretarial position required audio typing skills.	Phonodiktat Die Arbeitsplatzbeschreibung der Sekretariatsstelle verlangte Fähigkeiten im Schreiben mit Diktiergerät.
point of reference *n* We use our clients' names as points of reference for our filing system.	Orientierungspunkt Wir nehmen die Namen unserer Kunden als Orientierungspunkte für unser Ablagesystem.
ream *n* There were reams of paperwork on my desk when I came back to the office after my vacation.	Ries (= 480 Bogen Papier); große (Papier)menge Als ich nach meinem Urlaub ins Büro zurückkam, quoll mein Schreibtisch über vor Schreibarbeit.

paperwork *n*	Schreibarbeit

Gespräche

meeting *n*	Besprechung, Sitzung, Konferenz
The meeting is scheduled for 10 a.m. in the conference room.	Die Besprechung ist für 10.00 Uhr im Konferenzraum angesetzt.
staff meeting *n*	Personalversammlung, Betriebsversammlung
talks *npl*	Gespräche
The topic of the meeting will be whether the company should start talks with the Marsh Co. over their recent takeover bid.	Thema der Sitzung wird sein, ob das Unternehmen mit der Marsh Co. Gespräche über deren jüngstes Übernahmeangebot führen sollte.
brainstorming *n*	Brainstorming
All department supervisors will be attending a two-day conference which will include discussions on human resource management skills and several brainstorming sessions on how to improve customer service.	Alle Abteilungsleiter werden an einer zweitägigen Konferenz teilnehmen, in der u.a. Diskussionen über Personalführungsfähigkeiten geführt werden, und in der es mehrere Brainstormingsitzungen über die Verbesserung des Kundendienstes gibt.
discussion *n*	Diskussion
conference *n*	Konferenz
convention *n*	Zusammenkunft, Tagung, Versammlung
This year's convention of the National Secretaries Association will be held at Miami Beach.	Die diesjährige Versammlung des nationalen Sekretärinnenverbandes findet in Miami Beach statt.
brief *v*	instruieren, informieren, einweisen
I have an appointment with Mr. Rogers tomorrow, to brief him on the progress of negotiations with Matsu Heavy Industries on a joint venture in Tokyo.	Ich habe morgen eine Verabredung mit Herrn Rogers, um ihn über die Fortschritte der Verhandlungen mit Matsu Heavy Industries über ein Jointventure in Tokio zu informieren.
appointment *n*	Verabredung, Termin
schedule *v*	terminieren, ansetzen
The plant manager has scheduled a briefing for next week on the new company safety rules.	Der Betriebsleiter hat für nächste Woche eine Besprechung über die neuen Sicherheitsvorschriften des Unternehmens angesetzt.
briefing *n*	(Informations)besprechung; Lagebesprechung
negotiator *n*	Verhandlungsführer(in)

reschedule *v*	Zeitplanung ändern, verlegen
I've rescheduled the meeting for next month to give you enough time to read my report.	Ich habe die Besprechung auf den nächsten Monat verlegt, damit Sie genug Zeit haben meinen Bericht zu lesen.
call *v*	einberufen
The company sent a letter to shareholders stating that it would call its annual general meeting on February 10th.	Das Unternehmen versandte einen Brief an die Aktionäre, der besagte, daß die Jahreshauptversammlung für den 10. Februar einberufen würde.
hold *v*	abhalten
All shareholders are invited to attend the AGM which will be held on February 10 at the company headquarters in London.	Alle Aktionäre sind zur Jahreshauptversammlung eingeladen, die am 10. Februar in der Unternehmenszentrale in London abgehalten wird.
attend *v*	anwesend sein, beiwohnen
chair *v*	den Vorsitz führen bei
Mr. Pemberton, the board chairman, will chair the shareholders meeting.	Herr Pemberton, der Aufsichtsratsvorsitzende, wird bei der Aktionärsversammlung den Vorsitz führen.
postpone *v*	verschieben
We decided to postpone the meeting because the Japanese negotiators can't make it to New York until tomorrow due to bad weather.	Wir beschlossen, die Besprechung zu verschieben, weil die japanischen Verhandlungsführer es aufgrund des schlechten Wetters nicht schaffen, bis morgen in New York zu sein.
interrupt *v*	unterbrechen
cancel *v*	absagen
The board meeting was cancelled due to a bad snow storm.	Wegen eines schweren Schneesturms wurde die Aufsichtsratssitzung abgesagt.
agenda *n*	Tagesordnung
After covering all of the items on the agenda, the chairperson asked if there was any outstanding business which still needed to be covered.	Nachdem alle Tagesordnungspunkte abgehandelt worden waren, fragte der Vorsitzende, ob es noch unerledigte Punkte gäbe, die behandelt werden müßten.
item *n*	Tagesordnungspunkt
outstanding *adj*	noch offenstehend, unerledigt
minutes *npl*	Protokoll
All of the topics covered at the meeting were summarized in the minutes.	Alle in der Versammlung abgehandelten Themen wurden im Protokoll zusammengefaßt.
take a vote *phrase*	abstimmen
After taking a vote on the new merger plans, the meeting moved on to the next item on the agenda which covered pay raises for management.	Nachdem über die neuen Fusionspläne abgestimmt worden war, ging die Versammlung zum nächsten Tagesordnungspunkt über, in dem es um Gehaltserhöhungen für Führungskräfte ging.

move on *n*	übergehen, weitergehen
any other business *phrase*	Sonstiges, weitere Punkte
Before closing the meeting, the chairman asked if there was any other business.	Bevor er die Sitzung schloß, fragte der Vorsitzende, ob es noch weitere Punkte gäbe.
symposium *n*	Symposium
convene *v*	zusammentreten, sich versammeln
The shareholders' meeting could not be convened because a quorum was not present.	Die Aktionärsversammlung konnte nicht zusammentreten, weil keine beschlußfähige Mehrheit anwesend war.
quorum *n*	beschlußfähige Mehrheit, Quorum
adjourn *v*	vertagen, aufschieben, unterbrechen
I suggest that we adjourn until 2 p.m. this afternoon in order to have some time to review your new proposals.	Ich schlage vor, daß wir uns auf 14.00 Uhr heute nachmittag vertagen, um etwas Zeit zur Prüfung Ihrer neuen Vorschläge zu haben.
review *v*	nachprüfen, überprüfen
point of order *n*	(zur) Geschäftsordnung
Carol raised a point of order to remind each shareholder that they could only speak for two minutes when they had the floor.	Carol sprach zur Geschäftsordnung, um alle Aktionäre daran zu erinnern, daß sie, wenn sie das Wort hatten, nur eine Redezeit von zwei Minuten hatten.
have the floor *phrase*	das Wort haben
motion *n*	Antrag
After discussing the new proposals, Mr. Smathers moved that the board take a vote; Mrs. Killroy seconded his motion.	Nachdem die neuen Vorschläge diskutiert worden waren, beantragte Herr Smathers , daß der Vorstand abstimmte. Frau Killroy unterstützte seinen Antrag.
second *v*	unterstützen
move *v*	Antrag stellen, beantragen
Mr. Chairman, I move that the meeting adjourn for 15 minutes.	Herr Vorsitzender, ich beantrage eine 15minütige Unterbrechung der Sitzung.
consensus *n*	Übereinstimmung, Konsens
Having reached a consensus after several hours of discussion, the board unanimously approved the merger.	Nachdem sie nach mehreren Stunden der Diskussion einen Konsens erreicht hatten, stimmten die Aufsichtsratsmitglieder der Fusion einstimmig zu.
proxy *n*	Handlungsbevollmächtigte(r), Stimmrechtsbevollmächtigte(r)
Each shareholder may be represented at the AGM by a proxy, who must have a power of attorney with him that has been signed by the shareholder he represents.	Jeder Aktionär kann auf der Jahreshauptversammlung von einem Bevollmächtigten vertreten werden, der eine von dem Aktionär unterschriebene Vollmacht vorweisen muß, den er vertritt.

deadlock *n* In the event of a deadlock, the chairman may cast the tie breaking vote.	Patt Im Fall einer Pattsituation kann der Vorsitzende die ausschlaggebende Stimme abgeben.
cast a vote *phrase*	eine Stimme abgeben
casting vote *n (GB)*; **tie breaking vote** *n (US)* The chairman may record a tie breaking vote if the votes for and against a resolution are the same.	ausschlaggebende Stimme Der Vorsitzende kann eine ausschlaggebende Stimme zu Protokoll geben, wenn die Anzahl der Stimmen für und gegen eine Resolution gleich ist.
resolution *n*	Resolution
record *v*	aufschreiben, schriftlich festhalten, protokollieren
clarity *n* Mr. Hatherway was very pleased with the report we had written and praised us for its clarity, brevity and accuracy in stating the main points of the new research project.	Klarheit Herr Hatherway war mit dem Bericht, den wir verfaßt hatten, sehr zufrieden und lobte uns für die Klarheit, Kürze und Genauigkeit, mit der wir die Hauptpunkte des neuen Forschungsprojekts dargelegt hatten.
brevity *n*	Kürze
accuracy *n*	Genauigkeit

Kommunikation in Gesprächen

look into *v* I'll look into it, John, as soon as I get back from Tokyo.	untersuchen, prüfen, Einblick nehmen Ich werde das prüfen, John, sobald ich von Tokio zurück bin.
examine *v*	prüfen
go through *v* Mr. Sharp went through the contract and pointed out that we could lose millions if we agreed to the contract's supply provisions.	durchgehen Herr Sharp ging den Vertrag durch und machte darauf aufmerksam, daß wir Millionen verlieren könnten, wenn wir den Lieferbedingungen des Vertrages zustimmten.
add *v* I would add that the supply provisions require us to pay $100,000.00 per day for each day of delayed delivery.	hinzufügen Ich möchte hinzufügen, daß uns die Lieferbedingungen die Zahlung von täglich $ 100.000,-- für jeden Tag Lieferverzögerung auferlegen.
take *v* I take it then that the supply provisions will have to be revised.	annehmen Ich nehme also an, daß die Lieferbedingungen nochmals überprüft werden müssen.

see *v* As I see it, if we carry on like this the company will go bankrupt.	sehen, beurteilen Ich sehe die Sache so, daß, wenn wir so weitermachen, das Unternehmen bankrott gehen wird.
propose *v*	vorschlagen
personally *adv* I will personally put forward your proposal at our next board meeting.	persönlich Ich werde Ihren Vorschlag bei der nächsten Aufsichtsratssitzung persönlich vortragen.
put forward *v*	vortragen, vorbringen
proposal *n*	Vorschlag
feeling *n* I have the feeling that Jim just doesn't think before expressing his views.	Gefühl Ich habe das Gefühl, daß Jim einfach nicht nachdenkt bevor er seine Ansichten äußert.
view *n*	(An)sicht
sum up *v;* **summarize** *v* Let me sum up by saying that I see no need to go over these issues again.	zusammenfassen Lassen Sie mich zusammenfassend sagen, daß ich keine Notwendigkeit sehe, diese Punkte nochmals durchzugehen.
go over *v*	durchgehen
brief *adj* During a recent teleconference our managing director gave a brief and accurate verbal presentation of our company's progress on the new engineering project.	kurz Kürzlich bei einer Telekonferenz gab unser Geschäftsführer eine kurze und genaue mündliche Darstellung von den Fortschritten, die unser Unternehmen bei dem neuen technischen Projekt machte.
accurate *adj*	genau, akkurat
verbal *adj*	mündlich, verbal
presentation *n*	Darstellung, Präsentation
inclined *adj* I am inclined to think that a merger with Amalgamated General would ruin our company.	geneigt Ich neige zu der Ansicht, daß eine Fusion mit Amalgamated General unser Unternehmen ruinieren würde.
inclination *n* Your inclination seems to sum up our views quite well.	Neigung Ihre Neigung scheint unsere Ansicht recht gut zusammenzufassen.
react *v*	reagieren
immediate feeling *n;* **gut feeling** *n*	Gefühl
come in *v* If I could come in here, Jill, I would like to point out that Jim has a lot of experience in these matters.	teilnehmen, sich äußern Jill, wenn ich hierzu einmal etwas sagen könnte, würde ich gern darauf hinweisen, daß Jim in diesen Dingen über sehr viel Erfahrung verfügt.

go back to *v* Could you go back to what you said earlier?	zurückkommen auf Könnten Sie noch einmal auf das, was Sie zuvor sagten, zurückkommen?
restate *v* Miss Wiener said that she would be too embarrassed to restate what Bill told her at the office party last week.	wiederholen Fräulein Wiener sagte, es sei ihr zu peinlich, zu wiederholen, was Bill ihr letzte Woche bei der Büroparty gesagt habe.
expand *v* Bill, would you mind expanding on your ideas on how we can increase profits?	ausführen Bill, könnten Sie Ihre Ideen zur Gewinnerhöhung einmal näher ausführen?
go along *v* I just can't go along with Bill's ideas on hiding cocaine in our coffee shipments from Columbia.	zustimmen, sich anschließen Ich kann mich einfach Bills Idee, in unseren Kaffeesendungen aus Kolumbien Kokain zu verstecken, nicht anschließen.
make oneself clear *phrase*	sich klar ausdrücken
cover *v* I think we had a good meeting, we covered all of the points on the agenda and reached a consensus on the merger plans.	behandeln Ich glaube, unsere Sitzung war gut, wir haben alle Tagesordnungspunkte behandelt und bei den Fusionsplänen einen Konsens erzielt.
recap *v* Jim will recap the meeting's main points and then we can go to lunch.	kurz zusammenfassen Jim wird die wichtigsten Punkte der Sitzung noch einmal kurz zusammenfassen, und dann können wir zu Tisch gehen.

Reagieren, Kritisieren, Argumentieren

be in favo(u)r *v* Jim is just one of those negative types of people. He never seems to be in favor of anything.	dafür sein Jim ist halt einer dieser negativen Typen von Mensch. Er scheint nie für etwas zu sein.
be against *v* Every time he opens his mouth he is either against something or disagreeing with someone.	dagegen sein Jedesmal, wenn er seinen Mund aufmacht, ist er entweder dagegen, oder er ist anderer Meinung.
disagree *v*	anderer Meinung sein, nicht zustimmen
entirely *adv* Making Jim our public relations officer is entirely out of the question.	völlig, ganz und gar Jim zu unserem Leiter der Öffentlichkeitsarbeit zu machen, kommt ganz und gar nicht in Frage.

out of the question *phrase* — außer Frage

doubts *npl* — Zweifel

action *n* — Handlung, Maßnahme

The production department promised immediate action to make sure that it would never happen again. — Die Produktionsabteilung versprach Sofortmaßnahmen, um sicherzustellen, daß so etwas nie wieder geschehen würde.

miss the point *phrase* — mißverstehen

I objected to Jim's criticism by telling him that he had totally missed the point that I was trying to make. — Ich wies Jims Kritik zurück und sagte ihm, daß er das, was ich ausdrücken wollte, völlig mißverstanden habe.

criticism *n* — Kritik

object *v* — zurückweisen

point *n* — Punkt, Sache, Sachverhalt

criticize *v* — kritisieren

Jim always gets angry whenever others criticize him. — Jim ist immer verärgert, wenn andere ihn kritisieren.

objection *n* — Einwand

Mr. Smithers had no objection to transferring Jim to a vacant position in the complaints department. — Herr Smithers hatte keine Einwände dagegen, Jim auf eine freie Stelle in der Reklamationsabteilung zu versetzen.

all very well *phrase* — alles schön und gut

That's all very well what your saying Tom, but my answer still remains "no". — Alles, was du sagst, Tom, ist schön und gut, aber meine Antwort lautet weiterhin "nein".

on the one hand *phrase* — einerseits

On the one hand I didn't like Mr. Smither's decision to transfer me to the Singapore branch office, on the other hand we both knew that I was the only person in the company with enough experience to manage that office. — Einerseits gefiel mir Herrn Smithers Entscheidung, mich in die Singapur Niederlassung zu versetzen, nicht. Andererseits wußten wir beide, daß ich der einzige in der Firma war, der über genügend Erfahrung verfügte, um diese Niederlassung zu leiten.

on the other hand *phrase* — andererseits

alternatively *adv* — alternativ

Alternatively, I suggest that we move Mr. Kimoto from the Tokyo office to Singapore. — Als Alternative schlage ich vor, Herrn Kimoto von der Tokioter Niederlassung nach Singapur zu versetzen.

for one thing *phrase* — erst einmal

For one thing, I can't understand why the German criticism of our plan seemed so exaggerated. — Erst einmal kann ich nicht verstehen, warum die deutsche Kritik an unserem Plan so übertrieben erscheint.

on the contrary *phrase* — im Gegenteil

On the contrary, I think the public has a right to know about safety violations at the nuclear power plant. — Im Gegenteil, ich glaube, die Öffentlichkeit hat ein Recht darauf, von den Sicherheitsverletzungen im Atomkraftwerk zu erfahren.

appreciate *v* I appreciate your position John, and I believe that the board will take your point on that problem at its next meeting.	würdigen, zu schätzen wissen Ich weiß Ihre Position zu schätzen, John, und ich glaube, daß der Aufsichtsrat sie auf seiner nächsten Sitzung akzeptieren wird.
take sb's point *phrase*	akzeptieren
justification *n* I thought that the board's justification for its rejection of our networking plan seemed rather evasive, didn't you?	Rechtfertigung, Begründung Meiner Meinung nach war die Begründung des Vorstandes für die Ablehnung unseres Vernetzungsplans ziemlich ausweichend, meinen Sie nicht auch?
rejection *n*	Ablehnung, Zurückweisung
evasive *adj*	ausweichend
non-committal *adj* I don't understand their sudden non-committal attitude. For the past nine months all they have talked about was the vital and imperative necessity of an office network and how we would play a key role in its development and installation.	unverbindlich Ich verstehe ihre plötzliche unverbindliche Haltung nicht. In den letzten neun Monaten haben sie über nichts anderes als über die unerläßliche und unbedingte Notwendigkeit einer Bürovernetzung gesprochen und darüber, daß wir bei der Entwicklung und Installation eine Schlüsselrolle spielen würden.
vital *adj*	unerläßlich, von höchster Wichtigkeit
imperative *adj*	unbedingt nötig, erforderlich
key *adj*	Schlüssel-
tentative *adj* It is strange that they are now talking about their tentative reservations about networking and the need for more factual information.	vorläufig; vorsichtig, zögernd Es ist befremdend, daß sie jetzt über ihre leisen Vorbehalte bei der Vernetzung und über die Notwendigkeit von mehr Sachinformation sprechen.
reservations *npl*	Vorbehalt, Einschränkung, Bedenken
factual *adj*	Sach-
counter *v*	entgegensetzen, widersprechen, begegnen
consequence *n*	Konsequenz, Folge
discount *v*	unberücksichtigt lassen
irrelevant *adj*	irrelevant, nicht relevant
at cross purposes *phrase* One of the reasons that the company went bankrupt was that management and the union were always working at cross purposes.	gegeneinander; mißverständlich Einer der Gründe dafür, warum das Unternehmen pleite ging, lag darin, daß die Unternehmensleitung und die Gewerkschaft ständig gegeneinander arbeiteten.

Wirtschaftliche Daten präsentieren

report *n*	Bericht
go up by *v*	ansteigen um
We predict that profits from international operations will go up by 15% to $5,000,000.00 over the next three years.	Wir sagen voraus, daß die Gewinne aus den internationalen Operationen während der nächsten drei Jahre um 15% auf $ 5.000.000,-- steigen werden.
go up to *v*	steigen bis, steigen auf, anwachsen bis, anwachsen auf
The number of company employees working part time went up to 1,000 last year.	Die Anzahl der Beschäftigten des Unternehmens, die Teilzeitarbeit leisteten, stieg im letzten Jahr auf 1.000.
grow *v*	wachsen, zunehmen
The number of staff will grow by 5% next year.	Die Anzahl der Beschäftigten wird bis zum nächsten Jahr um fünf Prozent zunehmen.
rise *v*	ansteigen
do well *v*	erfolgreich sein, gut gehen
Our profits will increase if the company does well in foreign markets next year.	Unsere Gewinne werden steigen, wenn das Unternehmen im nächsten Jahr auf den Auslandsmärkten erfolgreich ist.
increase *v*	wachsen, zunehmen, (an)steigen
fall by *v*	fallen um, sinken um, zurückgehen um
The company's sales of new cars in the first quarter fell by 25% to 203,000 vehicles.	Der Verkauf neuer Autos des Unternehmens ging im ersten Quartal um 25% auf 203.000 Fahrzeuge zurück.
decrease *n*	Rückgang, Abnahme
Industry experts said that the decrease was primarily due to cold weather in January and February.	Industrieexperten sagten, daß der Rückgang hauptsächlich auf das kalte Wetter im Januar und Februar zurückzuführen war.
fall to *v*	fallen auf, sinken auf, zurückgehen auf
The number of blue-collar workers at our Detroit plant fell to 85,000 this year from a level of 105,000 last year.	Die Anzahl manueller Arbeiter in unserem Werk in Detroit ging von 105.000 im letzten Jahr auf 85.000 in diesem Jahr zurück.
decrease *v*	zurückgehen, sinken
do badly *v*	erfolglos sein, keinen Erfolg haben
The recession has caused the company to do badly on retail markets and its sales may continue to worsen if it doesn't introduce lower priced products.	Die Rezession hat dazu geführt, daß es dem Unternehmen auf den Einzelhandelsmärkten nicht gut ging, und die Verkaufszahlen können sich weiter verschlechtern, wenn es nicht Produkte mit niedrigeren Preisen auf den Markt bringt.

continue *v*	weitermachen
worsen *v*	verschlechtern, schlechter werden, verschlimmern
remain *v;* **stay** *v* Corporate profits should stay at their present levels next year if inflation remains low.	bleiben Wenn die Inflationsrate niedrig bleibt, dürften die Unternehmensgewinne im nächsten Jahr auf dem gegenwärtigen Niveau bleiben.
rise to *v* Volume on the New York Stock Exchange rose to 211 million shares in active trading.	sich steigern auf Das Handelsvolumen an der New Yorker Börse steigerte sich auf 211 Millionen Aktien bei lebhaftem Handel.
stand at *v* At this moment the Dow Jones Industrial Average is standing at 3819 points.	stehen bei Im Augenblick steht der Dow Jones bei 3819 Punkten.
be left *v* We expect that there will be enough money left over from profits to purchase new robots for the plant.	übrig bleiben Wir erwarten, daß von den Gewinnen genügend Geld übrig bleibt, um neue Roboter für das Werk zu kaufen.
reach *v* By September, we had already reached our target sales figure for the entire year.	erreichen Bis zum September hatten wir bereits unser Verkaufsziel für das ganze Jahr erreicht.
approach *v* Mr. Meyer is approaching 25 years of service with the company.	annähern, sich nähern, zugehen Herr Meyer gehört fast 25 Jahre zum Unternehmen.
seem *v* The sales figures seem to show that our up-market merchandise is not selling too well.	scheinen Die Verkaufszahlen scheinen zu belegen, daß sich unsere exklusivere Ware nicht allzu gut verkaufen läßt.
show *v*	zeigen, belegen
trend *n* It appears that a trend is developing in the consumers' tendency to buy small, economical cars.	Trend Es scheint, daß sich ein Verbrauchertrend zum Kauf kleiner, sparsamer Autos entwickelt.
appear *v*	(er)scheinen
tendency *n*	Tendenz, Strömung, Richtung
compare *v* Sales rose by 5% compared with the previous year's figures.	vergleichen Verglichen mit den Vorjahreszahlen stieg der Verkauf um 5%.
contrast *v* Our sales losses on the domestic market are contrasted by sales gains on foreign markets.	kontrastieren, gegenüberstehen Unseren Verkaufsverlusten auf dem Binnenmarkt stehen Verkaufsgewinne auf den Auslandsmärkten gegenüber.

add *v*	hinzufügen
We added 12 new sales outlets in our retail sales division this year.	In diesem Jahr kamen in unserer Einzelhandelssparte zwölf neue Verkaufsstellen hinzu.
subtract *v*	subtrahieren
take away *v*	wegnehmen, herausnehmen
The company's loss would have been larger had we taken away the extraordinary profit from the sale of capital goods.	Der Verlust des Unternehmens wäre größer gewesen, hätten wir die außerordentlichen Gewinne aus dem Verkauf von Anlagegütern herausgenommen.
multiply *v*	multiplizieren
divide *v*	dividieren
calculate at *v*	berechnen mit
The interest on your bank loan will be calculated at 13% per annum.	Die Zinsen für Ihr Bankdarlehen werden mit jährlich 13% berechnet.
be well ahead *v*	weit vor.../weit über ... liegen
Although sales have hardly changed compared with the previous year, profits are well ahead of last year's figures due to staff reductions.	Obwohl sich die Verkaufszahlen im Vergleich zum Vorjahr kaum verändert haben, liegen die Gewinne aufgrund der Personalverringerung weit über denen der Vorjahreszahlen.
change *v*	(ver)ändern
be out in front *phrase*	vor ... liegen
We were out in front of our competitors in the frozen food sector.	Wir lagen im Gefrierkostbereich vor unseren Konkurrenten.
push up *v*	hochtreiben, in die Höhe treiben, steigern
A general decrease in interest rates will usually push up demand for new houses.	Eine allgemeine Senkung der Zinssätze treibt normalerweise die Nachfrage nach neuen Häusern in die Höhe.
include *v*	einschließen, enthalten
fluctuate *v*	schwanken
Retail gasoline prices will fluctuate depending on the price of oil on international markets.	Die Einzelhandelspreise für Benzin schwanken in Abhängigkeit vom Ölpreis auf den internationalen Märkten.
quantitative *adj*	quantitativ, Mengen-
Our company uses quantitative analyses to support management decisions and to make business forecasts.	Unser Unternehmen macht quantitative Analysen, um Entscheidungen auf der Führungsebene zu unterstützen und um Geschäftsprognosen zu erstellen.
double *v*	verdoppeln
We believe that we can double or triple profits with the right combination of an aggressive sales policy, staff reductions and moving most of our production to Mexico.	Wir glauben, daß wir mit der richtigen Kombination aus einer aggressiven Verkaufspolitik, Personalabbau und der Verlegung des größten Teils unserer Produktion nach Mexiko die Gewinne verdoppeln oder verdreifachen können.

treble *v (GB)*; **triple** *v (US)*	verdreifachen
pick up *v* Sales figures should stop declining in the spring and pick up in the summer when the demand for our ice cream is high.	sich erholen, anziehen Im Frühjahr sollten die Verkaufszahlen aufhören zu sinken und sich im Sommer, wenn die Nachfrage nach Eiscreme hoch ist, erholen.
decline *v*	sinken
deteriorate *v* Profits began to deteriorate three years ago but have leveled out this year at about 20% below their former peak level.	zurückgehen, sinken, verfallen Vor drei Jahren fingen die Gewinne an zurückzugehen, haben sich aber in diesem Jahr 20% unter dem früheren Höchstniveau eingependelt.
peak level *n*	Höchstniveau
level out *v*	sich ausgleichen, sich einpendeln
sustain *v* The company hopes to sustain its upward sales trend and to stabilize profits in the current fiscal year.	erhalten, anhalten Das Unternehmen hofft, die steigende Verkaufstendenz zu halten, und die Gewinne im laufenden Geschäftsjahr zu stabilisieren.
upward *adj*	steigend, Aufwärts-
stabilize *v*	stabilisieren
be reflected *v* We hired 50 new workers this year, and this is reflected in our higher personnel costs.	sich niederschlagen In diesem Jahr stellten wir 50 neue Arbeiter ein, und das schlägt sich in unseren höheren Personalkosten nieder.
be bound to do *v* Profit margins are bound to increase if we succeed in increasing sales volume.	zwangsläufig tun müssen Die Gewinnspanne steigt zwangsläufig, wenn es uns gelingt, das Verkaufsvolumen zu steigern.
tend *v* Sales figures always tend to drop strongly in January following the Christmas season.	tendieren, neigen Wenn die Weihnachtszeit vorbei ist, neigen die Verkaufszahlen im Januar immer zu einem starken Rückgang.
be prone to *v* Stock prices will always be prone to react to good or poor corporate profit figures.	neigen zu Die Aktienpreise neigen immer zu Reaktionen auf gute oder schlechte Unternehmensgewinne.
correlate *v* Paul, can your software correlate the relationship of market prices for corn to weather conditions?	zueinander in Beziehung setzen Paul, kann deine Software die Marktpreise für Getreide zu den Wettergegebenheiten in Beziehung setzen?
get on for *v (GB)*; **get up to** *v (US)* The chairperson reported that the company was getting up to about 1,000 overseas staff in 20 different countries.	zugehen auf Der/Die Vorsitzende berichtete, daß das Unternehmen auf ungefähr 1.000 Beschäftigte in 20 verschiedenen Ländern in Übersee zugehe.

span *n, v*	Spanne; sich spannen, umfassen, sich erstrecken
This graph shows that the span of our market share has increased by 11% over the past 10 years.	Dieses Schaubild zeigt, daß die Spanne unseres Marktanteils während der letzten 10 Jahre um 11% zugenommen hat.
persist *v*	anhalten, andauern
If the upward trend persists we will be out of the red by the end of the year.	Wenn der Aufwärtstrend anhält, werden wir bis Ende des Jahres aus den roten Zahlen sein.
interpret *v*	interpretieren, auslegen

Innerbetriebliche Kommunikation

formal *adj*	formell
Formal communication is usually from the top down.	Der formelle Kommunikationsverlauf erfolgt normalerweise von oben nach unten.
informal *adj*	informell
Informal networks arise where formal communications networks fail to provide sufficient information.	Informelle Kanäle bilden sich dort, wo formelle Kommunikationsnetze nicht genügend Informationen liefern.
gossip *n*	Klatsch, Tratsch, Gerede
rumo(u)r *n*	Gerücht
grapevine *n*	informeller Informationskanal
I heard through the grapevine that the plant will be closed in the spring.	Mir ist zu Ohren gekommen, daß das Werk im Frühjahr geschlossen wird.
newsletter *n*	Informationsschreiben
Delta Computer Co. sends out an annual newsletter to all of its customers informing them of new products, services, etc.	Die Delta Computer Co. verschickt jedes Jahr ein Informationsschreiben an all ihre Kunden, um sie über neue Produkte, Dienstleistungen etc. auf dem laufenden zu halten.
notice *n*	Hinweis, Ankündigung
The company sent out a notice to all of its sales representatives informing them of that they would receive a Christmas bonus.	Das Unternehmen versandte eine Ankündigung an alle Vertreter, die sie informierte, daß sie Weihnachtsgeld bekommen würden.
communications breakdown *n*	gestörter Kommunikationsfluß, gestörte Kommunikation
Whenever something goes wrong in the department, our boss blames it on a communications breakdown.	Immer, wenn in der Abteilung etwas nicht klappt, schiebt unser Chef das auf eine Störung in der Kommunikation.
information overload *n*	Informationsüberhang
Be careful not to give your staff too much information: we don't want to cause an information overload.	Achten Sie darauf, daß Sie nicht zu viele Informationen an Ihre Beschäftigten weitergeben. Wir wollen keinen Informationsüberhang verursachen.

misunderstand *v*	mißverstehen
misinterpret *v* Because Angela didn't clarify what she was saying, Mick misinterpreted the data.	falsch auslegen, fehlinterpretieren Weil Angela, das was sie sagte, nicht klarer machte, legte Mick die Daten falsch aus.
feedback *n* How are we supposed to know what our workers think of the new procedure if we don't get any feedback?	Rückmeldung, Feedback Wie sollen wir denn wissen, was unsere Arbeiter von dem neuen Verfahren halten, wenn wir keine Rückmeldung kriegen?
company progress report *n* The company progress report praised employee job performance over the past year in improving product quality, which had led to increased sales.	Bericht zur Unternehmenslage Der Bericht zur Unternehmenslage lobte die Leistung der Mitarbeiter zur Verbesserung der Produktqualität im vergangenen Jahr, was zu einem besseren Verkaufsergebnis geführt hatte.
house journal *n (GB)*; **company magazine** *n (US)*	Firmenzeitung, Firmenmagazin
suggestions *npl* The company offers bonuses for employee suggestions that are used to improve production.	Vorschläge Das Unternehmen bietet Bargeldprämien für Mitarbeitervorschläge, die zur Produktionsverbesserung verwendet werden.
grievance procedure *n* The union and management use a grievance procedure to settle complaints filed by workers or staff.	Beschwerdeverfahren Die Gewerkschaft und die Unternehmensleitung wenden ein Beschwerdeverfahren an, um Beschwerden der Arbeiter oder der Belegschaft nachzugehen.
consultation committee *n* Our company's consultation committee is made up of management and staff personnel who meet, as required, to discuss various issues such as grievances or suggestions.	beratender Ausschuß Der Beratungsausschuß unseres Unternehmens besteht aus Mitgliedern der Unternehmensleitung und der Belegschaft, die nach Bedarf zusammenkommen, um verschiedene Themen wie z. B. Beschwerden zu diskutieren.
fire fighting *n* The union and management agreed on a fire fighting policy which will help solve problems in the plant as they arise.	Troubleshooting Die Gewerkschaft und die Unternehmensleitung einigten sich auf eine Politik des raschen Eingreifens, die Probleme im Werk zu lösen soll, sobald sie entstehen.
approachable *adj*	leicht zugänglich, umgänglich
forthcoming *adj* If employees believe that their superiors take what they say seriously, then they will be more forthcoming with information.	mitteilsam Wenn die Beschäftigten glauben, daß ihre Vorgesetzten das, was sie sagen, ernst nehmen, werden sie auch Informationen mitteilsamer weitergeben.

readily *adv* The more personal atmosphere in small companies means that employees will probably communicate more readily with their superiors.	bereitwillig Die persönliche Atmosphäre in kleinen Unternehmen bedeutet auch, daß sich die Mitarbeiter wahrscheinlich mit ihren Vorgesetzten bereitwilliger verständigen.
intimidated *adj* Sharon complained to her boss that she felt like she was being intimidated by her peer group on the job.	eingeschüchtert Sharon beschwerte sich bei ihrem Chef darüber, daß sie das Gefühl hatte, ein Mobbingopfer ihrer Arbeitskollegen zu sein.
peer group *n*	gleichrangige Mitarbeiter
inhibited *adj* Because management was not approachable, workers felt inhibited from making any suggestions.	gehemmt Weil die Unternehmensleitung nicht mit sich reden ließ, hatten die Arbeiter Hemmungen davor, neue Vorschläge zu machen.
jargon *n* Nobody could understand Alec's report because it was too full of obsure technical jargon	Fachsprache Niemand konnte Alecs Bericht verstehen, weil er zu viel unklares technisches Fachchinesisch enthielt.
obscure *adj*	unklar, unverständlich
non-verbal *adj*	nonverbal

15 Korrespondenz

Form und Aufbau eines Geschäftsbriefes

correspondence *n*
Correspondence is no longer as important as it used to be, as the telephone is now used far more than business letters or personal letters.

Korrespondenz, Schriftverkehr
Der Schriftverkehr ist nicht mehr so wichtig wie er es einmal war, weil das Telefon jetzt weit häufiger benutzt wird als Geschäftsbriefe und persönliche Briefe.

business letter *n*
Geschäftsbrief

personal letter *n*
persönlicher Brief

circular *n*
Sinclair and Sons sent a circular to all their potential customers, informing them of their end-of-year special offer.

Rundschreiben
Sinclair und Söhne haben ein Rundschreiben an all ihre potentiellen Kunden geschickt, in dem sie sie über ihre Sonderangebote am Ende des Jahres informieren.

reference *n*
Most business letters include a reference and a subject line.
our reference
your reference

Bezug
Die meisten Geschäftsbriefe enthalten eine Bezugs- und eine Betreffzeile.
unser Zeichen
Ihr Zeichen

subject *n*
Betreff

confidential *adj*
Letters dealing with matters such as creditworthiness are usually marked "strictly confidential".

vertraulich
Briefe, die solche Angelegenheiten wie Kreditwürdigkeit zum Inhalt haben, sind normalerweise als "streng vertraulich" gekennzeichnet.

strictly *adv*
streng

signature *n*
Unterschrift

under separate cover *phrase*
We will be sending you our latest price list under separate cover.

mit getrennter Post
Mit getrennter Post senden wir Ihnen unsere neueste Preisliste.

enclose *v*
beilegen

enclosure *n*
If there are any enclosures with a letter, the abbreviation "Encl." will be placed below the signature.

Anlage
Wenn dem Brief irgendwelche Anlagen beigelegt werden, wird die Abkürzung "Encl." unter die Unterschrift geschrieben.

attach *v*
The attached brochure will help you to get an idea of our product range.

beifügen, beilegen
Die beigelegte Broschüre wird Ihnen helfen, sich ein Bild von unserem Produktsortiment zu machen.

letterhead *n* In the UK, the letterhead will also usually include the company's VAT number.	Briefkopf Im Vereinigten Königreich enthält der Briefkopf gewöhnlich auch die Mehrwertsteueridentifikationsnummer des Unternehmens.
VAT number *n (GB)*	Mehrwertsteueridentifikationsnummer
inside address *n* The inside address is written below the letterhead on the left, after the reference and the date.	Anschrift des Empfängers auf dem Briefbogen Die Anschrift des Empfängers wird links unterhalb des Briefkopfes nach der Bezugszeile und dem Datum auf den Briefbogen geschrieben.
subject line *n* In the US, the subject line is written before the salutation, whereas in the UK it is written after the salutation.	Betreffzeile, Sachverweiszeile In den Vereinigten Staaten wird die Sachverweiszeile vor die Anrede gestellt, wohingegen sie im Vereinigten Königreich der Anrede folgt.
salutation *n*	Anrede
body of the letter *n* In business correspondence, the body of the letter should not be too long or too complicated.	Brieftext In der Geschäftskorrespondenz sollte der Brieftext nicht zu lang oder zu kompliziert sein.
complimentary close *n* The type of complimentary close used depends on the salutation: if the letter begins with "Dear Sir", it should end with "Yours faithfully".	höfliche Schlußformel, Höflichkeitsformel Die zur Anwendung kommende Höflichkeitsformel hängt von der Anrede ab. Wenn der Brief mit "Sehr geehrter Herr" beginnt, sollte er mit "Mit freundlichen Grüßen" beendet werden.
appendix *n*	Anhang
for the attention of (Attn) *phrase (GB)***; to the attention of (Attn.)** *phrase (US)* Miss Jones, please send a copy of this letter to Sinclair and Sons of Ashford, for the attention of Mr Hardacre.	zu Händen von (z.H.) Fräulein Jones, senden Sie bitte eine Kopie dieses Briefes an Sinclair und Söhne in Ashford, zu Händen von Herrn Hardacre.
margin *n* He returned my fax with a number of rude comments in the margin.	Rand Er schickte mein Fax mit einer Reihe unanständiger Randbemerkungen zurück.
indent *v* Don't worry about indenting paragraphs: it's too old-fashioned.	einrücken Lassen Sie das Einrücken von Absätzen. Das ist zu altmodisch.

A Typical British Business Letter (written in block style)

Chilton Publishing Ltd
15 Baron Street
Edington-on-the-Hill
Somerset TA7 9 FN
Tel: (01278) 227685
Fax: (01278) 22 75 40
VAT No: GB 646 4252 31

Your ref:
Our ref: JF/pm

Mr S. Ireland
Catcott Furnishings
18 Ashford Road
Camberwick Green
Wiltshire BA17 4KC

28 August 1995

Dear Mr Ireland

Office furniture

We have just moved into our new offices at the above address and are interested in purchasing new office furniture.

Please send us your latest catalogue and price list, including details of any discounts you offer.

We look forward to hearing from you soon.

Yours sincerely

(signature)

J. Fields (Ms)

Writing British business letters:

If you are writing to:	**start with:**
a company	Dear Sirs
a man whose name you do not know	Dear Sir
a woman whose name you do not know	Dear Madam
a man	Dear Mr Jones
a married woman	Dear Mrs Jones
an unmarried woman	Dear Miss Jones
a married/unmarried woman	Dear Ms Jones
someone you know well/a friend	Dear Paul

If you start with:	**you should finish with:**
Dear Sir/Dear Sirs/Dear Madam	Yours faithfully
Dear Mr/Mrs/Miss/Ms	Yours sincerely
Dear Paul	Yours/Kind regards/Best wishes

A Typical American Business Letter (written in block style)

Jackson Publishing Co., Inc.
121373 Los Amigos Boulevard , Suite 471
Valencia California 91355
Tel: (805) 254-0019 - Fax: (805) 254-0309

August 28, 1995

Catcott Furnishings Inc. (USA)
2114 South Lee Street
Louisville, KY 40219

Attention: Mr. John M. Blarney, Sales Manager

Dear Mr. Blarney,

Subject: Office furniture

We have just moved into our new offices at the above address and are interested in buying new office furniture.

Please send us your latest catalog and price list, including details of any discounts you offer.

We look forward to hearing from you soon.

Sincerely yours,

(signature)

Andrew Jackson
President & CEO

AJ/mf

Writing American business letters:

If you are writing to:	**start with:**
a company	Ladies and Gentlemen,/Dear Sirs,
a man whose name you do not know	Dear Sir,
a woman whose name you do not know	Dear Madam,
a man	Dear Mr. Jones,
a married woman	Dear Mrs. Jones,
an unmarried woman	Dear Miss Jones,
a married/unmarried woman	Dear Ms. Jones,
someone you know well/a friend	Dear Paul,

If you start with:	**you should finish with:**
Dear Sir,/Dear Sirs,/Dear Madam,/ Ladies and Gentlemen,	Very sincerely yours,/Yours truly,/Sincerely yours,
Dear Mr./Mrs./Miss/Ms.,	Sincerely yours,/Sincerely,
Dear Paul,	Cordially yours,/Best Regards,/Warm Regards,
Legal and official letters should finish with	Respectfully yours,/Very truly yours,

p.p. (per procurationem, per pro, by proxy) *phrase (GB)* As her boss was away on business, Sally signed the letter herself, putting the letters "p.p." before her name.	i. A. (im Auftrag von), i.V. (in Vertretung) Da ihr Chef geschäftlich unterwegs war, unterzeichnete Sally den Brief selbst und stellte ihrem Namen die Buchstaben "i.A." voran.

Schreiben, Informieren

correspond *v* We've been corresponding with each other for more than twenty years now.	korrespondieren Seit über zwanzig Jahren korrespondieren wir nun miteinander.
contact *v* The German Chamber of Commerce in San Francisco suggested that I contact you for further details.	sich wenden an Die deutsche Handelskammer in San Francisco schlug vor, daß ich mich wegen weiterer Einzelheiten an Sie wende.
get in touch *phrase* Why don't you get in touch with the British embassy? I'm sure they'll be able to help.	in Verbindung treten Warum treten Sie nicht mit der britischen Botschaft in Verbindung? Ich bin sicher man wird Ihnen dort helfen können.
reply *v* We're still waiting for our lawyers to reply to our letter of last month.	(be)antworten Wir warten immer noch darauf, daß unsere Anwälte unseren Brief vom letzten Monat beantworten.
response *n* Our offer of a 15% discount met with an immediate response.	Antwort, Reaktion, Anklang Unser Angebot eines 15%igen Rabatts fand sofort Anklang.
respond *v*	antworten
answer *v* We will be glad to answer any inquiries you may have.	(be)antworten Wir sind gern bereit, mögliche Fragen Ihrerseits zu beantworten.
refer to *v* I refer to our order No. VC 6823 of January 23 for spare parts.	sich beziehen auf Ich beziehe mich auf Ihren Auftrag für Ersatzteile Nr. VC 6823 vom 23. Januar.
following *prep* Following our reminder, Brown & Thomas sent us a check for the outstanding amount.	nach(folgend) Nach unserer Zahlungserinnerung schickten uns Brown & Thomas einen Scheck über den noch offenen Betrag.
further to *prep (GB)* Further to our telephone conversation this morning, I would like to order 12 dozen bottles of your 1991 Bordeaux.	im Anschluß an, Bezug nehmend auf Bezug nehmend auf unser Telefongespräch von heute morgen, würde ich gern 144 Flaschen Ihres 1991er Bordeaux bestellen.

recommend *v*	empfehlen
You have been recommended to us as a reliable forwarding agent with good experience in shipping abroad.	Sie sind uns als ein zuverlässiger Spediteur mit großer Auslandserfahrung empfohlen worden.
on behalf of *prep*	im Namen von
We are writing to you on behalf of our client, Williams and Gordon Ltd of Hammersmith.	Wir schreiben Ihnen im Namen unseres Klienten Williams and Gordon Ltd in Hammersmith.
p.p. (per procurationem, per pro, by proxy) *phrase (GB)*	i. A. (im Auftrag von), i.V. (in Vertretung)
As her boss was away on business, Sally signed the letter herself, putting the letters "p.p." before her name.	Da ihr Chef geschäftlich unterwegs war, unterzeichnete Sally den Brief selbst und stellte ihrem Namen die Buchstaben "i.A." voran.
concerning *prep*	betreffend
Our Hamburg office has just received an inquiry concerning the transport of radioactive waste to Japan.	Unser Büro in Hamburg hat soeben eine Anfrage erhalten, die den Transport radioaktiven Abfalls nach Japan betrifft.
regarding *prep*	betreffend, bezüglich
Thank you for your letter of November 17 regarding market prospects for our products in Poland.	Vielen Dank für Ihr Schreiben vom 17. November bezüglich der Marktaussichten für unsere Produkte in Polen.
at your end *phrase*	bei Ihnen
at our end *phrase*	bei uns
There would seem to have been a mistake at our end.	Es sieht so aus als sei bei uns ein Fehler aufgetreten.
indicate *v*	angeben
Please indicate whether these prices include VAT.	Bitte geben Sie an, ob in diesen Preisen die Mehrwertsteuer enthalten ist.
advise *v*	raten
Miller and Co. advised us to contact you for further information.	Miller and Co. rieten uns, uns wegen weiterer Informationen an Sie zu wenden.
notify *v*	benachrichtigen
inform *v*	informieren
point out *v*	hinweisen auf
We would point out that this delay is due to circumstances beyond our control, and would emphasize that we cannot accept any liability for damages.	Wir möchten darauf hinweisen, daß diese Verzögerung auf Umstände zurückzuführen ist, die sich unserer Kontrolle entziehen, und wir möchten betonen, daß wir keinerlei Schadensersatzverpflichtungen akzeptieren können.
emphasize *v*	betonen
draw attention to *phrase*	Aufmerksamkeit lenken auf, darauf hinweisen
May we take this opportunity to draw your attention to our new "Dayglo" line of paints.	Dürfen wir bei dieser Gelegenheit Ihre Aufmerksamkeit auf unsere neuen "Dayglo" Farben lenken?

take an opportunity *phrase*	eine Gelegenheit wahrnehmen
state *v*	feststellen, erklären, zum Ausdruck bringen
In your letter of June 30, you state that your offer is valid until August 31.	In Ihrem Brief vom 30. Juni erklären Sie, daß Ihr Angebot bis zum 31. August gültig ist.
specify *v*	spezifizieren, genau angeben
Please specify sizes, colors and patterns when ordering.	Bitte nennen Sie bei Ihrer Bestellung die genauen Größen, Farben und Muster.
stipulate *v*	festlegen
Our contract explicitly stipulated delivery by the end of June.	Unser Vertrag legte ausdrücklich die Lieferung bis Ende Juni fest.
as follows *phrase*	wie folgt, folgendermaßen
The goods are packed as follows: each plate is wrapped in paper and placed in its individual box.	Die Waren sind folgendermaßen verpackt: Jeder Teller wird in Papier eingewickelt und einzeln in eine Schachtel gesteckt.
following *adj*	folgende(r, s)
We regret that the following articles are out of stock:	Wir bedauern, daß die folgenden Artikel nicht mehr vorrätig sind:
below *adv*	unten, nachfolgend
Our agent can be contacted at the address below.	Unser Agent kann unter der nachfolgenden Adresse erreicht werden.
above-mentioned *adj*	obenerwähnt
The above-mentioned company has given us your name as a reference.	Das obenerwähnte Unternehmen hat uns Ihren Namen empfohlen.
in question *phrase*	fraglich, besagt
The company in question was founded in 1955 and has a good reputation on the German market.	Das besagte Unternehmen wurde 1955 gegründet und genießt einen guten Ruf auf dem deutschen Markt.
list *v*	auflisten, aufführen
The enclosure lists the quantities and qualities we require.	In der Anlage werden die von uns gewünschten Mengen und Qualitäten aufgeführt.

Probleme, Beschwerden, Entschuldigungen

fulfil *v (GB)*; **fulfill** *v (US)*	erfüllen
The goods neither fulfil our expectations nor do they satisfy European safety standards.	Weder erfüllen die Waren unsere Erwartungen, noch entsprechen sie den europäischen Sicherheitsnormen.
expectation *n*	Erwartung
satisfy *v*	zufriedenstellen; entsprechen, erfüllen

come up to *v* If your products come up to our expectations we will be interested in placing regular orders.	entsprechen, erfüllen Wenn Ihre Produkte unseren Erwartungen entsprechen, sind wir an regelmäßiger Auftragserteilung interessiert.
meet *v* Unfortunately, your range of gourmet foods does not meet the high standards of our hotel chain.	erfüllen Leider erfüllt Ihr Sortiment an Feinschmeckerkost nicht die hohen Ansprüche unserer Hotelkette.
trouble *n* We are having a lot of trouble getting your machine to work.	Probleme, Schwierigkeiten Wir haben erhebliche Schwierigkeiten, Ihre Maschine zum Laufen zu bringen.
be grateful *v* We would be grateful if you could settle this matter as quickly as possible.	dankbar sein Wir wären dankbar, wenn Sie diese Angelegenheit so schnell wie möglich regeln könnten.
appreciate *v* While we appreciate your difficult situation, we must point out with respect that this is not the first time we have had to grant you an extension.	verstehen, sich bewußt sein Wir sind uns Ihrer schwierigen Situation bewußt, möchten aber dennoch bei allem gebotenen Respekt darauf hinweisen, daß dies nicht das erste Mal ist, daß wir Ihnen eine Fristverlängerung einräumen mußten.
obliged *adj* In view of these difficulties, we would be obliged to you if you would grant us a longer period of payment.	zu Dank verpflichtet Im Hinblick auf diese Schwierigkeiten, wären wir Ihnen zu Dank verpflichtet, wenn Sie uns eine längere Zahlungsfrist einräumen könnten.
with respect *phrase*	bei allem (gebotenen) Respekt
unfortunately *adv*	leider
regrettably *adv* We apologize for any delay; regrettably, there may be further delays over the next few weeks.	bedauerlicherweise Wir bitten um Entschuldigung für eventuelle Verzögerungen. Bedauerlicherweise sind weitere Verzögerungen im Verlauf der nächsten Wochen nicht auszuschließen.
inadvertently *adv* Your order was inadvertently dispatched to Tilbury instead of Tenbury.	versehentlich, unbeabsichtigt Ihr Auftrag wurde versehentlich nach Tilbury statt nach Tenbury versandt.
apologize *v*	(sich) entschuldigen, um Entschuldigung bitten
regret *v* As much as we regret this oversight, we cannot accept full liability for the loss you incurred.	bedauern So sehr wir dieses Versehen auch bedauern, so können wir doch nicht die volle Haftung für den Ihnen entstandenen Verlust akzeptieren.

apology *n* Please accept our sincere apologies for this mix-up.	Entschuldigung Wir bitten aufrichtig um Entschuldigung für diese Verwechslung.
sincere *adj*	aufrichtig
slip *n* You must realize that a slip like this can be very costly for us.	(Flüchtigkeits)fehler Es dürfte dir klar sein, daß uns ein derartiger Fehler teuer zu stehen kommen kann.
test *v* On testing the toys, we found that they were unsafe for small children.	testen Beim Testen der Spielwaren kamen wir zu dem Ergebnis, daß sie für kleine Kinder nicht sicher sind.
examine *v* All our toys are examined by qualified staff before they leave our factory.	prüfen, untersuchen All unsere Spielwaren werden, bevor sie unsere Fabrik verlassen, von qualifizierten Mitarbeitern geprüft.
investigate *v* We have investigated the goods you returned and feel that your complaint is unjustified.	untersuchen, prüfen, analysieren Wir haben die Waren, die Sie uns zurückgeschickt haben, geprüft und sind der Meinung, daß Ihre Beanstandung nicht gerechtfertigt ist.
trace *v* Your order must have been mislaid, but we are doing our best to trace it.	aufspüren, wiederauffinden Ihr Auftrag muß wohl verlegt worden sein, aber wir tun unser möglichstes, ihn wiederaufzufinden.
peruse *v* On perusing the instruction manual, I found that it contained several serious translation mistakes.	durchsehen, durchlesen Beim Durchlesen des Handbuches fand ich, daß es mehrere schwere Übersetzungsfehler enthielt.
accept *v* We cannot accept these goods as they are not the shape and size we ordered.	akzeptieren, annehmen Wir können diese Waren nicht annehmen, da sie in Form und Größe nicht unserer Bestellung entsprechen.
place at disposal *phrase* As we have no use for these goods, we have no option but to place them at your disposal.	zur Verfügung/Disposition stellen Da wir für diese Waren keine Verwendung haben, bleibt uns keine andere Wahl, als sie Ihnen zur Verfügung zu stellen.
option *n*	Wahl
insist *v* We must insist on prompt delivery.	bestehen auf Wir müssen auf prompter Lieferung bestehen.
forced *adj* If you cannot deliver on time in future, we will be forced to look for an alternative supplier.	gezwungen Wenn Sie künftig nicht termingerecht liefern können, werden wir gezwungen sein, uns nach einem anderen Lieferanten umzusehen.

obliged *adj*	verpflichtet, gezwungen
If you do not settle this invoice by March 15 we shall be obliged to seek legal advice.	Wenn Sie diese Rechnung nicht bis zum 15. März begleichen, sehen wir uns gezwungen, juristischen Rat zu suchen.
compelled *adj*	genötigt, gezwungen
As you have failed to increase sales we are compelled to terminate your contract with us.	Da es Ihnen nicht gelungen ist, den Umsatz zu steigern, sind wir genötigt, Ihren Vertrag mit uns zu beenden.

Sonstige Wendungen

accommodate *v*	entgegenkommen, gefällig sein
Although we do not normally deliver on the terms requested, we will do our best to accommodate you.	Obwohl wir normalerweise nicht zu den gewünschten Bedingungen liefern, werden wir unser Bestes tun, Ihnen entgegenzukommen.
see one's way *phrase*	bereit sein, gewillt sein
I would be very grateful if you could see your way to bringing our order forward by two weeks.	Ich wäre sehr dankbar, wenn Sie bereit wären, unseren Auftrag um zwei Wochen vorzuziehen.
count on *v*	zählen auf
Can we count on early delivery? If so, when can we expect the goods?	Können wir auf frühzeitige Lieferung zählen? Falls dem so ist, wann können wir die Waren erwarten?
expect *v*	erwarten
reckon with *v*	rechnen mit
Can we reckon with better sales in the next quarter?	Können wir im nächsten Quartal mit besseren Umsätzen rechnen?
intend *v*	beabsichtigen
Our area sales manager intends to be in Leicester next week.	Unser Gebietsverkaufsleiter beabsichtigt, nächste Woche in Leicester zu sein.
await *v*	erwarten
We hope that this answers your query, and await further instructions.	Wir hoffen, daß damit Ihre Frage beantwortet ist und erwarten weitere Anweisungen.
query *n*	Frage, Rückfrage
rely on *v*	verlassen auf
As we were relying on prompt delivery, this delay puts us in an awkward situation.	Da wir uns auf eine prompte Lieferung verlassen haben, bringt uns diese Verzögerung in eine mißliche Situation.
awkward *adj*	ungünstig, mißlich
hesitate *v*	zögern
Should you have any further questions, please do not hesitate to contact us.	Sollten Sie weitere Fragen haben, zögern Sie bitte nicht, sich an uns zu wenden.

look forward *v* We look forward to receiving further orders from you in the near future.	sich freuen Wir freuen uns darauf, in naher Zukunft weitere Aufträge von Ihnen zu erhalten.
pending *adj* The goods will be held here pending your further instructions.	bis zu; unerledigt Die Waren werden bis zum Eintreffen Ihrer weiteren Anweisungen hierbehalten.
require *v* What sizes and colors do you require?	benötigen, wünschen Welche Größen und Farben wünschen Sie?
need *v* As we need these goods urgently, we must ask you to send them express.	brauchen, benötigen Da wir diese Waren dringend brauchen, müssen wir Sie bitten, sie per Expreß zu schicken.
impress *v* When we visited your stand at the Birmingham Trade Fair we were very impressed with your new range of kitchen equipment.	beeindrucken Als wir Ihren Stand auf der Messe in Birmingham besuchten, waren wir sehr von Ihrem neuen Sortiment an Küchenausstattungen beeindruckt.
convince *v* We are convinced that you will find a ready market for these cameras.	überzeugen Wir sind überzeugt, daß Sie für diese Kameras einen aufnahmebereiten Markt finden werden.
carry out *v* Owing to a strike at our supplier's main works, we will be unable to carry out your order within the time requested.	ausführen Wegen eines Streiks im Hauptwerk unseres Lieferanten werden wir nicht in der Lage sein, Ihren Auftrag innerhalb der gewünschten Zeit auszuführen.
owing to *prep*	wegen
effect *v* Payment will be effected as soon as we receive your dispatch note.	vornehmen, durchführen, erledigen Die Zahlung wird vorgenommen, sobald wir Ihre Versandanzeige erhalten.
assure *v* We assure you that this will not happen again.	versichern Wir versichern Ihnen, daß dies nicht wieder vorkommen wird.
guarantee *v*	garantieren
vouch for *v* Robertson and Sons have been doing business with us for more than thirty years, and we can vouch for their trustworthiness.	sich verbürgen für Robertson und Söhne stehen seit über 30 Jahren mit uns in Geschäftsbeziehungen, und wir können uns für ihre Vertrauenswürdigkeit verbürgen.

remember *v*	sich erinnern, daran denken
You will remember that it was agreed the goods would be shipped in time to arrive here by the end of the month.	Sie denken bitte daran, es war vereinbart, daß die Waren so rechtzeitig versandt werden, daß sie bis Ende des Monats hier ankommen.
bear in mind *phrase*	daran denken, im Gedächtnis behalten, berücksichtigen
Please bear in mind that we cannot give an exact arrival date for sea transport.	Bitte berücksichtigen Sie, daß wir Ihnen für Seetransporte kein genaues Ankunftsdatum geben können.
consider *v*	betrachten, erachten, halten für
It was with great regret that we read your final remark, and we sincerely hope that you will not consider it necessary to take such a drastic step.	Mit großem Bedauern haben wir Ihre letzte Bemerkung gelesen, und wir hoffen aufrichtig, daß Sie es nicht für nötig erachten, einen solch drastischen Schritt zu unternehmen.
rush *v*	beschleunigen, schneller machen, schnell erledigen
Please do everything possible to rush dispatch.	Bitte tun Sie alles nur mögliche, um den Versand schnell zu erledigen.
speedy *adj*	schnell
As we need these parts for an export order, speedy delivery is essential.	Da wir diese Teile für einen Exportauftrag benötigen, ist eine schnelle Erledigung unbedingt nötig.
allow *v*	gewähren
We do not normally allow discounts on initial orders.	Normalerweise gewähren wir keinen Rabatt auf Erstaufträge.
utmost *n*	Möglichstes
We will do our utmost to have the machine ready by the end of the week.	Wir werden unser möglichstes tun, die Maschine bis Ende nächster Woche fertig zu haben.
be in a position *phrase*	in der Lage sein
We explicitly requested payment by March 30 and are not in a position to extend your credit any further.	Wir haben ausdrücklich um Zahlung bis zum 30. März gebeten und sind nicht in der Lage, Ihren Kredit noch weiter zu verlängern.
explicitly *adv*	ausdrücklich, deutlich
expressly *adv*	ausdrücklich, eigens
When placing this order we expressly pointed out to your representative that the goods must be in our possession by the beginning of October.	Als wir diesen Auftrag erteilten, haben wir Ihren Vertreter eigens darauf hingewiesen, daß sich die Waren bis Anfang Oktober in unserem Besitz befinden müssen.

excessive *adj*	übermäßig, überhöht, unangemessen hoch
The samples of tea you sent us contained excessive amounts of dirt and stones.	Die Teeproben, die Sie uns geschickt haben, enthielten unangemessen hohe Anteile an Schmutz und Steinen.
considerable *adj*	beträchtlich
We have had considerable difficulties finding qualified staff.	Wir haben beträchtliche Schwierigkeiten gehabt, qualifiziertes Personal zu finden.
substantial *adj*	erheblich
We are only prepared to accept the goods if you are willing to make a substantial reduction in the price.	Wir sind erst dann zur Annahme der Waren bereit, wenn Sie gewillt sind, eine erhebliche Preisreduzierung vorzunehmen.
minute *adj*	sehr klein, sehr gering
A minute amount of oil was enough to ruin the entire consignment of wine.	Eine sehr geringe Menge Öl reichte aus, um die gesamte Weinsendung zu verderben.
slight *adj*	gering, leicht
Luckily, the contents of the carton only suffered slight damage.	Glücklicherweise wurde der Kartoninhalt nur sehr leicht beschädigt.
negligible *adj*	unerheblich, geringfügig
In view of the negligible damage we feel that your claim is rather overexaggerated.	Angesichts des geringfügigen Schadens haben wir das Gefühl, daß Ihre Forderung ziemlich übertrieben ist.
with effect from *prep (GB)*; **effective as of** *prep (US)*	mit Wirkung vom
This price increase is valid with effect from January 1, 1996.	Diese Preiserhöhung ist mit Wirkung vom 1. Januar 1996 gültig.

Post

private address *n*	Privatanschrift
Mrs. Fillmore's private address and business address are the same because her insurance agency is located in her home.	Frau Fillmores Privatanschrift und ihre Geschäftsanschrift sind gleich, weil sich ihre Versicherungsagentur in ihrer Wohnung befindet.
business address *n*	Geschäftsanschrift
care of (c/o) *prep*	bei (c/o)
Mr. Smith will have all of his mail forwarded c/o the company head office while he is working on the oil project in Saudi Arabia.	Herr Smith wird seine gesamte Post an die Unternehmenszentrale nachgesandt bekommen, solange er an dem Ölprojekt in Saudi-Arabien arbeitet.
forward *v*	nachsenden
During my three week business trip to Illinois, I will have all of my mail forwarded general delivery to the post office in Springfield.	Während meiner dreiwöchigen Geschäftsreise nach Illinois werde ich mir meine ganze Post postlagernd an das Postamt in Springfield nachsenden lassen.
poste restante *adv (GB)*; **general delivery** *adv (US)*	postlagernd
express *adv (GB)*; **special delivery** *adv*	per Eilzustellung, per Expreß
The Springfield post office has two carriers who deliver special delivery letters and packages only.	Die Post von Springfield hat zwei Frachtführer, die nur Eilzustellungen und Paketsendungen ausliefern.
registered *adj*	eingeschrieben, Einschreib-
Our company sends all of its late payment notices by registered mail.	Unsere Firma versendet all ihre Zahlungserinnerungen per Einschreiben.
recorded delivery *n (GB)*	bestätigte Lieferung *(vergleichbar dem Einschreiben jedoch für Sachen ohne materiellen Wert)*
Mr Sheppard sent his manuscript to the publishers by recorded delivery.	Herr Sheppard schickte sein Manuskript als bestätigte Lieferung an den Verlag.
airmail *n*	Luftpost
undelivered *adj*	unzustellbar
The post office automatically returns all undelivered mail to sender within five days.	Die Post schickt automatisch alle unzustellbaren Sendungen innerhalb von fünf Tagen an den Absender zurück.
stamped addressed envelope (SAE) *n*	freigemachter, adressierter Rückumschlag
Please enclose a stamped and addressed envelope so that we can send you your gift certificate as soon as possible.	Bitte legen Sie einen freigemachten, adressierten Rückumschlag bei, damit wir Ihnen Ihren Geschenkgutschein so bald wie möglich senden können.

printed matter *n* Our customers receive our catalogs as printed matter, postage paid.	Drucksache Unsere Kunden erhalten unsere Kataloge als freigemachte Drucksache.
postage paid *phrase*	frankiert, freigemacht, Entgelt bezahlt
packet *n* The mail-order company confirmed that they would send the software packet by parcel post within one week.	Paket Das Versandhaus bestätigte, daß sie uns das Softwarepaket innerhalb einer Woche als Paketpost senden würden.
parcel *n*	Paket
post code *n (GB)*; **zip code** *n (US)* Zip codes were first introduced in the United States in the mid-1960s.	Postleitzahl In den USA wurden Postleitzahlen in der Mitte der 60er Jahre zum ersten Mal eingeführt.
postal address *n (GB)*; **mailing address** *n (US)* The mailing address of International Investment Ltd turned out to be a P.O. Box number in Jamaica.	Postanschrift Die Postanschrift der International Investment Ltd entpuppte sich als ein Postfach in Jamaika.
P.O. Box *n*	Postfach
addressee *n* The Preston Marketing Corp. specializes in selling lists of addressees to mail-order companies for advertising purposes.	Adressat(in), Empfänger(in) Die Preston Marketing Corp. hat sich auf den Verkauf von Adressenlisten zu Werbezwecken an Versandhäuser spezialisiert.
temporary address *n*	vorläufige Adresse
surface mail *n* Sending packages by surface mail to Europe can take up to seven weeks for delivery.	gewöhnliche Post Beim Paketversand nach Europa mit gewöhnlicher Post kann die Zustellung bis zu sieben Wochen dauern.
freepost *n (GB)*; **reply paid** *n (US)* The company stated on its advertisement that a customer could request further information or place an order by freepost.	Gebühr bezahlt Empfänger Das Unternehmen wies in seiner Werbung darauf hin, daß Kunden gebührenfrei weitere Informationen anfordern oder Bestellungen aufgeben könnten.
hold for arrival *phrase* We instructed the post office to hold our mail for arrival until we moved to our new address in London.	nicht nachsenden Wir wiesen das Postamt an, unsere Post so lange nicht nachzusenden, bis wir zu unserer neuen Londoner Adresse gezogen waren.
frank *v (GB)*; **cancel** *v (US)* The post office cancels each stamp with a postmark before delivering it.	freistempeln Das Postamt stempelt jede Briefmarke vor der Zustellung mit einem Poststempel frei.
postmark *n*	Post(entwertungs)stempel

international reply coupon *n*	internationaler Rückantwortschein
courier *n* Whenever I have an important delivery deadline, I send my translations by courier because a courier usually delivers faster than the post office.	Kurier(dienst) Immer wenn ich einen wichtigen Liefertermin habe, sende ich meine Übersetzungen per Kurier, denn die Zustellung durch Kurier ist normalerweise schneller als die durch die Post.

Telefon

payphone *n* I couldn't use the payphone because I only had a 20 dollar bill and a card for a calling card telephone.	Münzfernsprecher Ich konnte den Münzfernsprecher nicht benutzen, weil ich nur einen 20-Dollar-Schein und eine Telefonkarte hatte.
cardphone *n (GB)*; **calling card telephone** *n (GB)*	Kartentelefon
telephone booth *n* I finally found a telephone booth with a cardphone in it.	offene Telefonzelle Ich habe endlich eine Telefonzelle mit einem Kartentelefon gefunden.
telephone box *n* We have several telephone boxes located throughout the plant which employees use to make internal calls or to get an outside line through the company switchboard.	Telefonzelle Wir haben überall im Werk mehrere Telefonzellen, die die Beschäftigten für interne Gespräche benutzen oder um über die Telefonzentrale des Unternehmens eine Amtsleitung zu bekommen.
internal call *n*	internes/innerbetriebliches Gespräch
outside line *n*	Amtsleitung
switchboard *n*	Telefonzentrale, Vermittlung
dial *v* Just dial "04" to get an outside line.	wählen Für eine Amtsleitung wählen Sie einfach nur "04".
dial tone *n*	Freizeichen, Amtszeichen, Wählzeichen
telephonist *n*	Telefonist(in)
telephone directory *n* Since we couldn't find Mr. Maloney's phone number in the telephone directory we called a directory assistance operator to see if she could help us.	Telefonbuch Da wir Herrn Maloneys Rufnummer nicht im Telefonbuch finden konnten, riefen wir die Fernsprechauskunft an, um herauszufinden, ob sie uns weiterhelfen konnten.
directory enquiries *npl (GB)*; **directory assistance** *n (US)*	Fernsprechauskunft, Telefonauskunft
operator *n*	Fernamt, Vermittlung

extension *n* You cannot make external calls from this extension.	Nebenstelle Von dieser Nebenstelle aus können Sie keine Gespräche nach außen führen.
external call *n (GB)*; **outside call** *n (US)* Mr. Jones, you have an outside call from our branch office in Singapore on line 2.	externes Gespräch Herr Jones, da ist ein externes Gespräch für Sie von unserer Zweigstelle in Singapur auf Leitung 2.
dialling code *n (GB)*; **area code** *n (US)* Although the State of Indiana has over five million people, it only has three area codes.	Vorwahl(nummer), Ortsnetzkennzahl Obwohl der Staat Indiana über 5 Millionen Einwohner hat, hat er nur drei Vorwahlnummern.
country code *n*; **international access code** *n* The country code for the USA is 001 and for the UK it's 0044.	internationale Vorwahl Die internationale Vorwahlnummer für die USA ist 001, für das Vereinigte Königreich 0044.
line *n* I am sorry sir, but the line is busy at the moment.	Leitung Es tut mir leid, aber die Leitung ist im Moment besetzt.
hold on *v* Would you like to hold on for a moment or call back later?	warten, am Apparat bleiben Möchten Sie einen Augenblick warten, oder es später noch einmal versuchen?
call back *v*	zurückrufen
engaged *adj (GB)*; **busy** *adj (US)*	besetzt
dead *adj* The phone lines in the mountains must be dead due to the heavy snowfall.	tot Wegen des schweren Schneefalls müssen die Telefonleitungen in den Bergen wohl tot sein.
get through *v* I can't seem to get through to anyone.	durchkommen Ich komme offensichtlich zu niemandem durch.
connection *n* Eighty years ago in the US, the only way to get a connection was to be put through by an operator.	Verbindung Vor achtzig Jahren bestand die einzige Möglichkeit, eine Telefonverbindung in den USA zu bekommen darin, sich durch das Fernamt vermitteln zu lassen.
put through *v*	durchstellen
cut off *v* I really don't know whether we were cut off or if Mr. Mulligan simply hung up on me.	unterbrechen Ich weiß wirklich nicht, ob wir unterbrochen wurden, oder ob Herr Mulligan einfach aufgelegt hat.

hang up *v*	auflegen, einhängen
pass on *v* I will pass your message on to Mr. McDugal as soon as he returns to the office and I am sure he will get back to you this afternoon.	weiterleiten Sobald Herr McDugal ins Büro zurückkommt, werde ich Ihre Nachricht an ihn weiterleiten, und ich bin sicher, er wird Sie heute nachmittag zurückrufen.
get back to *v*	zurückrufen
answerphone *n (GB)*; **answering machine** *n (US)*	Anrufbeantworter
recorded message *n;* **announcement** *n* A typical recorded message would be: "Hello, this is 01478-722525, Peter Mead. I'm not at home at the moment, but if you wish you can leave a message, and I'll get back to you as soon as possible. Please speak after the tone".	Ansagetext Ein typischer Ansagetext wäre: "Guten Tag, hier spricht Peter Mead, Telefonnummer 01478-722525. Ich bin im Augenblick nicht zu Hause, aber wenn Sie wollen, können Sie eine Nachricht hinterlassen, und ich werde Sie sobald wie möglich zurückrufen. Bitte sprechen Sie nach dem Signalton."
message *n* The first thing I do when I get home is to check whether there are any messages on my answerphone.	aufgezeichnete Mitteilung Wenn ich nach Hause komme prüfe ich als erstes, ob auf dem Anrufbeantworter aufgezeichnete Mitteilungen sind.
handset *n* This handset looks like a receiver, however it is a complete telephone.	Einhandapparat Dieser Einhandapparat sieht wie ein Hörer aus, ist aber ein komplettes Telefon.
receiver *n*	Hörer
mouthpiece *n* Here you see the mouthpiece at the bottom and above it a key pad for touch-tone dialing.	Mikrophon, Sprechmuschel Hier unten sehen Sie die Sprechmuschel und darüber den Block mit den Wähltasten.
key pad *n*	Telefontastatur, Wähltastatur
cordless *adj (GB)* If you prefer, we also have cordless phones in the same design.	schnurlos Wir haben auch schnurlose Telefone, die genauso aussehen, wenn Ihnen die lieber sind.
cellular phone *n*	Handy
mobile phone *n* All of our couriers have touch-tone, mobile phones in their cars so that we can redirect them if required.	Mobiltelefon All unsere Kuriere haben mobile Tastentelefone in ihren Autos, so daß wir sie bei Bedarf umleiten können.
push-button phone *n (GB)*; **touch-tone phone** *n (US)*	Telefon mit Wähltasten

digit *n* The standard telephone number in the US consists of seven digits.	Ziffer In den Vereinigten Staaten besteht die Standardtelefonnummer aus sieben Ziffern.
abbreviated dial(l)ing *n* This telephone also features abbreviated dialing which allows you to reach up to 30 frequently called numbers by pushing two-digit combinations on the key pad.	Kurzwahl Dieses Telefon verfügt auch über einen Kurzwahlspeicher, der Ihnen die Möglichkeit bietet, bis zu 30 häufig benötigte Nummern durch Wählen einer zweistelligen Ziffernkombination auf der Tastatur anzuwählen.
charge meter *n*	Gebührenzähler
leased line *n*	Standleitung, fest geschaltete Leitung
subscriber *n (GB)*; **telephone customer** *n (US)* The phone company provides its customers with unlisted telephone numbers at a small extra charge.	Telefonkunde, Telefonkundin Gegen eine geringe Zusatzgebühr vergibt die Telefongesellschaft nicht im Telefonbuch stehende Rufnummern an ihre Kunden.
ex-directory *adj (GB)*; **unlisted** *adj (US)*	nicht im Telefonbuch stehend
intercom *n* The hospital uses an intercom system to page its staff.	(Wechsel-/Gegen)sprechanlage, Haussprechanlage, Haustelefon Das Krankenhaus benutzt eine Haussprechanlage, um seine Mitarbeiter auszurufen.
page *v*	ausrufen
radiopager *n (GB)*; **remote paging device** *n (US)* Whenever I hear the beep on my radiopager then I know that I have to call the office.	Cityrufempfänger, Scall-Empfänger®, Funkrufempfänger Immer wenn mein Funkrufempfänger piepst, weiß ich, daß ich das Büro anrufen muß.
bleep *n (GB)*; **beep** *n (US)*	Piepsen
tone alert *n (GB)*; **beep sound** *n (US)*	Piepston
local call *n*	Ortsgespräch
long-distance call *n* I place all of my long-distance calls through a phone credit card company, such as Sprint or MCI, because the rates are lower.	Ferngespräch Ich führe all meine Ferngespräche über eine Telefonkreditkartengesellschaft wie z.B. Sprint oder MCI, weil die Gebühren niedriger sind.
personal call *n (GB)*; **person-to-person call** *n (US)* I placed a person-to-person call to Mr. Harding in New York to save on long distance charges.	persönliches Gespräch, direktes Gespräch Ich führte ein direktes Telefongespräch mit Herrn Harding, um die Gebühren für das Ferngespräch gering zu halten.

CARD
Mercury

reverse charges *phrase*	Telefongebühren durch den Empfänger zahlen lassen, R-Gespräch führen
Our son always reverses the charges whenever he calls us long distance.	Immer, wenn unser Sohn ein Ferngespräch mit uns führt, meldet er es als R-Gespräch an.
play back *v*	abhören
My answering machine has an outgoing announcement which all callers will hear and it records incoming messages which I can play back when I get home.	Mein Anrufbeantworter hat einen Ansagetext, den alle Anrufer hören, und er speichert alle eingehenden Mitteilungen, die ich dann, wenn ich nach Hause komme, abhören kann.
Freefone *n (GB)*; **toll free 800 number** *n (US)*	Service 130®, gebührenfreier Anruf
Many US companies print toll free 800 numbers in their advertisements so that people can call them for information or to place orders, free of charge.	Viele amerikanische Unternehmen drucken ihre gebührenfreie 800er Rufnummer in ihrer Werbung ab, so daß die Leute sie gebührenfrei anrufen können, um Informationen einzuholen oder Bestellungen aufzugeben.
vanity phone number *n (US)*	Service 130® *(die Telefon-Tastenblöcke in Amerika sind mit je 3 Buchstaben für jede Ziffer versehen: 1 = abc, 2 = def 3 = ghi, usw; wünscht der Kunde die Telefonnummernkombination für CANCER, dann wäre die Rufnummer 115128)*
The American Cancer Society's vanity phone number is 1-800-4-CANCER.	Die gebührenfreie Rufnummer der Amerikanischen Krebshilfe ist 1-800-4-CANCER.

Kommunikationstechnologie

fax machine *n;* **fax** *n* My new fax machine can store up to 60 pages of facsimile transmissions which I can access and retrieve from its memory at any time.	Faxgerät, Fernkopierer Mein neues Faxgerät kann bis zu 60 Faxübertragungsseiten speichern, auf die ich jederzeit zurückgreifen kann, und die ich jederzeit im Speicher abrufen kann.
store *v*	speichern
facsimile transmission (fax) *n*	Faxübertragung, Faxsendung
fax *n, v* Please confirm the booking by fax.	Fax; faxen Bitte bestätigen Sie die Buchung per Fax.
teletext *n* Many cable television operators offer teletext services which allow companies to market their products via a viewdata system.	Videotext Viele Kabelfernsehbetreiber bieten Videotextdienste an, die es Unternehmen ermöglichen, ihre Produkte über ein Bildschirmtextsystem zu vermarkten.
viewdata *n*	Bildschirmtext
electronic mail (E-mail) *n* Our staff uses electronic mail to communicate within our office building and with all of our district offices located throughout the US.	elektronischer Briefverkehr, E-Mail Unsere Mitarbeiter benutzen E-Mail, um innerhalb unseres Bürogebäudes und mit all unseren überall in den USA gelegenen Bezirksbüros zu kommunizieren.
electronic data interchange (EDI) *n* One of the reasons why the Incoterms were changed in 1990 was that more and more companies were using EDI.	elektronischer Datenaustausch Ein Grund dafür, daß im Jahre 1990 die international vereinbarten Lieferklauseln geändert wurden, bestand darin, daß mehr und mehr Unternehmen zum elektronischen Datenaustausch übergingen.
teleconference *n* Our company used multi-participant teleconferences so that scientists at our research labs in Tokyo, New York and London could compare and discuss their latest research findings.	Telekonferenz Unser Unternehmen arbeitete mit Telekonferenzen mit vielen Teilnehmern, so daß die Wissenschaftler in unseren Forschungslabors in Tokio, New York und London ihre neuesten Forschungsergebnisse vergleichen und diskutieren konnten.
multi-participant *adj*	mit vielen Teilnehmern

17 Transport

Allgemein

supply *v*	liefern
The goods will be supplied by vessel to a port of your choice.	Die Waren werden per Schiff zu einem Hafen Ihrer Wahl geliefert.
forwarder *n;* **forwarding agent** *n*	Spediteur(in)
The forwarding agent said that he would take care of all shipping and customs documents required for our shipment.	Der Spediteur sagte, er würde sich um alle Versanddokumente und Zollpapiere kümmern, die für unsere Sendung benötigt würden.
consignor *n;* **shipper** *n*	Absender(in) von Fracht; Versender(in); Befrachter(in)
A consignor is any person or organization that sends goods to a consignee.	Ein Versender ist jede Person oder Organisation, die Waren an einen Empfänger verschickt.
consignee *n*	Empfänger(in)
consignment *n;* **shipment** *n*	Sendung
The consignment arrived in damaged condition.	Die Sendung kam beschädigt an.
shipper *n*	Verlader(in), Ablader(in)
The CIM consignment note is evidence of the contract of carriage between the shipper and the carrier.	Der CIM Frachtbrief belegt den Frachtvertrag zwischen Ablader und Frachtführer.
dispatch *v*	senden, schicken
We were informed that the shipment of toys would be dispatched directly from the manufacturer.	Wir erhielten die Information, daß die Sendung mit Spielwaren direkt vom Hersteller verschickt würde.
ship *v;* **forward** *v*	befördern, senden
The consignment will be forwarded to Nigeria when we have the L/C.	Die Sendung wird nach Nigeria befördert werden, wenn wir das Akkreditiv haben.
dispatch note *n*	Versandanzeige
collect *v;* **pick up** *v*	abholen
collection *n;* **pick-up** *n*	Abholung
The toys are in the warehouse awaiting collection.	Die Spielwaren liegen abholbereit im Lagerhaus.
part consignment *n (GB);* **partial consignment** *n (US)*	Teillieferung, Teilsendung
The seller has the right to deliver partial consignments.	Der Verkäufer hat das Recht, Teilsendungen zu liefern.
carrier *n*	Frachtführer(in)
The carrier will retain the goods until full payment is made.	Der Frachtführer behält die Waren bis zur vollständigen Bezahlung.

capacity *n* Each tank railroad car has a capacity of 5,000 gallons.	Fassungsvermögen Jeder Tankwaggon hat ein Fassungsvermögen von 5.000 Gallonen.
dimensions *npl* The pallets come in standard dimensions, which makes storage easier.	Ausmaß; Maß; Umfang Die Paletten haben Standardgrößen, wodurch die Lagerung erleichtert wird.
gross weight *n*	Bruttogewicht
net weight *n*	Nettogewicht
volume *n* The storage tank has a volume of 20,000 gallons.	Volumen, Rauminhalt Der Lagertank hat ein Volumen von 20.000 Gallonen.
destination *n* Singapore is the cargo's destination.	Bestimmungsort Singapur ist der Bestimmungsort der Ladung.
urgent *adj* The carrier charges 50% extra for urgent deliveries.	dringend; eilig Das Beförderungsunternehmen berechnet für Eillieferungen einen Aufschlag von 50%.
theft *n*	Diebstahl
damage *n* The consignee shall bear all risks of damage to the cargo.	Schaden Der Empfänger trägt alle Frachtschadensrisiken.
in transit *adv* The cargo was damaged in transit from London to Singapore.	auf dem Transport Die Fracht wurde auf dem Transport von London nach Singapur beschädigt.
commute *v* My father commutes 40 miles to work every day.	pendeln Mein Vater pendelt täglich 40 Meilen zur Arbeit.
commuter *n*	Pendler(in)
consign *v* The shipment was consigned to one of our retail outlets in Wales.	abschicken Die Sendung wurde an eins unserer Ladengeschäfte in Wales abgeschickt.
contract of carriage *n (GB)*; **shipping contract** *n (US)* The forwarder made a contract of carriage with the carrier to deliver goods from London to Belfast.	Beförderungsvertrag Der Spediteur schloß mit dem Frachtführer einen Beförderungsvertrag zur Lieferung der Waren von London nach Belfast.
shipping documents *npl* To receive payment for his goods, an exporter must take the shipping documents - e.g. the bill of lading, commercial invoice and insurance policy - to his bank.	Versanddokumente Der Exporteur muß die Versanddokumente seiner Bank bringen, z.B. Konnossement, Handelsrechnung und Versicherungspolice, um seine Waren bezahlt zu bekommen.

consignment note *n*	Frachtbrief; Ladeschein
transport document *n* The customs agent checked all of the transport documents before letting the shipment cross the border.	Beförderungspapier Der Zollagent überprüfte alle Beförderungspapiere, bevor er die Sendung die Grenze passieren ließ.
forwarding agent's certificate of receipt (FCR) *n (GB)*; **confirmatory note** *n (US)* The carrier issued a confirmatory note to the forwarding agent that he had accepted the consignment.	(internationale) Spediteur-Übernahmebescheinigung Der Frachtführer stellte dem Spediteur eine Spediteur-Übernahmebescheinigung aus, die bestätigte, daß er die Sendung übernommen hatte.
handling *n* The use of containers means that there is less handling of goods.	Auf- und Abladen; Umschlag Dadurch daß Container benutzt werden, werden die Waren weniger auf- und abgeladen.
handle *v* Containers are also much easier to handle: it now takes roughly two minutes to unload a container. The harbor is being expanded to handle container and ro-ro traffic.	handhaben; bewältigen Container sind auch in der Handhabung viel einfacher: Man braucht inzwischen ungefähr zwei Minuten, um einen Container zu entladen. Der Hafen wird vergrößert, um Container- und Ro-Ro-Verkehr zu bewältigen.
logistics *n*	Logistik
payload *n* NASA charges very expensive rates for payloads sent into space.	Nutzlast Die NASA berechnet sehr hohe Gebühren für Nutzlasten, die in den Weltraum geschickt werden.
perishable *adj* We have a fleet of refrigerated ships that carry perishable fruits and meats from South America to England.	verderblich Wir verfügen über eine Flotte von Kühlschiffen, die leicht verderbliches Obst und Fleisch von Südamerika nach England transportieren.
bulky *adj* The post office does not accept bulky packages.	sperrig Die Post nimmt keine sperrigen Pakete an.
fragile *adj* Fragile cargoes, such as glass products or sensitive instruments, require special packing.	zerbrechlich Zerbrechliche Ladungen wie beispielsweise Glasereierzeugnisse oder empfindliche Instrumente benötigen eine spezielle Verpackung.
inflammable *adj (GB)*; **flammable** *adj (US)* Special laws and restrictions apply for transportation of flammable liquids by truck.	entzündbar; feuergefährlich Für den Transport von entzündbaren Flüssigkeiten mit Lastwagen gelten besondere Gesetze und Einschränkungen.

pilferage *n* The introduction of containers has reduced pilferage of cargo on the wharf.	Diebstahl *(aus Transportgut)* Durch die Einführung von Containern ist der Frachtdiebstahl am Kai zurückgegangen.
expedite *v* The shipping company has invested 300 million dollars in faster vessels to expedite delivery of fruit to Europe.	beschleunigen Die Reederei hat 300 Millionen Dollar in schnellere Schiffe investiert, um die Obstlieferungen nach Europa zu beschleunigen.
trans(s)hip *v* The cargo will be transshipped from ship to rail at Southampton harbor.	umladen, umschlagen Die Ladung wird im Hafen von Southampton vom Schiff auf die Schiene umgeladen.
trans(s)hipment *n* Transshipment was not possible due to a serious flood in the harbor.	Umladen, Umladung Das Umladen war wegen einer schweren Überschwemmung in den Hafenanlagen nicht möglich.
routing order *n*	*Spediteur wird vom Kunden beim Lieferanten bestimmt*
reroute *v* The goods had to be rerouted due to a forest fire which destroyed several bridges on the rail line.	umleiten Die Waren mußten wegen eines Waldbrandes, der mehrere Brücken auf der Bahnlinie zerstört hatte, umgeleitet werden.
haul *n, v* It took the truck driver five days for the long haul from New York to San Francisco.	Beförderung, Transport(weg); befördern, transportieren Der Lastwagenfahrer brauchte fünf Tage für den Ferntransport von New York nach San Francisco.

Transport auf der Straße

lorry *n (GB)*; **truck** *n (US)*	Lastwagen; Sattelschlepper
trailer *n* The truck trailers will be loaded onto railroad cars and shipped to Sydney.	Anhänger; Sattelauflieger Die Auflieger der Sattelschlepper werden auf Waggons verladen und nach Sydney transportiert.
(driver's) cab *n (GB)*; **(truck) cab** *n (US)* The truck cab has a small compartment where the driver can sleep on long hauls.	Führerhaus Das Führerhaus des Lastwagens hat eine kleine Kabine, in der der Fahrer bei Fernfahrten schlafen kann.
van *n* The telephone company has 300 vans which are used by its service and repair personnel.	Lieferwagen Die Telefongesellschaft hat 300 Lieferwagen, die von ihrem Kundendienst und von Reparaturleuten benutzt werden.

vehicle *n* It is a state law that all motor vehicles must be registered.	Fahrzeug Es ist ein Gesetz des Staates, daß alle Kraftfahrzeuge registriert sein müssen.
fleet *n* Amalgamated Carriers Ltd has a fleet of 500 refrigerated lorries.	Flotte Die Amalgamated Carriers Ltd hat eine Flotte von 500 Kühllastwagen.
lorry-load *n*	Lastwagenladung
door-to-door *adj* Jim uses a small van to deliver newspapers door-to-door.	von Haus zu Haus Jim benutzt einen kleinen Lieferwagen, um Zeitungen von Haus zu Haus zu liefern.
motorway *n (GB)*; **interstate highway** *n (US)* In the US, interstate highways running north and south have odd numbers and those running east and west have even numbers.	Autobahn In den USA haben die Autobahnen, die in Nord-Süd-Richtung verlaufen, ungerade Nummern und die, die in Ost-West-Richtung verlaufen, gerade Nummern.
overland *adj* The goods will be shipped by vessel to Bombay and then overland to New Delhi.	Überland-, auf dem Landweg Die Waren werden per Schiff nach Bombay transportiert und dann auf dem Landweg nach Neu-Delhi.
haulage *n (GB)*; **transportation by road** *n (US)* We use a haulage company to transport our goods from Bristol to Glasgow.	Straßentransport Wir nehmen ein Unternehmen für Straßentransporte, um unsere Waren von Bristol nach Glasgow zu transportieren.
haulier *n (GB)*; **trucking company** *n (US)* The trucking company specializes in hauling cattle.	Fuhrunternehmer(in), Fuhrunternehmen Das Fuhrunternehmen ist auf Viehtransporte spezialisiert.
articulated *adj (GB)*; **tandem** *adj (US)* An articulated lorry consists of two parts, with the second pulled by the first.	zusammenhängend; hintereinander im Gespann Ein Sattelzug besteht aus zwei Teilen, wobei der hintere Teil von dem vorderen gezogen wird.
refrigerated *adj*	gekühlt
tachograph *n*	Tachometerschreiber, Fahrtenschreiber
livery *n (GB)*; **company colors** *npl (US)* Tripe Brothers Ltd had all their trucks painted in the company livery.	Firmenfarben Die Tripe Brothers Ltd ließ all ihre Lastwagen in den Firmenfarben lakkieren.

garaging *n (GB)*; **garage parking** *n (US)*	Parken (im Parkhaus)
High garaging costs are one of the disadvantages of operating a company fleet.	Die hohen Parkhauskosten sind ein Nachteil, wenn man eine Firmenflotte betreibt.
licensing *n*	Zulassung, Genehmigung
In the US, each state has powers for licensing persons and vehicles.	In den Vereinigten Staaten ist jeder Staat befugt, Personen und Fahrzeugen Zulassungen auszustellen.
congestion *n*	Stau
There is always heavy traffic congestion at rush-hour.	Zur Hauptverkehrszeit gibt es immer lange Verkehrsstaus.
multi-drop *adj*	Mehrpunkt-
John picks up and delivers laundry along his multi-drop delivery route.	John nimmt auf seiner Auslieferungsrunde an vielen Stellen Wäsche an und liefert sie ab.
terminal *n*	Terminal
The company built a large trucking terminal next to the interstate highway.	Die Gesellschaft baute ein großes Lkw-Frachtterminal direkt neben der Autobahn.
CMR consignment note *n*	internationaler CMR-Frachtbrief
CMR consignment notes are required for international road transport in Europe.	Für internationale Straßentransporte in Europa werden internationale CMR-Frachtbriefe benötigt.

Bahntransport

goods train *n (GB)*; **freight train** *n (US)*	Güterzug
Freight trains in the United States may consist of up to 150 cars.	Güterzüge können in den Vereinigten Staaten aus bis zu 150 Wagen bestehen.
wagon *n (GB)*; **(railroad) car** *n (US)*	Wagen, Waggon
general cargo *n*	Stückgut
We decided to send the consignment general cargo.	Wir beschlossen die Sendung als Stückgut zu verschicken.
electrification *n*	Elektrifizierung
signalling *n (GB)*; **signaling** *n (US)*	Signalgebung
The railroad's electrical signalling system sometimes does not work during storms.	Manchmal während eines Sturms funktioniert das elektrische Signalsystem der Eisenbahn nicht.
high-speed train *n*	Hochgeschwindigkeitszug
High-speed trains usually carry passengers or perishable goods.	Hochgeschwindigkeitszüge transportieren normalerweise Passagiere oder leicht verderbliche Waren.

1. Exemplar für Tarifkontrolle	Exemplaire pour controle tarifaire	Exemplaar voor tariefcontrole	Essemplare per controllo tarifario	Copy for tariffcontrol	Exemplar for tarifkontrolen
2. Exemplar für Absender	Exemplaire de l'expéditeur	Exemplaar voor Afzender	Essemplare per mittente	Copy for sender	Exemplar for Afsender
3. Exemplar für Empfänger	Exemplaire du destinataire	Exemplaar voor Geadresseerde	Essemplare per destinatario	Copy for consignee	Exemplar for Modtager
4. Exemplar für Frachtführer	Exemplaire du transporteur	Exemplaar voor vervoerder	Essemplare per transportatore	Copy for carrier	Exemplar for befordrer

1 Absender (Name, Anschrift, Land)
Expéditeur (nom, adresse, pays)

INTERNATIONALER FRACHTBRIEF
LETTRE DE VOITURE INTERNATIONAL

Diese Beförderung unterliegt trotz einer gegenteiligen Abmachung den Bestimmungen des Übereinkommens über den Beförderungsvertrag im internat. Straßengüterverkehr (CMR)

Ce transport est soumis, nonobstant toute clause contraire, à la Convention relative au contrat de transport international de marchandises par route (CMR).

2 Empfänger (Name, Anschrift, Land)
Destinataire (nom, adresse, pays)

16 Frachtführer (Name, Anschrift, Land)
Transporteur (nom, adresse, pays)

3 Auslieferungsort des Gutes
Lieu prévu pour la livraison de la marchandise
Ort/Lieu
Land/Pays

17 Nachfolgende Frachtführer (Name, Anschrift, Land)
Transporteurs successifs (nom, adresse, pays)

4 Ort und Tag der Übernahme des Gutes
Lieu et date de la prise en charge de la marchandise
Ort/Lieu
Land/Pays
Datum/Date

18 Vorbehalte und Bemerkungen der Frachtführer
Réserves et observations des transporteurs

5 Beigefügte Dokumente
Documents annexés

6 Kennzeichen und Nummern / Marques et numéros	**7** Anzahl der Packstücke / Nombre des colis	**8** Art der Verpackung / Mode d'emballage	**9** Bezeichnung des Gutes* / Nature de la marchandise*	**10** Statistiknummer / No statistique	**11** Bruttogewicht in kg / Poids brut, kg	**12** Umfang in m³ / Cubage m³
Klasse / Classe	Ziffer / Chiffre	Buchstabe / Lettre	(ADR) / (ADR)			

13 Anweisungen des Absenders (Zoll- und sonstige amtliche Behandlung)
Instructions de l'expéditeur (formalités douanières et autres)

19 Zu zahlen vom: / A payer par:	Absender / L'expéditeur	Währung / Monnaie	Empfänger / Le Destinataire
Fracht / Prix de transport			
Ermäßigungen / Réductions –			
Zwischensumme / Solde			
Zuschläge / Suppléments			
Nebengebühren / Frais accessoires			
Sonstiges / Divers +			
Zu zahlende Gesamtsumme/Total à payer			

14 Rückerstattung
Remboursement

15 Frachtzahlungsanweisungen
Prescription d'affranchissement
Frei / Franco
Unfrei / Non Franco

20 Besondere Vereinbarungen
Conventions particulières

21 Ausgefertigt in / Etablie à — am / le — 19

24 Gut empfangen / Réception des marchandises — Datum / Date — am / le — 19

22
Unterschrift und Stempel des Absenders
(Signature et timbre de l'expéditeur)

23
Unterschrift und Stempel des Frachtführers
(Signature et timbre du transporteur)

Unterschrift und Stempel des Empfängers
(Signature et timbre du destinataire)

25 Angaben zur Ermittlung der Tarifentfernung mit Grenzübergängen

von	bis	km

28 Berechnung des Beförderungsentgelts

frachtpfl. Gewicht in kg	Tarifstelle: Sonderabmachung	Güterarten	Währung	Frachtsatz	Beförderungsentgelt
				Summe	

26 Vertragspartner des Frachtführers ist – kein – Hilfsgewerbetreibender im Sinne des anzuwendenden Tarifs

27	Amtl. Kennzeichen	Nutzlast in kg
Kfz		
Anhänger		

Benutzte Gen.-Nr. ☐ National ☐ Bilateral ☐ EG ☐ CEMT

Les parties encadrées de lignes grasses doivent être remplies par le transporteur.

21+22 Die mit fett gedruckten Linien eingerahmten Rubriken müssen vom Frachtführer ausgefüllt werden.

1–15 einschließlich y compris et

Auszufüllen unter der Verantwortung des Absenders
A remplir sous la responsabilité de l'expéditeur

* Bei gefährlichen Gütern ist, außer der eventuellen Bescheinigung, auf der letzten Linie der Rubrik anzugeben: die Klasse, die Ziffer sowie gegebenenfalls der Buchstabe.
* En cas de marchandises dangereuses indiquer, outre la certification éventuelle à la dernière ligne du cadre: la classe, le chiffre et le cas échéant, la lettre.

Verlag Carl. H. Dieckmann, 2000 Hamburg 11

280.70

bullet train *n*	(japanischer) Superexpreß
commuter train *n* Many commuters prefer the commuter train because they do not want to fight rush-hour traffic every day.	Pendlerzug Viele Pendler nehmen lieber den Pendlerzug, da sie sich nicht täglich durch den Verkehr zur Hauptverkehrszeit kämpfen möchten.
underground railway *n (GB)*; **subway** *n (US)*	Untergrundbahn
rolling stock *n* The state railway is planning to invest in new rolling stock.	Schienenfahrzeuge Die staatliche Eisenbahngesellschaft hat vor, in Schienenfahrzeuge zu investieren.
goods wagon *n (GB)*; **freight car** *n (US)*	Güterwagen
purpose-built *adj (GB)*; **especially built** *adj (US)* Refrigerated railroad cars are purpose-built for transporting perishables.	speziell angefertigt Kühlwaggons sind Spezialanfertigungen für den Transport leicht verderblicher Waren.
goods station *n (GB)*; **freight depot** *n (US)*	Güterbahnhof
siding *n*	Rangiergleis
CIM consignment note *n* CIM consignment notes are required for international rail transportation in Europe.	CIM-Frachtbrief Für den internationalen Schienentransport in Europa werden CIM-Frachtbriefe benötigt.

Schiffstransport

vessel *n* The forwarding agent informed us that the vessel with our containers sank in a storm.	Schiff Der Spediteur ließ uns wissen, daß das Schiff mit unseren Containern in einem Sturm gesunken war.
cargo *n*	Fracht, Ladung
bulk carrier *n* Coal is usually transported by bulk carrier.	Massengutfrachter Kohle wird normalerweise auf Massengutfrachtern transportiert.
bulk cargo *n*	Massengut
tanker *n*	Tanker
oil tanker *n*	Öltanker
cargo liner *n* The Wexly Shipping Co. operates four cargo liners in regularly scheduled service between Southampton and Boston.	Linienfrachter Die Wexly Shipping Co. betreibt vier Linienfrachter mit regelmäßigem, planmäßigem Linienverkehr zwischen Southampton und Boston.

scheduled *adj*	fahrplanmäßig, planmäßig
inland waterway transport *n*	Binnenschiffahrt
barge *n* Although transport by barge is slow, it has the advantage of being economical.	Lastkahn, Frachtkahn Obwohl der Transport mit dem Lastkahn langsam ist, hat er den Vorteil, daß er preisgünstig ist.
roll-on/roll-off (RO-RO) *adj* The company owns three ro-ro vessels which transport lorries between The Netherlands and the UK.	Ro-Ro- Die Gesellschaft besitzt drei Ro-Ro-Schiffe, die Lastwagen zwischen den Niederlanden und dem Vereinigten Königreich transportieren.
ferry *n* Ferry owners do not seem to be worried about competition from the new tunnel between England and France.	Fähre Die Eigentümer der Fähren scheinen sich keine großen Sorgen um die Konkurrenz des neuen Kanaltunnels zwischen England und Frankreich zu machen.
hovercraft *n*	Luftkissenboot
sail *v* The goods will be loaded on the "MS Bridgwater", which sails from Cardiff on 13 January.	fahren; ablegen Die Waren werden auf die "MS Bridgwater" verladen, die am 13. Januar in Cardiff ablegt.
knot *n* A knot is a nautical measurement of speed (1.852 kilometers per hour).	Knoten Ein Knoten ist ein nautisches Geschwindigkeitsmaß (1,852 Stundenkilometer).
inland waterway *n* Barges are primarily used on inland waterways.	Binnenwasserstraße Lastkähne werden hauptsächlich auf Binnenwasserstraßen genutzt.
harbo(u)r *n*	Hafen
port *n* San Diego is the home port of the US Pacific Fleet.	Hafen San Diego ist der Heimathafen der amerikanischen Pazifikflotte.
tow *v* The ship was towed into port after reporting engine problems.	schleppen Nachdem es Probleme mit der Maschine gemeldet hatte, wurde das Schiff in den Hafen geschleppt.
tug *n* The tug towed the vessel to the quay for docking.	Schlepper, Schleppkahn Der Schlepper schleppte das Schiff zum Andocken an den Kai.
hold *n* Large cranes were used to unload the ship's hold.	Laderaum, Frachtraum Um den Frachtraum des Schiffes zu entladen, wurden große Kräne benutzt.
pilot *n* A pilot came on board to help the captain steer his ship safely through the channel and into port.	Lotse, Lotsin Ein Lotse kam an Bord, um dem Kapitän zu helfen, sein Schiff sicher durch den Kanal und in den Hafen zu steuern.

docks *npl* Ships load and unload at the harbor's docks.	Dockanlagen Schiffe werden an den Dockanlagen des Hafens be- und entladen.
wharf *n* The port's warehouses are located directly on the wharf.	Dock Die Lagerhäuser des Hafens liegen direkt an dem Dock.
quay *n* You can collect the shipment you ordered from Quay No. 9 on 12 February.	Kai Die von Ihnen bestellte Ladung kann am 12. Februar am Kai Nr. 9 abgeholt werden.
crane *n*	Kran
load *n, v* The vessel was carrying a load of oil when it sank off the coast of Spain.	Ladung; beladen, laden Das Schiff transportierte eine Ölladung, als es vor der Küste Spaniens sank.
shipload *n*	Schiffsladung
stow *v* Swimming vests are stowed in each cabin.	verstauen In jeder Kajüte sind Schwimmwesten verstaut.
unload *v* The ship was unloaded at the wharf.	entladen, löschen Die Ladung des Schiffs wurde an dem Dock gelöscht.
shipping line *n* The White Star shipping line was the owner of the "RMS. Titanic".	Schiffahrtslinie; Reederei Die White Star-Reederei war Eigner der "RMS. Titanic".
shipping company *n* The shipping company has hired Filipino sailors to cut costs.	Reederei, Schiffahrtsgesellschaft Die Reederei hat philippinische Matrosen angeheuert, um die Kosten zu senken.
shipping agent *n* Our shipping agent in London informed us that our goods had been damaged by sea water.	Schiffsmakler(in); Reedereiagent(in) Unser Londoner Schiffsmakler informierte uns darüber, daß unsere Waren durch Seewasser beschädigt worden waren.
port of destination *n*	Bestimmungshafen
port of call *n* Port-au-Prince was our passenger ship's next port of call.	Anlaufhafen Port-au-Prince war der nächste Anlaufhafen unseres Passagierschiffes.
bill of lading *n* The carrier issued a bill of lading which listed the goods that he had received for shipment.	Konnossement Der Frachtführer stellte ein Konnossement aus, das die Waren aufführte, die er zur Beförderung empfangen hatte.
break-bulk ship *n* Our shipping company operates both break-bulk and container ships.	Stückgutschiff Unsere Reederei betreibt sowohl Stückgutschiffe wie auch Containerschiffe.

container ship *n*	Containerschiff
tramp *n* We took a tramp steamer from Galveston Texas to Bolivia.	Trampschiff Wir nahmen einen Trampdampfer von Galveston, Texas, nach Bolivien.
coastal vessel *n* My uncle was the captain of a coastal vessel that transported fruit from Florida to New York.	Küstenschiff Mein Onkel war Kapitän eines Küstenschiffes, das Obst von Florida nach New York transportierte.
berth *n* The ship was towed to berth No. 9 when it entered port.	Liegeplatz Bei seiner Ankunft im Hafen wurde das Schiff zum Liegeplatz No. 9 geschleppt.
dock *v* The ship docked at the wharf for unloading.	docken, andocken, anlegen Das Schiff legte zum Löschen seiner Ladung an dem Dock an.
anchorage *n* The ship took up anchorage outside the harbor.	Ankerplatz Das Schiff ankerte außerhalb des Hafens.
lighter *n* A lighter was sent the ship's anchorage to pick up cargo and bring supplies.	Leichter Ein Leichter wurde zum Ankerplatz des Schiffes geschickt, um Fracht abzuholen und Versorgungsgüter hinzubringen.
lay day *n* The harbor authority charged the shipping company for three lay days in the harbor.	Liegetag Die Hafenbehörde berechnete der Reederei drei Liegetage im Hafen.
turn-round *adj* Container ships have a faster turn-round time and thus pay less in harbor fees.	Umschlag- Containerschiffe haben eine schnellere Umschlagzeit und zahlen daher weniger Hafengebühren.
stevedore *n*	Stauer(in), Schauermann
discharge *v* The vessel will discharge cargo in Southampton, Rotterdam and Bremen.	löschen Das Schiff löscht Ladung in Southampton, Rotterdam und Bremen.
sling *n* The stevedores put slings under the pallets so that the crane could lift them out of the hold.	Schlinge Die Schauerleute legten Schlingen unter die Paletten, so daß der Kran sie aus dem Laderaum heben konnte.
shipping conference *n* International shipping conferences work out standardized freight rates for line service.	Schiffahrtskonferenz Internationale Schiffahrtskonferenzen erarbeiten feste Frachtraten für den Liniendienst.
charter party *n*	Charterpartie, Chartervertrag
charter *v*	chartern, mieten

voyage charter *n* Under the terms of the voyage charter, the shipowner agreed to transport a full shipload of machines from England to Japan.	Reisecharter Der Schiffseigner stimmte in Übereinstimmung mit den Bedingungen der Reisecharter zu, eine volle Schiffsladung Maschinen von England nach Japan zu transportieren.
time charter *n* The time charter granted the shipping agent 900 cubic yards of space in the vessel's hold for three weeks.	Zeitcharter Die Zeitcharter überließ dem Schiffsmakler für drei Wochen 900 Kubikyards im Laderaum des Schiffes.
flag of convenience *n* About sixty percent of German cargo ships operate under a flag of convenience in order to compete with foreign shipping companies.	Billigflagge Etwa 60 Prozent der deutschen Frachtschiffe fahren unter Billigflagge, um mit ausländischen Reedereien konkurrieren zu können.
in order to do sth *phrase*	um etwas zu tun
clean bill of lading *n* A clean bill of lading contains no statements about damage to goods or containers.	reines Konnossement Ein reines Konnossement enthält keine Bemerkungen über Beschädigungen an Frachtgut oder Containern.
foul bill of lading *n* The captain signed a foul bill of lading which stated that the cargo was damaged.	unreines Konnossement Der Kapitän unterzeichnete ein unreines Konnossement, in dem die Beschädigung der Ladung festgestellt wurde.
combined transport bill of lading *n;* **container bill of lading** *n* The combined transport bill of lading is used in container transport.	kombiniertes Konnossement Das kombinierte Konnossement wird im Containerverkehr benutzt.

Lufttransport und sonstige Transportmittel

airline *n* Our airline flies non-stop from London to Atlanta.	Fluggesellschaft Unsere Fluggesellschaft fliegt nonstop von London nach Atlanta.
aircraft *n*	Flugzeug
airliner *n*	Linienflugzeug
air freight *n* We sent the spare parts by air freight because they were urgently needed.	Luftfracht Wir schickten die Ersatzteile per Luftfracht, da sie dringend benötigt wurden.
charter flight *n*	Charterflug
scheduled flight *n*	planmäßiger Flug, Linienflug
connecting flight *n* We had to wait three hours at Shannon airport for our connecting flight to Canada.	Anschlußflug Wir mußten auf dem Flughafen Shannon drei Stunden auf unseren Anschlußflug nach Kanada warten.

non-stop flight *n*	Nonstopflug
We booked a non-stop flight which was more expensive, but which saved the time we would have spent on stopovers.	Wir buchten einen Nonstopflug, der zwar teurer war, uns aber die Zeit sparte, die wir sonst mit Zwischenlandungen verbracht hätten.
stopover *n*	(Zwischen)aufenthalt, Zwischenlandung
excess baggage *n*	Übergepäck
Passengers will have to pay air freight rates for excess baggage.	Für Übergepäck müssen die Passagiere den Luftfrachttarif zahlen.
hand luggage *n*	Handgepäck
pipeline *n*	Pipeline
grid *n*	Netz
A grid of pipelines also delivers gas to the harbor.	Ein Pipeline-Verbundsystem liefert auch Gas in den Hafen.
container *n*	Container
seal *v*	versiegeln
Customs agents sealed the containers that contained radioactive material.	Zollagenten versiegelten die Container, die radioaktives Material enthielten.
stack *v*	stapeln
Containers can be stacked next to the ship to await pick-up by train or truck.	Container können bis zum Abtransport per Zug oder Lastwagen neben dem Schiff gestapelt werden.
aviation *n*	Luftfahrt
The Wright Brothers were pioneers in American aviation.	Die Gebrüder Wright waren Pioniere der amerikanischen Luftfahrt.
wide-bodied *adj*	mit breitem Rumpf
The company began building wide-bodied aircraft in the 1970s.	In den 1970er Jahren fing das Unternehmen damit an, Flugzeuge mit breitem Rumpf zu bauen.
air consignment note *n;* **air waybill** *n*	Luftfrachtbrief
An air waybill is a bill of lading issued by an air carrier.	Ein Luftfrachtbrief ist ein Frachtbrief, der von einem Luftfrachtführer ausgestellt wird.
air traffic control *n*	Luftraumüberwachung, Flugsicherungskontrolle
One of the tasks of air traffic control is to continuously monitor the position of aircraft.	Eine Aufgabe der Flugsicherung besteht darin, ständig die jeweilige Position der Flugzeuge zu überwachen.
monitor *v*	kontrollieren, überwachen
containerization *n*	Verpackung in Container
Containerization is especially popular in sea transport because it saves time and money.	Die Verpackung in Container ist im Seetransport besonders beliebt, weil sie Zeit und Kosten spart.

groupage *n (GB)*; **consolidation** *(US)* The forwarding agent will use consolidation to organize several smaller consignments into one lot for shipment.	Sammelverkehr Spediteure benutzen Sammelverkehr, um mehrere kleine Sendungen zu einer Partie zusammenzufassen.
grouped consignment *n (GB)*; **consolidated shipment** *(US)* The freight agent put together a grouped consignment made up of smaller shipments from several persons.	Sammelladung Der Frachtmakler stellte eine Sammelladung zusammen, die aus kleineren Sendungen mehrerer Personen bestand.

Kosten und Gebühren

dues *npl* Shipowners pay less in harbor dues if their vessels are unloaded quickly.	Gebühren Schiffseigner zahlen weniger Hafengebühren, wenn ihre Schiffe schnell entladen werden.
rate *n*	Rate, Gebühr
charge *v, n* You seem to have charged us twice for carriage from your works to the container port.	berechnen, in Rechnung stellen; Gebühr Es sieht so aus, als ob Sie uns den Transport von Ihrem Werk zum Containerhafen zweimal in Rechnung gestellt haben.
fare *n* The fare for the Hamburg-Harwich ferry is about 40 pounds per person.	Fahrpreis Der Fahrpreis für die Fähre von Hamburg nach Harwich beträgt etwa 40 Pfund pro Person.
freight charges *npl* The freight charges were listed separately on the invoice.	Frachtgebühren, Frachtkosten Die Frachtgebühren werden auf der Rechnung gesondert ausgewiesen.
freight rate *n*	Frachtrate
handling charge *n* There will be a minimum $10.00 handling charge for packing and invoicing. The consignee will pay any extra handling charges.	Versandkosten; Umschlagkosten, Umschlaggebühren Die Versandkosten betragen mindestens $ 10,-- für Verpackung und Berechnung. Der Empfänger zahlt alle zusätzlich anfallenden Umschlagkosten.
landing charges *npl (GB)*; **landing fees** *npl (US)* Each airline is required to pay landing fees at each airport it services.	Landegebühren; Löschungskosten Jede Fluggesellschaft muß auf jedem Flughafen, den sie anfliegt, Landegebühren zahlen.

harbo(u)r fees *n*	Hafengebühren
toll *n* Tolls are collected for use of bridges, tunnels and some sections of highways.	Maut Mautgebühren werden für die Benutzung von Brücken, Tunneln und einigen Autobahnabschnitten erhoben.
cartage *n* The freight charges included cartage for transporting the cargo from the quay to the warehouse.	Rollgeld Die Frachtgebühren schlossen das Rollgeld für den Transport der Ladung vom Kai zum Lagerhaus mit ein.
lighterage *n* The captain was able to negotiate a special price for lighterage.	Leichtergebühr Der Kapitän konnte einen Sonderpreis für die Leichtergebühr aushandeln.
wharfage *n* How much is wharfage?	Kaigebühren Wie hoch sind die Kaigebühren?
demurrage *n* Demurrage will be paid to the consignee if the vessel is delayed in any manner whatsoever.	Überliegegebühr; Lagergebühr *(wegen nicht rechtzeitiger Abholung)* Falls das Schiff aufgehalten wird, auf welche Weise auch immer, wird dem Empfänger eine Gebühr für die Überliegezeit gezahlt.

Versicherungen 18

Allgemeines

insure *v*	versichern
We insured each shipment for an amount of $1,000,000.00 against risk of damage while in transit.	Wir versicherten jede Sendung bis $ 1.000.000,-- gegen das Risiko eines Transportschadens
risk *n*	Risiko
loss *n*	Schaden; Verlust
My fire insurance policy also insures against loss as a result of water damage.	Meine Feuerversicherung versichert auch gegen Schäden infolge eines Wasserschadens.
Personal accident insurance will usually pay compensation for an accident involving the loss of sight of one or both eyes.	Die Unfallversicherung zahlt normalerweise Leistungen für einen Unfall, bei dem der Verlust der Sehkraft von einem oder beiden Augen verursacht wird.
insure against *v*	versichern gegen
insured *adj*	versichert
The insured parties will receive compensation as soon as the adjuster has finished investigating the accident.	Die Versicherungsnehmer werden Entschädigungsleistungen erhalten, sobald der Schadenssachverständige mit der Untersuchung des Unfalls fertig ist.
insured *n*; **insured party** *n*	Versicherte(r); Versicherungsnehmer(in)
natural forces *npl*	Naturgewalten
Some farmers take out crop insurance to protect them financially against damage caused by natural forces such as wind, water, storm, hail and flood.	Manche Landwirte schließen Ernteversicherungen ab, um sich finanziell gegen Schäden abzusichern, die durch Naturgewalten wie Wind, Wasser, Sturm, Hagel und Überschwemmung verursacht werden.
by chance *adv*	zufällig
The adjuster came to the conclusion that the accident happened by chance and not on purpose.	Der Schadenssachverständige kam zu dem Schluß, daß der Unfall zufällig geschah und nicht absichtlich herbeigeführt wurde.
on purpose *adv*	absichtlich
compulsory *adj*	zwangsweise, vorgeschrieben, verpflichtend
Compulsory medical insurance may soon become a reality in the US, however, at present, medical insurance is still widely voluntary.	In den Vereinigten Staaten könnte eine Pflichtkrankenversicherung bald Wirklichkeit werden, gegenwärtig jedoch ist eine Krankenversicherung noch weitgehend freiwillig.

comprehensive *adj*	(Voll)kasko-, Universal-, Gesamt-, Voll-; kombiniert
The comprehensive insurance on our car covers all losses caused by an accident.	Die Vollkaskoversicherung für unser Auto deckt alle durch einen Unfall hervorgerufenen Schäden ab.
full *adj*	voll
We have full insurance coverage on all of our company's delivery vans.	Wir haben eine Versicherung mit voller Deckung für alle Lieferwagen unseres Unternehmens
exclude *v*	ausschließen
The transport insurance policy excludes risks which could occur if the vessel sails through a war zone.	Die Transportversicherungspolice schließt Risiken aus, die auftreten könnten, falls das Schiff durch ein Kriegsgebiet fährt.
exclusion *n*	Ausschluß
Our insurance agent said that an exclusion of some risks from the policy would lower our premium.	Unser Versicherungsagent sagte, daß ein Ausschluß einiger Risiken aus der Police die Versicherungsprämie senken würde.
premium *n*	(Versicherungs)prämie
deductible *n*	Selbstbeteiligung
Our automobile insurance includes a 20% deductible on damage caused by an accident, which means we have to pay the first 20% of the repair bill.	Unsere Kfz-Versicherung schließt eine 20%ige Selbstbeteiligung bei Unfallschäden ein, was bedeutet, daß wir die ersten 20% der Reparaturrechnung selbst bezahlen müssen.
insurable *adj*	versicherungsfähig, versicherbar
Our comprehensive homeowner's policy covers all insurable risks such as losses due to fire, flood, etc. as well as injuries incurred by us or third parties on our property.	Unsere Hauseigentümervollversicherungspolice deckt alle versicherbaren Risiken ab, wie zum Beispiel Schäden aufgrund von Feuer, Überschwemmung, etc., sowie Personenschäden, die auf unserem Grundstück durch uns oder Dritte entstanden sind.
uninsurable *adj*	nicht-versicherbar
Our insurance company informed us that damages caused to our vessels by acts of war were uninsurable risks.	Unsere Versicherungsgesellschaft informierte uns darüber, daß Schäden an unseren Schiffen aufgrund von Kriegshandlungen nicht-versicherbare Risiken darstellten.
renewal notice *n*	Fälligkeitsbescheid, Beitragsrechnung *(Aufforderung zur Prämienzahlung)*
The Indemnity Insurance Co. has sent us a renewal notice informing us that our liability insurance will lapse in one month.	Die Indemnity Insurance Co. hat uns eine Beitragsrechnung geschickt und uns darüber informiert, daß unsere Haftpflichtversicherung in einem Monat abläuft.

days of grace *npl (GB)*; **grace period** *n (US)*	Zahlungsfrist, geduldeter Verzug, Nachfrist
If a premium is due on October 1 and 15 days of grace are allowed, the policyholder will be covered until October 16.	Wenn die Prämie am 1. Oktober fällig wird und 15 Tage Nachfrist erlaubt sind, ist der Versicherungsnehmer bis zum 16. Oktober versichert.
assessor *n (GB)*; **insurance adjuster** *n (US)*	Versicherungssachverständige(r)
We will send an assessor to the harbor tonight to determine the amount of damage to the vessel.	Wir schicken heute Abend einen Versicherungssachverständigen in den Hafen, um den Schadensumfang am Schiff festzustellen.
(loss) adjuster *n*	Schadenssachverständige(r)
The loss adjuster determined that the insurance company was liable for 80% of the cost of all claims filed against the insurer.	Die Schadenssachverständige entschied, daß die Versicherungsgesellschaft für 80% der Kosten aller gegenüber dem Versicherer eingereichten Ansprüche haftbar sei.
provide for *v*	Vorsorge treffen
Most people take out term life insurance policies to provide for their families in the event of their death or to safeguard against economic difficulties after retirement.	Die meisten Leute schließen eine befristete Lebensversicherung ab, um im Fall ihres Todes für ihre Familie Vorsorge zu treffen, oder um sich gegen wirtschaftliche Schwierigkeiten im Ruhestand abzusichern.
safeguard against *v*	sich absichern gegen
mishap *n*	Mißgeschick, Unglück, Malheur
Our marine insurance policy covers any mishap caused by an Act of God, i.e., by hurricane, storm, etc. which would result in loss of a vessel.	Unsere Seetransportversicherung deckt jegliches Unglück durch höhere Gewalt, welches zum Verlust eines Schiffes führen würde, d.h. durch Orkan, Sturm, etc. ab.
Act of God *n*	höhere Gewalt
force majeure *n*	höhere Gewalt
Our company attorney said that the insurance policy did not cover any consequential losses caused by force majeure.	Unser Unternehmensanwalt sagte, daß die Versicherungspolice keine Folgeschäden aufgrund von höherer Gewalt abdecke.
consequential loss *n*	Folgeschaden
blanket insurance *n*	kombinierte Versicherung
The Callaway Co. carries blanket insurance on its property that covers several risks under one policy, i.e., fire, theft and accident, etc.	Die Callaway Co. hat eine kombinierte Versicherung auf ihren Immobilien, die mehrere Risiken mit einer Police deckt, d.h. Feuer, Diebstahl, Unfall, etc.
over-insure *v*	überversichern
The company over-insured its capital assets for an amount in excess of the actual value of the machinery it insured.	Das Unternehmen hat seine Anlagegüter in einer Höhe überversichert, die den tatsächlichen Wert der versicherten Maschinenanlagen übersteigt.

over-insurance *n*	Überversicherung
under-insure *v* The Mulligan Co. realized that it had been under-insured after its plant was destroyed by fire.	unterversichern Die Mulligan Co. erkannte, nachdem ihr Werk durch einen Brand zerstört worden war, daß sie unterversichert war.
under-insurance *n* Under-insurance does not provide full insurance coverage for the value of the property insured.	Unterversicherung Eine Unterversicherung bietet nicht den vollen Versicherungsschutz für den Wert der versicherten Güter.
reinsurance *n* Reinsurance permits several insurance companies to share the risk of insuring large items.	Rückversicherung Die Rückversicherung gibt mehreren Versicherungsgesellschaften die Möglichkeit, das Versicherungsrisiko bei großen Objekten zu teilen.
utmost good faith *n*	höchster guter Glaube, Grundsatz uberrimae fidei *(Versicherungsnehmer muß jedes versicherungsrelevante Risiko mitteilen)*
If, on an application form, a butcher only says that he is a shopkeeper, this would be a breach of utmost good faith, since the risk of personal accident is greater for butchers.	Wenn ein Metzger auf dem Versicherungsantrag lediglich angibt, daß er ein Ladenbesitzer ist, würde dies den Grundsatz uberrimae fidei verletzen, da das Risiko eines Schadens an der eigenen Person für Metzger größer ist.
disclose *v* The insurance company has no right to disclose any personal information stated on the policy.	enthüllen, offenlegen Die Versicherungsgesellschaft ist nicht berechtigt, persönliche Informationen, die in die Police aufgenommen worden sind, offenzulegen.
insurable interest *n*	versicherbares/versicherungsfähiges Interesse
Insurable interest means that I can insure myself against personal accident but I cannot insure my neighbour.	Versicherbares Interesse bedeutet, daß ich mich selbst gegen Schaden an der eigenen Person versichern kann, aber ich kann nicht meinen Nachbarn versichern.
actuary *n*	Versicherungsmathematiker(in)
subrogation *n*	Forderungsübergang, Rechtsnachfolge, Übergang des Ersatzanspruchs, Subrogation
Insurance companies generally have the right of subrogation which means that they can assume and assert the rights of their own policyholders against third parties.	Versicherungsgesellschaften haben im allgemeinen das Subrogationsrecht, das heißt, sie können die Rechte ihrer eigenen Versicherungsnehmer gegenüber Dritten übernehmen und geltend machen.

assert *v*	geltend machen
proximate cause *n*	unmittelbare Ursache, schadensbegründende Ursache
The insurance adjuster established that rough seas and improperly secured containers were the proximate cause of the accident.	Der Schadenssachverständige für Versicherungsfälle stellte fest, daß rauhe See und ungenügend gesicherte Container die unmittelbare Ursache für den Unfall waren.
self-insurance *n*	Eigenversicherung
The company has set up a self-insurance fund to offset losses from minor damages instead of taking out insurance.	Das Unternehmen hat einen Selbstversicherungsfonds eingerichtet, um Verluste aufgrund kleinerer Schäden auszugleichen, anstatt eine Versicherung abzuschließen.
offset *v*	ausgleichen, verrechnen

Versicherungen abschließen und Ansprüche geltend machen

insurance company *n*	Versicherungsgesellschaft
insurer *n*	Versicherer(in), Versicherungsgeber(in), Versicherungsträger(in)
insurance agent *n*	Versicherungsagent(in), Versicherungsvertreter(in)
Whereas insurance agents usually represent one insurance company, insurance brokers often compare different insurance companies to get the best coverage for their clients.	Während Versicherungsagenten gewöhnlich eine Versicherungsgesellschaft vertreten, vergleichen Versicherungsmakler oft verschiedene Versicherungsgesellschaften miteinander, um für ihre Kunden den besten Versicherungsschutz zu bekommen.
insurance broker *n*	Versicherungsbroker, Versicherungsmakler
proposal form *n*	Antragsformular
insurance certificate *n*	Versicherungspolice, Versicherungsschein, Versicherungszertifikat
Our insurance agent informed us that the forwarder would receive a copy of the insurance certificate and that we would receive the policy and the original certificate.	Unser Versicherungsagent informierte uns darüber, daß der Spediteur eine Kopie des Versicherungsscheins erhalten würde und daß wir die Police und die Originalurkunde bekämen.
policyholder *n*	Versicherungsnehmer(in), Policeninhaber(in)
The Astra Insurance Co. informed all of its policyholders that its merger with National Insurance Co. would not affect the policies which they had already taken out.	Die Astra Insurance Co. informierte all ihre Versicherungsnehmer, daß ihre Fusion mit der National Insurance Co. keine Auswirkungen auf bereits bestehende Versicherungsverträge habe.

Agency

KEY POLICY

This Schedule forms part of the Policy

Schedule

R. M. HALLIDAY

POLICY No. HA930 771940

The Policyholder VERONIKA CALDERWOOD

Address 25 HAMILTON CRES
BISHOPTON
GLASGOW

Post Code PA 75 JT

Policies cancelled hereby

Period of Insurance

(a) FROM 3RD AUGUST 1977
TO 3RD AUGUST 1978

The first period of Insurance under Section .... does not commence until ....

(b) Any subsequent period for which the policyholder shall pay and the Company shall agree to accept the premium required.

RENEWAL PREMIUM £36.75 | **OPERATIVE SECTIONS:** THOSE INDICATED BELOW | **INDEX-LINKING OPERATIVE:** SECTION (i) ~~YES~~/NO SECTION (ii) ~~YES~~/NO | **FIRST PREMIUM** £36.75

The Sections	Sums Insured
I **CONTENTS** 'Golden' cover operates ~~YES~~ NO including the following:–	£5000
II **BUILDINGS** including Architects' & Surveyors' Fees	£17000
III **FROZEN FOODS**	£ NOT INSURED
IV **VALUABLES** (and other effects) as described overleaf	£400
V **TRAILER CARAVAN** Make .... Serial No.	£ NOT INSURED
VI **CRAFT** Name of Vessel .... Hull Gear and Equipment and Trailer/Trolley Sum Insured £ .... Outboard/Inboard Machinery Sum Insured £ .... EXCESS £ .... Total Sum Insured Section VI	£ NOT INSURED

The Sections (Continued)

VII **PERSONAL ACCIDENT** ~~1. A Section giving details is attached~~ 2. Not Insured

VIII **OFFICERS' EFFECTS** Sum Insured £ NOT INSURED

IX **MOTOR**
INSURANCE PROVIDED
~~1. Comprehensive~~ ~~2. Third Party Fire & Theft~~
~~3. Third Party~~ 4. Not Insured

If the Insurance Provided is restricted either (a) while a specified person(s) is driving or (b) in respect of a specified Motor Car(s) details will be shown below.

Refer to the effective Certificate of Motor Insurance for details of permitted driver(s) and use(s). The effective Certificate of Motor Insurance bearing the number of this Policy as the Certificate No. is deemed to be incorporated in and to form part of the Policy.

EXCESS £15
ADDITIONAL EXCESS (where applicable) (a) while a specified person(s) is driving or (b) in respect of a specified Motor Car(s) will be shown below.

See also Exception to Clause 1 of Section IX relating to Excess(es).

Details of Second Residence *(if applicable)*
Address ....

CONTENTS including the following:– .... Sums Insured £ ....
BUILDINGS including Architects' & Surveyors' Fees .... £ ....

THE SUMS INSURED ON BUILDINGS/CONTENTS ARE DECLARED BY THE POLICYHOLDER TO REPRESENT NOT LESS THAN THE FULL VALUE

Mortgage Interest — Notice has been received that:– ....
of .... is/are interested as Mortgagee(s) in the Buildings

Policy M29(d)
Schedule

Commercial Union Assurance Company Limited

take out *v*	abschließen
cover *n;* **coverage** *n*	Versicherungsschutz; Deckung
Our medical insurance provides full coverage for our family in the event of illness.	Unsere Krankenversicherung gewährt unserer Familie im Krankheitsfall vollen Versicherungsschutz.
cover *v*	versichern, absichern; decken
All of the children and my wife are covered under our accident policy.	Alle Kinder und meine Frau sind durch unsere Unfallversicherung abgesichert.
bear *v*	tragen
The buyer shall bear the risk of damage to equipment after it leaves the seller's plant.	Der Käufer trägt das Schadensrisiko für die Ausrüstung, nachdem sie das Werk des Verkäufers verlassen hat.
assume *v*	(Verpflichtung) eingehen, übernehmen, auf sich nehmen
The seller will not assume payment of compensation for damages or injuries caused by improper use of machinery.	Der Verkäufer übernimmt keine Verpflichtung zur Zahlung von Entschädigungsleistungen für Schäden oder Verletzungen, die durch unsachgemäßen Gebrauch der Anlage verursacht werden.
compensation *n*	(Schaden)ersatz; Entschädigung; Leistung
compensate *v*	entschädigen; Ersatz leisten; wiedergutmachen
The company's accident insurance will compensate any employee who is injured on the job.	Die Unfallversicherung des Unternehmens entschädigt jeden Beschäftigten, der am Arbeitsplatz verletzt wird.
settle *v*	regulieren
Our insurance company informed us that they would send an adjuster to settle all of the claims for damages filed by injured persons after the plant accident.	Unsere Versicherungsgesellschaft informierte uns, daß sie einen Schadenssachverständigen zur Regulierung aller Schadenersatzansprüche, die von geschädigten Personen nach dem Werksunfall geltend gemacht worden waren, schicken würden.
damages *npl*	Schadensersatz(summe), Entschädigung(ssumme)
claim for damages *n*	Schadenersatzanspruch
write off *v*	abschreiben *(zum Totalschaden erklären)*
The insurance company wrote off the delivery van after it was damaged in a serious automobile accident.	Die Versicherungsgesellschaft schrieb den Lieferwagen ab, nachdem er in einem schweren Autounfall beschädigt worden war.
award damages *phrase*	Schadensersatz zusprechen/zuerkennen
A court awarded damages to the injured persons and ordered the insurance company to pay their claims.	Ein Gericht sprach den geschädigten Personen Schadensersatz zu und wies die Versicherungsgesellschaft an, ihre finanziellen Ansprüche zu erfüllen.

claim *n*	Anspruch, Forderung
claim form *n* After our automobile accident, the insurance company sent us claim forms to fill out.	Schadenmeldeformular Nach unserem Autounfall übersandte uns die Versicherungsgesellschaft ein Schadenmeldeformular zum Ausfüllen.
accidental *adj* Before granting compensation, the insurance company has to check whether the loss was accidental or deliberate.	unbeabsichtigt; Unfall- Bevor die Versicherungsgesellschaft Schadensersatz gewährt, muß sie prüfen, ob der Schaden unbeabsichtigt oder vorsätzlich herbeigeführt wurde.
deliberate *adj*	vorsätzlich
no-claims bonus *n* After filing a claim for a recent automobile accident, my insurance company informed me that I had lost my no-claims bonus and that my premium would rise by $75.00 per year.	Schadenfreiheitsrabatt Nachdem ich einen Schadensregulierungsantrag für einen kürzlich erlittenen Autounfall eingereicht hatte, informierte mich meine Versicherungsgesellschaft darüber, daß ich meinen Schadenfreiheitsrabatt verloren habe, und daß meine Prämie pro Jahr um $ 75,-- erhöht werde.
underwriter *n* In the late 1970s Lloyd's had 21,601 underwriters who were members of approximately 430 syndicates.	(Privat)versicherer(in) *(wird entweder von Versicherungsgesellschaften beschäftigt oder ist Mitglied von Lloyds)* In den ausgehenden 70er Jahren hatte Lloyds 21.601 Privatversicherer, die ungefähr 430 Konsortien angehörten.
syndicate *n*	Konsortium, Versicherergruppe
surveyor *n* After the vessel was damaged and some of its cargo lost, Lloyd's sent an agent to act as a surveyor.	Havariekommissar(in) Nachdem das Schiff beschädigt war und einen Teil seiner Ladung verloren hatte, schickte Lloyds einen Vertreter, um als Havariekommissar tätig zu sein.
contract of insurance *n* Our insurance agent sent us a cover note which stated that the contract of insurance was in effect.	Versicherungsvertrag Unser Versicherungsagent schickte uns eine vorläufige Deckungszusage, die uns bestätigte, daß der Versicherungsvertrag wirksam war.
cover note *n*	Deckungszusage
subscribe a policy *phrase* The insurance underwriter explained that we would subscribe the policy only after all of the risks were fixed and the insured value was approved by the insurance company.	Versicherung abschließen Der Versicherer erklärte, daß wir die Versicherung erst dann abschließen würden, wenn alle Risiken festgelegt seien und der Versicherungswert von der Versicherungsgesellschaft anerkannt sei.

fix a risk *phrase*	ein Risiko festlegen/definieren
insured value *n*	Versicherungswert
actual value *n*	tatsächlicher Wert, Zeitwert
In order to reduce our premiums we took out a policy in which the insured value was less than the actual value of the goods insured.	Um unsere Prämien niedriger zu halten, schlossen wir einen Versicherungsvertrag ab, in dem der Versicherungswert geringer war als der tatsächliche Wert der versicherten Güter.
full insurance *n*	Voll(wert)versicherung
full value *n*	voller Wert, voller Betrag
Full insurance is when the full value of an object is covered by a policy.	Vollversicherung besteht dann, wenn der volle Wert eines Gegenstandes durch die Police gedeckt ist.
survivor *n*	Überlebende(r), Hinterbliebene(r)
Social security usually pays survivor benefits to the wife of a deceased beneficiary.	Die Sozialversicherung zahlt normalerweise der Frau eines verstorbenen Begünstigten eine Witwenrente.
deceased *adj*	verstorben
indemnify *v*	entschädigen, Schadenersatz leisten, schadlos halten
Under W.P.A. terms, our company will indemnify for particular average losses.	Gemäß der W.P.A.-Bedingungen wird unsere Gesellschaft bei Schäden infolge besonderer Havarie Schadenersatz leisten.
incur *v*	entstehen
The shipping company indemnified Matsu Motors Ltd for losses it incurred when the "MS Wicket" sank in the Sea of Japan.	Die Reederei entschädigte die Matsu Motors Ltd für Schäden, die ihr entstanden, als die "MS Wicket" im Japanischen Meer sank.

Personenversicherungen

life assurance *n (GB)*; **life insurance** *n (US)*	Lebensversicherung
Some life insurance policies, such as term policies, pay out at their date of maturity rather than solely upon the policyholder's death.	Einige Lebensversicherungen, wie z.B. Zeitversicherungspolicen, werden an ihrem Fälligkeitsdatum ausgezahlt und nicht erst beim Ableben des Versicherungsnehmers.
whole life assurance *n (GB)*; **straight life insurance** *n (US)*	Todesfallversicherung
In whole life assurance, payment is only made when the insured dies.	Die Todesfallversicherung zahlt nur, wenn der Versicherte stirbt.
assurance *n (GB)*; **insurance** *n (US)*	(Lebens)versicherung
Assurance is used in the United Kingdom for insurance policies that cover risks which will definitely happen, i.e. death.	Der Begriff "assurance" wird im Vereinigten Königreich für Versicherungspolicen verwandt, die einen Risikofall abdecken, der ganz sicher eintritt, zum Beispiel Tod.

assure *v (GB)*	versichern; eine Lebensversicherung abschließen
Mr. Rigby assured the risk of his death by taking out a whole life assurance policy that will pay benefits to his survivors after death.	Herr Rigby versicherte das Risiko seines Todes, indem er eine Todesfallversicherung abschloß, die seinen Hinterbliebenen nach seinem Tod Versicherungsleistungen erbringt.
sum assured *n (GB)*; **amount insured** *n (US)*	Versicherungssumme
The amount insured of Mr. Langley's life insurance policy will be paid out to the beneficiary (his wife) or to dependants (his children), as named in the policy, if the policyholder dies before the policy's date of maturity.	Der volle Betrag von Herrn Langleys Lebensversicherung wird der Begünstigten (seiner Frau) oder den Familienangehörigen (seinen Kindern), die in der Police namentlich aufgeführt sind, ausbezahlt, wenn der Versicherungsnehmer vor dem Fälligkeitsdatum der Police stirbt.
beneficiary *n*	Begünstigte(r)
medical insurance *n*; **private health insurance** *n*	private Krankenversicherung
health insurance *n*	Gesundheitsversicherung
In the US presidential election, Bill Clinton promised that he would introduce universal health insurance.	Im amerikanischen Präsidentschaftswahlkampf versprach Bill Clinton, daß er eine allgemeine Gesundheitsversicherung einführen würde.
permanent health insurance *n*	freiwillige Krankenversicherung mit Krankengeldanspruch
Anita took out permanent health insurance to insure against loss of income due to a long period of illness.	Anita schloß eine freiwillige Krankenversicherung mit Krankengeldanspruch ab, um sich gegen Einkommensverluste wegen langandauernder Krankheit abzusichern.
personal accident insurance *n*	Unfallversicherung; Insassenunfallversicherung
John advised me to take out personal accident insurance before going on holiday.	John hat mir geraten, eine Unfallversicherung abzuschließen, bevor ich in die Ferien fuhr.
The Speedway Bus Co. carries personal accident insurance which covers all passengers riding its buses.	Die Speedway Bus Co. hat eine Insassenunfallversicherung, die allen Fahrgästen in ihren Bussen Versicherungsschutz bietet.
third-party insurance *n*	Haftpflichtversicherung
The law requires that every automobile owner carries third party insurance.	Es ist gesetzlich vorgeschrieben, daß jeder Kraftfahrzeugbesitzer eine Haftpflichtversicherung hat.

term-life insurance *n* Term life insurance is contracted for a specific period of time and is not solely linked to life expectancy as is the case with whole life insurance.	Risikolebensversicherung Die Risikolebensversicherung wird für eine bestimmte Zeitdauer vertraglich vereinbart und ist nicht ausschließlich an die Lebenserwartung gebunden, so wie es bei der Todesfallversicherung der Fall ist.
life expectancy *n*	Lebenserwartung
endowment policy *n*	Kapitallebensversicherung, Erlebensfallversicherung
index-linked *adj* Endowment policies are sometimes index-linked, which means that the premiums are adjusted for the cost of living.	dynamisch Kapitallebensversicherungen sind manchmal dynamisch, was bedeutet, daß die Versicherungsbeiträge den Lebenshaltungskosten angepaßt werden.
surrender value *n* The surrender value of a life insurance policy is generally lower than the contracted face value of the policy at maturity.	Rückkaufwert Der Rückkaufwert einer Lebensversicherung ist im allgemeinen niedriger als die vereinbarte Versicherungssumme der Versicherung bei Fälligkeit.
face value *n*	Versicherungssumme

Transportversicherungen

transport insurance *n*	Transportversicherung
freight insurance *n* As the goods were being shipped freight forward, we took out freight insurance to safeguard against the risk of non-payment.	Frachtkostenversicherung Da die Waren auf Kosten des Empfängers versandt wurden, schlossen wir eine Frachtkostenversicherung ab, um uns gegen Nichtbezahlung abzusichern.
vehicle insurance *n* We carry fully comprehensive vehicle insurance on our family car which covers all damages to the car when we drive it or when someone else operates it with our permission.	Kraftfahrzeugversicherung Wir haben eine Vollkaskoversicherung für unser Auto, die alle Schäden am Auto deckt, wenn wir selbst fahren oder jemand anderes das Auto mit unserer Erlaubnis benutzt.
fully comprehensive *adj*	Vollkasko-
aviation insurance *n*	Luftfahrt- und Lufttransportversicherung
Usually several underwriters in a syndicate will underwrite aviation or marine insurance due to the expense of the risk involved.	Wegen der Kosten der Risikobeteiligung unterschreiben normalerweise mehrere Versicherer in einem Konsortium eine Luftfahrt- oder Seetransportversicherung.

marine insurance *n*	See(fahrt)versicherung, Seetransportversicherung
The Nauta Shipping Co. carries a marine insurance policy which includes cargo insurance against loss or damage to the goods it transports.	Die Nauta Shipping Co. hat eine Seetransportversicherung, die eine Kargoversicherung gegen Verlust oder Beschädigung der Güter, die sie transportiert, einschließt.
cargo insurance *n*	Kargoversicherung
average *n*	Havarie, Seeschaden
particular average *n*	besondere Havarie
In the event of particular average, only the owners of the goods lost or damaged shall bear the loss.	Bei besonderer Havarie tragen nur die Eigentümer der verlorenen oder beschädigten Güter den Schaden.
general average *n*	gemeinschaftliche Havarie, große Havarie
In general average, all of the parties involved shall share the loss.	Bei große Havarie teilen sich alle Beteiligten den Verlust.
partial loss *n*	Teilverlust; Teilschaden
total loss *n*	Totalschaden, Totalverlust
collision *n*	Zusammenstoß, Kollision
wreck *v*	zerstören; zum Wrack machen; demolieren; zerschellen
The shipowners were afraid that their tanker had been wrecked in heavy seas.	Die Schiffseigner fürchteten, daß ihr Tanker in schwerer See zerschellt war.
floating policy *adj*	Abschreibepolice
All of your shipments will be insured under the terms of the floating policy and the insured value will decline as each shipment is declared.	All unsere Sendungen werden gemäß den Bedingungen der Abschreibepolice versichert, und der Versicherungswert sinkt bei der Meldung jeder Sendung.
open policy *n*	Generalpolice
You may also choose an open policy which guarantees insurance coverage even if the value of goods is not known before shipment by vessel.	Sie können sich auch für eine Generalpolice entscheiden, die Ihnen auch dann Versicherungsschutz garantiert, wenn der Wert der Waren vor der Verschiffung nicht bekannt ist.
fleet policy *n*	Flottenpolice
Nauta Shipping's fleet policy, which is taken out on a two-year time basis, includes hull insurance.	Die Flottenpolice der Nauta Shipping, die auf einer Zeitbasis von zwei Jahren abgeschlossen wird, schließt eine Kaskoversicherung ein.
time basis *n*	Zeitbasis
hull insurance *n*	Kaskoversicherung

Against All Risks *phrase*	gegen alle Risiken, gegen alle Gefahren
We would advise you to insure Against All Risks rather than W.P.A.	Wir würden Ihnen zu einer Police "gegen alle Gefahren" anstatt zu einer W.P.A.-Klausel raten.
shipowner's liability *n*	Reedereihaftpflicht
Shipowner's liability insurance covers claims as a result of damage caused to other ships, for example.	Die Reedereihaftpflichtversicherung versichert gegen Ansprüche, die z.B. infolge von Schäden an anderen Schiffen resultieren.
F.P.A. (free of particular average) *phrase*	F.P.A. *(sie versichert Elementarschadenereignisse wie z.B. Schiffsuntergang, Brand, Explosion.)*
Under the F.P.A. provision of our marine insurance policy, the underwriters are liable for a total loss of the ship: however, they are not liable if our cargo of fruit spoils on the voyage from Israel to Tilbury.	Gemäß der F.P.A.-Bestimmung in unserer Seeversicherungspolice sind die Versicherer bei Totalverlust des Schiffes haftbar. Sie sind jedoch nicht haftbar, wenn unsere Früchteladung auf der Fahrt von Israel nach Tilbury verdirbt.
W.P.A. (with particular average) *phrase*	W.P.A. *(mit Teilschäden, mit besonderer Havarie, Teilschäden eingeschlossen)*
Under the W.P.A. provisions of a marine insurance policy the owners of items lost bear the insurance cost.	Gemäß der W.P.A:-Bestimmungen einer Seeversicherungspolice tragen die Eigentümer verlorener Stücke die Versicherungskosten.
stranding *n*	Strandung
Accidental stranding of a vessel takes place when a ship is driven on shore by the winds and waves.	Wenn ein Schiff von Wind und Wellen getrieben auf Grund läuft, handelt es sich um eine unbeabsichtigte Strandung.
jettison *v*	über Bord werfen
salvage *v*	bergen
The jettisoned containers could not be salvaged because they had sunk in 6,000 feet of water.	Die über Bord geworfenen Container konnten nicht geborgen werden, weil sie in 6.000 Fuß Wassertiefe gesunken waren.

Versicherungsarten für Unternehmen

fire insurance *n*	Feuerversicherung
Mr. Mulligan's own dishonesty caused him to set fire to his shop in order to collect money from his fire insurance.	Herrn Mulligans Unredlichkeit brachte ihn dazu, sein eigenes Geschäft anzuzünden, um von seiner Feuerversicherung Geld zu kassieren.

dishonesty *n*
Unehrlichkeit, Unredlichkeit

storm *n*
Sturm, Unwetter

flood *n*
Überschwemmung
After last year's floods on the Mississippi River, the Macon Insurance Co. paid over $20,000,000.00 to its private and corporate policyholders for water damage.
Nach den Überschwemmungen des Mississippi im letzten Jahr zahlte die Macon Insurance Co. $ 20.000.000,-- an ihre privaten und gewerblichen Versicherungsnehmer für Wasserschäden.

water damage *n*
Wasserschaden

earthquake *n*
Erdbeben

breakage *n*
Bruch
Our transport insurance covers all breakage caused during transportation of clients' goods.
Unsere Transportversicherung deckt alle Bruchschäden, die beim Transport von Gütern unserer Auftraggeber entstehen.

burglary *n*
Einbruch
Our store carries insurance against burglary, shop-lifting, and deliberate and accidental damage to merchandise in the store.
Unser Geschäft ist gegen Einbruch, Ladendiebstahl, mutwillige und unbeabsichtigte Beschädigung der Waren im Geschäft versichert.

deliberate damage *n*
mutwillige Beschädigung

public liability *n*
(gesetzliche) Haftpflicht
Our company's public liability insurance provides protection against claims arising from our property, our conduct or the conduct of our agents.
Die gesetzliche Haftpflichtversicherung unseres Unternehmens bietet Schutz gegen Ansprüche, die aufgrund unseres Eigentums, unserer Handlungsweise und der Handlungsweise unserer Agenten entstehen.

product liability *n*
Produkthaftung
Our company's product liability insurance paid over $30,000,000.00 in damages last year due to a series of accidents with our new chain saws.
Die Produkthaftungsversicherung unseres Unternehmens zahlte im letzten Jahr aufgrund einer Reihe von Unfällen mit unseren neuen Kettensägen mehr als $ 30.000.000,-- Entschädigungsgelder.

employer's liability *n*
Betriebshaftpflicht
The nuclear power plant carries employer's liability insurance which covers all job-related occupational hazards such as working with plutonium or electrical equipment.
Das Atomkraftwerk hat eine Betriebshaftpflichtversicherung, die alle arbeitsplatzbezogenen Berufsrisiken wie z. B. den Umgang mit Plutonium oder elektrischen Anlagen deckt.

occupational hazard *n*
Berufsrisiko

credit insurance *n*
Kreditversicherung
Credit insurance provides a safeguard against bad debts.
Eine Kreditversicherung bietet Schutz gegen uneinbringliche Forderungen.

soiling *n* The shipment of cotton cloth showed strong signs of soiling.	Verschmutzung Die Sendung mit Baumwollstoff zeigte starke Anzeichen von Verschmutzung.
riot and civil unrest *n* Transport insurance policies usually do not cover damages to goods or cargo caused by riot and civil unrest.	Aufruhr und innere Unruhen Transportversicherungspolicen dekken normalerweise keine Schäden an Waren und Fracht, die auf Aufruhr und bürgerliche Unruhen zurückführbar sind.
plate glass *n* The claim adjuster concluded that the breakage caused to the shipment of plate glass was not caused by forwarder's negligence but rather by the impact of stones thrown from the side of the road.	Fensterglas, Flachglas, Tafelglas Der Schadenssachverständige kam zu dem Schluß, daß die Beschädigungen der Sendung mit Flachglas nicht auf Fahrlässigkeit des Spediteurs zurückzuführen sei, sondern eher auf die Einschläge von Steinen, die vom Straßenrand geworfen worden waren.
impact *n*	Wirkung; Aufprall, Einschlag
negligence *n*	Fahrlässigkeit, Nachlässigkeit
professional indemnity *n (GB)*; **malpractice insurance** *n (US)*	Berufshaftpflicht
fidelity guarantee *n (GB)*; **guaranty insurance** *n (US)*; **fidelity insurance** *n (US)* Fidelity insurance protects employers against dishonest conduct of its corporate officers, agents or employees.	Vertrauensschadenversicherung Eine Vertrauensschadenversicherung schützt Arbeitgeber gegenüber unredlichen Handlungsweisen führender Mitarbeiter, Agenten oder Beschäftigten des Unternehmens.
group insurance *n* Our company's group insurance offers comprehensive life, medical, dental, accident and whole life insurance for all of its employees under one policy.	Kollektivversicherung Die Kollektiversicherung unseres Unternehmens bietet für alle seine Mitarbeiter umfassenden Lebens- Kranken-, Zahnbehandlungs- Unfall- und Todesfallversicherungsschutz in einer Police.

19 Recht

Allgemeines

common law *n*	allgemeines Recht; gesamtes angloamerikanisches Rechtssystem; Rechtsregeln der allgemeinen Gerichte
English Common Law still forms the basis of some laws in the United States.	Das Allgemeine Englische Recht bildet immer noch die Grundlage für einige Gesetze in den Vereinigten Staaten.
statute *n*	Statut; (geschriebenes) Gesetz
Statutes, which are passed by legislatures, can supersede or amend common law.	Statuten, die von Parlamenten verabschiedet werden, können das allgemeine Recht ersetzen oder ergänzen.
act (of Parliament) *n*	(vom Parlament verabschiedetes) Gesetz
Acts of Parliament become statutes.	Vom Parlament verabschiedete Gesetze werden geschriebene Gesetze.
article *n*	Artikel, Paragraph
An article can be a section of a law or of a contract.	Ein Artikel kann ein Teil eines Gesetzes oder Vertrages sein.
clause *n*	Klausel
regulation *n*	Vorschrift; Verordnung; Regelung
Regulation of trade has helped to protect domestic markets.	Die Regelung des Handels hat zum Schutz heimischer Märkte beigetragen.
criminal *adj*	kriminell; Kriminal-; Straf-
Criminal statutes define, classify and stipulate punishments for specific crimes.	Das Strafrecht definiert, klassifiziert und schreibt Strafen für besondere kriminelle Delikte vor.
civil *adj*	zivil; bürgerlich
Contracts between persons or companies are governed by civil law.	Verträge zwischen Einzelpersonen oder Unternehmen werden zivilrechtlich geregelt.
draw up *v*	entwerfen, aufsetzen
We asked our attorney to draw up a contract.	Wir baten unseren Rechtsanwalt, einen Vertrag aufzusetzen.
pass *v*	verabschieden
The new safety legislation passed the US Senate by a vote of 75 to 25.	Die neue Sicherheitsgesetzgebung wurde im amerikanischen Senat mit 75 Ja-Stimmen und 25 Gegenstimmen verabschiedet.
amend *v*	ergänzen; (ab)ändern
Several senators want to amend gun control laws.	Mehrere Senatoren möchten die Schußwaffenkontrollgesetze ergänzen.

amendment *n* — (Ab)änderung; Ergänzung; Zusatz; Nachtrag; Novellierung

Parliament passed an Amendment to the Companies Act in 1989. — 1989 verabschiedete das Parlament eine Gesetzesänderung des Gesellschaftsrechts.

stipulate *v* — festsetzen; vorschreiben; zur Auflage machen

Article II, Section 1 of the United States Constitution stipulates that executive power shall be vested in the President of the United States of America. — Artikel II, Absatz 1 der Verfassung der Vereinigten Staaten legt fest, daß die Exekutivgewalt beim Präsidenten der Vereinigten Staaten liegt.

applicable *adj* — anwendbar; zutreffend

Applicable provisions of state law govern the sale of alcoholic beverages to persons under 21 years of age. — Die zutreffenden Rechtsbestimmungen des jeweiligen Bundesstaates regeln den Verkauf alkoholischer Getränke an Personen unter 21 Jahren.

lay down *v* — festlegen, bestimmen

The Code of Civil Procedure lays down the rules by which judges are to make decisions. — In der Zivilprozeßordnung sind die Regeln festgelegt, nach denen Richter ihre Entscheidungen zu treffen haben.

subject to *prep* — unterliegend; abhängig

The formation of companies is subject to provisions of the Companies Act. — Unternehmensgründungen unterliegen den Bestimmungen des Gesellschaftsrechts.

consent *v* — zustimmen, einwilligen

The judge consented to the request of defense counsel. — Der Richter stimmte dem Ersuchen der Verteidigung zu.

govern *v* — regeln, bestimmen

Section 13 of the articles of incorporation governs the shareholders' rights to sell shares. — Abschnitt 13 der Gründungsurkunde regelt das Recht der Aktionäre oder Gesellschafter, Gesellschaftsanteile zu veräußern.

violate *v* — verletzen, verstoßen gegen

impose *v* — auferlegen, verhängen

The government imposed a ban on the export of military equipment. — Die Regierung verhängte ein Exportverbot für militärische Ausrüstungen.

enforce *v* — durchsetzen, Geltung verschaffen

Customs agents enforced the ban by inspecting all shipments leaving the country. — Zollbeamte sorgten für die Einhaltung des Verbots, indem sie alle Transporte kontrollierten, die das Land verließen.

exercise *v* — ausüben, wahrnehmen

The courts have the right to exercise control over the administration of justice. — Die Gerichte haben das Recht, die Kontrolle der Rechtsprechung wahrzunehmen.

binding *adj* — bindend, verbindlich

The law is binding for all persons. — Das Recht ist für alle bindend.

bind *v*	binden
The contract binds the parties to the joint venture for 10 years.	Der Vertrag bindet die Parteien zehn Jahre lang an die gemeinsame Unternehmung.
void *adj*	ungültig, nichtig
The court decided that the law was void.	Das Gericht entschied, daß das Gesetz nichtig sei.
by-law *n (GB)*; **ordinance** *n (US)*	Verordnung
The new city ordinance bans swimming in city lakes.	Die neue städtische Verordnung untersagt das Schwimmen in den Seen der Stadt.
equity *n*	Fairneß; Billigkeit
Equity guarantees a fair system of laws that develops parallel to common law.	Billigkeit garantiert ein faires Gesetzessystem, das sich in Übereinstimmung mit dem allgemeinen Recht entwickelt.
directive *n*	Direktive, Weisung, Richtlinie
The Commission of the European Community issued a directive on wine production.	Die EG-Kommission gab eine Richtlinie zur Weinproduktion heraus.
annulment *n*	Aufhebung, Annullierung
provide for *v*	sorgen für; vorsehen
The law provides for equal voting rights for all citizens.	Das Gesetz sieht gleiches Wahlrecht für alle Bürger vor.
provision *n*	Bestimmung
prescribe *v*	vorschreiben
The law was passed in the manner prescribed by law.	Das Gesetz wurde in der gesetzlich vorgeschriebenen Weise verabschiedet.
comply *v*	entsprechen, (be)folgen; sich an (ein Gesetz) halten
Persons failing to comply with federal laws banning the sale of guns to minors will be prosecuted.	Personen, die sich nicht an die Bundesgesetze halten, die den Schußwaffenverkauf an Jugendliche untersagen, werden strafrechtlich verfolgt.
compliance *n*	Beachtung; Befolgung; Erfüllung
The Inland Revenue Service audits the books of companies to check whether they are acting in compliance with tax laws.	Das Finanzamt prüft die Bücher von Unternehmen, um festzustellen, ob sie bei ihrer Geschäftstätigkeit die Steuergesetze beachten.
exemption *n*	Befreiung
pursuant to *prep*	gemäß, entsprechend
Pursuant to the law, no person may be discriminated against on the basis of race, color, age or religion.	Nach dem Gesetz darf niemand wegen seiner Rasse, seiner Hautfarbe, seines Alters oder seiner Religion diskriminiert werden.

sanction *v* The House of Commons has recently sanctioned new measures to reduce military spending.	sanktionieren, genehmigen, billigen Das Unterhaus hat kürzlich neue Maßnahmen zur Kürzung der Militärausgaben gebilligt.
invalidate *v*	für ungültig erklären
voidable *adj* The contract included a clause that made it voidable if rescinded by one party.	anfechtbar, aufhebbar, annullierbar Der Vertrag enthielt eine Klausel, die ihn anfechtbar machte, wenn er von einer Partei widerrufen würde.

Berufe im Rechtswesen

solicitor *n (GB)*
Rechtsanwalt, Rechtsanwältin *(plädiert normalerweise nicht vor Gericht)*

Solicitors give legal advice to the public and refer clients to barristers.
Rechtsanwälte stehen der Öffentlichkeit für Rechtsberatung zur Verfügung, und sie vermitteln Klienten an bei Gericht zugelassene Anwälte weiter.

barrister *n (GB)*
Rechtsanwalt, Rechtsanwältin (mit Gerichtszulassung) *(in GB Mitglied des höheren Anwaltsstandes; "barristers" werden durch "solicitors" beauftragt und sind ausschließlich berechtigt, vor höheren Gerichten aufzutreten)*

attorney *n (GB)*; **attorney at law** *n (US)*
Rechtsanwalt, Rechtsanwältin

Peter is an attorney for a large corporation.
Peter ist ein Rechtsanwalt eines großen Unternehmens.

lawyer *n*
Anwalt, Anwältin

The lawyer advised his client to plead "not guilty".
Der Anwalt riet seinem Klienten sich "nicht schuldig" zu bekennen.

judge *n*
Richter(in)

juror *n*
Schöffe, Schöffin; Geschworene(r)

The jurors returned to the courtroom with their verdict.
Die Geschworenen kamen mit ihrer Entscheidung in den Gerichtssaal zurück.

jury *n*
Jury

A jury in the United States or the UK consists of 12 persons.
In den Vereinigten Staaten oder im Vereinigten Königreich besteht eine Jury aus 12 Personen.

notary (public) *n*
Notar(in)

We went to a notary to have our affidavits certified.
Wir gingen zu einer Notarin, um unsere eidesstattlichen Erklärungen beglaubigen zu lassen.

power of attorney *n*	Vollmacht
Mrs. Smith issued a power of attorney which authorized her son to negotiate and sign the contract in her name.	Frau Smith gab ihrem Sohn die Vollmacht, den Vertrag in ihrem Namen auszuhandeln und zu unterschreiben.
authorize *n*	ermächtigen, autorisieren, genehmigen
authorized *adj*	bevollmächtigt, befugt
Only an authorized company officer may sign the contract.	Nur ein bevollmächtigter Angestellter der Gesellschaft darf den Vertrag unterzeichnen.
ombudsman *n*	Ombudsmann
charge *n*	Anklage
administer an oath *phrase*	Eid abnehmen
authenticity *n*	Echtheit; Glaubwürdigkeit
authenticate *v*	bestätigen, für echt erklären, beglaubigen
We had our signatures authenticated by a notary public.	Wir ließen unsere Unterschriften von einem Notar beglaubigen.
legalize *v*	legalisieren
proxy *n*	Vollmacht; Stellvertreter(in); Bevollmächtigte(r)
Mr. Moor authorized a proxy to vote for him at the Annual General Meeting of Fennway plc.	Herr Moor bevollmächtigte einen Stellvertreter dazu, auf der Jahreshauptversammlung der Fennway plc an seiner Stelle seine Stimme abzugeben.

Klage und Gerichtsverfahren

court *n*	Gericht
The court will hear our case on Thursday at 9:00 a.m.	Das Gericht wird unseren Fall am Donnerstag um 9.00 Uhr verhandeln.
hearing *n*	mündliche Verhandlung
lawsuit *n*	Gerichtsverfahren; Klage; Zivilprozeß
The company's attorneys filed a lawsuit for breach of contract.	Die Anwälte des Unternehmens erhoben Klage wegen Vertragsbruchs.
proceedings *npl*	Verfahren, Prozeß
Judge Williams will preside over the proceedings.	Richter Williams wird der Prozeßvorsitzende sein.
preside *v*	den Vorsitz führen
(court) appearance *n*	Auftritt vor Gericht, Erscheinen vor Gericht
The court subpoenaed Mr. Williams to make a court appearance.	Herr Williams erhielt eine gerichtliche Vorladung.

sue *v*	(ver)klagen, Klage erheben; prozessieren
Tom sued his company for $500,000 in damages.	Tom verklagte seine Firma auf $ 500.000,-- Schadenersatz.
investigate *v*	ermitteln
The prosecuting attorney's office will investigate the case before filing charges.	Bevor in dem Fall Anklage erhoben wird, stellt die Staatsanwaltschaft Ermittlungen an.
grounds *npl*	Gründe
The suit was rejected on grounds of insufficient evidence.	Die Klage wurde wegen mangels an Beweisen abgewiesen.
suit *n*	Klage
break *v*	brechen
Persons who break the law will be prosecuted.	Wer das Gesetz bricht, wird strafrechtlich verfolgt.
unlawful *adj*	gesetzwidrig, ungesetzlich, illegal
punishable *adj*	strafbar
appeal *v*	Berufung einlegen
My lawyer said that he would appeal the case.	Mein Anwalt sagte, er würde mit dem Fall in die Berufung gehen.
appellate *adj*	Revisions-; Berufungs-
My case came before an appellate court for hearing.	Mein Fall wurde vor einem Berufungsgericht verhandelt.
out of court *phrase*	außergerichtlich
The plaintiff and the defendant settled their difference out of court.	Der Kläger und der Beklagte regelten ihre Differenzen außergerichtlich.
settle *v*	einigen; beilegen; schlichten
settlement *n*	Einigung; Vergleich
Unfortunately, the insurance company did not seem interested in a settlement out of court.	Leider war die Versicherungsgesellschaft nicht an einem außergerichtlichen Vergleich interessiert.
accuse *v*	anklagen
The plaintiff accused the defendant of theft.	Der Kläger klagte den Angeklagten des Diebstahls an.
offence *n (GB)*; **offense** *n (US)*	Straftat
prosecute *v*	strafrechtlich/gerichtlich verfolgen
Mr. Smith was prosecuted for murder.	Gegen Herrn Smith wurde wegen Mordes strafrechtlich vorgegangen.
petitioner *n*	Kläger(in); Bittsteller(in); Antragsteller(in)
Mrs. Jones is the petitioner in divorce proceedings.	Frau Jones ist im Scheidungsverfahren die Klägerin.
defend *v*	verteidigen
Mr. Smith is being defended by William White, a famous criminal lawyer.	Herr Smith wird von William White, einem berühmten Strafverteidiger, verteidigt.

defendant *n* The defendant pleaded "not guilty" to charges of murder.	Angeklagte(r), Beklagte(r) Der Angeklagte bekannte sich gegenüber der Mordanklage für "nicht schuldig".
legal aid *n*	Hilfe in rechtlichen Angelegenheiten; Prozeßkostenhilfe; Rechtsbeihilfe
witness *n*	Zeuge, Zeugin
oath *n* Each witness is required to take an oath before cross examination.	Eid Es ist vorgeschrieben, daß jeder Zeuge vor dem Kreuzverhör vereidigt wird.
swear *v* The witnesses were sworn in before cross examination.	schwören Vor dem Kreuzverhör wurden die Zeugen vereidigt.
prove *v*	beweisen
proof *n* The prosecutor submitted a knife with Mr. Smith's finger prints on it as proof.	Beweis(stück) Der Staatsanwalt legte als Beweisstück ein Messer mit Herrn Smiths Fingerabdrücken vor.
submit *v*	vorlegen, einreichen, angeben
guilty *adj* The jury found Mr. Smith guilty of murder.	schuldig Die Jury fand Herrn Smith des Mordes schuldig.
not guilty *adj*	nicht schuldig
judg(e)ment *n* The defense attorney filed an appeal against the court's judgment.	(Gerichts)urteil Der Verteidiger legte gegen das Gerichtsurteil Berufung ein.
sentence *v* The court sentenced Mr. Smith to life in prison.	verurteilen Das Gericht verurteilte Herrn Smith zu lebenslanger Gefängnisstrafe.
fine *n*	Geldstrafe
fine *v* The court fined Mr. Anderson $2,000 for slander against his neighbor.	zu einer Geldstrafe verurteilen Das Gericht verurteilte Herrn Anderson wegen Beleidigung seines Nachbarn zu einer Geldstrafe von $ 2.000,--.
imprison *v*	inhaftieren, einsperren
order *v* The Attorney General ordered an investigation of civil rights violations in Mississippi.	anordnen Der Generalstaatsanwalt ordnete eine Untersuchung der Bürgerrechtsverletzungen in Mississippi an.
ban *v* The government banned all imports of vegetables.	verbieten, untersagen Die Regierung verbot alle Gemüseimporte.
litigation *n* Two companies were involved in litigation over delivery of defective machine parts.	Rechtsstreit, Prozeß Zwei Firmen lagen wegen der Lieferung schadhafter Maschinenteile miteinander im Rechtsstreit.

tribunal *n* Major Trout was tried by a military tribunal.	Tribunal; Gerichtshof Gegen Major Trout wurde vor einem Militärgericht verhandelt.
arbitration *n* Rules of arbitration shall apply for all disputes arising from the contract.	Schlichtung; Schiedsgerichtsbarkeit; Schiedswesen Bei allen Streitigkeiten/Streitfällen, die sich aus dem Vertrag ergeben, ist die Schiedsordnung anwendbar.
statutory enquiry *n (GB)*; **inquiry** *n (US)* A statutory enquiry was held to establish the facts of the case.	Untersuchung Zur Feststellung der den Fall betreffenden Tatsachen wurde eine Untersuchung vorgenommen.
refer *v* The lower court referred the case to a higher court.	weiterleiten, verweisen Das ordentliche Gericht verwies den Fall an eine höhere Instanz.
referral *n*	Verweisung
summons *n* Mr. Jones was served a summons to appear in court.	Ladung, Vorladung Herr Jones erhielt eine Vorladung, vor Gericht zu erscheinen.
serve *v*	zustellen
writ *n* He issued writs for libel in connection with allegations made in a daily newspaper.	(gerichtliche) Verfügung; Vorladung Er schrieb Vorladungen wegen Verleumdung im Zusammenhang mit Behauptungen in einer Tageszeitung.
committal proceedings *npl (GB)*; **preliminary hearing** *n (US)*	gerichtliche Voruntersuchung
allege *v* The plaintiff alleged that the defendant had stolen £20,000 from his shop.	behaupten Der Kläger behauptete, daß der Angeklagte £ 20.000,-- aus seinem Geschäft gestohlen habe.
impute *v* The prosecution imputed that the defendant had stolen the money to pay gambling debts.	bezichtigen Die Anklagevertretung bezichtigte den Angeklagten, Geld gestohlen zu haben, um Spielschulden zu begleichen.
plaintiff *n* The court heard the plaintiff's case.	Kläger(in) Das Gericht hörte sich an, was der Kläger vorzutragen hatte.
subpoena *v* Plaintiff's counsel had subpoenaed company records as evidence.	vorladen; anfordern Der Rechtsbeistand des Klägers hatte Firmenunterlagen als Beweismittel angefordert.
counsel *n*	Rechtsbeistand, Prozeßbevollmächtigte(r)

affidavit *n*	eidesstattliche Versicherung/Erklärung
verdict *n* It took the jury three days to reach a verdict.	Entscheidung (der Jury) Die Jury benötigte drei Tage, um zu ihrer Entscheidung zu kommen.
plead *v* The defendant pleaded "not guilty" to charges of fraud.	plädieren; sich bekennen Der Angeklagte bekannte sich gegenüber der Anklage des Betruges für nicht schuldig.
quash *v (GB)*; **overrule** *v (US)* The appeals court quashed the verdict.	aufheben, annullieren Das Revisionsgericht hob das Urteil auf.
uphold *v* The appeals court upheld the judgment of a lower court.	bestätigen Das Berufungsgericht bestätigte das Urteil der untergeordneten Instanz.
acquit *v*	freisprechen
injunction *n*	einstweilige Verfügung
restrain *v* The injunction restrained the utility company from removing radioactive material from its premises.	zurückhalten, hindern Die einstweilige Verfügung hielt den Versorgungsbetrieb davon zurück, radioaktives Material von seinem Betriebsgelände zu entfernen.
undertaking *n (GB)*; **guarantee** *n (US)* The government gave the company a written undertaking that it would not infringe on the company's property rights.	Zusicherung Die Regierung gab dem Unternehmen eine schriftliche Zusicherung, daß dessen Eigentumsrechte nicht angetastet würden.
infringe *v*	verletzen, verstoßen

Unternehmen und Recht

company law *n* The rules of company law apply to the administration of a corporation.	Gesellschaftsrecht Die gesellschaftsrechtlichen Bestimmungen beziehen sich auf die Verwaltung einer Kapitalgesellschaft.
commercial law *n* In the United States, commercial law has been codified in the Uniform Commercial Code.	Handelsrecht Das Handelsrecht ist in den Vereinigten Staaten im "Uniform Commercial Code" kodifiziert.
administrative law *n*	Verwaltungsrecht
statutory *adj* The company made a statutory declaration to the Registrar of Companies that it had complied with legal conditions.	gesetzlich (vorgeschrieben); satzungsgemäß Das Unternehmen gab die gesetzlich vorgeschriebene Erklärung an den Leiter des Handelsregisters ab, daß es die rechtlichen Bedingungen erfüllt hatte.

safety standards *npl*	Sicherheitsnormen
The Virginia State Legislature has passed a law regulating industrial safety standards.	Der Gesetzgeber des Staates Virginia hat ein neues Gesetz zur Regelung der Sicherheitsnormen in der Industrie verabschiedet.
business practice *n*	Geschäftspraxis
The company was accused of using unfair business practices to run competitors out of business.	Die Gesellschaft war angeklagt, unlautere Geschäftspraktiken einzusetzen, um Konkurrenten auszuschalten.
voluntary code *n*	freiwilliger (Verhaltens)kodex
The Automobile Dealers' Association has established a voluntary code of trading practices for its members.	Der Automobilhändlerverband hat einen freiwilligen Verhaltenskodex mit Geschäftspraktiken für seine Mitglieder eingeführt.
public interest *n*	öffentliches Interesse
libel *n*	Beleidigung in Schrift und Bild
The company president claimed that the newspaper was guilty of libel.	Der Präsident der Gesellschaft behauptete, die Zeitung habe sich der Beleidigung schuldig gemacht.
slander *n*	(mündliche) Beleidigung
The lawyer was accused of slander against a judge in a courtroom.	Der Anwalt war der Beleidigung eines Richters in einem Gerichtssaal angeklagt.
patent *n, v*	Patent; patentieren
take out *v*	erwerben
The company will take out a patent for Mr. Drake's invention.	Das Unternehmen wird sich Herrn Drakes Erfindung patentieren lassen.
patent office *n*	Patentamt
The company applied to the patent office for a patent on its new machine.	Das Unternehmen beantragte beim Patentamt die Erteilung eines Patents für seine neue Maschine.
patent pending *phrase*	Patent angemeldet
copyright *n*	Copyright, Urheberrecht
royalty *n*	Autorenhonorar, Tantiemen, Lizenzgebühr
The author receives royalties from the publishing company for all of his books sold.	Für all seine verkauften Bücher erhält der Autor vom Verlag Tantiemen.
legal entity *n*	juristische Person
Any incorporated company is a legal entity.	Jede Gesellschaft ist eine juristische Person.
legal personality *n*	Rechtspersönlichkeit
Legal personalities, such as companies, are represented by the officers stated in the articles of incorporation.	Rechtspersönlichkeiten wie beispielsweise Kapitalgesellschaften, werden durch die in der Gründungsurkunde u. Satzung genannten leitenden Angestellten vertreten.

corporation sole *n (GB)*	Einpersonengesellschaft
A corporation sole is the earliest type of corporation and relates to one person holding public office under the Crown or State and succession to that office.	Eine Einpersonengesellschaft ist der älteste Typ einer Gesellschaft und bezieht sich auf eine Person, die unter der Krone oder dem Staat ein öffentliches Amt innehat, sowie auf die Nachfolge in diesem Amt.
corporation aggregate *n (GB)*	Gesellschaft mit mehreren Mitgliedern
Local councils and limited companies are the most common forms of corporations aggregate.	Gemeinderäte und Gesellschaften mit beschränkter Haftung sind die verbreitetste Form der Gesellschaft mit mehreren Mitgliedern.
tort *n*	Delikt
Torts are civil wrongs that entitle the victim to a claim for damages.	Delikte sind zivilrechtliche Vergehen, die den Geschädigten zu Schadenersatzansprüchen berechtigen.
ultra vires *phrase*	über die Befugnisse hinaus; über die satzungsmäßigen Zwecke hinaus
The company president acted ultra vires by selling the company without the shareholders' consent.	Der Präsident der Gesellschaft handelte in einer seine Befugnisse überschreitenden Weise, indem er die Gesellschaft ohne die Zustimmung der Aktionäre verkaufte.
detrimental *adj*	schädlich
Monopolies are detrimental to competition.	Monopole sind für den freien Wettbewerb schädlich.
restrictive practice *n*	wettbewerbsbeschränkendes Verhalten
breach of duty *n*	Pflichtverletzung
defamation *n*	Verleumdung
The newspaper was ordered to pay a fine for defamation of character.	Die Zeitung wurde wegen Rufmords (Verleumdung) zur Zahlung einer Geldstrafe verpflichtet.
vicarious liability *n*	Haftung für Verschulden Dritter
The employer shall bear vicarious liability for all of his employees working on third party premises.	Der Arbeitgeber haftet für all seine Beschäftigten, die auf den Grundstükken Dritter arbeiten.
negligence *n*	Fahrlässigkeit; fahrlässiges Verhalten
nuisance *n*	Ärgernis, Belästigung, Störung
Many of the town's citizens felt that a sex shop next to the church was a public nuisance.	Viele Bürger der Stadt hatten das Gefühl, daß ein Sex-Shop neben der Kirche ein öffentliches Ärgernis darstellte.
infringement *n*	Verletzung
The record company sued the band for infringement of copyright because the band had sold songs to others.	Die Schallplattenfirma klagte die Band der Copyrightverletzung an, da sie Songs an andere verkauft hatten.

Verträge

law of contract *n*	Vertragsrecht
party *n*	(vertragschließende) Partei
The contract enters into effect when signed by both parties.	Der Vertrag tritt in Kraft, wenn ihn beide Parteien unterzeichnet haben.
come into effect *phrase*	in Kraft treten
agreement *n*	Abkommen, Übereinkunft, Vereinbarung
The contracting parties signed the agreement yesterday.	Die vertragschließenden Parteien unterzeichneten das Abkommen gestern.
fulfil *v (GB)*; **fulfill** *v (US)*	erfüllen
Preston Ltd claimed that it had fulfilled its obligations under the terms of the contract.	Die Preston Ltd behauptete, sie habe ihre durch die Vertragsbedingungen festgelegten Verpflichtungen erfüllt.
due *adj*	fällig
The contract stipulates January 31 as the due date for the first payment.	Der Vertrag macht den 31. Januar als Fälligkeitsdatum für die erste Zahlung zur Auflage.
exceed *v*	überschreiten
The company claimed that its supplier had exceeded the contractually stipulated deadline for delivery.	Das Unternehmen behauptete, sein Zulieferer habe die vertraglich verein barte Lieferfrist überschritten.
request for payment *n*	Zahlungsaufforderung
withdraw *v*	sich zurückziehen, zurücktreten
The supplier withdrew from the contract claiming that Presto Ltd was in arrears with its payments.	Der Zulieferer trat von dem Vertrag zurück und behauptete, daß die Presto Ltd mit ihren Zahlungen im Rückstand sei.
implied *adj*	impliziert; stillschweigend
The contract did not stipulate any implied right of withdrawal.	Der Vertrag legte keinerlei mitvereinbartes Rücktrittsrecht fest.
duty *n*	Verpflichtung
Presto Ltd stated that it had performed all of its contractual duties.	Die Presto Ltd erklärte, daß sie all ihren vertraglichen Verpflichtungen nachgekommen sei.
hold *v*	halten
The supplier claimed that it could not be held to the contract if the buyer failed to pay.	Der Zulieferer behauptete, er könne nicht an den Vertrag gebunden sein, wenn der Käufer seine Zahlungsverpflichtung nicht erfülle.
contractual *adj*	Vertrags-
The court ruled that the contractual provisions did not comply with the law of contract.	Das Gericht entschied, daß die Vertragsbestimmungen nicht im Einklang mit dem Vertragsrecht stünden.

eligible *adj*	in Frage kommend; berechtigt; die Voraussetzungen erfüllend
Only those persons eligible to contract under law may do so.	Nur solche Personen, die laut Gesetz vertragsberechtigt sind, dürfen Verträge abschließen.
ineligible *adj*	nicht berechtigt
award *v*	(Auftrag) erteilen
The government awarded the Reamer Co. a $50 billion contract to build ships.	Die Regierung erteilte der Reamer Co. einen Schiffbauauftrag im Wert von 50 Milliarden Dollar.
genuine *adj*	echt
The plaintiff proved that the signatures on the contract were genuine.	Der Kläger bewies, daß die Unterschriften unter dem Vertrag echt waren.
forfeit *v*	verwirken; verfallen; einbüßen
The buyer will forfeit his deposit if he fails to comply with the provisions of Section 5.	Der Käufer verwirkt seine Anzahlung, wenn er nicht die Bestimmungen in Abschnitt 5 erfüllt.
null and void *phrase*	null und nichtig
The contract is null and void because no performance was made by either contracting party.	Der Vertrag ist null und nichtig, da keine der Vertragsparteien eine Leistung erbracht hat.
signatory *n*	Unterzeichner(in); Zeichnungsberechtigte(r)
Each signatory will receive a copy of the agreement.	Jeder Unterzeichner erhält eine Kopie des Abkommens.
declaration of intent *n*	Absichtserklärung; Willenserklärung
in due course *phrase*	zu gegebener Zeit; im Lauf der Zeit; in angemessener Frist
The buyer shall inform the seller in due course (ten days) of any defects in delivered materials.	Der Käufer soll den Verkäufer innerhalb einer angemessenen Frist (10 Tage) von eventuellen Mängeln bei den gelieferten Materialien in Kenntnis setzen.
performance *n*	Leistung, Erfüllung
All performances under this contract are also subject to provisions of commercial law.	Alle Leistungen aus diesem Vertrag unterliegen auch den Bestimmungen des Handelsrechts.
jurisdiction *n*	Gerichtsbarkeit; richterliche Zuständigkeit
venue *n*	Gerichtsstand
Chicago is deemed venue for courts of law for any disputes between the parties.	Gerichtsstand für jegliche Streitigkeiten zwischen den Parteien ist Chicago.
deem *v*	gelten als, halten für, betrachten als
rescind *v*	anfechten, aufheben
Either party may rescind the contract without notice if the other party files for bankruptcy.	Beide Parteien können ohne vorherige Warnung den Vertrag aufheben, falls eine Partei Konkurs anmeldet.

waiver *n* The articles of association included a waiver clause that regulated the requirements for calling a meeting of shareholders.	Verzicht; Außerkraftsetzung Der Gesellschaftsvertrag enthielt einen Verzichtklausel, die die Voraussetzungen für die Einberufung einer Gesellschafterversammlung regelte.
waive *v*	verzichten auf; außer acht lassen
penalty clause *n* The penalty clause stipulates a penalty of seven thousand pounds for late delivery.	Konventionalstrafklausel Die Klausel über eine Vertragsstrafe setzt bei Lieferverzug eine Geldstrafe in Höhe von 7.000,-- Pfund fest.
liquidated damages *npl* The buyer is entitled to liquidated damages of £100 per unit in case of late delivery.	Vertragsstrafe; Konventionalstrafe; beziffertter Schaden Der Käufer ist bei Lieferverzug zur Erhebung einer Konventionalstrafe von £ 100,-- pro Einheit berechtigt.
betray *v* The buyer claimed that the seller had betrayed the spirit of the contract.	brechen; verstoßen gegen Der Käufer behauptete, der Verkäufer habe gegen den Geist des Vertrages verstoßen.
obey *v* The police forced the tenants to obey the court order to vacate the premises.	befolgen, nachkommen Die Polizei zwang die Mieter, die Anordnung des Gerichts zu befolgen und das Grundstück zu räumen.
vacate *v*	räumen
bona fide *adj* The buyer acted in a bona fide manner when buying the house.	gutgläubig Der Käufer handelte im guten Glauben, als er das Haus erwarb.
gentlemen's agreement *n*	Gentlemen's Agreement; Vereinbarung auf Treu und Glauben
breach of contract *n*	Vertragsbruch, Vertragsverletzung
errors and omissions excepted (E & OE) *phrase (GB)* The merchant wrote "E & OE" on the invoice to show that he was not liable for any errors on the invoice.	Irrtümer und Auslassungen vorbehalten Der Händler schrieb "Irrtümer und Auslassungen vorbehalten" auf die Rechnung, um deutlich zu machen, daß er für Rechnungsirrtümer nicht haftbar war.
escape clause *n* Our lawyer suggested an escape clause in order to avoid possible payment of a contractual penalty.	Vorbehaltsklausel, Rücktrittsklausel Um die mögliche Zahlung einer Vertragsstrafe zu vermeiden, schlug unserer Anwalt einen Vorbehaltsklausel vor.
forfeiture *n* The contracting parties agreed to replace the forfeiture clause with a waiver clause.	Verfall, Verwirkung Die vertragschließenden Parteien einigten sich darauf, die Verwirkungsklausel durch eine Verzichtklausel zu ersetzen.

Wirtschaftskriminalität

fraud *n*	Betrug
The defendant was accused of fraud for selling real estate that did not belong to him.	Dem Angeklagten wurde Betrug vorgeworfen, da er Immobilien verkauft hatte, die ihm nicht gehörten.
swindle *v, n*	betrügen; beschwindeln; Betrug; Schwindel
Thousands of investors were swindled by real estate agents selling land at the bottom of the Indian Ocean.	Tausende von Investoren wurden von Immobilienhändlern betrogen, die Land auf dem Grund des Indischen Ozeans verkauften.
deception *n*	Täuschung; Betrug
The surreptitious speculator made a fortune by deception.	Der unechte Spekulant erwarb ein Vermögen durch Täuschung.
white-collar crime *v*	Wirtschaftsverbrechen
Embezzlement is considered a white-collar crime.	Unterschlagung gilt als Wirtschaftsverbrechen.
breach of trust *n*	Untreue; Verletzung von Treuhänderpflichten
The trustee of the estate was accused of breach of trust for misappropriating funds from the trust in his care.	Dem Vermögensverwalter des Gutes wurde die Verletzung von Treuhänderpflichten vorgeworfen, weil er ihm treuhänderisch anvertraute Gelder veruntreut hatte.
trust *n*	Treuhandvermögen
embezzle *v*	unterschlagen, veruntreuen
Mr. Mallow had embezzled 2 million pounds from the company over a period of 25 years.	Herr Mallow hatte im Verlauf von 25 Jahren zwei Millionen Pfund von der Gesellschaft veruntreut.
embezzlement *n*	Unterschlagung, Veruntreuung
bribe *v*	bestechen
The importer tried to bribe the customs officer.	Der Importeur versuchte den Zollbeamten zu bestechen.
bribery *n*	Bestechung
Bribery is a criminal offense.	Bestechung ist eine Straftat.
corruption *n*	Korruption
forge *v*	fälschen
The signatures on all of the documents were forged.	Die Unterschriften unter allen Dokumenten waren gefälscht.
forgery *n*	Fälschung
defraud *v*	betrügen, hintergehen
He defrauded the government of millions of pounds.	Er betrog die Regierung um Pfundbeträge in Millionenhöhe.
fraudulent *adj*	betrügerisch
The fraudulent realtor was never prosecuted because his brother was a judge.	Der betrügerische Grundstücksmakler wurde nie strafrechtlich belangt, da sein Bruder Richter war.

false pretences *npl (GB)*; **false pretenses** *npl (US)* He sold the land under false pretenses, claiming that it had an ocean view, when it was actually located in a desert.	arglistige Täuschung, Vorspiegelung falscher Tatsachen Er verkaufte das Land, indem er falsche Tatsachen vorspiegelte und behauptete, es sei mit Meeresblick, obwohl es tatsächlich in der Wüste lag.
misrepresentation *n* The broker was accused of misrepresentation in getting people to sign investment agreements.	falsche Darstellung; Irreführung Dem Broker wurde vorgeworfen, daß er Leute irreführte, indem er sie dazu brachte, Anlagevereinbarungen zu unterschreiben.
surreptitious *adj* The contracts were null and void because they were negotiated in a surreptitious manner.	zweifelhaft; heimlich; unecht Die Verträge waren null und nichtig, da sie in einer zweifelhaften Weise ausgehandelt wurden.
subreption *n*	arglistiges Verschweigen *(von Mängeln)*
misappropriate *v*	veruntreuen
industrial espionage *n*	Industriespionage
piracy *n*	Raubdruck, Raubpressung, Raubkopierei, Raubdruckerei
A ring of companies in the Far East were involved in piracy of video games.	Ein Firmenring im Fernen Osten war daran beteiligt, Raubkopien von Videospielen herzustellen.

Bankrott; finanzielle Kompensation

file for bankruptcy *phrase*	Konkurs anmelden
petition *n* The court heard the bankruptcy petition.	Gesuch, Antrag Das Gericht verhandelte über den Konkursantrag.
default *v*	zahlungsunfähig werden; seinen Zahlungen nicht nachkommen
The creditors claimed that the company was in default with its payments since January.	Die Gläubiger behaupteten, das Unternehmen sei seit Januar seinen Zahlungsverpflichtungen nicht nachgekommen.
means *npl* Our client no longer has the means to pay his debts.	Mittel Unser Klient verfügt nicht mehr über die Mittel zur Begleichung seiner Schulden.
recover *v* Our lawyer hopes to recover all of our money from the fraudulent land speculator.	zurückerhalten Unser Anwalt hofft, daß er all unser Geld von dem betrügerischen Bodenspekulanten zurückbekommt.

arrangement *n*	Vereinbarung
The creditors have made an arrangement with the receiver for recovering a portion of their money.	Die Gläubiger haben mit dem Konkursverwalter eine Vereinbarung getroffen, nach der sie einen Teil ihres Geldes zurückerhalten.
debtor *n*	Schuldner(in), Debitor(in)
The debtor made an agreement with all of his creditors, promising to repay the money within 2 years.	Der Schuldner traf eine Vereinbarung mit all seinen Gläubigern und versprach, das Geld innerhalb von zwei Jahren zurückzuzahlen.
creditor *n*	Gläubiger(in)
estate *n*	Nachlaß
Mr. Charles left an estate worth 10 million dollars to his heirs.	Herr Charles hinterließ seinen Erben einen Nachlaß im Wert von 10 Millionen Dollar.
dispose of *v*	veräußern
The receiver disposed of the bankrupt company's assets in order to pay its customers.	Der Konkursverwalter veräußerte die Vermögenswerte des im Konkurs befindlichen Unternehmens, um dessen Kunden (Lieferanten) zu bezahlen.
deprive *v*	entziehen, vorenthalten
Mr. Smith, a small businessman, was deprived of all of his assets when his company went bankrupt.	Herr Smith, ein Kleinunternehmer, wurde um all seine Vermögenswerte gebracht, als sein Unternehmen bankrott ging.
bailiff *n*	Gerichtsvollzieher(in), Vollstreckungsbeamter, -beamtin
The court ordered the bailiff to seize Mr. Smith's property after he was found guilty of embezzlement.	Das Gericht beauftragte den Gerichtsvollzieher, Herrn Smiths Eigentum zu beschlagnahmen, nachdem er der Unterschlagung für schuldig befunden worden war.
seize *v*	beschlagnahmen, pfänden
The court bailiff seized Mr. Smith's home and car.	Der Gerichtsvollzieher pfändete Herrn Smiths Wohnung und Auto.
distribute *v*	verteilen
After selling off all Whitaker's assets, the trustee distributed the estate.	Nachdem der Treuhänder Whitakers ganze Vermögenswerte verkauft hatte, verteilte er den Nachlaß.
Chapter 11 proceeding *n (US)*	*Paragraph aus dem amerikanischen Konkursrecht, der es einem Unternehmen erlaubt, den Konkurs anzumelden um danach unter Aufsicht des Gerichts den Betrieb als tätige Firma umzustrukturieren*
bankruptcy order *n*	Konkurseröffnungsbeschluß
The court was persuaded to issue a bankruptcy order.	Das Gericht wurde dazu bewegt, einen Konkurseröffnungsbeschluß zu verkünden.

adjudication *n (GB)*; **opening of bankruptcy proceedings** *n (US)* The company received an adjudication in bankruptcy on its own petition.	Eröffnung des Konkursverfahrens Auf eigenen Antrag wurde das Konkursverfahren gegen das Unternehmen eröffnet.
administration order *n*	Konkursbeschluß *(im Todesfall des Konkursschuldners zum formlosen Vorgehen bei einem kleinen Konkurs)*
statement of affairs *n* The receiver drew up a statement of affairs regarding the bankrupt company's assets.	Konkursbilanz Der Konkursverwalter stellte eine Konkursbilanz bezüglich der Vermögenswerte des im Konkurs befindlichen Unternehmens auf.
trustee *n* The family appointed Mr. Schlitzerhand, a banker, as the trustee of its fortune.	Treuhänder(in), Vermögensverwalter(in) Die Familie ernannte Herrn Schlitzerhand, einen Bankier, zum Treuhänder ihres Vermögens.
charge on a property *n* There was a charge on the property which secured a mortgage on the house.	Grundpfandrecht Es bestand ein Grundpfandrecht auf dem Grundstück, welches als Sicherheit für die Hypothek auf dem Haus diente.
levy execution *phrase* The court levied execution against the company's debts.	pfänden Wegen der Schulden des Unternehmens ließ das Gericht pfänden.
impound *v* The police impounded his car after arresting him for drunken driving.	in Verwahrung nehmen, sicherstellen Nachdem er wegen Alkohols am Steuer festgenommen worden war, stellte die Polizei sein Auto sicher.
seizure *n* Customs officials ordered seizure of the entire cargo.	Beschlagnahmung Zollbeamte ordneten die Beschlagnahmung der gesamten Ladung an.
realize *v* Following the adjudication order, the trustee began realizing the bankrupt company's assets.	veräußern Nach dem Konkurseröffnungsbeschluß begann der Treuhänder damit, die Vermögenswerte des im Konkurs befindlichen Unternehmens zu veräußern.
preferential *adj* The Inland Revenue Service was the preferential creditor in the bankruptcy proceedings.	bevorrechtigt Das Finanzamt war im Konkursverfahren der bevorrechtigte Gläubiger.
discharge *v* The receiver discharged all of the company's debts.	begleichen Der Konkursverwalter beglich alle Schulden des Unternehmens.

Immobilien

property *n* The bank owns one third of the property in the downtown area.	Grundstück, Grundbesitz; Eigentum Die Bank besitzt ein Drittel der Grundstücke im Stadtzentrum.
real estate *n* The company sold its real estate holdings to obtain cash for new investments.	Grundbesitz, Immobilien(besitz) Das Unternehmen verkaufte seinen Immobilienbesitz, um Bargeld für neue Investitionen zu bekommen.
estate agent *n (GB)*; **realtor** *n (US)*	Immobilienmakler(in), Grundstücksmakler(in)
transfer *v* Ownership of the land was transferred to the buyer after he made his final payment.	übertragen Das Eigentum an dem Grundstück wurde dem Käufer übertragen, nachdem er seine letzte Zahlung geleistet hatte.
ground rent *n* The lessee pays a ground rent of £100,000 per annum.	Grundrente, Bodenrente, Pachtzins Der Pächter zahlt eine jährlichen Pachtzins von £ 100.000,--.
lease *v* We decided to lease our house for 5 years rather than to buy it.	mieten; pachten; leasen Statt es zu kaufen, beschlossen wir, unser Haus fünf Jahre lang zu mieten.
tenancy *n* The lease states that the lessee and lessor may extend tenancy every five years by mutual agreement.	Miet-; Pachtverhältnis; Miet-; Pachtdauer Es steht im Mietvertrag, daß der Mieter und der Vermieter ihr Mietverhältnis alle fünf Jahre im gegenseitigen Einvernehmen verlängern können.
mutual *adj*	gegenseitig
tenant *n*	Mieter(in); Pächter(in)
landlord *n*; **landlady** *n*	Vermieter(in), Hauswirt(in); Verpächter(in); Grundeigentümer(in)
occupancy *n* The landlord said that he had three flats ready for immediate occupancy.	Bewohnen, Belegung Der Vermieter sagte, daß er drei sofort bezugsfertige Wohnungen habe.
occupant *n* The occupants were evicted from their apartment because they were 3 months in arrears with their rent.	Bewohner(in) Die Bewohner mußten ihre Wohnung räumen, da sie mit der Miete drei Monate im Verzug waren.
sublet *v* The lease stipulates that tenants are not permitted to sublet their apartments.	untervermieten Der Mietvertrag besagt, daß Mieter ihre Wohnungen nicht untervermieten dürfen.
let *v*	vermieten

evict *v* The landlord evicted three drug dealers from the flat last week.	(zwangs)räumen Letzte Woche zwang der Hauswirt drei Drogenhändler, die Wohnung zu räumen.
conveyancing *n (GB)*; **conveyance** *n (US)* We asked a lawyer to help us with conveyancing of the property.	Übertragung; Übereignung Wir beauftragten einen Rechtsanwalt damit, uns bei der Durchführung der Grundstücksübertragung behilflich zu sein.
survey *n* We had a survey made of the property to establish its boundaries.	Vermessung; Vermessungsgutachten Wir ließen das Grundstück vermessen, um seine Grenzen festzustellen.
leasehold *adj* The city offered a 100 year leasehold right to persons willing to build on the property.	Pachtbesitz-, Erbpacht- Die Stadt bot allen, die auf dem Grundstück bauen wollten, ein 100jähriges Erbbaurecht an.
title deed *n (GB)*; **title** *n (US)* After the mortgage was paid off, the title showed that we were the property's sole owners.	(Grundstücks)eigentumsurkunde Nachdem die Hypothek abbezahlt war, ging aus der Eigentumsurkunde hervor, daß wir die Alleineigentümer des Grundstückes waren.
arrears *npl* The bank sent us a notice that we were one month in arrears with our mortgage payment.	Verzug, Rückstand Die Bank schickte uns die Mitteilung, daß wir mit unserer Zahlung für die Hypothek einen Monat im Rückstand waren.
peppercorn rent *n (GB)*	symbolische Miete/Pacht, nominelle Miete/Pacht
lessee *n*	Mieter(in); Pächter(in); Leasingnehmer(in) *(in einem Mietvertrag für Wohnräume, Geschäftsräume oder Produktionsstätten usw. (lease agreement) wird der Mieter "tenant" und der Vermieter "landlord" genannt; in einem Leasing-Vertrag (für Kapitalgüter, Autos, Flugzeuge, usw.- auch lease agreement) wird der Leasingnehmer "lessee" genannt und der Leasinggeber "lessor" genannt; für Schiffe gibt es andere Begriffe, wie zum Beispiel Bare Boat Agreement oder Charter Party)*
The tenant signed the lease as lessee.	Der Mieter unterzeichnete den Mietvertrag in seiner rechtlichen Eigenschaft als Mieter.
lessor *n*	Vermieter(in)

right of way *n* The State of Texas purchased right of way from several ranchers for a new highway.	Durchfahrtsrecht, Wegerecht Der Staat Texas erwarb von mehreren Viehzüchtern das Wegerecht für eine neue Autobahn.
eviction *n*	Zwangsräumung; Räumung

Verbraucherschutz

consumer protection *n* One of the objectives of consumer protection is to safeguard consumers from unfair or illegal business practices.	Verbraucherschutz Ein Ziel des Verbraucherschutzes besteht darin, Verbraucher vor unfairen oder ungesetzlichen Geschäftspraktiken zu schützen.
unfair *adj*	unfair; unlauter
fair trading *n;* **fair competition** *n* Most retailers act in accordance with fair trading practices.	lauterer Wettbewerb Die meisten Einzelhändler verhalten sich so, daß sie lauteren Wettbewerb betreiben.
unfair trading *n;* **unfair competition** *n*	unlauterer Wettbewerb
entitle *v* Consumers are entitled to return any product bought at our store within 10 days.	berechtigen Verbraucher haben das Recht, jeden Artikel, der in unserem Geschäft gekauft wurde, innerhalb von zehn Tagen zurückzugeben.

fit *adj*	geeignet
The butcher told us that the meat was perfectly fit for consumption although it had a rather green color.	Der Metzger sagte uns, das Fleisch sei trotz seiner ziemlich grünen Färbung durchaus gut zum Verzehr geeignet.
unfit *adj*	nicht geeignet, ungeeignet
The grocery store took back the meat we had bought because it was unfit for human consumption.	Das Lebensmittelgeschäft nahm das Fleisch, das wir gekauft hatten, zurück, da es für den menschlichen Verzehr ungeeignet war.
label *v*	beschriften, kennzeichnen
Food manufactures are required to label all of their products.	Lebensmittelhersteller sind gehalten, all ihre Produkte zu kennzeichnen.
date marking *n (GB)*; **packing date** *n (US)*	Datumskennzeichnung
The date marking stated the day on which the food was packed.	Die Datumskennzeichnung gab den Tag an, an dem die Lebensmittel verpackt wurden.
data protection *n*	Datenschutz
guarantee *v*	garantieren, gewährleisten
Each new car we sell is guaranteed for 3 years.	Jedes neue Auto, das wir verkaufen, hat drei Jahre Garantie.
refund *v*	zurückerstatten
The company will refund your money in full if you return the product within 10 days.	Das Unternehmen erstattet Ihnen den vollen Betrag zurück, wenn Sie das Produkt innerhalb von zehn Tagen zurückgeben.
replace *v*	ersetzen
The manufacturer is required to replace any defective parts for a period of two years following delivery.	Der Hersteller ist gehalten, schadhafte Teile zwei Jahre lang ab der Lieferung zu ersetzen.
abuse *n*	Mißbrauch
Abuse of the product will cause the consumer to forfeit all of his claims under the warranty.	Mißbrauch des Produkts führt dazu, daß der Verbraucher alle Garantieansprüche verliert.
offensive *adj*	anstößig; beleidigend
The Italian T-shirt manufacturer Bonetti was forced to cancel its advertising campaign after complaints about offensive advertisements.	Der italienische T-Shirt-Fabrikant Bonetti wurde gezwungen, seine Werbekampagne abzublasen, nachdem Beschwerden über anstößige Werbung laut geworden waren.
weights and measures *npl*	Maße und Gewichte
misleading *adj*	irreführend
cheat *v*	betrügen
Gangsters, pretending to be investment bankers, cheated over 1,000 small investors out of their money.	Gangster, die sich als Investmentbankiers ausgaben, betrogen über 1.000 kleine Anleger um ihr Geld.

watchdog *n*	Wachhund, Aufpasser(in); Überwachungsbeauftragte(r)
Local consumer groups have established a watchdog body to monitor water pollution caused by local industries.	Örtliche Verbrauchergruppen haben ein Überwachungsgremium zur Beobachtung der Wasserverschmutzung durch die ortsansässige Industrie eingerichtet.
code of practice *n*	Verhaltenskodex
merchantable *adj*	marktgängig, zum Verkauf geeignet
Our stores sell only merchantable goods.	Unsere Geschäfte verkaufen nur zum Verkauf geeignete Waren.
reimburse *v*	rückvergüten, entschädigen
remedy *v*	beheben
The terms of the warranty require the seller to remedy any defect discovered within 3 years.	Die Garantiebedingungen verpflichten den Verkäufer, alle Mängel, die innerhalb von drei Jahren entdeckt werden, zu beheben.
redress *n*	Wiedergutmachung; Entschädigung
The court ordered the doctor to give redress for the loss of the patient's eye caused by his negligence.	Das Gericht verurteilte den Arzt zur Entschädigung für den Verlust des Auges, den der Patient aufgrund der Nachlässigkeit des Arztes erlitten hatte.
cooling-off period *n (GB)*; **cooling time** *n (US)*	Widerrufsfrist nach Vertragsabschluß
The hire-purchase contract included a 10 day cooling-off period for the buyer to reconsider his purchase.	Der Ratenkaufvertrag enthielt eine 10tägige Widerrufsfrist, in der der Käufer seine Kaufentscheidung nochmals überdenken konnte.
small claims *npl*	geringfügige Forderungen
Small claims for less than £500 are heard by the county court.	Geringfügige Forderungen bis £ 500,-- werden vor dem Grafschaftsgericht verhandelt.
short weight *n*	Mindergewicht
repossess *v*	wieder in Besitz nehmen, wegnehmen, enteignen
The bank repossessed Jim's car because he was 3 months in arrears with his payments.	Die Bank nahm Jim das Auto wieder weg, da er mit seinen Zahlungen drei Monate im Rückstand war.

Bank und Zahlungsmittel 20

Banken

central bank *n* The Federal Reserve is America's central bank. It issues currency, regulates the money supply and bank credit.	Zentralbank, Zentralnotenbank The Federal Reserve ist die amerikanische Zentralbank. Sie gibt Banknoten heraus und regelt die Geldmenge und Bankkredite.
Federal Reserve *n;* **Fed** *n*	Zentralbank der USA *(vergleichbar der Bundesbank)*
Federal Reserve Bank *n*	Zentralbank *(vergleichbar der Landeszentralbank)*
reserves *npl* Central banks keep part of their reserves in hard currencies.	(Währungs)reserven Zentralbanken halten einen Teil ihrer Währungsreserven in harten Währungen vorrätig.
clearing bank *n (GB)*; **clearing house** *n (US)* Clearing banks allow banks to exchange checks at one location on account rather than incurring the expense of presenting them to another bank for payment.	Girozentrale; Clearingbank; Clearingstelle Clearingstellen machen es den Banken möglich, ihre Schecks an einem Ort gegeneinander aufzurechnen, um dadurch die Kosten zu sparen, die sonst bei der Vorlage der Schecks zur Zahlung bei einer anderen Bank entstehen würden.
commercial bank *n* Commercial banks provide normal banking services to the public, whereas merchant banks usually provide services in corporate and international finance and launching new shares on stock markets.	Geschäftsbank Geschäftsbanken bieten der Öffentlichkeit gewöhnliche Bankdienstleistungen an, wohingegen Merchant Banken normalerweise ihre Dienste in der Unternehmensfinanzierung und im internationalen Finanzgeschäft anbieten und neue Aktien an den Börsen einführen.
banking service *n*	Bank-Dienstleistungen
merchant bank *n*	Merchant Bank *(eine Merchant Bank ist eine Privatbank oder eine Bank im Besitz von Aktionären, deren Geschäftstätigkeit darin besteht, den internationalen Handel von Industrie- und Handelsunternehmen durch Akzeptkredite zu finanzieren, sowie Aktien und Anleihekapital zu beschaffen)*

discount house *n* Discount houses purchase and discount bankers' acceptances, trade acceptances, bills of exchange and commercial paper.	Diskontbank Diskontbanken kaufen und diskontieren Bankakzepte, Außenhandelsakzepte, Wechsel und kurzfristige Schuldverschreibungen von Unternehmen.
commercial paper *n*	kurzfristige Schuldverschreibung
High Street bank *n (GB)* The nation's four High Street banks, Lloyds, NatWest, Barclays and Midland, all have offices in London.	*die größten britischen Bankhäuser* Die vier größten Bankhäuser des Landes, Lloyds, NatWest, Barclays und Midland, haben Büros in London.
building society *n (GB)* Although called by different names in the US and UK, building societies and savings and loan associations are both primarily involved in mortgage financing.	Bausparkasse Obwohl sie in den Vereinigten Staaten und im Vereinigten Königreich anders genannt werden, haben Bausparkassen hauptsächlich mit der Hypothekenfinanzierung zu tun.
savings and loan (association) *n (US)*	genossenschaftliche Bausparkasse
savings bank *n*	Sparkasse
vault *n*	Tresor, Stahlkammer
interest *n* We discovered that the savings and loan association had lower interest and bank charges than the commercial banks in our town.	Zins Wir stellten fest, daß die genossenschaftliche Bausparkasse niedrigere Zinsen zahlte und geringere Bankgebühren erhob als die Geschäftsbanken in unserer Stadt.
high interest *adj*	hochverzinslich
bank charge *n*	Bankgebühr
factoring *n* Ralley Inc. used factoring to sell its accounts receivable to its bank for short-term financing purposes.	Factoring, Factoring-Geschäft Die Ralley Inc. wandte das Factoring an, und verkaufte ihre Lieferforderungen an ihre Bank zum Zweck kurzfristiger Finanzierungen.
cashier *n (GB)*; **teller** *n (US)* The cashier asked me how I wanted the money.	Kassierer(in) Der Kassierer fragte mich, in welcher Stückelung ich das Geld wollte.
finance house *n (GB)*; **finance company** *n (US)* We financed our new car through the manufacturer's own finance company because its lending rate was lower than our bank's lending rate.	Teilzahlungsbank, Finanzierungsgesellschaft *(Spezialinstitut für Verbraucherfinanzierung)* Wir finanzierten unser neues Auto mit Hilfe der Finanzierungsgesellschaft des Herstellers, weil deren Kreditzins unter dem unserer eigenen Bank lag.
lending rate *n*	Kreditzins

giro *n* The giro system is widely used in Europe and Japan for consumer bill payments, whereas the checking system is used in the US.	Giro In Europa und Japan ist das Girosystem zur Überweisung von Verbraucherrechnungen weit verbreitet, wohingegen in den USA das Schecksystem verwendet wird.
base rate *n (GB)*	Eckzins
prime rate *n (US)* Banks use the prime rate for the price of the commercial loans that they make to their best customers.	Prime Rate *(Zinssatz für erste Adressen; Basiszinssatz für andere Kreditnehmer)* Banken bieten ihren besten Kunden gewerbliche Kredite zur Prime Rate an.
minimum lending rate (M.L.R.) *n (GB)*	Mindestzins (der Bank von England)
discount rate *n* The 12 Federal Reserve Banks in the US establish a discount rate for rediscounting bills from banks.	Diskontsatz Die 12 Zentralbanken der USA setzen einen Diskontsatz für die Rediskontierung von Wechseln gegenüber Banken fest.
rediscount *v*	rediskontieren
bill rate *n* Theoretically, the bill rate should fall if the base rate is lowered.	Wechseldiskontsatz Theoretisch sollte der Wechseldiskontsatz fallen, wenn der Kreditzins gesenkt wird.

Bankdienstleistungen

account *n* Customer accounts are all managed by a computerized financial transactions system.	Konto Kundenkonten werden vollständig von einem computergesteuerten Finanzgeschäftssystem verwaltet.
account holder *n* Mr. Smith, an account holder at our bank, has a deposit account for time deposits and a savings account from which he may withdraw money as he needs it.	Kontoinhaber(in) Herr Smith, ein Kontoinhaber bei unserer Bank, hat ein Termingeldkonto und ein Sparkonto, von dem er je nach Bedarf Geld abheben kann.
deposit account *n*	Einlagenkonto
savings account *n*	Sparkonto
savings *npl* Our bank's interest rate on all savings deposits is 4% p.a.	Spareinlagen Unsere Bank gewährt auf alle Spareinlagen einen Zinssatz von 4% p.a.
interest rate *n*	Zinssatz

deposit *n*	Einzahlung; Einlage
current account *n (GB)*; **checking account** *n (US)*	Girokonto
I receive 2.5% interest on my checking account if I keep a minimum balance of 500 dollars.	Bei einem Mindestguthaben von 500 Dollar bekomme ich auf meinem Girokonto 2,5% Zinsen.
balance *n*	Kontostand
joint account *n*	gemeinsames Konto, Gemeinschaftskonto
All of Mr. Smith's accounts are joint accounts, which means that he and his wife are both account holders.	Alle Konten von Herrn Smith sind Gemeinschaftskonten, das heißt, daß er und seine Frau beide Kontoinhaber sind.
transfer *v*	umbuchen, überweisen
Mr. and Mrs. Smith may transfer money from their current account or deposit or withdraw money as they like.	Herr und Frau Smith können nach Belieben Geld von ihrem Girokonto überweisen, Geld einzahlen oder abheben.
withdraw *v*	abheben
pay in *v (GB)*; **deposit** *v (US)*	einzahlen
paying-in slip *n (GB)*; **deposit slip** *n (US)*	Einzahlungsschein
Each account holder must fill out a deposit slip before depositing money in an account.	Jeder Kontoinhaber muß einen Einzahlungsschein ausfüllen, bevor er Geld auf ein Konto einzahlt.
cash dispenser *n*	Geldautomat
Cash dispensers pay out cash or coin, however, ATMs may be used to make deposits, obtain cash, pay bills and transfer money between accounts.	Geldautomaten zahlen Bargeld oder Münzen aus, wohingegen man mit Automatenschaltern Einzahlungen vornehmen, Bargeld bekommen, Rechnungen zahlen und Geld von Konto zu Konto überweisen kann.
automated teller machine (ATM) *n*	Automatenschalter, Bankomat
cash card *n*	Geldautomatenkarte, Service-Karte
Mr. Smith's cash card has a PIN number which he must enter on the ATM keyboard to gain access to his account.	Die Service-Karte von Herrn Smith ist mit einer persönlichen Geheimzahl versehen, die er über die Tastatur des Geldautomaten eingeben muß, um Zugang zu seinem Konto zu erhalten.
PIN number (Personal Identification Number) *n*	persönliche Geheimzahl, PIN-Code
statement of account *n*; **bank statement** *n*	Kontoauszug
night safe *n (GB)*; **night depository** *n (US)*	Nachttresor
Many business owners use the night safe to deposit their cash and checks from daily sales after the bank has closed.	Viele Geschäftsinhaber benutzen den Nachttresor, um ihre Tageseinnahmen an Bargeld und Schecks nach Schalterschluß der Bank zu deponieren.

credit card *n*	Kreditkarte
accrued interest *n* Our bank pays accrued interest on savings and checking account balances every month.	aufgelaufene Zinsen Unsere Bank zahlt monatlich die aufgelaufenen Zinsen auf Spar- und Girokonten.
compound interest *n* We chose a bank that pays compound interest instead of simple interest on savings deposits so that we would get a greater return on our savings.	Zinseszins Wir haben uns eine Bank ausgesucht, die statt einfacher Zinsen Zinseszinsen auf Spareinlagen zahlt, so daß wir mit unseren Ersparnissen eine größere Rendite erzielen.
simple interest *n*	einfache Zinsen
certificate of deposit (CD) *n* We have three CDs at our bank, each of them is basically a two year term deposit.	Einlagenzertifikat; Geldmarktzertifikat Wir haben bei unserer Bank drei Einlagenzertifikate, davon ist jedes eigentlich eine Festgeldanlage mit zweijähriger Laufzeit.
term deposit *n (GB)*; **time deposit** *n (US)* Time deposits pay interest for a fixed term and funds may not be withdrawn during the term of deposit.	befristete Einlage, Termineinlage, Festgeld Termineinlagen erbringen für einen festgelegten Zeitraum Zinsen, und das Geld darf während der Laufzeit nicht abgehoben werden.
sight deposit *n (GB)*; **demand deposit** *n (US)*	Sichteinlage, Tagesgeld
term of deposit *n*	Laufzeit (einer Termineinlage)
debit *v* The bank automatically debits withdrawals and credits deposits to my account and remits payments by standing orders.	belasten Die Bank belastet mein Konto automatisch mit Abhebungen, schreibt Einzahlungen gut und überweist Daueraufträge.
debit *n*	Sollsaldo
withdrawal *n*	Abhebung
credit *v*	gutschreiben
standing order *n (GB)*; **automatic transfer** *n (US)*	Dauerauftrag
remittance *n* We have instructed our bank to send a remittance to the finance company every month.	Überweisung Wir haben unsere Bank angewiesen, jeden Monat eine Überweisung an die Teilzahlungsbank zu senden.
direct debit *n* Banks frequently use direct debits to collect loan or mortgage payments.	Bankeinzug Häufig wenden Banken das Bankeinzugsverfahren an, um Kredit- und Hypothekenraten abzurufen.
electronic banking *n* Banks use electronic banking for most of their financial transactions instead of exchanging cash, checks, coin, etc.	elektronischer Zahlungsverkehr Statt Bargeld, Schecks, Münzen, usw. auszutauschen nutzen die Banken für die meisten ihrer Geldgeschäfte den elektronischen Zahlungsverkehr.

telebanking *n*	Telebanking
Telebanking is a form of home banking by which a customer can perform financial transactions via a PC or other video terminal.	Telebanking ist eine Form, private Bankgeschäfte von zu Hause aus abzuwickeln, wobei der Kunde finanzielle Transaktionen mittels eines PCs oder eines anderen Bildschirmterminals tätigt.
home banking *n*	Homebanking *(Abwicklung von privaten Bankgeschäften durch Bildschirmtext)*
forward exchange *n*	Termindevisen; Termindevisenbörse
Our company often buys its currency on a forward exchange basis.	Unser Unternehmen erwirbt Fremdwährung oft auf Termindevisenbasis.
hot money *n*	vagabundierendes Kapital; heißes Geld
Hot money is moved from country to country or from bank to bank to get the best interest rates.	Vagabundierendes Kapital wird von Land zu Land oder von Bank zu Bank verschoben, um die höchsten Zinsen zu bekommen.
launder *v*	(Geld) waschen
Several bank officers were arrested for laundering hot money from illegal drug deals.	Mehrere leitende Bankangestellte wurden festgenommen, weil sie heißes Geld aus illegalen Drogengeschäften gewaschen hatten.
bank officer *n*	leitende(r) Bankangestellte(r)

Schecks

cheque *n (GB)*; **check** *n (US)*	Scheck
Mrs. Smith took out her check book and wrote a check to the store for the merchandise she purchased.	Frau Smith nahm ihr Scheckheft heraus und stellte dem Geschäft einen Scheck für die von ihr erworbenen Waren aus.
payee *n*	Zahlungsempfänger(in)
The store was stated as the payee on the check.	Das Geschäft wurde auf dem Scheck als Zahlungsempfänger genannt.
cheque-book *n (GB)*; **check book** *n (US)*	Scheckheft, Scheckbuch
cheque-card *n (GB)*; **check card** *n (US)*	Scheckkarte
Check cards are commonly used in Europe as identification cards for Eurochecks, however this system is not common in the US.	Scheckkarten werden in Europa allgemein als Identifikationskarten für Euroschecks gebraucht. Dieses System ist jedoch in den Vereinigten Staaten nicht üblich.
eurocheque *n*	Euroscheck

The Royal Bank of Scotland plc
Dumbarton Branch
37 High Street Dumbarton G82 1LX
UK
Pay against this cheque the sum of
Amount in words
To
83-18-05
Currency
Amount
Place
Date
Signature
Account No
⑈275928⑈ 83⑉18051⑆ 00259635⑈ 08 ⑈00000000000⑈
No writing or stamping in this space / Laisser cette partie en blanc / Dieses Feld nicht beschriften und nicht bestempeln

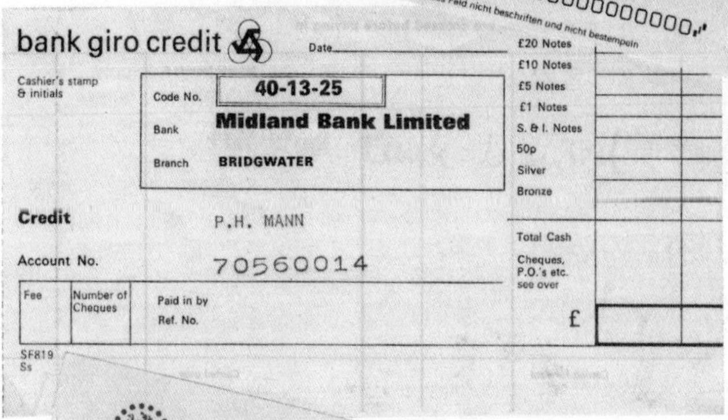

bank giro credit

Cashier's stamp & initials	Date	
Code No.	40-13-25	£20 Notes
Bank	Midland Bank Limited	£10 Notes
Branch	BRIDGWATER	£5 Notes
		£1 Notes
		S. & I. Notes
		50p
		Silver
		Bronze
Credit	P.H. MANN	Total Cash
Account No.	70560014	Cheques, P.O.'s etc. see over
Fee / Number of Cheques	Paid in by / Ref. No.	£

SF819
Ss

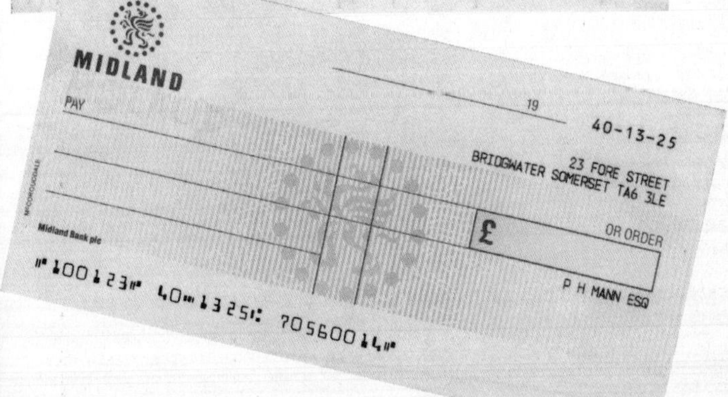

MIDLAND
PAY
19
40-13-25
23 FORE STREET
BRIDGWATER SOMERSET TA6 3LE
£
OR ORDER
Midland Bank plc
P H MANN ESQ
⑈100123⑈ 40⑉13251⑆ 70560014⑈

cheque guarantee card *n (GB)*
A cheque guarantee card is an assurance that the bank will pay the cardholder's cheques.

Scheckkarte
Eine Scheckkarte ist eine Versicherung dafür, daß die Bank die Schecks des Karteninhabers auszahlt.

card holder *n*

Karteninhaber(in)

crossed cheque *n (GB)*; **for deposit only** *n (US)*
Crossed checks may only be deposited in an account, whereas open checks can be deposited or cashed.

Verrechnungsscheck
Verrechnungsschecks können nur auf ein Konto eingereicht werden. Barschecks hingegen können eingereicht oder eingelöst werden.

open cheque *n*

Barscheck

bearer cheque *n*
Bearer checks do not have a specific payee and are paid out to anyone holding them.

Inhaberscheck
Inhaberschecks sind nicht an einen bestimmten Zahlungsempfänger gerichtet und werden jedem ausbezahlt, der sie vorlegt.

order cheque *n*
Order checks can only be cashed by the payee.

Orderscheck
Orderschecks können nur vom Zahlungsempfänger eingelöst werden.

present a cheque *phrase*

einen Scheck einreichen

cash a cheque *phrase*

einen Scheck einlösen, einen Scheck zur Auszahlung vorlegen

traveller's cheque *n (GB)*; **traveler's check** *n (US)*

Reisescheck

a/c payee *phrase (GB)*
Mrs. Pemberton wrote "a/c payee" on a crossed check to insure that only the payee could cash the check.

nur an Empfänger
Frau Pemberton schrieb "Nur an Empfänger" auf einen Verrechnungsscheck, um sicherzustellen, daß nur der Zahlungsempfänger den Scheck einlösen konnte.

post-date *v*

vordatieren

stale *adj*
While cleaning out his desk, Mr. Mulligan found three stale checks from 1958.

verfallen, abgelaufen
Beim Ausräumen seines Schreibtisches fand Herr Mulligan drei verfallene Schecks aus dem Jahre 1958.

blank *adj*
A door-to-door salesman got Mrs. Mulligan to give him a blank check.

Blanko-
Ein Haustürverkäufer brachte Frau Mulligan dazu, ihm einen Blankoscheck zu geben.

bounce *v*
Mrs. Mulligan's check bounced because she had insufficient funds.

platzen
Frau Mulligans Scheck platzte, weil ihr Girokonto keine ausreichende Deckung aufwies.

insufficient funds *npl*

mangelnde Deckung

banker's cheque *n (GB)*; **cashier's check** *n (US)*; **banker's draft** *n (US)* Cashier's checks, also called banker's drafts, are drawn on a bank's own assets and are considered as good as cash.	Bankscheck Bankschecks, auch Zahlungsanweisungen von Bank zu Bank genannt, werden auf die eigenen Aktiva einer Bank gezogen und sind genauso gut angesehen wie Bargeld.
denominate *v* We asked our bank to denominate the cashier's check in Yen since we were using it to pay a debt in Japan.	benennen, bezeichnen; ausstellen Wir baten unsere Bank, den Bankscheck in Yen auszustellen, da wir ihn zur Bezahlung einer Schuld in Japan benötigten.
countersign *v* The bank president countersigns all drafts issued by its cashier.	gegenzeichnen Der Direktor der Bank zeichnet alle Bankschecks gegen, die der Kassierer ausstellt.

Darlehen und Hypotheken

lending *n* Building societies make most of their money from lendings to borrowers.	Darlehen Bausparkassen machen am meisten Geld damit, indem sie Darlehen an Darlehensnehmer vergeben.
credit line *n*; **line of credit** *n*; **credit limit** *n*	Kreditrahmen, Kreditlinie
limit *n* My bank agreed to grant me an overdraft up to a limit of £2,500.	Limit Meine Bank gewährte mir einen Überziehungskredit bis zu £ 2.500.
overdraw *v* The bank sent Mrs. Mulligan an overdraft notice informing her that she had overdrawn her account.	überziehen Die Bank informierte Frau Mulligan schriftlich, daß sie ihr Konto überzogen hatte.
overdraft *n*	Überziehung
facilities *npl* Mrs Morris rang to enquire about overdraft facilities.	Bedingungen Frau Morris rief an, um sich nach Überziehungsmöglichkeiten zu erkundigen.
loan agreement *n*	Darlehensvertrag
credit *n* Mrs. Mulligan bought her new furniture on credit. She took out a bank loan to buy her new car and her house is financed with a mortgage.	Kredit Frau Mulligan kaufte ihre neuen Möbel auf Kredit. Um ihr neues Auto zu kaufen nahm sie ein Darlehen bei der Bank auf, und ihr Haus wird über eine Hypothek finanziert.
lender *(n)*	Kreditgeber(in); Darlehensgeber(in); Geldgeber(in)

mortgage *n*	Hypothek
interest-free *adj*	zinslos
fiduciary *adj, n* The bank manages our deposits on a fiduciary basis.	treuhänderisch; Treuhänder(in) Die Bank verwaltet unsere Einlagen treuhänderisch.
personal loan *n* Mr. Mulligan took out a personal loan of 35,000.00 dollars at a fixed rate of 13% to pay off his taxes.	persönlicher Kredit Herr Mulligan nahm einen persönlichen Kredit von $ 35.000,-- zu einem festen Zinssatz von 13% auf, um seine Steuerzahlung zu leisten.
fixed rate *n*	fester Zinssatz, Festzins
generate *v* The company took out a five year term loan in order to purchase plant and equipment to generate liquidity.	hervorbringen, erzeugen Das Unternehmen nahm ein auf 5 Jahre befristetes Darlehen zum Erwerb eines Werkes und der Anlagegüter auf, um den Zufluß neuer Mittel zu erreichen.
bank advance *n* A bank advance is the principal amount available when a borrower draws from a line of credit.	Bankdarlehen; Kreditlinie Ein Bankdarlehen ist derjenige Darlehensbetrag, der dann zur Verfügung steht, wenn ein Darlehensnehmer innerhalb seines Kreditrahmens Geld leiht.
loan account *n* The bank's loan accounts record all amounts loaned out and repayments received.	Darlehenskonto Auf den Darlehenskonten der Bank werden alle ausgezahlten Kreditbeträge und alle eingegangenen Rückzahlungen registriert.
loan out *v*	(ein Darlehen) auszahlen
adjustable rate mortgage (ARM) *n* Lenders generally set the initial interest rate on ARMs below those of fixed rate mortgages knowing that rates may rise later. This rate is called a teaser rate.	variabel verzinsliches Hypothekendarlehen Im allgemeinen setzen Kreditgeber bei variabel verzinslichen Hypothekendarlehen den Anfangszinssatz niedriger fest als die Zinssätze fest verzinslicher Hypothekendarlehen, weil sie wissen, daß der Zinssatz sich später erhöhen kann. Dieser Anfangssatz wird "Lock"-Zinssatz genannt.
set *v*	festlegen, festsetzen
fixed rate mortgage *n*	fest verzinsliches Hypothekendarlehen
teaser rate *n*	"Lock"-Zinssatz
floating rate *n (GB)*; **variable rate** *n (US)* The interest rate of a floating rate loan will fluctuate with money market rates or the bank's prime rate.	variabler Zinssatz Der Zinssatz eines Darlehens mit variablem Zinssatz schwankt mit den Geldmarktzinssätzen oder der Prime Rate der Bank.

facility fee *n* The bank charges a facility fee for arranging a line of credit for corporate customers.	Bereitstellungsprovision Die Bank berechnet eine Provision für die zugesagte Kreditlinie eines Firmenkunden.
money market *n*	Geldmarkt
bridging loan *n* The Mulligan's took out a short-term bridging loan so that they would have the money to buy a new house before they sold their old one.	Überbrückungskredit, Zwischenfinanzierung Die Mulligans nahmen einen kurzfristigen Überbrückungskredit auf, um vor dem Verkauf ihres alten Hauses das Geld zum Kauf eines neuen Hauses zu haben.

Zahlungsmittel, Währungen

currency *n* Currency and coin are the most common method of payment.	Währung; Banknoten Die gängigste Zahlungsweise ist die mit Banknoten und Münzen.
coin *n*	Münze
banknote *n (GB)*; **bank note** *n (US)*	Banknote
hard currency *n*	harte Währung
soft currency *n*; **weak currency** *n* Exporters sometimes demand that soft currency countries pay for goods in hard currency.	weiche Währung, schwache Währung Manchmal verlangen Exporteure, daß Länder mit weicher Währung ihre Waren mit harter Währung bezahlen.
key currency *n* Key currencies such as the dollar, yen or mark are those most widely used in settling international payments.	Leitwährung Leitwährungen wie zum Beispiel der Dollar, der Yen oder die Mark, werden am häufigsten zur Regelung internationaler Zahlungen verwendet.
reserve currency *n* Countries with weak currencies will keep key currencies as reserve currency to help pay their debts.	Reservewährung Damit ihnen das Zahlen ihrer Schulden leichter fällt, halten sich Länder mit schwachen Währungen Leitwährungen als Reservewährung.
buffer *n* Central banks hold currency reserves which serve as a buffer for use at a future date, e.g., when needed for interventions in world currency markets.	Puffer Zentralbanken verfügen über Währungsreserven, die als Puffer für einen zukünftigen Einsatz fungieren, z. B. wenn sie für Eingriffe auf den Weltwährungsmärkten gebraucht werden.
eurocurrency *n* Eurocurrencies, such as the eurodollar or the euroyen, are currencies outside of their country of origin which are used for trading in Europe.	Eurowährung Eurowährungen wie der Eurodollar oder der Euroyen sind Währungen, die außerhalb ihres Ursprungslandes für den Handel in Europa benutzt werden.

eurodollar *n*	Eurodollar
euroyen *n*	Euroyen
exchange rate *n* The exchange rates for foreign exchange will fluctuate on a daily basis depending on a number of money market factors.	Wechselkurs Die Wechselkurse für Devisen schwanken täglich und sind von einer Reihe von Geldmarktfaktoren abhängig.
devaluation *n*	Abwertung
devalue *v* The British government announced that it would devalue the pound to correct its balance of payments.	abwerten Die britische Regierung gab bekannt, daß sie das Pfund abwerten würde, um die Zahlungsbilanz zu korrigieren.
revalue *v* The German government announced plans to revalue the deutschmark due to its balance of payments surplus.	aufwerten, neu bewerten Die deutsche Regierung gab Pläne zur Aufwertung der D-Mark aufgrund des Zahlungsbilanzüberschusses bekannt.
foreign exchange *n*	Geldwechsel; Devisen
change *n* I told the waiter to keep the change as a tip.	Wechselgeld Ich sagte dem Ober, er solle das Wechselgeld als Trinkgeld behalten.
small change *n*	Kleingeld
cash *n* Our store does not accept checks or credit cards, only cash.	Bargeld Wir akzeptieren in unserem Geschäft keine Schecks oder Kreditkarten, nur Bargeld.
dollar *n* One US dollar breaks down into 100 cents, 20 nickels, 10 dimes, four quarters and two half dollars.	Dollar Ein Dollar läßt sich in 100 Cents, 20 Fünfcentmünzen, zehn Zehncentmünzen, vier 25-Centmünzen und zwei halbe Dollars unterteilen.
cent *n*	Cent, Eincentmünze
nickel *n*	Nickel, Fünfcentmünze
dime *n*	Dime, Zehncentmünze
quarter *n*	Vierteldollar, 25-Centmünze
half dollar *n*	halber Dollar
pound *n*	Pfund
penny *n* The penny is the smallest unit of currency in the UK.	Penny Der Penny ist die kleinste Währungseinheit im Vereinigten Königreich.
pence *npl* One pound sterling has 100 pence.	Pence Ein Pfund Sterling hat 100 Pence.
quid *n* I paid 20 quid for a nice leather jacket at the department store.	Pfund *(umgangssprachlich)* Im Warenhaus zahlte ich 20 Pfund für eine schöne Lederjacke.

back *v*	decken
circulation *n*	Umlauf
coinage *n* In the 1950's US coinage was minted in San Francisco, Denver and Philadelphia.	Münzen In den 50er Jahren wurden amerikanische Münzen in San Francisco, in Denver und in Philadelphia geprägt.
mint *n*	Prägeanstalt
paper money *n*	Papiergeld
legal tender *n*	gesetzliches Zahlungsmittel
promissory note *n* The bank required a promissory note as a guarantee for a commercial loan.	Schuldschein; Solawechsel, Eigenwechsel Die Bank verlangte einen Eigenwechsel als Garantie für einen Unternehmenskredit.
medium of exchange *n* Money is a common medium of exchange used in trade and has widely replaced bartering.	Tauschmittel Geld ist ein im Handel übliches Tauschmittel und hat den Tauschhandel weitgehend ersetzt.
fixed exchange rate *n* In 1970, the fixed exchange rate for gold to the US dollar was approximately $35.00 per ounce of gold.	fester Wechselkurs 1970 betrug der feste Wechselkurs von Gold zum US-Dollar annähernd $ 35,-- pro Unze Gold.
floating exchange rate *n* Floating exchange rates fix the price of a currency on world markets according to supply and demand for any given currency.	flexibler Wechselkurs Flexible Wechselkurse legen den Preis einer Währung auf den Weltmärkten nach Angebot und Nachfrage für jede beliebige Währung fest.
counterfeit *adj* Several diplomats were arrested in New York for smuggling counterfeit money into the US.	Falsch-, gefälscht Mehrere Diplomaten wurden in New York wegen des Einschmuggelns von Falschgeld in die USA festgenommen.
bullion *n* The US stores most of its reserves in gold bullion at Fort Knox, Kentucky.	Barren Die Vereinigten Staaten lagern den größten Teil ihrer Reserven in Goldbarren in Fort Knox, Kentucky.
gold standard *n* The US dollar went off the gold standard in 1971, abolishing convertibility of the dollar into gold.	Goldstandard 1971 ging der US-Dollar vom Goldstandard weg und schaffte damit die Konvertierbarkeit des Dollars zu Gold ab.
convertibility *n*	Konvertierbarkeit
convertible currency *n*	frei konvertierbare Währung

Außenhandelszahlungen

bill of exchange (B/E) *n*	Wechsel
Bills of exchange are a common method of payment used in foreign trading. They are also called bank drafts when drawn on a bank.	Wechsel sind eine im Außenhandel übliche Zahlungsmethode. Sie werden auch Bankwechsel genannt, wenn sie auf eine Bank gezogen sind.
draft *n*	gezogener Wechsel, Tratte
bank draft *n*	Bankwechsel
Bank drafts are drawn against a bank's own funds deposited at another bank.	Bankwechsel sind auf das eigene Guthaben einer Bank gezogen, das bei einer anderen Bank liegt.
draw on *v*	ziehen auf
drawer *n;* **maker** *n;* **writer** *n*	Aussteller(in)
The drawer can draw up a bill of exchange and instruct the drawee, usually a bank, to accept the bill and pay the holder when he presents it for payment.	Der Aussteller kann einen Wechsel ausstellen und den Bezogenen, normalerweise eine Bank, anweisen, den Wechsel zu akzeptieren und den Inhaber zu bezahlen, wenn er ihn zur Zahlung vorlegt.
draw up *v*	ausstellen
drawee *n*	Bezogene(r)
holder *n*	Inhaber(in)
accept *v*	annehmen
acceptance *n*	Akzept; Annahme
The buyer accepts a bill by signing it. This accepted bill (or acceptance) is then returned to the seller.	Der Käufer akzeptiert einen Wechsel, indem er ihn unterzeichnet. Dieser unterzeichnete Wechsel (oder dieses unterzeichnete Akzept) wird dann an den Verkäufer zurückgegeben.
sight draft *n*	Sichtwechsel
Money from a sight draft is payable at sight, usually after goods have reached their destination.	Das Geld von einem Sichtwechsel ist bei Vorlage zahlbar, üblicherweise nachdem die Waren ihren Bestimmungsort erreicht haben.
at sight *phrase*	bei Sicht, bei Vorlage
after sight *phrase*	nach Sicht
An after sight draft is payable when it has been accepted and the date of acceptance has been written on the bill.	Ein Nachsichtwechsel ist zahlbar, wenn er akzeptiert worden ist, und wenn das Akzeptanzdatum auf den Wechsel geschrieben worden ist.
maturity *n*	Fälligkeit
The bill will reach maturity on its due date and must be endorsed by the payee before it can be paid out.	Ein Wechsel wird am Fälligkeitsdatum fällig und muß vom Empfänger indossiert werden, bevor er ausbezahlt werden kann.

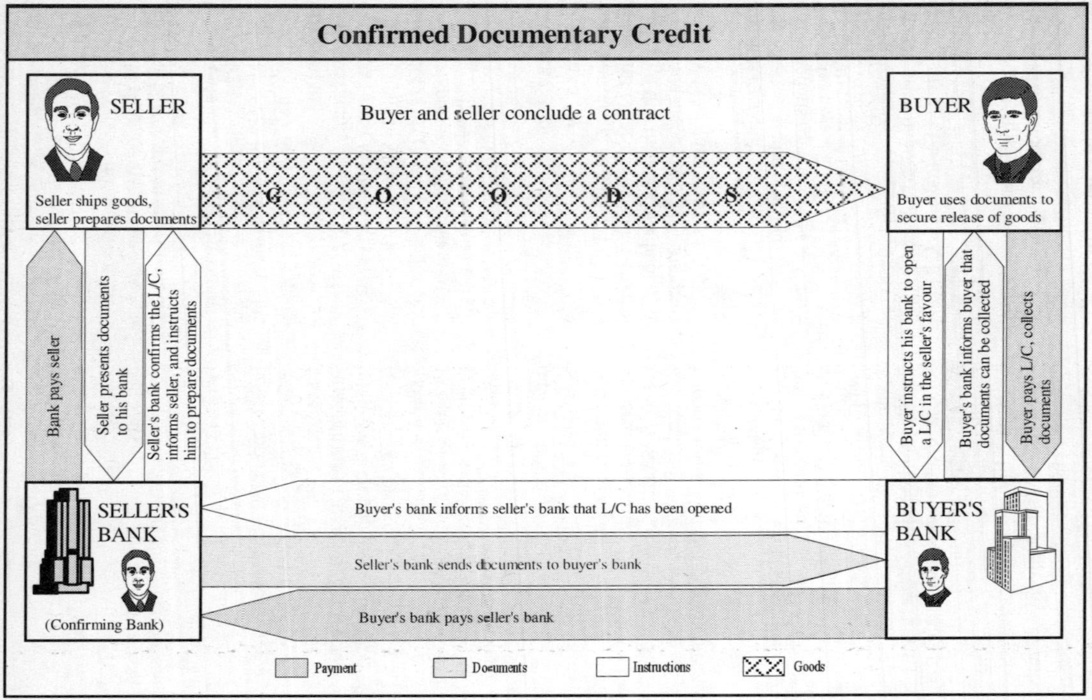

Confirmed Documentary Credit
SELLER
Seller ships goods, seller prepares documents
Buyer and seller conclude a contract
G O O D S
BUYER
Buyer uses documents to secure release of goods
Bank pays seller
Seller presents documents to his bank
Seller's bank confirms the L/C, informs seller, and instructs him to prepare documents
Buyer instructs his bank to open a L/C in the seller's favour
Buyer's bank informs buyer that documents can be collected
Buyer pays L/C, collects documents
SELLER'S BANK
(Confirming Bank)
Buyer's bank informs seller's bank that L/C has been opened
Seller's bank sends documents to buyer's bank
Buyer's bank pays seller's bank
BUYER'S BANK
Payment
Documents
Instructions
Goods

endorse *v (GB)*; **indorse** *v (US)*	indossieren, unterzeichnen
endorser *n (GB)*; **indorser** *n (US)* The bill of lading became the property of the indorsee after it was signed by the endorser.	Indossant Das Konnossement ging in den Besitz des Indossatars über, nachdem der Indossant es unterzeichnet hatte.
endorsee *n (GB)*; **indorsee** *n (US)* The bank requires that the endorsee is the same person as the check's payee.	Indossatar(in) Die Bank verlangt, daß Indossatar und Zahlungsempfänger die gleiche Person sind.
endorsement *n (GB)*; **indorsement** *n (US)* A draft or check can be transferred by endorsement.	Indossament Ein Wechsel oder Scheck kann durch Indossament übertragen werden.
discount *v* Discount houses discount bills of exchange below their face value in order to present them at a later date.	diskontieren Diskontbanken diskontieren Wechsel unter ihrem Nominalwert, um sie später vorzulegen.
letter of credit (L/C) *n* The US exporter demanded a confirmed and irrevocable L/C from his trading partner in Nigeria.	Akkreditiv Der amerikanische Exporteur verlangte ein bestätigtes und unwiderrufliches Akkreditiv von seinem Handelspartner in Nigeria.
irrevocable *adj*	unwiderruflich
confirmed *adj*	bestätigt
documentary credit (D/C) *n* The terms of the documentary credit stipulated that the bank would only release the money when the importer presented the shipping documents.	Dokumentenakkreditiv Die Bedingungen des Dokumentenakkreditivs besagten, daß die Bank das Geld erst dann freigibt, wenn der Importeur die Transportdokumente vorlegt.
instruct *v* The Nigerian trading partner instructed his bank to open a L/C for a term of 90 days.	anweisen Der nigerianische Handelspartner wies seine Bank an, ein Akkreditiv für die Dauer von 90 Tagen zu eröffnen.
open *v*	eröffnen
advise *v* The Nigerian importer advised the exporter in the US that an L/C had been opened.	ankündigen, avisieren Der nigerianische Importeuer zeigt dem Exporteur in den USA an, daß das Akkreditiv eröffnet worden war.
issue *v* The bank confirmed that it had issued a letter of credit for the Nigerian importer.	ausstellen Die Bank bestätigte, daß sie dem nigerianischen Importeur ein Akkreditiv ausgestellt hatte.
documents against payment (D/P) *phrase* The exporter stipulated documents against payment on the bill of exchange since the buyer was a new customer.	Dokumente gegen Zahlung Da der Käufer ein neuer Kunde war, vereinbarte der Exporteur auf dem Wechsel Dokumente gegen Zahlung.

documents against acceptance (D/A) *phrase*	Dokumente gegen Akzept
The Hayfield Export Co. works on a documents against acceptance basis with its regular overseas customers.	Mit ihren überseeischen Stammkunden arbeitet die Hayfield Export Co. auf der Grundlage Dokumente gegen Akzept.
cash against documents (CAD) *phrase*	Kasse gegen Dokumente, Barzahlung gegen Dokumente
Hayfield Export Co. will demand cash against documents if it knows that a customer may have problems paying on time.	Wenn die Hayfield Export Co. weiß, daß ein Kunde vielleicht Probleme mit fristgerechter Zahlung hat, besteht sie auf Kasse gegen Dokumente.
prolong *v*	verlängern, prolongieren
The bank was not willing to prolong the term of the L/C beyond 90 days.	Die Bank war nicht bereit, die Laufzeit des Akkreditivs über 90 Tage hinaus zu verlängern.
prolongation *n*	Prolongation
domicile *v*	zahlbar stellen in
The Nigerian Bank will domicile the bill of exchange at the Chase Bank New York until maturity.	Die nigerianische Bank stellt den Wechsel bis zur Fälligkeit bei der Chase Bank New York zahlbar.
without recourse *phrase*	ohne Regreß
The phrase "without recourse" written on a bill of exchange means that the buyer assumes the risk of non-payment, rather than the seller or person holding the bill.	Wenn auf einem Wechsel "ohne Regreß" steht, heißt das, daß der Käufer und nicht der Verkäufer oder Inhaber das Risiko der Nichteinlösung auf sich nimmt.
non-payment *n*	Nichteinlösung
negotiable *adj*	begebbar, umlauffähig, übertragbar
Checks, bills of exchange and promissory notes are negotiable instruments.	Schecks, Wechsel und Solawechsel sind übertragbare Wertpapiere.
not negotiable *adj*	nicht übertragbar
"Not negotiable" written on a bill of exchange, for example, means that the bill cannot be transferred by endorsement.	Wenn auf einem Wechsel "nicht übertragbar" steht, bedeutet dies zum Beispiel, daß der Wechsel nicht durch Indossament übertragen werden kann.
finance bill *n*	Finanzwechsel
The company took out a short-term finance bill to obtain credit so that it could continue trading.	Das Unternehmen stellte einen kurzfristigen Finanzwechsel aus, um Kredit zu bekommen, so daß es weiterarbeiten konnte.
correspondent bank *n*	Korrespondenzbank
Our correspondent bank in Lagos will honor the letter of credit.	Unsere Korrespondenzbank in Lagos wird das Akkreditiv einlösen.
hono(u)r *v*	einlösen, honorieren; begleichen

protest *v*	(Wechsel)protest einlegen
The bank protested the bill of exchange.	Die Bank ließ den Wechsel “zu Protest gehen”.
dishono(u)r *v*	nicht einlösen/honorieren; nicht begleichen
The Melrose Bank dishonored the check because the person who wrote it no longer had an account with Melrose.	Die Melrose Bank löste den Scheck nicht ein, weil der Aussteller kein Konto mehr bei Melrose hatte.
revocable *adj*	widerruflich
A revocable letter of credit can be changed by the issuing bank at any time.	Ein widerrufliches Akkreditiv kann jederzeit von der eröffnenden Bank geändert werden.
issuing bank *n*	eröffnende/akkreditivstellende Bank; Emissionsbank

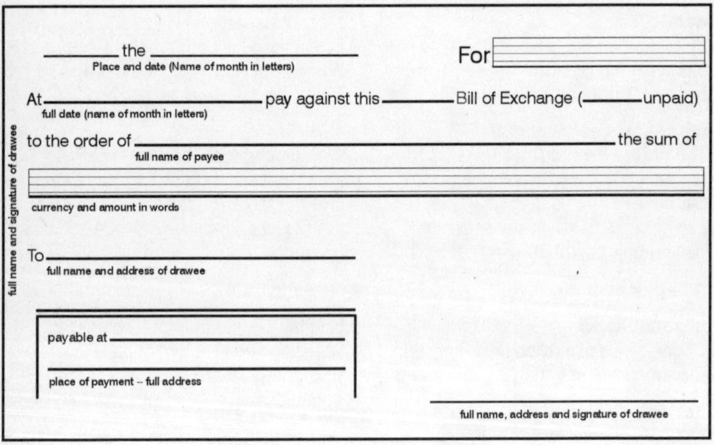
_____ the _____
Place and date (Name of month in letters)
For
At _____ pay against this _____ Bill of Exchange (_____ unpaid)
full date (name of month in letters)
to the order of _____ the sum of
full name of payee
currency and amount in words
To _____
full name and address of drawee
payable at _____
place of payment – full address
full name, address and signature of drawee
full name and signature of drawee

Börsengeschäft

close *v*	schließen
When trading closed, ICI shares were at a new high.	Zum Börsenschluß hatten die ICI-Aktien einen neuen Höchststand erreicht.
trading *n*	Handel
trade *v*	ein Geschäft betreiben, verkehren, handeln
Due to a recent boom in the home building sector, stocks in construction companies are trading 15% above their price in the previous year.	Aufgrund eines Aufschwungs im Wohnungsbau in jüngster Zeit werden Aktien von Baugesellschaften 15% über ihrem Vorjahrespreis gehandelt.
closing price *n*	Schlußkurs, Schlußnotierung
The closing price quoted for Amalgamated General at the end of the day's trading was 35 1/8.	Die Schlußnotierung für Amalgamated General lag am Ende des Börsentages bei 35 1/8.
quote *v*	notieren
trading volume *n*	(Wertpapier)umsatz, Geschäftsvolumen
Brokers are pleased with the latest upturn in trading volume.	Die Börsenmakler sind mit dem letzten Umsatzaufschwung zufrieden.
quotation *n*	(Kurs)notierung
The Financial Times publishes a daily listing of all quotations from the previous day.	Die Financial Times veröffentlicht eine tägliche Liste aller Kursnotierungen vom Vortag.
speculate *v*	spekulieren
Jim made a profit of $30,000.00 speculating in grain futures.	Jim erzielte durch Spekulieren mit Warenterminkontrakten auf Getreide einen Gewinn von $ 30.000,--.
speculator *n*	Spekulant(in)
bear position *n*	Baisseposition *(wenn Anleger auf fallende Kurse setzen)*
bull position *n*	Hausseposition *(wenn Anleger auf steigende Kurse setzen)*
bid *n*	(Kauf)angebot, Gebot
The bid price of a stock, currency, or bond is its buying price.	Der Geldkurs eines Wertpapiers, einer Währung oder einer Anleihe ist der Preis, zu dem der Käufer erwerben kann.
resist *v*	ausschlagen
As market demand climbed for computer stocks, brokers began resisting bids for lower prices and accepting counter offers for higher prices.	Bei steigender Marktnachfrage nach Computeraktien begannen die Börsenmakler Angebote zu niedrigeren Preisen auszuschlagen und Gegenofferten zu höheren Preisen zu akzeptieren.

counter-offer *n*	Gegenangebot, Gegenofferte
Securities and Investments Board (SIB) *n (GB)*; **Securities and Exchange Commission (SEC)** *(US)*	Börsenausschuß, Börsen- und Wertpapieramt *(staatliche Aufsichtsbehörde für das Wertpapiergeschäft, in Deutschland Börsenaufsicht durch ein zuständiges Gremium der jeweiligen Landesregierung)*
The Securities and Exchange Commission is investigating recent reports of insider trading in automobile stocks.	Der Börsenausschuß untersucht die jüngsten Berichte über Insidergeschäfte mit Automobilaktien.
insider trading *n*	Insidergeschäft
account day *n (GB)*; **settlement date** *n (US)* The settlement date for your currency futures is January 30.	Zahlungstag, Erfüllungstag, Liquidationstermin Der Erfüllungstag für Ihre Devisenterminkontrakte ist der 30. Januar.
floor trading *n* Floor trading was slow today as investors were getting ready for the Christmas holidays.	Parketthandel Der Parketthandel war heute schleppend, da die Investoren sich auf die Weihnachtsfeiertage vorbereiteten.
floor trader *n*	auf eigene Rechnung spekulierendes Börsenmitglied
after-hours trading *n* The dollar fell in after hours trading following an announcement by several European central banks that they would stop supporting the currency.	Nachbörse Der Dollar fiel im nachbörslichen Geschäft infolge einer Ankündigung mehrerer europäischer Zentralbanken die Währung nicht weiter zu stützen.
bear raid *n* In a bear raid on today's market, securities traders sold short in an attempt to push prices lower.	Baissemanöver In einem Baissemanöver an der heutigen Börse haben Wertpapierhändler bei einem Versuch, die Preise zu drücken, leer verkauft.
sell short *v*	ohne Deckung verkaufen, leer verkaufen
bear slide *n* This week's bear slide on the London Stock Exchange caused the FT-SE 100 to decline nearly 190 points.	Kursrutsch, Kurssturz Der Kurssturz an der Londoner Börse diese Woche führte dazu, daß der Financial Times Index um fast 190 Punkte fiel.
Financial Times Industrial Ordinary Share Index (FT-SE 100) *n (GB)*	*Aktienindex der Financial Times*
bear squeeze *n* Currency speculators suffered major short term losses when central banks bid to purchase more dollars than were available on the market in a recent bear squeeze.	Baissedruck Währungsspekulanten erlitten kurzfristig schwere Verluste, als die Zentralbanken mehr Kaufofferten für Dollars machten als bei einem Baissedruck in jüngster Zeit verfügbar waren.

bear closing *n*	Glattstellung offener Baissepositionen
The recent rise in interest rates forced the market into a series of bear closings.	Die kürzlich erfolgte Erhöhung des Zinssatzes zwang den Markt zu einer Reihe von Glattstellungen offener Baissepositionen.
multiple application *n*	Mehrfachbeantragung
Due to demand for new shares in privatized companies, speculators filed multiple applications to increase their chances of receiving larger allotments of shares.	Aufgrund der Nachfrage nach jungen Aktien privatisierter Gesellschaften stellten Spekulanten mehrfache Anträge, um ihre Chancen auf eine größere Aktienzuteilung zu erhöhen.
allotment *n*	Zuteilung
at market *phrase*	bestens, billigst
Dr. Krevsky told his broker to buy 30,000 shares of TelMex stock at market, i.e. at the lowest price.	Dr. Krevsky wies seinen Börsenmakler an, 30.000 TelMex Aktien billigst zu kaufen, d.h. zum niedrigsten Preis.
at limit *phrase*	Limit-
Katie Krevsky told us to buy Coca-Cola stock at limit until the end of the month, i.e., not above $53.00 per share.	Katie Krevsky erteilte uns einen Limitauftrag bis Ultimo zum Kauf von Coca-Cola-Aktien nicht über $ 53,-- pro Aktie.
greenmailing *n (GB)*; **greenmail** *n (US)*	Greenmail, räuberischer Aktienkauf
Greenmailing will usually force a company to buy back its own stock at a premium price from speculators who have signaled a takeover by purchasing a block of shares.	Greenmail zwingt ein Unternehmen normalerweise zum Rückkauf seiner eigenen Aktien zu überhöhten Preisen von Spekulanten, die durch den Kauf eines Aktienpakets eine Firmenübernahme signalisiert haben.
premium price *n*	überhöhter Preis

Börsentendenz

stock market *n*	Aktienmarkt
bull market *n*	Haussemarkt, Haussesituation
The Frankfurt Stock Exchange turned into a bull market after German unification in 1989.	Nach der deutschen Wiedervereinigung 1989 entwickelte sich an der Frankfurter Börse ein Haussemarkt.
bullish *adj*	steigend, optimistisch, haussierend, Hausse-
A rally on the NYSE this week made many investors bullish on stocks again.	Eine Kurserholung an der New Yorker Börse diese Woche bewirkte bei vielen Wertpapierinvestoren wieder eine Haussestimmung.
stage *v*	veranstalten, inszenieren
Investors were pleased to hear that the London exchange had staged a rally on Friday signaling the possible end to a three week bear market.	Die Investoren erfuhren mit Freude, daß am Freitag eine Kurserholung an der Londoner Börse stattgefunden hatte, die das mögliche Ende einer dreiwöchigen Baisse signalisierte.

bear market *n*	Baissemarkt, Baissesituation
bearish *adj*	pessimistisch; zur Baisse neigend
advance *n*	Kursgewinn
News of an oil spill in the Gulf of Mexico stopped the advance of oil stocks.	Die Nachricht von einem Ölunfall im Golf von Mexiko brachte den Kursgewinn von Ölaktien zum Stillstand.
upturn *n*	Aufschwung
peak *n, v*	Höchststand; den Höchstwert erreichen
The market peaked for the day four hours after opening in firm trading.	Vier Stunden nach fester Eröffnung erreichte die Börse ihren Tageshöchststand.
firm *adj*	fest, beständig
brisk *adj*	lebhaft, stürmisch
The market rally was caused by brisk trading in utility, oil and automobile stocks.	Aufgrund des lebhaften Handels mit Aktien von Versorgungsunternehmen, Ölfirmen und Automobilherstellern erholte sich die Börse.
boost *n, v*	Auftrieb; hochtreiben, verstärken
News of record profits gave a boost to Amalgamated General's shares.	Die Nachricht von Rekordgewinnen trieb die Aktien der Amalgamated General in die Höhe.
high *n*	Höchststand, Höchstkurs
There were 27 new highs in today's trading.	Im heutigen Börsenverkehr wurden 27 neue Höchstkurse erreicht.
slip *v*	rutschen, abgleiten, nachgeben, fallen
Tyne and Wear Chemicals plc slipped to a new low today following reports of a serious explosion at their plant in Middlesborough.	Infolge von Berichten über eine schwere Explosion in ihrem Werk in Middlesborough fiel Tyne and Wear Chemicals plc heute auf einen neuen Tiefstand.
low *n*	Tiefstand
slack *adj*	unlustig, stockend, schleppend
Traders complained that slack volume had made it a dull day on the exchange.	Die Makler klagten darüber, daß es wegen schleppenden Umsatzes ein lustloser Börsentag gewesen sei.
dull *adj*	lustlos, gedrückt, flau, müde
buck a trend *phrase*	einem Trend widerstehen, gegen einen Trend angehen
Thirty-five shares were able to buck the trend and close higher as bulls gained control of the market.	35 Aktien vermochten dem Trend zu widerstehen und höher abzuschließen, als die Haussespekulanten den Markt in den Griff bekamen.
rally *n, v*	Kurserholung, Auftrieb; sich erholen, aufholen
Automobile stocks staged a rally on reports of solid third quarter profits by car manufacturers.	Automobilaktien erholten sich nach Berichten über massive Gewinne der Automobilhersteller im 3. Quartal.

solid *adj*	massiv
lift *v* Bonds were lifted by rumors that the Federal Reserve would hike interest rates at next Tuesday's meeting.	heben, erhöhen, heraufsetzen Die Anleihen stiegen aufgrund von Gerüchten, daß die Zentralbank in ihrer Sitzung nächsten Dienstag die Zinsen erhöhen würden.
rebound *v* Steel stocks failed to rebound on news of good profits due to strikes in that industrial sector.	ansteigen, erholen Wegen Streiks auf diesem Industriesektor brachte die Nachricht von guten Gewinnen den Stahlaktien keine Erholung.
resilient *adj* We believe that the market will remain resilient and bullish as long as interest rates are low.	elastisch, nachgebend, flexibel Wir glauben, daß der Markt flexibel und optimistisch bleibt, solange die Zinsen niedrig sind.
volatile *adj* News of an insider trading scandal in the German banking industry caused bank stocks to plummet in volatile trading on the Frankfurt exchange.	volatil; hektisch Die Nachricht von einem Insiderskandal in der deutschen Bankwirtschaft führte bei hektischem Geschäftsverlauf zu einem starken Abfall von Bankaktien an der Frankfurter Börse.
volatility *n*	rasche, heftige Kursschwankung, Volatilität
plummet *v*	stark fallen, absacken
plunge *v* On Monday, October 19, 1987 the Dow Jones Industrial Average plunged 508 points in one day's trading on the NYSE.	plötzlich fallen, verfallen, stürzen Am Montag, den 19. Oktober 1987 stürzte der Dow-Jones-Index im Verlauf eines Geschäftstages an der New Yorker Börse um 508 Punkte nach unten.
Dow Jones Industrial Average *n*	Dow-Jones-Index
bottom *n, v* Investors still are not sure if the bear market has reached bottom yet.	Tiefstand; den Tiefstand erreichen Die Investoren sind sich immer noch nicht sicher, ob die fallende Kurstendenz schon den Tiefstand erreicht hat.

Börsen und Börsenhändler

broker *n* Brokers generally sell any number of shares or services, i.e., stocks, bonds, insurance, real-estate, for a commission.	Makler(in) Makler verkaufen im allgemeinen jede beliebige Menge Aktien oder Dienstleistungen, d.h. Aktien, Anleihen, Versicherungen oder Immobilien für eine Maklerprovision.
stockbroker *n* Stockbrokers must be licensed to trade on stock exchanges.	Börsenmakler(in), Börsenhändler(in), Freimakler(in), Broker(in) Börsenhändler müssen zum Börsenhandel zugelassen sein.

licensed *adj*	zugelassen
government broker *n*	Broker(in), der im Regierungsauftrag kauft und verkauft
bear *n*	Baissier, Baissespekulant(in)
One way that a bear will earn profits is by buying puts on share indexes in declining markets. A bull, by contrast, would buy calls on share indexes in rising markets.	Eine Möglichkeit für einen Baissespekulanten, Gewinne zu machen, besteht darin, Verkaufsoptionen auf Indizes nachgebender Märkte zu kaufen. Im Gegensatz dazu würde ein Haussier Kaufoptionen auf Indizes steigender Märkte erwerben.
bull *n*	Haussier, Haussespekulant(in)
analyst *n*	Wertpapieranalytiker(in)
Leading analysts and fund managers are predicting a bear market for the next 6 to 9 months.	Führende Wertpapieranalytiker und Fondsverwalter sagten für die nächsten 6 bis 9 Monate eine Baisse voraus.
fund manager *n*	Fondsverwalter(in)
market maker *n (GB)*; **securities trader** *n (US)*	Börsenhändler(in), Kursmakler(in)
Market makers on the London Stock Exchange are predicting that the Bank of England's latest scheme to raise interest rates may cause some investors to pull out of the market.	Die Börsenhändler an der Londoner Börse prophezeien, daß der jüngste Zinserhöhungsplan der Bank of England zum Rückzug einiger Investoren vom Markt führen könnte.
market maker *n (US)*	marktbestimmender Börsenteilnehmer
investment fund *n*; **mutual fund** *n (US)*; **unit trust** *n (GB)*	Investmentfonds
If you don't have the time to follow the market, I would suggest that you invest in a mutual fund and let experts manage your investment.	Wenn Sie nicht die Zeit haben, den Markt zu beobachten, würde ich vorschlagen, daß Sie in einen Investmentfonds investieren und Fachleute Ihre Investition verwalten lassen.
share index *n*	Aktienindex
One of the leading share indexes on the New York Stock Exchange is the Dow Jones Industrial Average.	Ein führender Aktienindex an der New Yorker Börse ist der Dow Jones.
New York Stock Exchange (NYSE) *n*; **Big Board** *n*	*wichtigste New Yorker Börse*
stock exchange *n*	Börse
On the New York Stock Exchange, which is America's main stock market, quoted prices for listed stocks are displayed on television monitors and on the big board.	An der New Yorker Börse, welche die bedeutendste Börse Amerikas ist, werden die Kursnotierungen für an der Börse gehandelte Wertpapiere auf Monitoren und auf der Anzeigetafel angezeigt.

big board *n*	Anzeigetafel
main market *n*	Hauptbörsenplatz, bedeutendster Börsenplatz
quoted price *n*	Kursnotierung
listed *adj*	an der Börse zugelassen
brokerage *n;* **brokerage fee** *n*	Maklergebühr, Courtage, Provision
We charge a brokerage of $15.00 for each transaction, regardless of whether you are buying or selling shares.	Wir berechnen für jeden Geschäftsvorgang eine Maklergebühr von $ 15,--, gleichgültig, ob Sie Aktien kaufen oder verkaufen.
regardless of *adj*	ungeachtet
institutional investor *n*	institutionelle(r) Anleger(in)
chartist *n*	Chartanalytiker(in)
A chartist is an analyst who relies on past movements to predict the future.	Ein Chartanalytiker basiert seine Vorhersagen zur Zukunft auf vergangenen Bewegungen.
investment analyst *n*	Fundamentalanalytiker(in)
An investment analyst's job is to identify companies which will outperform the general level of the market.	Aufgabe eines Fundamentalanalytikers ist es, Unternehmen zu identifizieren, die ein besseres Ergebnis als das allgemeine Marktniveau erzielen.
portfolio *n*	Wertpapierbestand, Portefeuille
bucket shop *n*	Maklerfirma, die mit betrügerischen Mitteln arbeitet
black knight *n*	Firmenjäger(in), aggressive(r) Firmenkäufer(in) *(der eine unfreundliche Übernahme vorhat)*
Creamer Inc. became a black knight as soon as it launched a takeover bid for Amalgamated General Inc.	Als die Creamer Inc. ein unfreundliches Übernahmeangebot für die Amalgamated General Inc. machte, wurde sie zum Firmenjäger.
white knight *n*	rettender Engel, Retter(in) in der Not
Perrot Inc. announced that it would merge with Amalgamated General as a white knight to stop Creamer's takeover bid.	Die Perrot Inc. kündigte an, als Retter in der Not mit Amalgamated General zu fusionieren, um die Übernahme durch Creamer zu stoppen.
grey knight *n*	graue(r) Unbekannte(r) *(Anleger(in), dessen/deren Absichten unklar sind)*
After Perrot's announcement, Tyke Inc., an unknown third party, bought a block of shares in Amalgamated General and became a grey knight in Perrot's takeover bid for Amalgamated.	Nach der Ankündigung der Firma Perrot kaufte die Tyke Inc., eine unbekannte Dritte, ein Aktienpaket der Amalgamated General und wurde so in der Perrot/Amalgamated-Übernahme zum grauen Unbekannten.
square *v*	ausgleichen, glattstellen
Traders squared positions between the Christmas and the New Year causing share prices to drop slightly.	Die Börsenhändler glichen zwischen Weihnachten und Neujahr ihre Positionen aus, wodurch die Aktienpreise geringfügig fielen.

drop *v*	fallen, stürzen
slightly *adv*	geringfügig
no-load mutual fund *n*	Investmentfonds ohne Ausgabeaufschlag
I invested in a no-load mutual fund because the fund doesn't charge brokerage fees.	Ich investierte in einen Investmentfonds ohne Ausgabeaufschlag, weil für diesen Fonds keine Maklergebühren berechnet werden.
unquoted company *n*	Unternehmen, dessen Aktien nicht an der Börse notiert werden
unlisted securities market *n (GB)*	Freiverkehrsmarkt *(Markt an der Londoner Börse für nicht notierte Werte)*
The unlisted securities market was created in the UK in 1980 in order to provide smaller companies with the opportunity to raise capital.	Der Freiverkehrsmarkt wurde 1980 im Vereinigten Königreich geschaffen, um kleineren Unternehmen die Möglichkeit zur Kapitalbeschaffung zu eröffnen.
over-the-counter *adj, adv (US)*	börsenfrei, per Telefon gehandelt
Over-the-counter stocks are not listed by a stock exchange, however, they are bought and sold by brokers.	Per Telefon gehandelte Wertpapiere werden nicht an einer Börse notiert. Sie werden jedoch von Börsenmaklern gekauft und verkauft.

Aktien

share *n*	Aktie
nominal *adj*	Nominal-
Red Hen Inc. has issued 1,000,000 shares at a par value of $5.00 each, hence the value of its nominal share capital is $5,000,000.00.	Die Red Hen Inc. hat eine Million Aktien zum Nennwert von je $ 5,-- ausgegeben. Der Gesamtwert ihres Nominalkapitals beträgt daher $ 5.000.000,--.
hence *adv*	also
authorized share capital *n*	autorisiertes Kapital, genehmigtes Kapital
The amount of Red Hen's authorized share capital is stated in its articles of incorporation.	Die Höhe des autorisierten Kapitals der Red Hen wird in ihrer Gründungsurkunde festgelegt.
issue *v, n*	ausgeben, emittieren; Ausgabe, Emission
issued share capital *n*	ausgegebenes Aktienkapital
The nominal value of issued share capital does not reflect the share capital's value on the stock exchange.	Der Nominalwert des ausgegebenen Aktienkapitals spiegelt nicht den Wert des Aktienkapitals an der Börse wieder.

non-voting share *n*	Aktie ohne Stimmrecht, stimmrechtslose Aktie
ordinary share *n (GB)*; **common stock** *n (US)*	Stammaktie
Holders of common stock have a right to vote at the annual stockholders' meeting.	Inhaber von Stammaktien sind auf der jährlichen Aktionärsversammlung stimmberechtigt.
preference share *n (GB)*; **preferred (ordinary) share** *n (GB)*; **preferred (ordinary) stock** *n*	Vorzugsaktie
Holders of preferred stock have a right to dividends before holders of common stock.	Inhaber von Vorzugsaktien haben das Recht auf (Vorzugs)dividende vor den Stammaktieninhabern.
dividend *n*	Dividende
growth stock *n*	Wachstumsaktie
issuing house *n*	Emissionshaus
Issuing houses offer new shares for sale to the public.	Emissionshäuser bieten öffentlich neue Aktien zum Kauf an.
underwrite *v*	übernehmen, garantieren, Ausfallverpflichtung übernehmen
The issuing banks agreed to underwrite any shares that were not sold from the new issue.	Die Emissionsbanken vereinbarten, alle nicht verkauften Aktien der Neuemission zu übernehmen.
placing *n*	Plazierung, Unterbringung, Emission festverzinslicher Wertpapiere
rights issue *n*	Bezugsrechtsausgabe
The company announced a rights issue that would allow stockholders to buy one new share stock for each three they held at a lower price.	Die Gesellschaft kündigte eine Bezugsrechtsausgabe an, die den Aktionären für je drei Aktien, die sie besaßen, den Erwerb einer neuen Aktie zu einem günstigeren Preis gestattete.
issuing price *n*	Ausgabepreis
blue chip *n*	Standardwert, Spitzenwert
The rally on the stock market was caused by advances in blue chips.	Die Erholung an der Börse ist auf eine Kursbefestigung bei Standardwerten zurückzuführen.
holding *n*	Beteiligung
Mr. Abernathy bought a 30% holding in Creamer Inc. and was elected board chairman shortly thereafter by the company's stockholders.	Herr Abernathy kaufte eine 30%ige Beteiligung an der Creamer Inc. und wurde bald darauf von den Aktionären der Gesellschaft zum Aufsichtsratsvorsitzenden gewählt.
block of shares *n*	Aktienpaket
share certificate *n (GB)*; **stock certificate** *n (US)*	Aktienzertifikat
Some people like to collect the stock certificates of bankrupt companies as a hobby.	Manche Leute haben das Sammeln von Aktienzertifikaten bankrotter Gesellschaften (sogenannten Nonvaleurs) zum Hobby.

stake *n*	Beteiligung
Crumwell Cookie Co. bought a 40% stake in its main competitor, Soot Bakery Inc., as the start of a takeover bid.	Als Einstieg in ein Übernahmeangebot kaufte die Crumwell Cookie Co. einen 40%igen Anteil von ihrer Hauptkonkurrentin, der Soot Bakery Inc.
equity stake *n*	Kapitalbeteiligung
Shareholders lost their equity stake in the Pickwell Fruit Co. after the company declared bankruptcy.	Die Aktionäre verloren ihre Kapitalbeteiligung an der Pickwell Fruit Co., nachdem diese Konkurs angemeldet hatte.
controlling stake *n*	Mehrheitsbeteiligung
In the 1980s several Japanese investors and companies acquired controlling stakes in American entertainment companies.	In den 80er Jahren erwarben mehrere japanische Investoren und Gesellschaften Mehrheitsbeteiligungen an amerikanischen Unterhaltungsunternehmen.
acquire *v*	erwerben
founders' share *n*	Gründeraktie
The company's founders were issued founders' shares that carried special dividend rights with them.	Den Gründern der Gesellschaft wurden Gründeraktien mit besonderen Dividendenrechten ausgegeben.
subscription share *n*	Subskriptionsaktie
The company stated that subscribers would only receive half of the subscription shares they ordered due to high demand for its new issue.	Die Gesellschaft erklärte, daß Anteilzeichner wegen der hohen Nachfrage nach ihrer Neuemission nur die Hälfte der von ihnen georderten Subskriptionsaktien erhalten würden.
term share *n (GB)*	Aktie, die eine gewisse Zeit lang nicht verkauft werden darf
partly paid share *n*	teilweise eingezahlte Aktie
Stockholders are not required to pay the full nominal value of partly paid shares.	Aktionäre brauchen nicht den vollen Nominalwert teilweise eingezahlter Aktien zu zahlen.
golden share *n (GB)*	Sperraktie, Aktie mit Vetorecht (der Regierung)
The British government holds golden shares in some privatized companies which carry special privileges, such as the right to veto foreign takeover bids.	Die britische Regierung besitzt Sperraktien einiger privatisierter Unternehmen, die mit Sonderprivilegien verbunden sind, zum Beispiel dem Recht, ein Veto gegen ausländische Übernahmeangebote einzulegen.
penny share *n (GB)*; **penny stocks** *npl (US)*	Penny Stock
issue by prospectus *n*	Aktienausgabe durch Emissionsprospekt
The company's decided on an issue by prospectus and not by tender in order to give all present and prospective stockholders equal chances at obtaining new shares.	Das Unternehmen hat sich für eine Aktienausgabe durch Emissionsprospekt und nicht für den Submissionsweg entschieden, um allen derzeitigen und allen künftigen Aktionären Chancengleichheit beim Erwerb neuer Aktien zu bieten.

issue by tender *n*	Emission auf dem Submissionsweg
pre-emption rights *npl (GB)*; **pre-emptive right** *n (US)*	Vorkaufsrecht
Current stockholders will have a pre-emptive right to purchase new issues of stock which will keep company management from buying the new issue and controlling the stock's voting rights.	Die derzeitigen Inhaber von Aktien bekommen ein Vorkaufsrecht auf den Erwerb neuer Aktien, was die Unternehmensleitung davon abhält, die Neuausgaben zu kaufen und die mit den Aktien verbundenen Stimmrechte zu kontrollieren.
scip issue *n*; **capitalization issue** *n (GB)*; **bonus issue** *npl (US)*	Ausgabe von Gratisaktien
Neophyte Research Laboratories Inc. announced that it was transferring money from reserves to share capital and that it would be making a bonus issue to stockholders.	Die Neophyte Research Laboratories Inc. kündigte an, daß sie Rücklagen in Aktienkapital umwandeln und dafür Gratisaktien an die Aktionäre ausgeben würde.
assented stock *n*	abgestempelte Aktie
Assented stocks are shares in a company which a stockholder has agreed to sell to a takeover bidder.	Abgestempelte Aktien sind Aktien eines Unternehmens, deren Inhaber dem Verkauf seiner Aktien an eine Person oder ein Unternehmen, die ein Übernahmeangebot vorgelegt haben, zugestimmt hat.
cum dividend, (cd) (with dividend) *phrase*	mit Dividende
My broker explained that I could buy 5,000 shares of General Motors cum dividend and receive the dividend payment due on the stock in one week or that I could wait a week and buy GM stock ex dividend at a lower price.	Mein Börsenmakler erklärte mir, daß ich 5.000 General Motors Aktien mit Dividende kaufen könnte und die auf die Aktien entfallende Dividendenzahlung in einer Woche erhalten würde, oder daß ich eine Woche warten könnte und die GM Aktien dann zum niedrigeren ex Dividende Preis kaufen könnte.
ex dividend (exd) *phrase*	nach Dividendenausschüttung, ex Dividende
junk bond *n*	Risikopapier, Junk Bond
In a takeover bid, stockholders are sometimes offered high-risk junk bonds, that promise high returns, as payment for their stock instead of cash.	Bei einem Übernahmeangebot werden den Aktionären manchmal anstelle von Geld als Zahlung risikoträchtige Papiere für ihre Aktien angeboten, die hohe Erträge in Aussicht stellen.

Effektenmärkte

capital market *n* — Kapitalmarkt
Capital markets reacted negatively to the US government's plans to take the dollar off the gold standard. — Die Kapitalmärkte reagieren negativ auf die Pläne der amerikanischen Regierung, mit dem Dollar vom Goldstandard abzurücken.

bond *n* — Anleihe, Obligation
securities *npl* — Wertpapiere, Effekten
bearer bond *n* — Inhaberschuldverschreibung
Bearer bonds can be redeemed by the person whose name is written on it. — Inhaberschuldverschreibungen können von derjenigen Person, deren Name darauf steht, eingelöst werden.

Treasury bond *n (US)* — Schatzanleihe, Schatzanweisung, Schatzobligation

US treasury bonds are long-term US Treasury securities with maturities ranging from 10 to 40 years. — Amerikanische Schatzanleihen sind langfristige Wertpapiere des Finanzministeriums mit Laufzeiten zwischen 10 und 40 Jahren.

Eurobond *n* — Eurobond, Euroanleihe
International corporations sometimes choose to borrow money on the Eurobond market because they can obtain financing at a lower interest rate. — Internationale Gesellschaften entscheiden sich manchmal dafür, Geld auf dem Eurobondmarkt aufzunehmen, weil sie dann eine Finanzierung zu einem günstigeren Zinssatz bekommen können.

long-dated bonds *npl (GB)*; **longs** *npl (GB)* — langfristige Anleihen, Langläufer
Long-dated stocks are issued by the British government and mature after 15 years. — Langfristige Anleihen werden von der britischen Regierung ausgegeben und werden nach 15 Jahren fällig.
mature *v* — fällig werden
long-dated *adj* — langfristig
irredeemable *adj (GB)*; **non-redeemable** *adj (US)* — nicht einlösbar, unkündbar
Governments sometimes issue irredeemable bonds, such as war bonds, which have no maturity date but which continue to pay interest. — Regierungen geben manchmal nichteinlösbare Anleihen aus wie z.B. Kriegsanleihen, die kein Fälligkeitsdatum haben, aber laufend Zinsen einbringen.

redemption date *n* — Endfälligkeit
Our DM Eurobonds issued by the Bank of Japan will earn 6% interest until their redemption date in 2035. — Unsere DM-Eurobonds, die von der Bank von Japan ausgegeben wurden, werden bis zu ihrer Endfälligkeit im Jahre 2035 mit 6% verzinst.

Treasury bill (T-bill) *n (US)* — Schatzwechsel
The US government auctions off T-bills on a weekly basis. They have a face value of $10,000.00 and usually mature within 13, 26 or 52 weeks. — Die amerikanische Regierung versteigert wöchentlich Schatzwechsel. Diese haben einen Nennwert von $ 10.000,-- und werden gewöhnlich nach 13, 26 oder 52 Wochen fällig.

gilt *n (GB)*; **gilt-edged security** *n (GB)*	Staatspapier *(festverzinsliches britisches Staatspapier; einige inflationssicher mit indexgebundenem Zinssatz)*
gilt-edged *adj* A gilt-edged investment is usually a safe investment.	solide, erstklassig Eine erstklassige Investition ist normalerweise eine sichere Investition.
government securities *npl* Government securities and bonds usually have the advantage of being safe investments although their rate of return is generally lower compared with corporate instruments.	Staatspapiere, Wertpapiere der öffentlichen Hand Staatspapiere und Anleihen haben gewöhnlich den Vorzug, sichere Investitionen zu sein, obwohl ihre Rendite im Vergleich zu den Instrumenten der Unternehmensfinanzierung im allgemeinen geringer ist.
government bond *n*	Staatsanleihe
stock *n (GB)* In the UK the term "stock" refers to bonds or gilts and means that persons own a part of corporate or government debt.	Schuldverschreibung *(öffentlich oder privat)* Im Vereinigten Königreich sind mit dem Begriff "stock" Schuldverschreibungen oder Staatspapiere gemeint, was bedeutet, daß die Inhaber einen Teil einer Unternehmens- oder Staatsschuld besitzen.
stock *n (US)* The term "stock" in the US refers to shares sold on the stock exchange and means that persons holding stock own part of a company.	Aktie Der Begriff "stock" bezieht sich in den USA auf Aktien, die an der Börse verkauft werden, und bedeutet, daß Personen, die über Aktien verfügen, einen Teil eines Unternehmens besitzen.
convertible loan stock *n (GB)*; **convertible bond** *n (US)* The convertible bonds issued by the Puff Co. can be swapped for common stock at a ratio of 10 shares per bond effective January 2010.	Wandelschuldverschreibung, Wandelanleihe Die Wandelschuldverschreibungen, die von der Puff Co. ausgegeben wurden, können mit Wirkung vom Januar 2010 im Verhältnis von 10 Aktien pro Wandelschuldverschreibung in Stammaktien umgetauscht werden.
swap *v*	(um)tauschen
discount *n*	Abschlag, Abgeld, Nachlaß
premium *n*	Aufgeld, Agio
at call *phrase* The conditions of the bond issue state that the company may redeem its bonds at call.	auf Abruf, jederzeit kündbar Die Bedingungen der Ausgabe von Schuldverschreibungen sehen vor, daß das Unternehmen seine Schuldverschreibungen auf Abruf einlösen kann.

zero-coupon bond *n;* **zero bond** *n* Zero bonds are generally sold at a discount and redeemed later at face value.	Zero Bond, Nullkupon-Anleihe Zero Bonds werden im allgemeinen mit einem Abgeld verkauft und später zum Nennwert eingelöst.
longs *npl (GB);* **long term securities** *npl (US)* The bank's portfolio includes a mixture of bonds, debentures and preference shares including 15 year longs, 8 year mediums and 3 year shorts.	langlaufende Staatstitel, Langläufer Der Wertpapierbestand der Bank beinhaltet eine Mischung aus Anleihen, Schuldverschreibungen und Vorzugsaktien einschließlich 15jähriger Langläufer, mittelfristiger Papiere mit 8jähriger Laufzeit und kurzfristiger Papiere mit 3jähriger Laufzeit.
mediums *npl (GB);* **medium term securities** *npl (US)*	mittelfristige Papiere
shorts *npl (GB);* **short term securities** *npl (US)*	kurzfristige Staatspapiere
benchmark *n, adj* The benchmark 30 year government bond due in 2025 was quoted at 98 11/32, down 14/32 from yesterday.	Bezugswert, Eckwert; Ausgangs-, Bezugs- Der Bezugswert der 30jährigen Staatsanleihe mit Fälligkeit im Jahre 2025 wurde mit 98 11/32 notiert, 14/32 weniger als gestern.
call money *n* Commercial banks may demand repayment of call money from discount houses without any advance notice.	Tagesgeld, jederzeit verfügbares Guthaben Geschäftsbanken können die Rückzahlung von frei verfügbarem Guthaben ohne vorherige Ankündigung von den Diskontbanken verlangen.
securities repurchase agreement *n;* **buyback agreement** *n;* **RP agreement** *n* Repurchasing agreements, by which dealers sell securities to the Federal Reserve and agree to repurchase them within a specified period, have maturities of 15 days or less.	Wertpapier-Pensionsgeschäft Pensionsgeschäfte, bei denen Händler der Zentralbank Wertpapiere verkaufen und vereinbaren, diese innerhalb eines festgelegten Zeitraumes zurückzukaufen, haben Laufzeiten von 15 Tagen oder weniger.
repo *n* Buying treasury securities through repos adds reserves to the banking system.	Wertpapier-Pensionsgeschäft Der Kauf von Schatzbriefen durch Pensionsgeschäfte gibt dem Bankensystem zusätzliche Reserven.
non-callable *adj* Non-callable bonds or preferred stocks cannot be redeemed by the issuer prior to maturity or a date specified on the bond indenture.	nicht (vorzeitig) kündbar, unkündbar Unkündbare Anleihen oder Vorzugsaktien können von den Emittenten nicht vor dem Ende der Laufzeit oder einem in den Emissionsbedingungen genannten Datum eingelöst werden.

prior to *prep*	vor
issue prospectus *n;* **bond identure** *n*	Emissionsbedingung
coupon *n*	Kupon, Zinsschein
Every year Mr. Archer cuts the interest coupons off his bonds, turns them into the bank and receives his interest payment in cash.	Jedes Jahr schneidet Herr Archer die Zinsscheine von seinem Bogen ab, legt sie der Bank vor und erhält seine Zinszahlung in bar.
spread *n*	(Handels)spanne
The more extreme the fluctuation in the exchange rate of a currency, the greater the spread between the bid price and the selling rate will be.	Die Spanne zwischen dem Kaufkurs (Geld) und dem Verkaufskurs (Brief) ist um so höher, je stärker die Währung im Kurs schwankt.

Terminbörse

metal exchange *n*	Metallbörse
The price of platinum plunged on the world's metal exchanges after General Motors announced that it was only going to build electric cars.	Der Platinpreis stürzte an den Metallbörsen der Welt ab, nachdem General Motors angekündigt hatte, man werde nur noch Elektroautos bauen.
commodity exchange *n*	Warenbörse
The Chicago Board of Trade *n*	*Chicagoer Warenbörse*
The London International Financial Futures and Options Exchange *n*	*internationale Londoner Finanzterminkontrakt- und Optionsbörse*
futures *npl*	Termingeschäfte; Terminkontrakte
The price of coffee futures soared on rumors of expected poor coffee harvests in Columbia and Brazil.	Der Preis von Terminkontrakten für Kaffee stieg immens, nachdem Gerüchte von einer zu erwartenden schlechten Kaffee-Ernte in Kolumbien und Brasilien laut wurden.
futures market *n*	Warenterminmarkt
The Commodities Futures Trading Commission (CFTC) regulates futures markets in the United States.	Die Warentermingeschäft-Kommission (CFTC) beaufsichtigt die Warenterminmärkte in den Vereinigten Staaten.
futures contract *n*	Terminkontrakt
Futures contracts are often used to hedge against interest rates or price risks.	Terminkontrakte werden oft abgeschlossen, um sich gegen Zins- oder Kursrisiken abzusichern.
hedge *v*	absichern, Sicherungsgeschäft abschließen
hedge *n;* **hedging** *n*	(Kurs)sicherungsgeschäft, Hedging
Hedging uses a variety of techniques, including futures contracts, options on futures and interest rate swaps, to offset the risk of loss from price fluctuations on the market.	Das Hedging wendet eine Vielzahl von Techniken an, einschließlich Terminkontrakte, Optionen auf Termingeschäfte und Zins-Swaps, um das Verlustrisiko aus marktbedingten Preisschwankungen auszugleichen.

index *n*	Index
Standard & Poors Index of industrial stocks and the Dow Jones Industrial Average are examples of common indexes used in the US to measure financial market performance.	Der Standard & Poors Index industrieller Aktien und der Dow-Jones-Index sind Beispiele für gängige Indices in den Vereinigten Staaten zur Beurteilung der Entwicklung des Finanzmarktes.
forward dealing *n;* **futures trading** *n*	Börsenterminhandel
In forward dealing, traders agree to make or take delivery of a standardized amount of a commodity during a specified period.	Beim Börsenterminhandel vereinbaren die Handelspartner die Lieferung oder Annahme einer Standardmenge einer Ware während eines festgesetzten Zeitraums.
forward contract *n*	Terminkontrakt
Forward contracts that are made primarily for selling and buying on financial markets are called futures.	Terminkontrakte, die hauptsächlich zum Verkauf und Ankauf auf Finanzmärkten gemacht werden, nennt man "Futures".
actual goods *npl;* **actuals** *npl*	effektive Ware, physische Ware
Futures traders rarely take delivery of the actual goods, e.g., a physical commodity or financial instrument, that are the basis of a future contract.	Terminhändler nehmen die effektive Ware, d.h. eine physische Ware oder ein Finanzinstrument, die die Grundlage für einen Terminkontrakt darstellen, selten in Empfang.
spot goods *npl*	sofort lieferbare Waren
Spot goods are sold at a spot price, usually cash, for immediate delivery.	Sofort lieferbare Waren werden zum Kassakurs, normalerweise in bar, zur sofortigen Lieferung verkauft.
spot price *n*	Kassakurs
The spot price for oil in Rotterdam jumped $2.00 per barrel in one day after OPEC announced an oil embargo.	Nachdem die OPEC ein Ölembargo angekündigt hatte, sprang der Kassakurs für Öl in Rotterdam innerhalb eines Tages um $ 2,-- pro Barrel nach oben.
base metals *npl*	Grundmetalle
Base metals, such as tin and copper are traded world-wide on metal exchanges.	Grundmetalle, wie beispielsweise Zinn und Kupfer, werden weltweit an den Metallbörsen gehandelt.
precious metals *npl*	Edelmetalle
grains and oil seeds *npl*	Getreide und Ölsaat
Grains and oil seeds as well as meat and livestock are traded on commodity exchanges.	Getreide und Ölsaat, sowie Fleisch und Vieh werden an Warenbörsen gehandelt.
meat and livestock *n*	Fleisch und Vieh
softs *npl (GB);* **food & fibers** *npl (US)*	Nahrungsmittel, landwirtschaftliche Grundstoffe
call (option) *n*	Kaufoption
My broker explained that I could buy call options on the pound if I thought that the price was going to rise or put options if I thought the price was going to fall.	Mein Makler erklärte mir, daß ich Kaufoptionen auf das Pfund Sterling erwerben könnte, falls ich glaubte, daß der Kurs steigen würde, oder aber Verkaufsoptionen, falls ich glaubte, daß der Kurs sinken würde.

put (option) *n*	Verkaufsoption
switching *n* In switching transactions, a commodity trader will sell an existing position and buy a position in another contract at the same time in order to avoid an open position.	Portefeuille-Umschichtung, Switchen Bei Umschichtungsgeschäften verkauft ein Warenterminhändler eine bestehende Position und kauft gleichzeitig eine Position in einem anderen Kontrakt, um eine offene Position zu vermeiden.
open position *n*	offene Position, ungedecktes Engagement
long position *n* Currency traders who held long positions on the dollar lost millions when it suddenly dropped against leading world currencies.	Hausseposition, Hausseengagement, Überbestand Währungshändler, die einen Dollar-Überbestand hatten, verloren Millionen, als der Dollar plötzlich gegenüber den führenden Weltwährungen stark abfiel.
short position *n* Traders quickly moved to short positions in September contracts in wheat after the US announced a record grain harvest.	Baisseengagement, Leer(verkaufs)position Nachdem die Vereinigten Staaten eine Rekordernte für Getreide angekündigt hatten, wechselten die Händler schnell zu Leerverkaufspositionen für im September fällige Weizenkontrakte.

Kapitalertrag

at par *phrase* If you buy a bond at par for $1,000.00 and the interest yield on the bond is 7%, then you will be able to sell the bond above par if interest rates drop below 7% or possibly below par if interest rates climb above 7%.	zu Pari, zum Nennwert Wenn man eine Anleihe für $ 1.000,-- zu Pari kauft und der Zinsertrag für die Anleihe beträgt 7%, kann man die Anleihe, wenn der Zinssatz unter 7% fällt über Nennwert verkaufen oder möglicherweise unter Nennwert, wenn der Zinssatz über 7% klettert.
yield *n, v*	Ertrag; Ertrag bringen
rate of return *n*	Rendite
above par *phrase*	über Nennwert
below par *phrase*	unter Nennwert
dividend cover *n* If a company pays out one quarter of its profits (after tax and interest) as dividends, then the dividend cover ratio is 4.	Verhältnis von Gewinn zu Dividende Wenn ein Unternehmen ein Viertel seiner Gewinne (nach Steuern und Zinsen) als Dividende ausbezahlt, ist das Verhältnis von Gewinn zu Dividenden 4:1.

face value *n* The face value, or nominal value, of a stock will normally be lower than its market value, unless the company is near bankruptcy.	Nennwert Der Nennwert oder Nominalwert einer Aktie liegt normalerweise unter ihrem Marktwert, es sei denn das Unternehmen ist fast bankrott.
final dividend *n* The final dividend on stock will always be paid after the annual stockholders' meeting.	Abschlußdividende Die Abschlußdividende auf Aktien wird immer nach der jährlichen Aktionärsversammlung ausbezahlt.
perform *v* Bonds are expected to perform worse than stocks because interest rates are on the upswing and inflation is low.	(Leistung) erbringen Es wird erwartet, daß Anleihen sich schneller entwickeln als Aktien, weil die Zinsen im Aufschwung begriffen sind und die Inflation niedrig ist.
on the upswing *phrase*	im Aufschwung begriffen
dividend yield *n* The dividend yield expresses the dividend paid as a percent of a stock's market value.	Dividendenrendite Die Dividendenrendite drückt die ausbezahlte Dividende als Prozentanteil des Marktwerts einer Aktie aus.
coupon yield *n (GB)*; **coupon rate** *n (US)* The issuer of the bond guarantees a coupon rate of 6% until the bond's date of maturity.	Jahreszins bei festverzinslichen Papieren Der Emittent von Anleihen garantiert bis zur Fälligkeit der Anleihe einen Jahreszins von 6%.
current yield *n* The current yield depends on the market price of the stock.	laufende Rendite Die laufende Rendite hängt vom Marktwert der Anleihe ab.
interim dividend *n* The board of directors adopted a resolution to pay an interim dividend on all common stock.	Zwischendividende Der Aufsichtsrat beschloß, eine Zwischendividende auf alle Stammaktien zu zahlen.
at a premium *phrase* Bonds sold at a premium are sold above their face value.	mit einem Aufgeld, über Pari, mit Agio Anleihen, die mit Aufgeld verkauft werden, kosten mehr als ihr Nennwert.
at a discount *phrase* Zero-coupon bonds are sold at a discount and redeemed later at face value.	mit Abschlag, mit Diskont, unter Preis Nullkupon-Anleihen werden unter Preis verkauft und später zum Nennwert eingelöst.
star performer *n* Bank stocks were star performers on last year's stock market, out-performing energy and industrial stocks by 15%.	Erfolgsaktie, Spitzenpapier, Aktie mit den größten Kursgewinnen Bankaktien waren die Starperformer des Aktienmarktes im letzten Jahr und übertrafen Energie- und Industrieaktien noch um 15%.
out-perform *v*	übertreffen, ein besseres Ergebnis erzielen

Steuern und Abgaben 22

Steuerpflicht

taxpayer *n*	Steuerzahler(in)
dutiable *adj (GB)*; **taxable** *adj (US)*	zu versteuern, versteuerbar
Alcohol, tobacco and tea are taxable items.	Alkohol, Tabak und Tee sind zu versteuernde Artikel.
impose *v*	belegen mit, erheben; verhängen; auferlegen
The State of Illinois announced that it would impose a 5 percent tax increase on cigarettes effective January 1.	Der Staat Illinois kündigte an, daß er mit Wirkung vom 1. Januar Zigaretten mit einer 5%igen Steuererhöhung belegen werde.
effective *adj*	rechtswirksam
chargeable *adj*	anrechenbar, steuerpflichtig
Sums spent on purchasing capital assets are partially chargeable against a corporation's tax burden.	Beträge, die für den Erwerb von Vermögenswerten ausgegeben wurden, sind teilweise körperschaftssteuerabzugsfähig.
levy *v, n*	Abgaben erheben, mit Abgaben belegen; Abgabe
The county government has levied a 1% tax on restaurant bills to pay for repair of the county's bridges.	Die Kreisbehörde hat Gaststättenrechnungen mit einer 1%igen Steuer belegt, um damit die Reparatur der Brücken innerhalb des Landkreises zu finanzieren.
earned income *n*	Einkünfte aus selbständiger und nichtselbständiger Arbeit
Money earned in the form of wages, salaries and self-employment as well as net profits from a trade or business is commonly referred to as earned income.	Geld, das man als Lohn, als Gehalt und aus selbständiger Beschäftigung bezieht, sowie Nettogewinne aus einem Gewerbe oder einer geschäftlichen Tätigkeit, wird im allgemeinen als Einkünfte aus selbständiger und nichtselbständiger Arbeit bezeichnet.
taxable income *n*	versteuerbares Einkommen
gross income *n*	Bruttoeinkommen
During a recent audit, the IRS discovered that Mr. Mulligan had not reported all of his gross income on his tax return.	Bei einer Prüfung vor kurzem stellte die Steuerbehörde fest, daß Herr Mulligan in seiner Steuererklärung sein Bruttoeinkommen nicht vollständig angegeben hatte.
pre-tax *adj*	vor Steuern
Belmont Inc. reported a pre-tax profit of $5,000,000.00 and an after-tax profit of $4,200,000.00.	Die Belmont Inc. gab einen Gewinn vor Steuern in Höhe von $ 5.000.000,-- und einen Gewinn nach Steuern in Höhe von $ 4.200.00,-- an.

after-tax *adj*	nach Steuern
tax bill *n*	Steuerbescheid
tax year *n;* **fiscal year** *n*	Steuerjahr
There are two types of tax years in the US: the fiscal tax year that covers any twelve month period and a calendar tax year that runs from January 1 to December 31 of any given year.	In den Vereinigten Staaten gibt es zwei Arten des Steuerjahrs: das fiskalische Steuerjahr, das sich auf einen beliebigen Zeitraum von 12 Monaten bezieht, und das Kalenderjahr, das für jedes beliebige, in Frage kommende Jahr vom 1. Januar bis zum 31. Dezember geht.
tax-free *adj, adv*	steuerfrei
non-taxable *adj*	nichtversteuerbar
Interest received on public sector bonds, e.g., bonds issued by states or cities, is generally non-taxable in the US.	Zinsen, die man für öffentliche Schuldverschreibungen erhält, zum Beispiel für Staats- oder Kommunalobligationen, werden in den USA grundsätzlich nicht versteuert.
Inland Revenue *n (GB)*	Steuerbehörde, Finanzamt
The Inland Revenue requires employers to deduct taxes from employees' wages or salaries at source.	Die Steuerbehörde verlangt von den Arbeitgebern, daß sie Steuern von den Löhnen und Gehältern der Arbeitnehmer an der Quelle abziehen.
at source *phrase*	an der Quelle
HM Inspector of Taxes *n (GB)*	Finanzamt
HM Inspector of Taxes is responsible for direct taxes, i.e., taxes levied on the wealth and income of persons and businesses.	Das Finanzamt ist für die direkten Steuern zuständig, d.h. für die Steuern, die auf das Vermögen und das Einkommen von Personen und Unternehmen erhoben werden.
HM Customs and Excise *n (GB)*	Behörde für Zölle und Verbrauchssteuern
HM Customs and Excise is responsible for indirect taxes, i.e., taxes levied on goods and services.	Die Behörde für Zölle und Verbrauchssteuern ist für indirekte Steuern zuständig, d.h. für Steuern auf Waren und Dienstleistungen.
Internal Revenue Service (IRS) *n*	(Einkommen)steuerbehörde, Finanzbehörde, Finanzamt
The Internal Revenue Service proved through an audit that Al Capone had been evading taxes for many years.	Die Einkommensteuerbehörde bewies durch eine Prüfung, daß Al Capone viele Jahre lang Steuern hinterzogen hatte.
double taxation *n*	Doppelbesteuerung
In some instances a corporation's earnings are subject to double taxation, e.g., the IRS will collect corporate income tax on the company's net earnings and it will also collect income tax from shareholders who receive dividends from the corporation.	In bestimmten Fällen unterliegen die Einkünfte eines Unternehmens der Doppelbesteuerung, beispielsweise erhebt die Finanzbehörde Einkommensteuer auf die Nettoeinkünfte des Unternehmens und erhebt gleichermaßen Einkommensteuer bei den Aktionären, die von dem Unternehmen Dividenden erhalten.

tax base *n (US)* The State of North Carolina hopes to increase its tax base by attracting new industries to the state.	Steueraufkommen Der Staat North Carolina hofft, sein Steueraufkommen zu vergrößern, indem neue Industriebetriebe in diesem Staat angesiedelt werden.
tax base *n (GB)* Before we can decide how much tax you have to pay, we will have to work out your tax base.	Besteuerungsgrundlage, Steuerbemessungsgrundlage Bevor wir festlegen können, wieviel Steuern Sie zu zahlen haben, müssen wir Ihre Steuerbemessungsgrundlage berechnen.
investment income *n;* **portfolio income** *n* Last year, Mr. Pemberton paid 36% in taxes on the investment income that he received on his shares in General Motors Corp.	Kapitaleinkünfte, Kapitalerträge Letztes Jahr zahlte Herr Pemberton 36% Steuern auf Kapitalerträge, die er aus seinen Aktienanteilen an der General Motors Corp. bezog.
unearned income *n* Interest, dividends, and capital gains are generally considered unearned income.	Kapitaleinkünfte Zinsen, Dividenden und Veräußerungsgewinne werden generell als Kapitaleinkünfte angesehen.
casual earnings *npl*	Nebeneinkünfte, Nebeneinnahmen
in kind *phrase* Goods paid in kind in barter trade are worth money and thus taxable.	in Naturalien, in Sachwerten Waren, die im Tauschhandel in Sachwerten bezahlt werden, sind geldwert und daher zu versteuern.
tax break *n* Every election year it seems like most politicians are promising tax breaks of some kind to lower taxpayers' tax burden.	Steuerentlastung, Steuererleichterung Es scheint, daß manche Politiker immer in Wahljahren irgendwelche Steuerentlastungen versprechen, um die steuerliche Last der Steuerzahler zu erleichtern.
burden *n, v*	Belastung; belasten
tax holiday *n* Some cities and states offer tax holidays to corporations or businesses that exempt them from paying taxes for a specified period of time.	zeitweilige Steuerbefreiung/Steuerfreistellung Manche Städte und Staaten bieten Unternehmen oder Geschäften eine zeitweilige Steuerbefreiung an, die sie für eine bestimmte Zeit von der Steuerzahlung befreit.
tax incentive *n* Depreciation allowances and tax credits are common forms of tax incentives.	steuerlicher Anreiz Abschreibungen und Steuervergünstigungen sind verbreitete Formen steuerlicher Anreize.
tax credit *n*	Steuervergünstigung
tax haven *n*	Steuerparadies, Steueroase

tax exile *n* A wealthy movie star recently decided that it would be better to live as a tax exile on the Bahamas rather than pay income tax in the US.	Steuerflüchtling Ein begüterter Filmstar beschloß kürzlich, daß es besser wäre, als Steuerflüchtling auf den Bahamas zu leben als Einkommensteuern in den Vereinigten Staaten zu zahlen.

Steuererklärung

tax return *n* The IRS audited Mr. Mongovan's tax return and determined that he did not qualify for several of the tax deductions that he had claimed on his return.	Steuererklärung Die Steuerbehörde prüfte Herrn Mongovans Steuererklärung und entschied, daß er für mehrere abzugsfähige Beträge, die er auf seiner Erklärung beantragt hatte, nicht die Voraussetzungen erfüllte.
determine *v*	entscheiden
qualify for *v*	Voraussetzungen erfüllen
claim *v*	beanspruchen, beantragen, geltend machen
assessment *n* Mr. Zurbuch claimed that the city's property tax assessment was too high because the city land-fill next to his property caused his land to decline in value.	Veranlagung Herr Zurbuch machte geltend, daß die Grundsteuerveranlagung zu hoch war, weil die Erddeponie der Stadt neben seinem Grundstück zu einem Wertverlust für sein Land führte.
declare *v* Taxpayers who do not declare all of their income will be charged fines or penalties if they are caught.	angeben, erklären Steuerzahler, die nicht ihr gesamtes Einkommen angeben, werden mit einer Geldstrafe oder einem Säumniszuschlag belegt, wenn sie dabei ertappt werden.
account for *v* IRS auditors became suspicious when Arthur Dent was unable to account for several large cash deposits, made to his bank account, that he had failed to report on his tax return.	Rechenschaft ablegen für Die Prüfer der Finanzbehörde schöpften Verdacht, als Arthur Dent keine Rechenschaft für mehrere größere Bargeldeinlagen auf sein Bankkonto, die er auf seiner Steuererklärung nicht angegeben hatte, ablegen konnte.
entitled *adj* The government notified persons whose homes or businesses were destroyed in the earthquake that they would be entitled to due tax relief either as special depreciation allowances on the purchase of capital assets or as extraordinary adjustments on gross income.	berechtigt Die Regierung benachrichtigte Personen, deren Häuser oder Geschäfte beim Erdbeben zerstört wurden, daß sie Anspruch auf angemessene Steuererleichterung hätten entweder in Form besonderer Abschreibungsquoten auf den Erwerb neuer Kapitalgüter oder in Form einer außerordentlichen Bruttoeinkommensanpassung.

due *adj*	angemessen
relief *n*	Erleichterung, Reduzierung
allowance *n*	Steuerfreibetrag; Steuerbefreiung; Steuererleichterung
extraordinary *adj*	außerordentlich
adjustment *n*	Anpassung
withdraw *v* Mr. Balderdash, a blind man living in London, was quite angry after learning that HM Inspector of Taxes had withdrawn his allowance on income earned by blind persons.	widerrufen Herr Balderdash, ein in London lebender Blinder, war sehr verärgert, als er erfuhr, daß das Finanzamt seine Steuerbefreiung auf Einkünfte blinder Personen widerrufen hatte.
elect *v;* **choose** *v* Our accountant explained that the corporation could elect the straight-line, accelerated or declining-balance depreciation method in figuring the depreciation allowances for property, plant and equipment.	aussuchen, auswählen Unser Buchhalter erläuterte, daß das Unternehmen sich für die lineare, die progressive oder die degressive Abschreibungsmethode bei der Berechnung der Abschreibungsquote für Geschäfts- und Betriebsausstattung entscheiden konnte.
deductible *adj* My automobile and office space are deductible business expenses.	abzugsfähig Mein Auto und meine Bürofläche sind abzugsfähige Betriebsausgaben.
business expenses *npl*	Betriebsausgaben
deduct *v*	abziehen, absetzen, in Abzug bringen
liable for tax *adj* Mr. Caughlin and the IRS got into a dispute over whether he was liable for tax on the income he earned in South America the previous year.	steuerpflichtig Herr Caughlin und die Steuerbehörde gerieten in einen Streit darüber, ob er steuerpflichtig für die Einkünfte war, die er im vergangenen Jahr in Südamerika bezogen hatte.
exceed *v* Last year costs and depreciations exceeded the company's income by 20% due to construction of a new plant in Montgomery, Alabama.	übersteigen Wegen des Baus eines neuen Werkes in Montgomery, Alabama, überstiegen die Ausgaben und Abschreibungen im letzten Jahr die Einkünfte des Unternehmens um 20%.
rate *n* In 1994, the tax rate for corporate income tax in the US was 15%.	Satz Der Steuersatz für die Körperschaftsteuer lag 1994 in den Vereinigten Staaten bei 15%.
bracket *n* Mr. Adam's 10% salary increase moved him into a higher tax bracket.	Gruppe, Klasse Seine 10%ige Gehaltserhöhung brachte Herrn Adam in eine höhere Steuerklasse.

prepayment *n*	Vorauszahlung; vorzeitige Rückzahlung
A prepayment penalty charged by a bank for early repayment of a personal loan or home mortgage is not a deductible interest expense under US tax law.	Ein Aufschlag einer Bank für die vorzeitige Tilgung eines persönlichen Kredits oder einer Hypothek fällt im amerikanischen Steuerrecht nicht unter abzugsfähige Zinsaufwendungen.
penalty *n*	Aufschlag; Strafgebühr; Zwangsmaßnahme
Mrs. Plumb was charged a 5% penalty for failing to pay her income tax on time.	Frau Plumb wurde ein Säumniszuschlag von 5% berechnet, weil sie ihre Einkommensteuer nicht fristgerecht bezahlt hatte.
tax rebate *n*	Steuerermäßigung
The government announced that it would give companies tax rebates of up to 20% for job creation in economically depressed regions.	Die Regierung gab bekannt, daß sie Unternehmen für die Schaffung von Arbeitsplätzen in strukturschwachen Gebieten Steuerermäßigungen bis zu 20% gewähren werde.
tax refund *n*	Steuerrückerstattung
I received a tax refund of $2,000.00 this year.	Ich erhielt in diesem Jahr eine Steuerrückerstattung in Höhe von $ 2.000,--.
tax exemption *n*	Steuerbefreiung
tax adviser *n;* **tax accountant** *n*	Steuerberater(in)
disclose *v*	angeben
undisclosed *adj*	nicht genannt, nicht angegeben
The company was required to pay $27,000.00 in back taxes and a $2,700.00 penalty on its undisclosed income.	Das Unternehmen wurde aufgefordert, $ 27.000,-- Steuern rückwirkend und eine Strafgebühr von $ 2.700,-- für seine nicht angegebenen Einkünfte zu zahlen.
training relief *n (GB)*	Ausbildungsfreibetrag
Apprentices learning a trade may qualify for training relief under certain provisions of the tax law.	Auszubildende, die einen Beruf lernen, können unter gewissen steuerrechtlichen Voraussetzungen die Bedingungen für einen Ausbildungsfreibetrag erfüllen.
mortgage relief *n*	steuerliche Abzugsfähigkeit von Hypothekenzinsen
Properties that change hands under the mortgage relief provisions of tax law are not subject to property tax.	Eigentum, das gemäß den steuerrechtlichen Bestimmungen für steuerliche Abzugsfähigkeit von Hypothekenzinsen den Besitzer wechselt, unterliegt nicht der Grundsteuer.
flat rate allowance *n*	Grundfreibetrag
Taxpayers usually receive a flat rate allowance, which is the amount of taxpayer income that is not subject to tax.	Steuerzahler erhalten normalerweise einen Grundfreibetrag, der dem nicht zu versteuernden Betrag des Einkommens entspricht.

married couple's allowance *n*	Steuerfreibetrag für Verheiratete
personal allowance *n* Mr. Lombardi is entitled to a personal allowance for his children which reduces the amount of income tax withheld from his wages.	Steuerfreibetrag Herr Lombardi hat Anspruch auf einen Steuerfreibetrag, wodurch der Einkommensteuerbetrag, der von seinem Lohn einbehalten wird, verringert wird.
age-related allowance *n*	Altersfreibetrag
allowable expenses *npl* Mrs. Ford's allowable expenses for her business include: telephone, utilities, office supplies and equipment, etc.	absetzbare Ausgaben Frau Fords absetzbare Betriebsausgaben schließen die Kosten für Telefon, Strom und Wasser, Bürobedarf und Büroausstattung usw. ein.
alimony *n* Alimony and maintenance payments must be reported as income by the person receiving them.	Alimente Alimente und Unterhaltszahlungen müssen von der Person, die sie erhält, als Einkünfte angegeben werden.
maintenance payments *npl*	Unterhaltszahlungen
dependant *n (GB)*; **dependent** *n (US)* In 1993, Mr. Penn deducted $2,350.00 for each dependent, i.e., his wife, his child and his mother, who were living in his household.	Angehörige(r), Unterhaltsberechtigte(r), abhängige Person Für jeden in seinem Haushalt lebenden Angehörigen, also seine Frau, sein Kind und seine Mutter, setzte Herr Penn 1993 $ 2.350,-- von der Steuer ab.
tax liability *n*	Steuerpflicht
tax code *n (GB)*	Steuernummer
lower rate *n* Changes in a taxpayer's tax bracket will determine whether a person pays a lower rate or a higher rate of taxes.	niedrigerer Steuersatz Änderungen in der Steuerklasse des Steuerzahlers bestimmen, ob jemand einen niedrigeren oder einen höheren Steuersatz zahlt.
higher rate *n*	höherer Steuersatz
basic rate *n* The base rate of income tax is the main or first rate of tax levied on income.	Eingangssteuersatz, Anfangssteuersatz Der Anfangssteuersatz für Einkommensteuer ist der Haupt- oder erste Steuersatz auf Einkünfte.
tax avoidance *n* One method of tax avoidance is to defer income received in one year to the following year.	Steuervermeidung, Steuerumgehung Eine Methode der Steuervermeidung besteht darin, die in einem Jahr erhaltenen Einkünfte auf das Folgejahr zu schieben.
defer *v*	(auf)schieben; zurückstellen
tax shelter *n* The purpose of tax shelters is to take advantage of tax loopholes in the tax law.	Steuerbegünstigung Der Zweck der Steuerbegünstigung besteht darin, Schlupflöcher im Steuerrecht auszunutzen.

tax loophole *n*	Steuerschlupfloch
tax arrears *npl* After completing its audit of the company's books, the IRS established that the Jackson Co. had tax arrears amounting to $20,000.00.	Steuerrückstände Nach Abschluß der Buchprüfung bei dem Unternehmen entschied die Steuerbehörde, daß die Jackson Co. Steuerrückstände hatte, die sich auf $ 20.000,-- beliefen.
evasion *n* Al Capone was sent to prison for tax evasion.	Hinterziehung Al Capone wurde wegen Steuerhinterziehung inhaftiert.
evade *v* After several audits and investigations of Southall plc, HM Inspector of Taxes determined that the company was trying to evade taxes.	hinterziehen Nach mehreren Prüfungen und Untersuchungen der Southall plc kam der Steuerinspektor zu der Erkenntnis, daß das Unternehmen versuchte, Steuern zu hinterziehen.

Direkte Steuern

direct taxation *n* The government uses direct taxation to collect taxes, such as income tax and corporation tax, directly from persons or companies.	direkte Besteuerung Die Regierung wendet die direkte Besteuerung an, um solche Steuern wie die Einkommensteuer und die Körperschaftsteuer direkt von Einzelpersonen oder Unternehmen zu erheben.
income tax *n*	Einkommensteuer
corporation tax *n*	Körperschaft(s)steuer
personal *adj* Self-employed persons are required to pay income tax on their personal income.	persönlich Selbständige müssen Einkommensteuer auf ihr persönliches Einkommen zahlen.
payroll tax *n* The payroll taxes deducted from Mr. Waverly's salary include social security taxes and unemployment tax.	Lohn(summen)steuer Die Lohnsteuer, die Herrn Waverly vom Lohn abgezogen wird, schließt Sozialversicherungsabgaben und Arbeitslosenversicherungsabgaben mit ein.
capital gains tax (CGT) *n* A capital gains tax of 28% is charged in the US on the profit from the sale of capital assets.	Veräußerungsgewinnsteuer In den Vereinigten Staaten wird eine 28%ige Veräußerungsgewinnsteuer auf den Gewinn aus der Veräußerung von Anlagevermögen erhoben.
inheritance tax *n* In the US, inheritance tax is collected by the states and is levied on the cash value of an estate received through inheritance.	Erbschaftsteuer In den Vereinigten Staaten wird die Erbschaftsteuer von den Einzelstaaten erhoben und auf den Bargeldwert eines durch Vererbung erworbenen Nachlasses bezogen.

unified estate and gift tax *n (US)*	einheitliche Erbschafts- und Schenkungssteuer
The unified estate and gift tax is a federal tax collected in the US that is levied on an estate or gifts transferred from one person or entity to another.	Die einheitliche Erbschafts- und Schenkungssteuer ist eine Bundessteuer in den Vereinigten Staaten, die auf Nachlässe oder Schenkungen einer Person oder einer juristischen Person an eine andere erhoben wird.
federal tax *n*	Bundessteuer
local taxation *n*	örtliche Besteuerung, kommunale Besteuerung
progressive *adj*	progressiv
Most income tax systems are based on progressive tax rates that impose higher tax payments on higher income.	Die meisten Einkommensteuersysteme gründen sich auf progressive Steuersätze, die auf höhere Einkommen höhere Steuerzahlungen auferlegen.
surtax *n*	Zusatzsteuer
The federal government charges a 5% surtax on taxable corporate income between $100,000.00 and $335,000.00.	Die Bundesregierung erhebt eine 5%ige Zusatzsteuer auf versteuerbare Gewinne von Kapitalgesellschaften zwischen $ 100.000,– und $ 335.000,–.
advance corporation tax *n (GB)*; **prepaid corporation tax** *n (US)*	Körperschaftsteuer-Vorauszahlung
Vogon plc reported a £200,000.00 payment in advance corporation tax for the fiscal year ending April 5, 1994.	Die Vogon plc meldete eine Körperschaftsteuer-Vorauszahlung in Höhe von £ 200.000,-- für das am 5. April endende Steuerjahr.
estate tax *n (US)*	Nachlaßsteuer
In the US, inheritance taxes are generally collected by the states and estate and gift taxes are collected by the federal government.	In den Vereinigten Staaten werden Nachlaßsteuern grundsätzlich von den Staaten eingezogen, wobei Erbschafts- und Schenkungssteuern von der Bundesregierung eingezogen werden.
capital transfer tax (CTT) *n (GB)*	Vermögensübertragungssteuer *(Schenkungssteuer von Lebenden sowie Steuer auf das Nachlaßvermögen)*
Mr. Wilson will have to pay capital transfer tax on any gifts of property which he transfers to his wife either before or after his death.	Herr Wilson muß für alle Grundstücksübertragungen an seine Frau vor oder nach seinem Tod Vermögensübertragungssteuer zahlen.
death duty *n (GB)*	Erbschaftsteuer, Nachlaßsteuer
Capital transfer tax and inheritance tax are collectively referred to as death duties.	Vermögensübertragungssteuer und Erbschaftsteuer werden zusammenfassend als "death duty" bezeichnet.
poll tax *n*	Kopfsteuer
The payment of poll tax as a requirement for voting is illegal in the US.	Die Zahlung einer Kopfsteuer als Voraussetzung für die Zulassung zur Wahl ist in den Vereinigten Staaten illegal.

property tax *n*	Grundsteuer
withholding tax *n* Mrs. Garp received a tax refund this year because the sums retained by her employer as withholding tax were too high.	Quellensteuer Frau Garp erhielt in diesem Jahr eine Steuerrückerstattung, weil die Beträge, die von ihrem Arbeitgeber als Quellensteuer einbehalten worden waren, zu hoch waren.

Indirekte Steuern

indirect taxation *n* Under the system of indirect taxation, UK shop owners are required to collect VAT and pay it to the Inland Revenue.	indirekte Besteuerung Bei der indirekten Besteuerung müssen Geschäftsinhaber im Vereinigten Königreich Mehrwertsteuer erheben und diese dann an die Steuerbehörde abführen.
value added tax (VAT) *n (GB)* In contrast to the UK and many other EU countries, the US does not have a national VAT, however, the states do collect different rates of sales tax on goods and services.	Mehrwertsteuer Im Gegensatz zum Vereinigten Königreich und vielen anderen Ländern der Europäischen Union gibt es in den Vereinigten Staaten keine Mehrwertsteuer auf nationaler Ebene, die Einzelstaaten erheben jedoch durchaus unterschiedliche Sätze von Umsatzsteuer für Waren und Dienstleistungen.
liable to VAT *adj*	umsatzsteuerpflichtig
reclaimable *adj* Under certain provisions of EU tax law, excess sums of VAT paid by a foreigner in another EU country are reclaimable.	erstattungsfähig Gemäß den einschlägigen steuerrechtlichen Bestimmungen der Europäischen Union sind die von einem Ausländer in einem anderen EU-Land zuviel gezahlten Mehrwertsteuerbeträge erstattungsfähig.
exempt *adj, v* US citizens who earn up to $70,000.00 of income in a foreign country are exempt from federal income tax under certain conditions.	befreit, freigestellt; befreien, freistellen Bürger der Vereinigten Staaten, die über ein Auslandseinkommen von bis zu $ 70.000,-- verfügen, sind unter gewissen Voraussetzungen von der Bundeseinkommensteuer befreit.
reclaim *v* My accountant filed a form with the IRS to reclaim taxes which I had overpaid in the previous year.	zurückfordern, beanspruchen Mein Steuerberater reichte der Steuerbehörde ein Formular ein, um eine Rückerstattung der Steuern zu beantragen, die ich im vergangenen Jahr zu viel bezahlt hatte.

net payment *n (GB)*	Nettozahlung, Nettoaufwendung
zero-rated *adj (GB)* Food, books and children's clothes are zero-rated items in the UK, which means that they are taxable for VAT, but at a rate of zero.	mehrwertsteuerfrei Lebensmittel, Bücher und Kinderbekleidung sind im Vereinigten Königreich mehrwertsteuerfrei, was bedeutet, daß sie zwar unter die Mehrwertsteuerpflicht fallen, jedoch zu einem Null-Prozentsatz.
excise duty *n (GB)*; **excise tax** *n (US)* As a rule, federal, state and local excise taxes collected on tobacco, gasoline and spirits cannot be claimed as a deduction.	Verbrauchssteuern Generell können Bundes-, Staats- und kommunale Verbrauchssteuern auf Tabak, Benzin und Spirituosen nicht von der Einkommensteuer abgesetzt werden.
road fund licence *n (GB)* Each person who owns a car or vehicle used on roads in the UK has to buy a road fund licence every year for £100 and place it on his windscreen.	Verkehrssteuer Jede Person, die ein Auto oder Fahrzeug besitzt, das auf den Straßen des Vereinigten Königreichs benutzt wird, muß jedes Jahr eine Verkehrssteuervignette für £ 100,-- kaufen und sie an der Windschutzscheibe anbringen.
flat rate *n* Sales tax and VAT are flat rate taxes.	Proportionalsatz Umsatzsteuer und Mehrwertsteuer sind Steuern nach dem Proportionalsatz.
input tax *n (GB)* Input tax is the amount of VAT paid on the goods or services that a company buys, whereas output tax is the amount of VAT a company charges on its own goods or services sold.	Vorsteuer Vorsteuer ist derjenige Mehrwertsteuerbetrag, der auf die Waren oder Dienstleistungen bezahlt wird, die ein Unternehmen erwirbt, wohingegen die Bruttomehrwertsteuer der Mehrwertsteuerbetrag ist, den ein Unternehmen beim Verkauf seiner eigenen Waren oder Dienstleistungen berechnet.
output tax *n (GB)*	Bruttomehrwertsteuer
petroleum revenue tax *n (GB)*; **Federal Motor Fuels Excise Tax** *n (US)*	Benzinsteuer, Treibstoffsteuer
stamp duty *n (GB)*; **stamp tax** *n (US)* Stamp duties must be paid for legal documents before they are recognized by the government.	Stempelgebühr Bevor Dokumente von der Regierung anerkannt werden, muß die Stempelgebühr bezahlt werden.
vehicle excise duty *n (GB)* The money collected as a vehicle excise duty is theoretically used to maintain roads in the UK.	Kraftfahrzeugsteuer Das Geld, das als Kraftfahrzeugsteuer eingenommen wird, wird im Vereinigten Königreich theoretisch für die Instandhaltung von Straßen verwendet.

proportional *adj*	anteilmäßig, proportional
The proportional amount of tax charged on one gallon of gasoline in the US is approximately 15%.	Der anteilmäßige Steuerbetrag auf einer Gallone Benzin beträgt in den USA annähernd 15%.
regressive *adj*	rückläufig, regressiv
VAT is a regressive tax because people pay the same flat rate of tax on a purchased item or service regardless of their income.	Die Mehrwertsteuer ist eine regressive Steuer, denn Menschen zahlen unabhängig von ihrem Einkommen den gleichen einheitlichen Steuersatz auf eine erworbene Ware oder eine Dienstleistung.
ability-to-pay taxation *n*	leistungsabhängige Besteuerung, Besteuerung nach dem Prinzip der steuerlichen Leistungsfähigkeit
Supporters of progressive taxation claim that it is fair because it is a type of ability-to-pay taxation.	Die Anhänger einer progressiven Besteuerung halten diese für fair, da sie eine Art von Besteuerung nach der steuerlichen Leistungsfähigkeit darstellt.
benefit taxation *n*	Besteuerung nach dem Nutzenprinzip
The city is considering introducing benefit taxation on services provided by city-owned utilities.	Die Stadt erwägt die Einführung einer Besteuerung nach dem Nutzenprinzip für Dienstleistungen, die von städtischen Versorgungsunternehmen erbracht wurden.

Volkswirtschaft 23

Wirtschaftliche Grundbegriffe

economy *n* **economic** *adj* **economist** *n*	Wirtschaft Wirtschafts-, wirtschaftlich Wirtschaftswissenschaftler(in), Wirtschaftsexperte, Wirtschaftsexpertin
Economists agree that free-market economies go through cyclical periods of expansion and contraction.	Wirtschaftswissenschaftler stimmen darin überein, daß freie Marktwirtschaften Expansions- und Kontraktionsphasen durchlaufen.
free-market economy *n*	freie Marktwirtschaft
cycle *n*	Zyklus, Phase
Ann wrote a paper on business cycles for her economics course at the university.	Ann schrieb für ihr Seminar in Wirtschaftswissenschaft an der Universität eine Arbeit über Konjunkturzyklen.
business cycle *n*	Konjunkturzyklus
economics *n*	Wirtschaftswissenschaft, Volkswirtschaftslehre
market forces *npl*	Marktkräfte
The market forces of supply and demand will determine the price of goods and services in a free-market economy.	Die Marktkräfte von Angebot und Nachfrage bestimmen in einer freien Marktwirtschaft den Preis von Waren und Dienstleistungen.
determine *v*	bestimmen
profit motive *n*	Gewinnmotiv, Gewinnstreben
enterprising *adj*	unternehmerisch
price mechanism *n*	Preismechanismus
Farm subsidies are one of the price mechanisms which governments used to insure the stability of prices for farm commodities.	Subventionen für die Landwirtschaft sind einer der Marktpreismechanismen, die Regierungen anwandten, um Preisstabilität für Agrarerzeugnisse zu gewährleisten.
barter *v, n*	tauschen, Tauschhandel treiben; Tauschhandel
Barter was the most common way to exchange goods before the invention of money.	Vor der Erfindung des Geldes war der Tauschhandel die am weitesten verbreitete Methode des Warenaustausches.
exchange *v, n*	austauschen; Austausch
swap *v, n*	(ein/um/aus)tauschen, Tauschgeschäft machen; Tausch, Tauschgeschäft
Due to recent declines on international stock markets, Mr. Krevsky told his broker to swap his stock portfolio in return for bonds in order to take advantage of higher interest rates.	Aufgrund kürzlicher Rückgänge an den internationalen Wertpapierbörsen wies Herr Krevsky seinen Broker an, seinen Aktienbestand gegen Staatsanleihen auszutauschen, um die höheren Zinssätze auszunutzen.

in return for *prep*	gegen, als Gegenleistung für
distribution *n* One of the dangers of a monopoly is that it can control the distribution of goods and market prices.	Verteilung Eine Gefahr eines Monopols besteht darin, daß die Verteilung von Waren und die Marktpreise kontrolliert werden können.
scarcity *n* Monopolies are also able to create artificial scarcities of goods and services which limit consumers' choice and drive up prices.	Knappheit, Mangel Monopole können auch eine künstliche Verknappung von Waren und Dienstleistungen herbeiführen, wodurch die Auswahl der Verbraucher eingeschränkt und die Preise hochgetrieben werden.
choice *n*	Auswahl
self-sufficient *adj* Primitive societies are usually self-sufficient.	autark, selbständig Primitive Gesellschaften sind in der Regel autark.
self-sufficiency *n* Henry Ford believed in corporate self-sufficiency. In the 1930s the Ford Co. produced all of the components it required to manufacture automobiles.	Selbstversorgung, Eigenversorgung, Autarkie Henry Ford glaubte an die Unternehmensautarkie. In den 30er Jahren des 19. Jahrhunderts stellte die Ford Co. alle Bauteile, die für den Automobilbau benötigt wurden, selbst her.
stability *n*	Stabilität
prosperity *n*	Prosperität; Hochkonjunktur
injustice *n* The original purpose of the Soviet command economy was to eliminate economic injustice and inequality in Russian society through a new economic order based on state control and management of the nation's economy.	Ungerechtigkeit Die ursprüngliche Absicht der sowjetischen Planwirtschaft war es, wirtschaftliche Ungerechtigkeit und Ungleichheit in der russischen Gesellschaft durch eine neue Wirtschaftsordnung auf der Grundlage von staatlicher Kontrolle und der Verwaltung der Volkswirtschaft des Landes zu beseitigen.
inequality *n*	Ungleichheit
macroeconomics *n*	Makroökonomie
microeconomics *n* In our microeconomics class, we studied the economic behavior of companies, industries and households as smaller units of the national economy.	Mikroökonomie In unserem Seminar in Mikroökonomie haben wir das Wirtschaftsverhalten von Unternehmen, Industrien und Haushalten als kleinere volkswirtschaftliche Einheiten untersucht.

counter-cyclical *adj* During the cycles of high inflation in the US, the Federal Reserve will usually raise interest rates as a counter-cyclical measure to lower the demand for money and force down inflationary expansion.	antizyklisch Während hoher Inflationsphasen in den Vereinigten Staaten erhöht die Bundesaufsicht der US-Banken üblicherweise die Zinssätze als antizyklische Maßnahme, um die Nachfrage nach Geld zu dämpfen und die steigende Inflation zu drücken.
laissez-faire *n*	Laisser-faire
mixed economy *n;* **mixed economic system** *n* The major Western economies are mixed economies that rely on a mixture of free markets and government intervention and direction.	Mischwirtschaft, gemischtwirtschaftliches System Die wichtigen Volkswirtschaften des Westens sind gemischtwirtschaftliche Systeme, die aus einer Mischung freier Märkte und Interventionen und Führung der Regierung bestehen.
public goods *npl*	öffentliche Güter, Kollektivgüter
services rendered *npl* Some of the services rendered by a government include merit goods, such as public education.	erbrachte Dienstleistungen Einige der durch eine Regierung erbrachten Dienstleistungen schließen meritorische Güter wie beispielsweise das öffentliche Schulwesen ein.
merit goods *npl*	meritorische Güter
social costs *npl* The social costs of driving an automobile include wear and tear on public roads and the pollution they cause.	gesamtwirtschaftliche Kosten, soziale Kosten, gesellschaftliche Kosten, Infrastrukturkosten Die gesamtwirtschaftlichen Kosten des Autofahrens schließen die Abnutzung öffentlicher Straßen und die von Autos verursachte Umweltverschmutzung mit ein.
centrally planned economy *n*	zentrale Planwirtschaft
command economy *n*	Planwirtschaft
state control *n*	staatliche Kontrolle
ration *v*	rationieren
opportunity cost *n* Opportunity cost is the benefit lost by not employing the most profitable alternative.	Opportunitätskosten Opportunitätskosten entsprechen dem Nutzen, der verlorengeht, wenn man nicht die gewinnbringendste Alternative wählt.
multiplier *n* The multiplier is the feedback effect of an investment: if money is invested in construction, this will create benefits in other parts of the economy.	Multiplikator Der Multiplikator ist die Rückwirkung einer Investition: Wenn man Geld in das Bauwesen investiert, wird dieses Nutzen in anderen Wirtschaftsbereichen hervorrufen.

diversified *adj*
Advanced economies are highly diversified.
diversifiziert, gestreut, breit gefächert
Entwickelte Volkswirtschaften sind stark diversifiziert.

arbitrary *adj*
Members of the new conservative government in Washington are calling for laws to stop arbitrary abuse of welfare and social programs in the US.
willkürlich
Mitglieder der neuen konservativen Regierung in Washington fordern Gesetze, die dem willkürlichen Mißbrauch von Wohlfahrts- und Sozialprogrammen in den Vereinigten Staaten Einhalt gebieten.

Angebot, Nachfrage und Preis

demand *n*
The strong demand for our company's products caused profits to rise by 25% in the last fiscal year.
Nachfrage
Die starke Nachfrage nach den Produkten unseres Unternehmens hat dazu geführt, daß im letzten Steuerjahr die Gewinne um 25% gestiegen sind.

measure *n*
Most economists agree that there is no real measure of the utility, i.e., of the pleasure or satisfaction, that people received from consuming goods or services.
Maß
Die meisten Wirtschaftswissenschaftler stimmen dahingehend überein, daß es kein richtiges Maß für den Nutzen gibt, d.h. für die Freude oder die Genugtuung, die Menschen daraus beziehen, daß sie Güter oder Dienstleistungen in Anspruch nehmen.

extension *n*
Erweiterung, Ausweitung, Vergrößerung
A recent decline in prices for clothing items will most likely result in an extension of demand in the retail sector.
Ein Preisrückgang für Kleidung in jüngster Zeit wird wahrscheinlich zu einer Vergrößerung der Nachfrage im Einzelhandel führen.

expansion *n*
Ausweitung, Wachstum

contraction *n*
Schrumpfung, Rückgang, Abschwächung; Kontraktion
The government's economic figures for the fourth quarter indicate that the economy is still experiencing a contraction of its gross national product.
Die Wirtschaftsdaten der Regierung für das vierte Quartal zeigen, daß die Wirtschaft immer noch einen Rückgang des Bruttosozialproduktes durchläuft.

shift *n*
Verlagerung, Verschiebung, Veränderung, Wandel
Some retailers are blaming poor third quarter sales on a shift in consumer behavior, from high-priced merchandise to less expensive goods.
Einige Einzelhändler geben den schwachen Umsätzen im dritten Quartal die Schuld daran, daß die Verbraucher ihr Kaufverhalten ändern und weniger teuere Artikel den teueren Waren vorziehen.

supply *n*	Lieferung; Versorgung; Angebot
by-product *n*	Nebeneffekt, Begleiterscheinung
Higher prices, longer delays in delivery and shortages on electronic components markets have been the main economic by-products of the recent earthquake in Japan.	Höhere Preise, längere Lieferverzögerungen und eine Warenknappheit auf den Märkten für elektronische Bauteile sind die wesentlichen wirtschaftlichen Begleiterscheinungen des jüngsten Erdbebens in Japan.
excess supply *n*	Überangebot
responsive *adj*	zugänglich, empfänglich, interessiert; reaktionsfreudig
Our company invests 40% of its profits in market research and in research and development so that it remains responsive to consumer demand.	Unser Unternehmen investiert 40% seiner Gewinne in die Marktforschung und in die Forschung und Entwicklung, so daß es der Verbrauchernachfrage gegenüber zugänglich bleibt.
unresponsive *adj*	unempfänglich
retail price index *n*	Verbraucherpreisindex
The retail price index measures the rise in retail prices within a given period of time and is a general indicator of the level of inflation in an economy.	Der Verbraucherpreisindex mißt den Anstieg der Endverbraucherpreise innerhalb einer vorgesehenen Zeitspanne und ist ein allgemeiner Indikator für das Inflationsniveau in einer Volkswirtschaft.
retail price *n*	Endverbraucherpreis; Einzelhandelspreis
switch *v*	übergehen
Company management has approved plans to switch to the production of lower-priced computers before the company prices itself out of the market.	Die Unternehmensleitung hat Pläne für den Übergang zur Produktion von preisgünstigeren Computern gebilligt, bevor das Unternehmen wegen zu hoher Preise seine Konkurrenzfähigkeit verliert.
price oneself out of the market *phrase*	wegen überhöhter/zu hoher Preise nicht mehr konkurrenzfähig sein
drive up *v*	in die Höhe treiben
A severe drought in Brazil has driven up coffee prices on world markets by 15% over the past year.	Eine schwere Dürre in Brasilien hat die Kaffeepreise auf den Weltmärkten im Verlauf des letzten Jahres um 15% in die Höhe getrieben.
hike *v, n*	ansteigen, erhöhen; Anstieg, Erhöhung
Price hikes often occur when the demand for an item is greater than the supply.	Preissteigerungen treten oft dann auf, wenn die Nachfrage nach einem Artikel das Angebot übersteigt.

cut back *v*	reduzieren, verringern, einschränken, Abstriche machen
The City announced that it would cut back on public services in order to reduce its budget deficit by 25%.	Die Stadt gab bekannt, daß sie ihr öffentliches Dienstleistungsangebot einschränken würde, um das Haushaltsdefizit um 25% zu verringern.
effective demand *n*	effektive Nachfrage
marginal utility *n*	Grenznutzen
The marginal utility of powerful PCs often causes consumers to prefer them over less expensive but slower PCs.	Der Grenznutzen leistungsfähiger PCs bringt die Verbraucher oftmals dazu, diese den billigeren, aber langsameren PCs vorzuziehen.
demand curve *n*	Nachfragekurve
Economists use demand curves to illustrate the relationship between the price and quantity of an item.	Wirtschaftswissenschaftler verwenden Nachfragekurven, um das Verhältnis zwischen dem Preis und der Menge eines Artikels zu veranschaulichen.
complement *n*	Komplementärgut; Ergänzung; Gegenstück
Complements are goods that have a direct relation to one another, such as cups to saucers or cars to gasoline.	Komplementärgüter sind Waren, die in einer direkten Beziehung miteinander stehen wie beispielsweise Tassen und Untertassen oder Autos und Benzin.
supply curve *n*	Angebotskurve
The company prepared a supply curve to show how many of its products it was willing to sell at different prices.	Das Unternehmen bereitete eine Angebotskurve vor, um zu zeigen, wie viele von seinen Produkten es bereit war, zu unterschiedlichen Preisen zu verkaufen.
equilibrium *n*	Gleichgewicht
The company stated in its annual report that profits had only risen 2% in the past year because of an equilibrium on the market between supply and demand.	Das Unternehmen stellte in seinem Jahresbericht fest, daß die Gewinne im vergangenen Jahr wegen eines Gleichgewichts auf dem Markt zwischen Angebot und Nachfrage nur um 2% gestiegen waren.
elasticity *n*	Elastizität
Our economics professor explained that the elasticity of demand is basically expressed by dividing the quantity of an item in demand by the percent of change in its price.	Unser Wirtschaftsprofessor erklärte, daß die Nachfrageelastizität im wesentlichen dadurch ausgedrückt wird, daß man die Menge eines nachgefragten Artikels durch die prozentuale Veränderung seines Preises dividiert.

inelastic *adj* If the demand for an item is inelastic, then a price increase will usually not effect the amount of the item sold.	unelastisch Wenn die Nachfrage nach einem Artikel unelastisch ist, wird eine Preiserhöhung normalerweise die von dem Artikel verkaufte Menge nicht beeinflussen.
factor mobility *n* Factor mobility expresses how easily factors of production (land, labor, capital) can be switched from one product to another.	Faktormobilität Faktormobilität drückt die Leichtigkeit aus, mit der Produktionsfaktoren (Land, Arbeit, Kapital) von einem Produkt auf ein anderes umgestellt werden können.
factors of production *npl*	Produktionsfaktoren

Wirtschaftliche Entwicklung

economic growth *n*	Wirtschaftswachstum
growth rate *n*	Wachstumsrate
boom *v, n*	florieren, Hochkonjunktur haben; Hochkonjunktur, Boom; Aufschwung
After the boom years of the mid-1960s, America's economy slumped into a recession in the early 1970s.	Nach den Hochkonjunkturjahren in der Mitte der 60er Jahre rutschte die amerikanische Wirtschaft in den frühen 70er Jahren in eine Rezession.
overheat *v* The economy began to overheat as production was unable to keep up with demand, causing rising prices and a growth in inflation.	überhitzen, zu heiß werden Die Volkswirtschaft war überhitzt und die Produktion konnte nicht mit der Nachfrage Schritt halten, wodurch ein Preisanstieg und ein Anwachsen der Inflationsrate verursacht wurde.
inflation *n*	Inflation
inflationary *adj* The Chancellor announced that he hoped to reduce inflationary pressure via strict control of the money supply.	Inflations-, inflationär Der Finanzminister teilte mit, daß er hoffe den Inflationsdruck mittels strikter Kontrolle der Geldmenge zu verringern.
via *prep*	mittels, über, per
slump *v, n*	fallen, stürzen, abnehmen; Konjunkturabschwung, Krise
Laissez-faire economists believe that the government should not interfere in the economy, not even during a slump.	Laisser-faire Wirtschaftsfachleute sind der Meinung, daß die Regierung nicht in die Wirtschaft eingreifen sollte, nicht einmal während eines Konjunkturabschwungs.

downturn *n* After three boom years, the economy is now in a downturn.	Rückgang, Abschwung Nach drei Jahren der Hochkonjunktur, befindet sich die Wirtschaft jetzt im Abschwung.
recession *n* We feel that these measures are necessary to help the country emerge from the present recession.	Rezession Wir meinen, daß diese Maßnahmen notwendig sind, um dem Land aus der jetzigen Rezession herauszuhelfen.
emerge *v*	hervortreten, herauskommen
depression *n* The economic boom in the US economy in the 1920s ended with the depression of the 1930s.	Depression Die Hochkonjunktur der amerikanischen Wirtschaft in den 20er Jahren endete mit einer Depression in den 30er Jahren.
cutback *n*	Kürzung, Rückgang
recovery *n*	Erholung, Wiederbelebung
real *adj* Employee real income has fallen steadily over the past seven years.	Real- Im Verlauf der vergangenen sieben Jahre ist das Realeinkommen der Arbeitnehmer stetig gesunken.
absolute *adj* It is difficult for new car manufacturers to enter the automobile market because existing manufacturers often have an absolute cost advantage.	absolut Für neue Automobilhersteller ist es schwierig, in den Automobilmarkt einzudringen, weil bereits präsente Hersteller oft einen absoluten Kostenvorteil haben.
below-average *adj*	unterdurchschnittlich
high-growth *adj* Many US companies want to gain access to high-growth Chinese markets.	mit hohem Wachstum Viele amerikanischen Unternehmen möchten zu den von hohem Wachstum gekennzeichneten chinesischen Märkten Zugang gewinnen.
recover *v* Economists agree that companies have generally recovered from the recent recession.	sich erholen Wirtschaftsexperten sind sich einig, daß sich die Unternehmen im allgemeinen von der jüngsten Rezession erholt haben.
slow *adj* Retailers are complaining of slow demand for electronic goods due to above-average prices in the wholesale sector.	langsam, schleppend Einzelhändler klagen über die schleppende Nachfrage nach elektronischen Waren, die sie auf überdurchschnittliche Preise im Großhandel zurückführen.
above-average *adj*	überdurchschnittlich

at market prices *phrase* US steel producers were not able to sell their products at market prices because of dumping practices of foreign competitors on the US market.	zu Marktpreisen Die amerikanischen Stahlproduzenten konnten ihre Produkte wegen der Dumpingpraktiken ausländischer Konkurrenten auf dem amerikanischen Markt nicht zu Marktpreisen verkaufen.
short-term *adj*	kurzfristig
in the short term *phrase;* **in the short run** *phrase* Company management knew that their decision to cut prices would result in lower profits in the short term.	auf kurze Sicht, kurzfristig Die Unternehmensleitung wußte, daß ihre Entscheidung, die Preise zu senken, kurzfristig geringere Gewinne zur Folge haben würde.
in the long term *phrase;* **in the long run** *phrase* However, they were convinced that their decision would lead to increased demand for their products in the long term.	auf lange Sicht, langfristig Sie war aber überzeugt, daß ihre Entscheidung langfristig zu einer gesteigerten Nachfrage nach ihren Produkten führen würde.
gross national product (GNP) *n*	Bruttosozialprodukt
gross domestic product (GDP) *n* Economists are predicting a robust 5% rise in US GDP for the coming year.	Bruttoinlandsprodukt Wirtschaftsfachleute sagen für das kommende Jahr eine massive 5%ige Steigerung des amerikanischen Bruttoinlandsprodukts voraus.
robust *adj*	robust, widerstandsfähig; massiv, stark
net national product (NNP) *n* Net national product is the same as national income, and shows how much money is available in the economy for expenditure on goods and services.	Nettosozialprodukt Das Nettosozialprodukt ist dasselbe wie das Volkseinkommen und zeigt wieviel Geld in einer Volkswirtschaft für Ausgaben für Waren und Dienstleistungen verfügbar ist.
flourish *v* US trade in wood and computer products has flourished in recent years.	blühen, gedeihen, florieren Der amerikanische Holzhandel und der amerikanische Handel mit Computerprodukten hat in den letzten Jahren floriert.
thriving *adj* London's thriving tourist trade suffered a setback last year.	gut gehend, florierend Das florierende Touristikgeschäft in London erlitt letztes Jahr einen Rückschlag.
sound *adj* Economists warned that the recovery in the fourth quarter was not as sound as one might think.	solide, sicher Wirtschaftsfachleute haben warnend darauf hingewiesen, daß die wirtschaftliche Erholung im vierten Quartal nicht so solide war, wie man denken könnte.

credit-led *adj*	kreditabhängig
shrink *v* The value of consumers' incomes shrank as inflation grew.	schrumpfen, rückläufig sein Bei steigender Inflation schrumpfte die Kaufkraft der Verbrauchereinkommen.
contract *v* As general business activity contracted during a downturn in the business cycle, many businesses slipped behind in making payments to their creditors.	schrumpfen Bei allgemein schrumpfender Geschäftstätigkeit während eines konjunkturzyklischen Abschwungs fielen viele Unternehmen mit ihren Zahlungen an ihre Gläubiger zurück.
slip behind *v*	zurückfallen
stagflation *n* A combination of high unemployment and inflation caused the economy to enter into a period of stagflation.	Stagflation *(Inflation bei gleichzeitigem wirtschaftlichem Stillstand)* Eine Verbindung von hoher Arbeitslosigkeit und Inflation führte dazu, daß die Wirtschaft in eine Periode der Stagflation eintrat.
aggregate *adj* The economic recovery in Europe has resulted in an aggregate increase in the demand for capital.	gesamt, gesamtwirtschaftlich Die wirtschaftliche Erholung in Europa hat zu einem gesamtwirtschaftlichen Nachfrageanstieg nach finanziellen Mitteln geführt.
national output *n* The national output and the national income are economic indicators that show how well the nation's economy is doing.	volkswirtschaftliche Gesamtproduktion Die volkswirtschaftliche Gesamtproduktion und das Volkseinkommen sind wirtschaftliche Indikatoren, die zeigen, wie erfolgreich eine Volkswirtschaft ist.
national income *n*	Volkseinkommen
value added *n* Value added is the difference between the total revenue of a firm and the cost of raw materials, services and components it uses in the production process.	Mehrwert Mehrwert ist der Unterschied zwischen den Gesamteinnahmen einer Firma und den Kosten für Rohstoffe, Dienstleistungen und Bauteile, die sie im Produktionsprozeß braucht.
natural resources *npl*	Rohstoff(quellen), Bodenschätze
human resources *npl*	Arbeitskräfte(potential)

Staat und Wirtschaft

Wirtschaftspolitik

nationalized *adj*
Nationalized industries are state-owned enterprises in the market sector of the economy.

verstaatlicht
Verstaatlichte Industrien sind staatseigene Unternehmungen, die auf dem Marktsektor der Volkswirtschaft tätig sind.

state-owned *adj*
staatseigen

nationalize *v*
verstaatlichen, nationalisieren

privatized *adj*
privatisiert

privatize *v*
Since 1981, the British government has privatized a number of its state-owned enterprises, including British Gas and the British Airports Authority.

privatisieren
Seit 1981 hat die britische Regierung eine Anzahl ihrer staatseigenen Unternehmen privatisiert, u.a. British Gas und die British Airports Authority.

privatization *n*
Privatisierung

Privatization Agency *n*
Privatisierungsbehörde *(vergleichbar der deutschen Treuhandanstalt)*

regulate *v*
The US government began regulating securities trading in the 1930s following the stock market crash of 1929.

regeln
Nach dem Börsenkrach von 1929 begann die Regierung der Vereinigten Staaten in den 30er Jahren damit, den Wertpapierhandel zu regeln.

deregulate *v*
deregulieren; liberalisieren; Kontrollmaßnahmen/Einschränkungen aufheben

The US banking industry was deregulated in the 1980s.

Das amerikanische Bankwesen wurde in den 80er Jahren liberalisiert.

interfere *v*
Many conservative politicians in the US believe that the government should not interfere in the country's health care system.

eingreifen, sich einmischen
Viele konservative Politiker in den USA sind der Meinung, daß sich die Regierung nicht in das Gesundheitsfürsorgesystem des Landes einmischen sollte.

intervene *v*
The government announced that it will intervene in the steel sector to stop the creation of monopolies.

intervenieren
Die Regierung gab bekannt, daß sie auf dem Stahlsektor intervenieren werde, um die Schaffung von Monopolen zu stoppen.

crowd out *v*
Monopolies are threatening to crowd out competition and drive up prices.

hinausdrängen, verdrängen
Monopole drohen den Wettbewerb zu verdrängen und die Preise in die Höhe zu treiben.

pressure group *n*	Interessengruppe, Interessenverband
A number of international environmental pressure groups are pressing for intervention by authorities to stop dumping of toxic wastes into the Atlantic Ocean.	Eine Anzahl internationaler Umweltgruppen drängen darauf, daß die Behörden eingreifen, um die Verklappung von giftigen Abfallstoffen im Atlantik zu unterbinden.
press for *v*	drängen
intervention *n*	Intervention, Eingreifen
lobby *v*	Einfluß nehmen (durch Lobby), beeinflussen (wollen)
A group of construction companies are lobbying in Washington DC for the federal government to approve 100 million dollars for infrastructure improvements.	Eine Gruppe von Bauunternehmen versucht, Washington dahingehend zu beeinflussen, daß die Bundesregierung der Bereitstellung von 100 Millionen Dollar für Maßnahmen zur Verbesserung der Infrastruktur zustimmt.
infrastructure *n*	Infrastruktur
framework *n*	Rahmenprogramm, grundlegende Struktur
The European Parliament is about to decide on a new framework for agricultural subsidies within the EU.	Das Europa-Parlament soll demnächst über ein neues Rahmenprogramm für landwirtschaftliche Subventionen innerhalb der EU entscheiden.
planning regulations *npl (GB)*; **zoning ordinances** *npl*	baurechtliche Vorschriften
land utilization *n*	Bodennutzung
Planning permission states the framework for land utilization and the types of buildings that may be built on it.	Die Baugenehmigung gibt die Bodennutzungsstruktur und die Bebauungstypen vor.
planning permission *n (GB)*; **zoning permission** *n (US)*	Baugenehmigung, baupolizeiliche Genehmigung
Treasury *n (GB)*; **Department of the Treasury** *n (US)*	Schatzamt; Finanzministerium
The Department of the Treasury recommends economic, financial, tax and fiscal policies and manufactures currency and coins.	Das Finanzministerium gibt wirtschafts-, finanz- und steuerpolitische Empfehlungen und stellt Währungen und Münzen her.
Department of Employment *n (GB)*; **Department of Labor** *n (US)*	Arbeitsministerium
Tim left his position with the Department of Labor in Washington.	Tim gab seine Stelle beim Arbeitsministerium in Washington auf.
Department of Transport *n (GB)*; **Department of Transportation** *n (US)*	Verkehrsministerium
The Department of Transportation administers highway planning and the safety of waterways, ports and oil and gas pipelines.	Das Verkehrsministerium ist verwaltungstechnisch für die Fernstraßenplanung und die Sicherheit von Wasserstraßen, Häfen, Öl- und Gasfernleitungen zuständig.

administer *v*	verwalten
Department of the Environment *n (GB);* **Environmental Protection Agency (EPA)** *n (US)*	Umweltministerium
Department of Trade and Industry (DTI) *n (GB);* **Department of Commerce** *n (US)*	Handelsministerium
local government *n*	Kommunalverwaltung, Gemeindeverwaltung
The three levels of government in the US are local government, which includes city and county governments, state government for all of the 50 states, and the federal government in Washington DC.	Die drei Regierungsebenen in den Vereinigten Staaten sind die Kommunalverwaltung, die Stadt- und Countyverwaltungen umfassen, die Staatsregierungen für alle 50 Staaten und die Bundesregierung in Washington D.C.
local authority *n*	städtische Behörde; Stadt- und Kreisverwaltung
In the UK, local authorities are in charge of granting planning permission.	Im Vereinigten Königreich sind die Stadtverwaltungen für die Erteilung von Baugenehmigungen zuständig.
Civil Aviation Authority *n (GB);* **Federal Aviation Administration (FAA)** *n (US)*	Bundesluftfahrtbehörde
The FAA sent a team of investigators to the crash site to determine the cause of the airplane accident.	Die Bundesluftfahrtbehörde hat ein Team von Untersuchungsbeamten an die Absturzstelle geschickt, um die Ursache des Flugzeugunglücks feststellen zu lassen.
investigator *n*	Untersuchungsbeamter, Untersuchungsbeamtin
British Ports Authority *n (GB)*	Britische Hafenbehörde
British Rail *n*	Britische Bahn(gesellschaft)
Office of Fair Trading *n (GB);* **Better Business Bureau** *n (US)*	Amt für Verbraucherschutz; Wettbewerbsaufsichtsbehörde
In the US, the Better Business Bureau investigates dubious commercial trading practices.	In den Vereinigten Staaten untersucht die Wettbewerbsaufsichtsbehörde zweifelhafte Geschäftspraktiken im Handel.
dubious *adj*	zweifelhaft
Monopolies and Mergers Commission *n (GB);* **Federal Trade Commission** *n (US)*	Kartellamt
The main function of the Federal Trade Commission is to promote free and fair competition in interstate commerce and to enforce antitrust legislation that forbids unfair competition, e.g., price-fixing agreements, illegal combinations of competitors, false advertising, etc.	Die Hauptaufgabe des Kartellamts besteht in der Förderung des freien und lauteren Wettbewerbs im zwischenstaatlichen Handel und in der Durchsetzung der Kartellgesetzgebung, die unlauteren Wettbewerb, z.B. Preisabsprachen, illegale Kartelle, irreführende Werbung, etc. verbietet.

antitrust *adj*	gegen Kartellbildung
interstate commerce *n*	zwischenstaatlicher Handel
anti-trust legislation *n*	Kartellgesetzgebung
Business Statistics Office *n (GB);* **Bureau of the Census** *n (US)*	Statistisches Amt
The Bureau of the Census collects and publishes statistical data about the people and economy of the United States.	Das Statistische Amt sammelt und veröffentlicht statistische Daten über die Menschen und die Wirtschaft der Vereinigten Staaten.
publish *v*	veröffentlichen
Central Office of Information *n (GB)*	Zentrales Presseamt
The Central Office of Information distributes press releases to overseas media about British achievements and is a useful source of information for export firms in the UK.	Das Zentrale Presseamt gibt Pressemitteilungen über britische Leistungen an überseeische Medien und ist eine nützliche Informationsquelle für Exportfirmen im Vereinigten Königreich.
achievement *n*	Leistung; Errungenschaft
US Information Agency *n (US)*	US-Informationsbüro
The US Information Agency sponsors overseas broadcasting programs, cultural programs, and educational events about the USA.	Das US-Informationsbüro unterstützt überseeische Rundfunk- und Fernsehprogramme, Kulturprogramme und Bildungsveranstaltungen über die USA.
Her Majesty's Stationery Office (HMSO) *n (GB);* **The United States Printing Office** *n (US)*	Staatsdruckerei und -verlag
The US Printing office prints all of the publications of US government agencies.	Die amerikanische Staatsdruckerei druckt alle Veröffentlichungen von amerikanischen Regierungsstellen.
publication *n*	Veröffentlichung
Queen's Award *n (GB)*	*im Namen der Königin verliehener Preis für wirtschaftliche Leistungen*

Geldpolitik

squeeze *n*	Druck
The Federal Reserve announced plans to put a squeeze on the money supply in order to slow inflation.	Die Bundesaufsicht der US-Banken hat Pläne angekündigt, Druck auf die Geldmenge auszuüben, um die Inflation zu senken.
money supply *n*	Geldmenge, Geldangebot

monetarism *n* Monetarism basically supports the theory, held by monetarists, that a country's economy can be managed by controlling the money supply.	Monetarismus Im wesentlichen unterstützt der Monetarismus die von Monetaristen unterstützte Theorie, daß die Volkswirtschaft eines Landes durch die Kontrolle der Geldmenge gesteuert werden kann.
monetarist *n*	Monetarist(in)
supply-side *adj* Tax cuts were one of the supply-side economic measures used by the Reagan administration to improve the performance of the US economy.	angebotsseitig Steuersenkungen waren eine der angebotsseitigen Wirtschaftsmaßnahmen, die von der Regierung Reagan ergriffen wurden, um die Leistungsfähigkeit der amerikanischen Wirtschaft zu steigern.
demand management *n* Demand management uses fiscal and monetary policies to try and stimulate aggregate demand in an economy.	globale Nachfragesteuerung, Globalsteuerung Die globale Nachfragesteuerung bedient sich der Finanz- und Geldpolitik um zu versuchen, die Gesamtnachfrage in einer Volkswirtschaft zu beleben.
aggregate demand *n* Aggregate demand is the sum total of consumer spending, investments in capital goods and exports of goods and services.	Gesamtnachfrage Die Gesamtnachfrage ist die Gesamtsumme der Verbraucherausgaben, der Investitionen in Anlagegüter und der Exporte von Waren und Dienstleistungen.
Keynesian *adj* One of the theories of Keynesian economics is that a nation can manipulate its economy through deficit spending.	auf Keynes zurückgehend Eine der Theorien aus der Volkswirtschaftslehre von Keynes besagt, daß ein Land seine Wirtschaft durch Defizitfinanzierung manipulieren kann.
monetization *n* The US government decided to implement monetization and convert part of the national debt into debt instruments.	Monetisierung Die amerikanische Regierung beschloß, die Monetisierung zu vollziehen, und einen Teil der Staatsschuld in Schuldeninstrumente umzuwandeln.
dear money *n* The government decided to use a dear money policy to keep interest rates up and to restrict money supply.	teures Geld, knappes Geld Die Regierung entschied sich für eine Politik des knappen Geldes, um die Zinsen hoch zu halten und die Geldmenge zu beschränken.
restrict *v*	beschränken, einengen, limitieren
tight money *n* The Federal Reserve's tight money policy caused interest rates to rise.	knappes Geld Die Geldverknappungspolitik der Bundesaufsicht der US-Banken führte zu einer Zinserhöhung.

cheap money *n* The economy began to boom as banks began to make cheap money available.	billiges Geld Als die Banken anfingen, billiges Geld verfügbar zu machen, begann auch der wirtschaftliche Aufschwung.
minimum reserve (requirement) *n* Each bank in the UK is required to fulfill a minimum reserve requirement with the Bank of England.	Mindestreserve Im Vereinigten Königreich hat jede Bank eine Mindestreserve bei der Bank of England zu halten.
reserve-asset ratio *n* In the UK, the reserve-asset ratio was abolished in 1981 as a means of credit control of banks.	Mindestreservesatz Der Mindestreservesatz als Mittel zur Kreditkontrolle der Banken wurde 1981 im Vereinigten Königreich abgeschafft.

Haushalt

budget *n* The US congress is presently debating how it can balance the federal budget by the year 2005. The Chancellor of the Exchequer usually presents the Budget in March or April.	Haushalt; Haushaltsplan Der amerikanische Kongreß debattiert zur Zeit, wie er den Bundeshaushalt bis zum Jahr 2005 ausgleichen kann. Der Schatzkanzler legt normalerweise seinen Haushaltsplan im März oder April vor.
balance *v*	ausgleichen
draft budget *n*	Haushaltsentwurf
balanced budget *n*	Ausgleich des Staatshaushalts, ausgeglichener Haushalt
budgetary *adj* In his speech, the Chancellor announced a series of budgetary economies.	Haushalts-, Budget- In seiner Rede gab der Schatzkanzler eine Reihe von Budgeteinsparungen bekannt.
stimulate *v* Some Keynesian economists are forecasting that the government will have to stimulate the economy by easing taxes and increasing government expenditure.	beleben Einige Wirtschaftsfachleute, die die Lehre von Keynes vertreten, sagen voraus, daß die Regierung, um die Wirtschaft zu beleben, die Steuern senken und die Staatsausgaben erhöhen müssen wird.
ease *v, n*	erleichtern; nachlassen, schwächer werden; Leichtigkeit
tax cut *n* In his budget speech, the Chancellor promised tax cuts for the poor.	Steuerkürzung In seiner Haushaltsrede versprach der Schatzkanzler Steuerkürzungen für die Armen.

limit *v*	begrenzen, beschränken
The government is hoping to limit welfare expenditure to 15% of GDP.	Die Regierung hofft, Sozialausgaben auf 15% des Bruttoinlandsprodukts zu begrenzen.
expenditure *n*	Ausgaben, Aufwendungen
print *v*	drucken
The government's decision to print more money was an inflationary measure.	Die Entscheidung der Regierung, mehr Geld zu drucken, war eine inflationäre Maßnahme.
cut *n*	Kürzung
Conservative politicians are calling for a series of cuts in government welfare programs.	Konservative Politiker fordern eine Reihe von Kürzungen in den staatlichen Wohlfahrtsprogrammen.
economy *n*	Sparsamkeit, Sparmaßnahme, Einsparung
Some liberals believe that there is no need for the government to practice economy in public spending.	Einige Liberale sind der Meinung, es sei nicht nötig, daß die Regierung bei öffentlichen Ausgaben Sparsamkeit praktiziere.
curb *v*	dämpfen
The government announced a plan to curb public spending and public borrowing as a means of reducing the nation's budget deficit.	Die Regierung kündigte einen Plan zur Dämpfung öffentlicher Ausgaben und staatlicher Kreditaufnahme als Mittel, das Haushaltsdefizit der Nation zu verringern, an.
public spending *n*	öffentliche Ausgaben
borrowing *n*	Kreditaufnahme
budget deficit *n*	Haushaltsdefizit
run *v*	unterhalten, betreiben, fahren, laufen
The president said in a speech at a Chamber of Commerce convention that the nation could no longer afford to run a high deficit.	Der Präsident sagte in einer Rede vor einer Versammlung der Handelskammer, daß es sich die Nation nicht länger leisten könne, mit hohem Defizit zu wirtschaften.
squeeze *v*	drücken
Steep competition in credit markets has squeezed bank interest rates.	Der heftige Wettbewerb auf den Kreditmärkten hat die Kreditzinsen bei Banken gedrückt.
freeze *v*	einfrieren
The government's attempt to freeze wages and prices failed.	Der Versuch der Regierung, Löhne und Preise einzufrieren, schlug fehl.
deflate *v*	Währungsinflation beseitigen, deflationieren
Central banks can use IMF special drawing rights to avoid having to deflate their currency to meet deficits in their balance of payments.	Zentralbanken können Sonderziehungsrechte des Internationalen Währungsfonds nutzen, damit sie nicht, um das Defizit ihrer Zahlungsbilanz auszugleichen, ihre Währung deflationieren müssen.

Chancellor of the Exchequer *n (GB)*; **Secretary of the Treasury** *n (US)*	Finanzminister(in); Schatzkanzler(in)
fine-tune *v*	feinabstimmen
debt service *n* The US government allocates a large portion of its receipts to debt service for the national debt.	Schuldendienst Die Regierung der Vereinigten Staaten weist einen großen Teil ihrer Einkünfte dem Schuldendienst für die Staatsschuld zu.
national debt *n*	Staatsschuld
live beyond one's means *v*	über seine Verhältnisse leben
austerity program(me) *n*	Sparprogramm (der öffentlichen Hand)
public sector deficit *n*	Staatsdefizit, Defizit der öffentlichen Hand
public sector borrowing requirement (PSBR) *n (GB)* The new government's main objective was to limit the PSBR.	Kreditbedarf der öffentlichen Hand Das Hauptziel der neuen Regierung war, den Kreditbedarf der öffentlichen Hand zu begrenzen.
incomes policy *n (GB)* An incomes policy, which is a means of restraining wages, is sometimes used by countries as a measure against inflation.	Einkommenspolitik Manchmal wird von den Staaten eine Einkommenspolitik, die ein Mittel zur Lohnbeschränkung ist, betrieben, um gegen die Inflation vorzugehen.

Finanzielle Unterstützung der Wirtschaft

grant *n* Purdue University received a grant from the EPA to study ways of disposing of toxic waste.	Zuschuß; Fördermittel Die Universität von Purdue erhielt vom Umweltschutzministerium einen Zuschuß zur Erforschung von Möglichkeiten zur Giftmüllentsorgung.
funding *n* Ninety percent of spending for highway construction in the US comes from federal, state and local funding.	Finanzierung; Finanzausstattung Neunzig Prozent der Ausgaben für den Fernstraßenbau kommen in den USA aus der Finanzierung mit Bundes-, Staats- und Kommunalmitteln.
government-funded *adj*	mit staatlichen Mitteln finanziert
sponsor *v* The Department of Labor is sponsoring a study that will investigate the effects of long-term unemployment, with funds for the study coming directly from the department.	fördern, unterstützen, finanzieren Das Arbeitsministerium finanziert eine Untersuchung, die die Wirkung von Langzeitarbeitslosigkeit erforscht, wobei die Mittel für die Untersuchung direkt vom Ministerium kommen.

funds *npl*	Mittel
incentive *n*	Anreiz
The government is offering tax exemptions as incentives to businesses willing to locate in depressed areas or inner cities.	Die Regierung bietet Steuerbefreiung als Anreiz für Unternehmen, die bereit sind, sich in strukturschwachen Gebieten oder Innenstädten niederzulassen.
locate *v*	sich niederlassen, ansiedeln
depressed area *n*	strukturschwaches Gebiet
inner city *n*	Innenstadt
subsidize *v*	subventionieren
The government announced that it would no longer subsidize the steel and coal industries.	Die Regierung gab bekannt, daß sie die Stahl- und Kohleindustrie nicht mehr weiter subventionieren werde.
attract *v*	anziehen
Offers of tax incentives and subsidies have failed to attract investors to locate in high crime areas.	Steueranreize und Subventionsangebote haben es nicht vermocht, Investoren die Ansiedlung in Gebieten mit hoher Kriminalität schmackhaft zu machen.
weaken *v*	schwächen
The decision of the Federal Reserve to raise interest rates weakened stock prices in New York, causing the market to decline.	Die Entscheidung der Bundesaufsicht der US-Banken, die Zinssätze zu erhöhen, hat die Preise für Wertpapiere in New York geschwächt, was zu einem nachlassenden Börsengeschäft führte.
scheme *n (GB)*; **plan** *n (US)*	Plan, Programm
The European Investment Bank has devised a plan for financing projects in underdeveloped areas of the EU in order to alleviate high unemployment in those areas.	Die Europäische Investitionsbank hat einen Plan zur Finanzierung von Projekten in unterentwickelten Regionen der EU entwickelt, um die hohe Arbeitslosigkeit in diesen Regionen zu verringern.
alleviate *v*	mildern, verringern
relaxation *n*	Lockerung
Monetarists in the government are calling for a relaxation of monetary controls in order to stimulate the economy.	Die Monetaristen in der Regierung fordern eine Lockerung der Restriktionen der Geldmenge, um die Wirtschaft zu fördern.
trade association *n*	Unternehmerverband; Gewerbeverband; Wirtschaftsvereinigung
Many trade associations and the Chamber of Commerce support the government's latest scheme to allocate 50 million pounds for vocational training program.	Viele Wirtschaftsvereinigungen und die Handelskammer unterstützen den neuesten Plan der Regierung, 50 Millionen Pfund für ein Berufsausbildungsprogramm bereitzustellen.
Chamber of Commerce *n*	Handelskammer

inducement *n* The British government announced that it would offer a series of inducements to companies willing to establish business in Northern Ireland.	Anreiz Die britische Regierung hat bekanntgegeben, sie werde Unternehmen, die bereit sind, eine Firma in Nordirland zu gründen, eine Reihe von Anreizen bieten.
investment grant *n* Pennyweather Ltd received an investment grant for locating a plant in a development zone.	Investitionszulage Die Pennyweather Ltd erhielt eine Investitionszulage für die Ansiedlung eines Werkes in einem Förderungsgebiet.
development zone *n*	besonders förderungsbedürftiges Gebiete
innovation grant *n*	Innovationszuschuß
assisted area *n* Under the Industrial Development Act of 1982, the British Government is authorized to give grants for investments in assisted areas.	förderungsbedürftiges Gebiet Gemäß dem Industrieentwicklungsgesetz von 1982 ist die britische Regierung berechtigt, Zuschüsse an förderungsbedürftige Gebiete zu vergeben.
National Economic Development Council (NEDC) *n (GB)* The National Economic Development Council, which is headed by the Chancellor of the Exchequer, investigates problems in specific industries and service sectors.	Nationaler Wirtschaftsentwicklungsrat Der Nationale Wirtschaftsentwicklungsrat, dessen Vorsitzender der Schatzkanzler ist, untersucht Probleme in besonderen Industrie- und Dienstleistungssektoren.
Training Agency *n (GB)*	*staatlich unterstützte Ausbildungsbehörde*

Umwelt und Wirtschaft 25

Umweltprobleme

pollution *n* — Verschmutzung

The Chemical Manufacturers Association will discuss the problem of reducing air pollution and environmental damage, caused by fumes and emissions from chemical plants, at its conference in May.

Der Verband der Chemieindustrie wird auf seiner Konferenz im Mai über das Problem der Verringerung von Luftverschmutzung und Umweltzerstörung diskutieren, welche durch Abgase und Emissionen von Chemiefabriken hervorgerufen werden.

environmental *adj* — Umwelt-

fumes *npl* — Abgase

emission *n* — Emission, Ausstoß

exhaust *n* — Auspuffabgase

The exhaust from automobiles pollutes the air and causes smog under certain weather conditions.

Die Autoabgase verschmutzen die Luft und verursachen bei bestimmten Wetterbedingungen Smog.

pollute *v* — verschmutzen

smog *n* — Smog

dumping *n* — Abladen von Schutt; Einleiten/Ableiten flüssiger Schadstoffe; Abschütten

Two fertilizer plants located on the Mississippi river were closed by the Environmental Protection Agency for dumping sewage into the river.

Zwei am Mississippi gelegene Düngemittelfabriken wurden von der Umweltschutzbehörde geschlossen, weil sie Abwässer in den Fluß leiteten.

sewage *n* — Abwässer

waste *n* — Abfall, Müll

The captain of the "MS Portsmouth" was arrested by the police for dumping toxic waste into Boston Harbor.

Der Kapitän der "MS Portsmouth" wurde verhaftet, weil er Giftmüll in den Hafen von Boston geschüttet hatte.

toxic *adj* — Gift-, giftig

household waste *n* — Hausmüll

refuse *n;* **garbage** *n (US)* — Abfall, Müll

overconsumption *n* — zu starker Verbrauch

In the early 1970s the US government reduced the maximum speed limit on all highways from 70 to 55 mph to cut overconsumption of fuel.

In den frühen 70er Jahren hat die amerikanische Regierung die Höchstgeschwindigkeit auf den Landstraßen von 70 auf 55 Meilen pro Stunde gesenkt, um den zu hohen Treibstoffverbrauch zu reduzieren.

hazardous *adj* A group of 20 employees sued their former employer, the Burdock Chemical Co., for illnesses which they got from working with hazardous materials that were harmful to their health.	gefährlich Eine Gruppe von 20 Beschäftigten verklagte ihren früheren Arbeitgeber, die Burdock Chemical Co., wegen Krankheiten, die sie durch die Arbeit mit gesundheitsschädlichen Materialien bekommen hatten.
harmful *adj*	schädlich
contamination *n* Con-Edison utility company claimed radioactive contamination of water and the countryside was minimal after an accident at its Three Mile Island power plant in 1979.	Vergiftung; Verseuchung; Verschmutzung Das Versorgungsunternehmen Con-Edison behauptete, die radioaktive Verseuchung des Wassers und der Landschaft nach dem Unfall in ihrem Kraftwerk Three Mile Island 1979 sei minimal gewesen.
pollutant *n*	Schadstoff
effluent *n* The Mason Wire Co. has installed new equipment that will purify effluents from its manufacturing process before they are discharged into the Ohio River.	Abwasser Die Mason Wire Co. hat eine neue Anlage eingebaut, die die Abwässer aus dem Herstellungsprozeß reinigt, bevor sie in den Ohio-Fluß eingeleitet werden.
purify *v*	reinigen
discharge *v*	einleiten
run-off *n (GB)*; **runoff** *n (US)* Experts discovered that the runoff from farmers' fields, which contained large amounts of fertilizer, was killing the fish in Sylvan Lake.	Wasserabfluß Experten fanden heraus, daß der Wasserabfluß von landwirtschaftlich genutzten Feldern, welcher große Mengen von Dünger enthielt, die Fische im Sylvansee tötete.
flush *v* Flushing sewage directly into a river or lake can cause depletion of the oxygen content, causing fish and other life in the river to die.	spülen Wenn Abwässer direkt in einen Fluß oder See gespült werden, kann das zur Verringerung des Sauerstoffgehaltes führen, was in dem Fluß ein Fischsterben oder ein Absterben anderer Lebensformen verursacht.
unsustainable *adj* Many environmentalists are warning that unsustainable use of fossil fuels will cause global warming.	unhaltbar, nicht aufrecht zu erhalten Viele Umweltschützer warnen davor, daß der auf Dauer nicht aufrechtzuerhaltende Gebrauch fossiler Brennstoffe zur Erwärmung der Erdatmosphäre führt.

non-degradable *adj* The purpose of the new deposit law is to get consumers to bring back non-degradable packaging, such as plastic, to the store so that food manufacturers can recycle it.	unzersetzbar, nicht abbaubar Der Zweck des neuen Abfallgesetzes ist es, die Verbraucher dazu zu bewegen, nicht abbaubare Verpackungen wie z.B. Plastik, in das Geschäft zurückzubringen, so daß die Lebensmittelhersteller sie wiederverwerten können.
greenhouse gas *n* Carbon dioxide and some CFCs are common greenhouse gasses that cause global warming.	Treibhausgas Kohlendioxid und einige Fluorchlorkohlenwasserstoffe sind gewöhnliche Treibhausgase, die die Erwärmung der Erdatmosphäre verursachen.
CFC *n*	FCKW *(Fluorchlorkohlenwasserstoff)*
global warming *n*	Erwärmung der Erdatmosphäre
ozone depletion *n* Ozone depletion is mainly caused by CFCs in the earth's atmosphere.	Verringerung/Schädigung der Ozonschicht Die Schädigung der Ozonschicht wird hauptsächlich durch FCKWs in der Erdatmosphäre verursacht.

Umweltschutz

protection *n* Protection of natural resources, which include water, forests, soil, etc., is one of the main purposes of conservation laws and guidelines in the US.	Schutz Der Schutz natürlicher Rohstoffe, zu denen Wasser, Wälder, Boden etc. gehören, ist ein Hauptzweck der Umweltschutzgesetze und Richtlinien in den USA.
conservation law *n*	Umweltschutzgesetz
conservation *n*	Umweltschutz
ecological *adj* Many environmentalists warn that the earth's ecological balance is being threatened by the deforestation in South American rain forests.	ökologisch Viele Umweltschützer warnen davor, daß das ökologische Gleichgewicht der Erde durch die Abholzung in den südamerikanischen Regenwäldern bedroht wird.
environmentalist *n*	Umweltschützer(in)
clean *adj* Hydropower is generally considered a clean and environment-friendly way of producing electricity as compared with the use of fossil fuels in power plants.	sauber Wasserkraft wird im allgemeinen im Vergleich zum Verbrauch fossiler Brennstoffe in Kraftwerken als eine saubere und umweltfreundliche Methode zur Stromerzeugung angesehen.

green label *n*	Umweltetikett, Umweltplakette, blauer Engel
The Kelvinator Refrigerator Co. places a green label on all of its products to show that they are environment-friendly and contain no CFCs.	Die Kelvinator Refrigerator Co. versieht alle ihre Produkte mit einem Umweltetikett, um zu zeigen, daß sie umweltfreundlich sind und keine FCKWs enthalten.
green product *n*	Produkt aus biologischem Anbau, Naturprodukt
treatment *n*	Behandlung
Most cities in the US own their own water treatment plants, however, some cities have sold their treatment plants to private corporations.	Die meisten amerikanischen Städte sind Eigentümer ihrer Wasserwerke, jedoch haben einige Städte ihre Wasserwerke an Privatunternehmen verkauft.
content *n*	Gehalt
Every day, our newspaper publishes information about the ozone content of the air.	Unsere Zeitung veröffentlicht jeden Tag Informationen über den Ozongehalt in der Luft.
energy-saving *adj*	energiesparend
switch to *v*	übergehen zu, umschalten auf
Shouldn't we switch to energy-saving technology?	Sollten wir nicht zu energiesparender Technologie übergehen?
environmental impact assessment *n (GB)*; **environmental impact statements** *n (US)*	Unterlagen über Umweltauswirkungen
unleaded *adj*	bleifrei, unverbleit
non-polluting *adj*	umweltfreundlich
The great advantage of our solar-powered heating system is that it is non-polluting.	Der große Vorteil unserer solarbetriebenen Heizanlage ist, daß sie umweltfreundlich ist.
environmentally sound *adj*	nicht umweltschädlich, umweltverträglich
Our new car plant uses only environmentally sound paints.	Unser neues Autowerk benutzt nur umweltverträgliche Lacke.
biodegradable *adj*	biologisch abbaubar
ecosystem *n*	Ökosystem
Tropical rain forests are among the most productive ecosystems on the earth.	Tropische Regenwälder gehören zu den produktivsten Ökosystemen der Erde.
sustainable *adj*	haltbar, aufrechtzuerhaltend, stetig, stabil, dauerhaft
If mankind is to survive, we need a strategy for sustainable living.	Wenn die Menschheit überleben soll, ist eine Strategie für eine dauerhafte Existenz nötig.

Abfallwirtschaft

waste management *n* The city's new waste management project includes recycling guidelines for household and industrial waste disposal.	Abfallwirtschaft Das neue Abfallwirtschaftsprojekt der Stadt beinhaltet Wiederverwertungsrichtlinien für die private und gewerbliche Abfallentsorgung.
waste disposal *n*	Abfallentsorgung, Müllbeseitigung
waste reduction *n*	Abfallverringerung
bottle bank *n (GB)*; **bottle return** *n (US)* Many grocery stores in the US have a bottle return where you can take back old bottles for them to be recycled.	Altglassammelstelle Viele Lebensmittelgeschäfte in den USA haben eine Altglassammelstelle, wo man alte Flaschen zur Wiederverwertung zurückgeben kann.
recycle *v*	wiederverwerten
deposit *n* Evironmentalists are demanding that the government imposes deposits on all kinds of packaging.	Pfand Umweltschützer fordern, daß die Regierung Verpackung aller Art mit Pfand belegt.
recyclable *adj*	wiederverwertbar
reusable *adj* We sell our shampoo in reusable bottles.	wiederverwendbar Wir verkaufen unser Shampoo in wiederverwendbaren Flaschen.
multiple-use *adj* The Casey Paper Mill has developed a multiple-use, recyclable paper that can be reused several times.	Mehrfach-, mehrfachverwendbar Die Papierfabrik Casey hat ein wiederverwendbares, wiederverwertbares Papier entwickelt, das mehrfach benutzt werden kann.
reuse *v*	wiederverwenden, wieder benutzen
returnable *adj* Some milk producers in the US have again started using returnable and refillable glass milk bottles.	Mehrweg- Einige Milchproduzenten in den USA sind zur Verwendung von nachfüllbaren Mehrwegmilchflaschen aus Glas zurückgekehrt.
refillable *adj*	nachfüllbar
reclaim *v* The cost of reclaiming old industrial landfills for agricultural or residential use is quite high because of the time and special equipment required to extract toxic substances from the earth.	rekultivieren Die Kosten der Rekultivierung alter Industriemülldeponien für die landwirtschaftliche Nutzung oder die Nutzung als Wohngebiet sind wegen der Zeit und der Spezialausrüstung, die benötigt werden, um dem Boden die Giftstoffe zu entziehen, recht hoch.
extract *v*	entziehen

waste minimization *n*	Abfallminimierung
landfill *n*	Deponie
energy efficiency *n* After the oil crisis of 1973/74, American automobile manufacturers began improving the energy efficiency of their cars.	sparsamer Energieverbrauch Nach der Ölkrise von 1973/74 begannen amerikanische Automobilhersteller damit, Autos mit sparsamerem Energieverbrauch zu bauen.
incinerator *n* Local people were worried about the state's plans to build a new waste incinerator next to the school.	(Abfall)verbrennungsofen Die Menschen am Ort machten sich Sorgen über die staatlichen Pläne, neben der Schule eine neue Müllverbrennungsanlage zu bauen.
incinerate *v*	verbrennen
energy tax *n* Critics pointed out that instead of the energy tax promised in the US elections there had only been a disappointingly low levy on gasoline.	Energiesteuer Kritiker wiesen darauf hin, daß anstatt der in den US-Wahlen versprochenen Energiesteuer nur eine enttäuschend geringfügige Energieabgabe auf Benzin erhoben wurde.
packaging tax *n*	Verpackungssteuer
virgin materials tax *n*	Rohstoffsteuer
polluter-pays-principle *n* The polluter-pays-principle encourages the reduction in the amount of hazardous and toxic substances in the environment and imposes economic hardship on those who continue to pollute the environment.	Verursacherprinzip Das Verursacherprinzip fördert die Verringerung der Gefahrgut- und Giftmengen in der Umwelt und übt wirtschaftlichen Druck auf diejenigen aus, die weiterhin die Umwelt verschmutzen.

Weltwirtschaftsbeziehungen 26

Handelsbeziehungen

international trade relations *npl*	Weltwirtschaftsbeziehungen
international economic order *n*	Weltwirtschaftsordnung
diverse *adj*	vielfältig, verschieden
The World Bank provides loans and technical assistance to less developed countries for diverse projects, such as road building, schools and hospitals.	Die Weltbank gibt Entwicklungsländern Kredite und technische Hilfe für verschiedene Projekte wie beispielsweise Straßenbau, Schulen und Krankenhäuser.
favo(u)rable *adj*	günstig, vorteilhaft
terms of trade *npl*	Handelsbedingungen; Terms of Trade
unfavo(u)rable *adj*	ungünstig, unvorteilhaft, negativ
Some conservative politicians in the US believe that the unfavorable balance of trade deficit with Japan could lead to a trade war with the Japanese.	Einige konservative Politiker in den Vereinigten Staaten glauben, daß das negative Handelsbilanzdefizit mit Japan zu einem Handelskrieg mit den Japanern führen könnte.
trade war *n*	Handelskrieg
free trade *n*	Freihandel
liberalize *v*	liberalisieren
One of the main purposes of the EU's Single Market policy is to liberalize trade between EU member states.	Es ist ein Hauptzweck der europäischen Binnenmarktpolitik, den Handel zwischen Mitgliedstaaten der EU zu liberalisieren.
impose *v*	auferlegen; errichten
Governments sometimes try to impose trade barriers, such as high tariffs or rigid quotas on imports, to protect their own national economies and to give preferential treatment to domestic producers.	Regierungen versuchen manchmal, Handelsschranken zu errichten wie beispielsweise hohe Zolltarife oder starre Einfuhrquoten, um ihre nationalen Volkswirtschaften zu schützen und um inländische Hersteller zu begünstigen.
trade barrier *n*	Handelsschranke, Handelshemmnis
tariff *n*	Zolltarif, Zoll
rigid *adj*	starr, fest
quota *n*	Quote, Kontingent
preferential *adj*	Vorzugs-, bevorzugt, präferenzbegünstigt, Präferenz-
deny *v*	verweigern
A common complaint of American manufacturers and exporters is that Japan is denying them access to its domestic markets.	Es ist eine verbreitete Beschwerde amerikanischer Hersteller und Exporteure, daß Japan ihnen den Zugang zu seinem Inlandsmarkt verweigere.

prohibit *v*	verbieten, untersagen
boycott *v, n* The farm laborers' union in southern California appealed to US consumers to boycott lettuce grown in that state due to unfair working conditions.	boykottieren; Boykott Die Landarbeitergewerkschaft in Südkalifornien appellierte an die amerikanischen Verbraucher, den in diesem Staat angebauten Salat aufgrund unfairer Arbeitsbedingungen zu boykottieren.
unfair *adj*	unfair
soar *v* Politicians opposed to protectionism claim that the use of trade barriers to protect domestic producers will only cause prices to soar because of lack of competition.	steil/schnell ansteigen, in die Höhe schnellen Politiker, die gegen Protektionismus sind, behaupten, daß das Errichten von Handelsschranken zum Schutz inländischer Produzenten wegen mangelnden Wettbewerbs nur einen schnellen Preisanstieg hervorrufen werde.
subsidy *n*	Subvention
protectionism *n* Protectionism, which usually involves imposing tariffs or quotas, is sometimes used by governments to protect infant industries.	Protektionismus Protektionismus, bei dem es in der Regel um die Auferlegung von Zöllen oder Quoten geht, wird manchmal von Regierungen zum Schutz noch junger Industriezweige betrieben.
low-wage country *n* Government trade officials announced that companies that move their production to low-wage countries would no longer receive subsidies.	Niedriglohnland, Billiglohnland Handelsbeamte der Regierung gaben bekannt, daß Unternehmen, die ihre Produktion in Billiglohnländer verlegen, keine Subventionen mehr erhalten würden.
Generalized System of Preferences (GSP) *n* Under the generalized system of preferences, third world countries can qualify for reduced tariffs or the elimination of tariffs on goods that they export to the United States.	Allgemeines Präferenzzollsystem Gemäß dem Allgemeinen Präferenzzollsystem können Länder der dritten Welt auf niedrigere Zölle oder auf die Aufhebung von Zöllen auf Waren, die sie in die Vereinigten Staaten exportieren, Anspruch haben.
Most Favo(u)red Nation (MFN) *n* A most favored nation generally receives preferential tariff and quota terms for trade with the country granting it most favored nation status.	Staat mit Meistbegünstigung Ein meistbegünstigter Staat erhält im allgemeinen Zollpräferenz und bevorzugte Kontingente für den Handel mit dem Land, das den Meistbegünstigungsstatus gewährt.

voluntary export restraint (VER) *n*	freiwillige Exportbeschränkung
non-tariff trade barrier *n* Non-tariff trade barriers, such as safety regulations, legal requirements or red tape at customs, are sometimes used to restrain imports.	nichttarifäres Handelshemmnis Nichttarifäre Handelshemmnisse, wie beispielsweise Sicherheitsbestimmungen, Rechtsvorschriften oder der Papierkrieg beim Zoll, werden manchmal eingesetzt, um Importe zu behindern.
red tape *n*	unbewegliche Bürokratie, "Papierkrieg"
restrain *v*	hemmen, hindern
retaliate *v* Several leading industrial nations agreed that they would retaliate against an Arab embargo of all oil exports to their countries by imposing immediate sanctions against Arab assets in their countries.	zurückschlagen, kontern, Gegenmaßnahmen ergreifen Mehrere führende Industrienationen waren sich einig, daß sie gegen ein arabisches Embargo aller Ölexporte in ihre Länder Gegenmaßnahmen ergreifen würden, indem sie unmittelbare Sanktionen gegen arabische Vermögenswerte in ihren Ländern verhängten.
embargo *n*	Embargo
sanctions *npl*	Sanktionen
rocket *v* The 1973-1974 Arab oil embargo caused gasoline prices to rocket upward in the US and Europe.	in die Höhe schnellen Das arabische Ölembargo von 1973/74 führte dazu, daß in den USA und Europa die Benzinpreise in die Höhe schnellten.
exchange control *n*	Devisenbewirtschaftung, Devisenkontrolle
gain a corner *v* Several large banking corporations quickly gained a corner on the fledgling financial services market in Singapore due to their experience in international banking and finance.	eine Vorrangstellung erwerben Aufgrund ihrer internationalen Bank- und Finanzerfahrung haben mehrere große Bankgesellschaften auf dem unerfahrenen Markt für Finanzdienstleistungen in Singapur sehr schnell eine Vorrangstellung erworben.
fledgling *adj*	unerfahren, grün
transfer pricing *n* Some international corporations use transfer pricing to establish the cost of goods and services supplied between the units of their multinational subsidiaries.	Transferpreissystem Einige internationale Unternehmen arbeiten mit Transferpreissystem, um die Kosten von Waren und Dienstleistungen zu ermitteln, die zwischen den Unternehmenseinheiten ihrer multinationalen Töchter bereitgestellt werden.

indigenous *adj* The EU's Common Agricultural Policy employs a system of price supports for indigenous farm products grown in member states.	einheimisch, heimisch Die gemeinsame Agrarpolitik der EU nutzt ein Preisstützungssystem für einheimische Agrarprodukte, die in Mitgliedstaaten angebaut wurden.

Entwicklungshilfe und Schuldendienst

development aid *n*	Entwicklungshilfe
target *v* The EC announced that it would no longer target economic aid for countries involved in terrorism.	vorsehen für, bestimmen für Die Europäische Gemeinschaft erklärte, sie werde für Länder, die etwas mit Terrorismus zu tun hätten, keine Wirtschaftshilfe mehr vorsehen.
small-scale *adj* The European Regional Development Fund has approved a loan to the Spanish government to help develop small-scale industrialization in the country's impoverished southern regions.	im kleinen Rahmen Der Europäische Regionalentwicklungsfonds hat ein Darlehen an die spanische Regierung bewilligt, das dazu verhelfen soll, in den verarmten südlichen Regionen des Landes eine Industrialisierung im kleinen Rahmen zu entwickeln.
industrialization *n*	Industrialisierung
impoverished *adj*	verarmt, verelendet
industrialize *v* The British government has applied for EU grants and loans to industrialize underdeveloped areas in Northern Ireland.	industrialisieren Die britische Regierung hat EU-Zuschüsse und Darlehen beantragt, um unterentwickelte Gebiete in Nordirland zu industrialisieren.
underdeveloped *adj*	unterentwickelt
developing *adj* The World Bank makes loans to developing countries that sometimes require that the country receiving the loan establishes certain economic policies.	in der Entwicklung begriffen, Entwicklungs- Die Weltbank vergibt Kredite an Entwicklungsländer, wobei manchmal die Auflage damit verbunden ist, daß das Kreditnehmerland eine bestimmte Wirtschaftspolitik betreibt.
poverty *n* They provide technical assistance and aid to countries with high poverty or to areas that have been stricken by famine, drought, war, etc.	Armut Sie gewähren technische und finanzielle Hilfe für Länder mit großer Armut oder für Gebiete, die von einer Hungersnot, einer Dürre, einem Krieg etc. heimgesucht wurden.
strike *v*	treffen; heimsuchen
famine *n*	Hungersnot
drought *n*	Dürre

relieve *v* The Nigerian government started negotiations with the IMF and the World Bank on measures to relieve the burden of its debt crisis.	erleichtern, entlasten Die nigerianische Regierung begann, mit dem Internationalen Währungsfonds und der Weltbank über Maßnahmen zur Erleichterung der Last ihrer Schuldenkrise zu verhandeln.
debt crisis *n* This debt crisis had been caused by debts that had accumulated among the country's foreign creditors.	Schuldenkrise Diese Schuldenkrise war dadurch entstanden, daß Schulden bei den ausländischen Kreditgebern des Landes aufgelaufen waren.
accumulate *v*	sich ansammeln, auflaufen, sich häufen
cancel *v* The World Bank agreed to cancel a part of the debt owed to it by the Peruvian government.	erlassen Die Weltbank stimmte zu, der Peruanischen Regierung einen Teil der Schulden bei ihr zu erlassen.
bilateral *adj*	bilateral
multilateral *adj* The Treaty of Rome was a multilateral agreement between six European countries to establish the European Economic Community.	multilateral Die Römischen Verträge waren ein multilaterales Abkommen zwischen sechs europäischen Ländern zur Gründung der Europäischen Wirtschaftsgemeinschaft.
reschedule *v* The World Bank agreed to reschedule the debts of two African nations after they announced that they would default on servicing their debt.	umschulden Die Weltbank stimmte einer Umschuldung der Schuldenlast zweier afrikanischer Staaten zu, nachdem sie erklärt hatten, daß sie ihren Schuldendienstverpflichtungen nicht nachkommen könnten.
service a debt *v*	Schuldendienst leisten
structural adjustment program(me) *n*	Strukturanpassungsprogramm
Special Drawing Rights (SDRs) *npl* Each member of the IMF has access to Special Drawing Rights which are valued on the basis of five major currencies.	Sonderziehungsrechte Jedes Mitglied des Internationalen Währungsfonds hat Zugang zu Sonderziehungsrechten, die auf der Grundlage von fünf wichtigen Währungen bewertet werden.
austerity *n*	Einschränkung; Sparmaßnahme
capital flight *n*	Kapitalflucht

syphon *v (GB)*; **siphon** *v (US)*
Latin American countries need to find a way of stopping the rich from syphoning capital out of the country and into Swiss bank accounts.

absaugen, umfüllen, abziehen
Die lateinamerikanischen Länder müssen einen Weg finden, die Reichen daran zu hindern, daß sie Kapital aus dem Land abziehen und auf Schweizer Bankkonten anlegen.

Internationale Wirtschafts- und Handelsinstitutionen

bloc *n*
Over 92 countries belong to the bloc of nations that support the General Agreement on Tariffs and Trade.

Block
Über 92 Länder gehören dem Staatenblock an, der das Allgemeine Zoll- und Handelsabkommen unterstützt.

General Agreement on Tariffs and Trade (GATT) *n*

Allgemeines Zoll- und Handelsabkommen

intellectual property *n*

geistiges Eigentum

piracy *n*
Piracy of intellectual property has become a major problem in the software industry.

Raubkopie; Piraterie
Raubkopien von geistigem Eigentum sind ein großes Problem in der Softwareindustrie.

Organization for Economic Cooperation and Development (OECD) *n*
Founded in 1961, the OECD, which is primarily made up of advanced industrialized nations, encourages economic growth and trade among its member states, publishes statistics and international economic data and coordinates the provision of economic aid to developing countries.

Organisation für wirtschaftliche Zusammenarbeit und Entwicklung
Die 1961 gegründete Organisation für wirtschaftliche Zusammenarbeit und Entwicklung, der hauptsächlich hochentwickelte Industrienationen angehören, fördert das wirtschaftliche Wachstum und den Handel zwischen ihren Mitgliedstaaten, veröffentlicht Statistiken und internationale Wirtschaftsdaten und koordiniert die Bereitstellung von Wirtschaftshilfe für Entwicklungsländer.

World Bank *n*; **International Bank for Reconstruction and Development** *n*

Weltbank, Internationale Bank für Wiederaufbau und Entwicklung

International Monetary Fund (IMF) *n*
The primary function of the IMF, which was set up in 1944, is to promote stability to the international exchange mechanism.

Internationaler Währungsfonds (IWF)
Die Hauptaufgabe des IWF, der 1944 gegründet wurde, ist es, die Stabilität des internationalen Wechselkursmechanismus zu fördern.

exchange mechanism *n*

Wechselkursmechanismus

industrialized nation *n*

Industrienation

developing country *n*; **less developed country** *n*

Entwicklungsland

Third World *n*	dritte Welt
non-aligned country *n* Many non-aligned countries which could not become a member of a free trade area such as NAFTA or the EU have formed their own trade and assistance organizations such as ASEAN.	blockfreier Staat Viele blockfreie Staaten, die keiner Freihandelszone wie beispielsweise der NAFTA oder der EU beitreten konnten, haben ihre eigenen Handels- und Hilfsorganisationen gebildet, beispielsweise die ASEAN.
World Trade Organization (WTO) *n* The World Trade Organization has replaced GATT.	Welthandelsorganisation Die Welthandelsorganisation ist an die Stelle des Allgemeinen Zoll- und Handelsabkommens getreten.
support agency *n* The International Finance Corporation and the International Development Association are support agencies of the World Bank.	Sonderorganisation Die International Finance Corporation und die International Development Association sind Sonderorganisationen der Weltbank.
trade-related intellectual property rights (TRIPs) *npl* South Korean manufacturers claimed that their PC clones did not violate trade-related intellectual property rights that apply to patents on hardware systems.	Rechte am geistigen Eigentum Südkoreanische Hersteller behaupteten, daß ihre geklonten PCs nicht die Rechte am geistigen Eigentum verletzten, die auf Patente für Hardwaresysteme anwendbar seien.
clone *n*	Klon
European Investment Bank (EIB) *n*	Europäische Investitionsbank
North American Free Trade Area (NAFTA) *n*	Nordamerikanische Freihandelszone *(Mitgliedstaaten: USA, Kanada, Mexiko)*
European Free Trade Area (EFTA) *n* The original members of EFTA were the Scandinavian countries, the UK, Austria, Portugal and Switzerland.	Europäische Freihandelszone Die ursprünglichen Mitglieder der Europäischen Freihandelszone waren die skandinavischen Länder, das Vereinigte Königreich, Österreich, Portugal und die Schweiz.
United Nations (UN) *npl*	Vereinte Nationen
African, Caribbean and Pacific (ACP) states *npl* The ACP states are basically the previous colonies of EU member states, and receive most of the development aid given by the EU.	afrikanische, karibische und pazifische Staaten Die AKP-Staaten sind im wesentlichen die früheren Kolonien der EU Mitgliedstaaten, und sie erhalten den größten Teil der Entwicklungshilfe, die von der EU vergeben wird.
Organization of Petroleum Exporting Countries (OPEC) *n*	Organisation der erdölexportierenden Länder

Pacific Rim *n* Over 130 financial institutions and 75 merchant banks have offices in Singapore, one of the Pacific Rim's major financial centers.	pazifische Anrainerstaaten Über 130 Finanzinstitutionen und 75 Merchant Banken haben Büros in Singapur, eines der wichtigsten Finanzzentren der Pazifikanrainer.
"four little tigers" *npl* South Korea, Singapore, Hong Kong and Taiwan, or the "four little tigers" of East Asia, have experienced rapid economic growth over the past 10 years.	die "vier kleinen Tiger" Südkorea, Singapur, Hongkong und Taiwan, oder die "vier kleinen Tiger" von Südostasien, haben während der letzten 10 Jahre ein schnelles Wirtschaftswachstum erlebt.
Newly Industrialized Country (NIC) *n* Singapore, Thailand and Mexico are examples of NICs.	Schwellenland Singapur, Thailand und Mexiko sind Beispiele für Schwellenländer.
Association of South East Asian Nations (ASEAN) *n* In 1967, Indonesia, Malaysia, the Philippines, Singapore and Thailand joined together to form ASEAN, with the aim of promoting mutual trade and assistance.	Vereinigung südostasiatischer Länder 1967 bildeten Indonesien, Malaysia, die Philippinen, Singapur und Thailand zusammen die Vereinigung südostasiatischer Staaten, mit dem Ziel der Förderung des gegenseitigen Handels und der gegenseitigen Unterstützung.

Europäische Gemeinschaft

European Economic Community (EEC) *n* The EEC was established in 1957 with the signing of the Treaty of Rome by France, West Germany, Italy, Belgium, the Netherlands and Luxembourg.	Europäische Wirtschaftsgemeinschaft Die Europäische Wirtschaftsgemeinschaft wurde 1957 mit der Unterzeichnung der Römischen Verträge durch Frankreich, die Bundesrepublik Deutschland, Italien, Belgien, die Niederlande und Luxemburg gegründet.
European Union (EU) *n*	Europäische Union
unanimous *adj* The EU Council of Ministers ratifies the admission of new member states to the European Union by a unanimous vote of all council members.	einstimmig Der EU-Ministerrat ratifiziert die Zulassung neuer Mitgliedstaaten zur EU durch eine einstimmige Abstimmung aller Ratsmitglieder.
ratify *v*	ratifizieren
qualified majority *n*	qualifizierte (Stimmen)mehrheit
customs union *n*	Zollunion

common external tariff *n*
A customs union will generally agree on common external tariffs to be levied against the imports of third countries that are not members of the customs union itself.

gemeinsamer Außenzolltarif (GZT)
Generell wird sich eine Zollunion auf gemeinsame Außenzolltarife einigen, die gegen Importe aus Drittländern, die nicht Mitglied der Zollunion sind, verhängt werden.

third country *n*

Drittland

movement certificate *n*
Bristol Paints Ltd has acquired movement certificates for most of its products, which show that their goods can be freely transported in the EU.

Waren(verkehrs)bescheinigung
Die Bristol Paints Ltd hat für die meisten ihrer Produkte Warenverkehrsbescheinigungen erworben, die besagen, daß ihre Waren in der EU frei transportiert werden dürfen.

Common Market *n*
One of the major intentions of the 1957 Treaty of Rome was to create a "Common Market" among EEC member states.

Gemeinsamer Markt
Eine der wichtigsten Intentionen der Römischen Verträge von 1957 war es, einen "Gemeinsamen Markt" zwischen den Mitgliedsländern der Europäischen Wirtschaftsgemeinschaft zu schaffen.

intra-community *adj*
Intra-community trade is expected to boom over the next five years.

innerhalb der Gemeinschaft
Es wird erwartet, daß der Binnenhandel der EU in den nächsten fünf Jahren stark zunimmt.

community-wide *adj*
National interests often slow down the introduction of community-wide policies.

EU-weit
Nationale Interessen verlangsamen oft die Einführung EU-weiter Politik.

ECU (European Currency Unit) *n*

ECU, Ecu (Europäische Währungseinheit)

How many marks are there in the ECU?

Wieviel D-Mark entspricht einem Ecu?

maldistribution *n*
The policy of harmonizing tariffs and taxes in the EU is designed to prevent the maldistribution of goods and services.

Fehlverteilung
Die Politik der Zolltarif- und Steuerharmonisierung in der EU zielt darauf ab, die Fehlverteilung von Waren und Dienstleistungen zu unterbinden.

target price *n*
French and Italian farmers complained that the EU had set a target price for grapes that was too low.

Richtpreis
Französische und italienische Bauern beklagten sich darüber, daß die EU einen zu niedrigen Richtpreis für Weintrauben festgesetzt hatte.

harmonize *v*
One of the aims of the EU is to harmonize rules and regulations.

harmonisieren
Ein Ziel der EU ist es, Regelungen und Verordnungen zu harmonisieren.

rule *n*

Regelung; Regel

harmonization *n* The process of harmonization within the EU requires mutual recognition of standards, practices, rules, etc.	Harmonisierung Der Harmonisierungsprozeß innerhalb der EU erfordert die gegenseitige Anerkennung von Normen, Praktiken, Regelungen, etc.
mutual recognition *n*	gegenseitige Anerkennung
intergovernmental *adj*	zwischenstaatlich, zwischen den Regierungen
Representatives from several EU member states and from ACP nations will be holding an intergovernmental conference in Paris next week.	Vertreter mehrerer EU-Mitgliedsländer und von AKP-Staaten werden nächste Woche eine zwischenstaatliche Konferenz in Paris abhalten.
duty-free allowance *n* Duty-free allowance increased when the Single Market came into effect.	Zollkontingent, Freimenge Mit dem Inkrafttreten des Binnenmarktes wurden die Freimengen erhöht.
Single Market *n*	Binnenmarkt
Treaties of Rome *npl*	Römische Verträge
EURATOM *n* EURATOM is the European Atomic Energy Commission, founded in 1957.	EURATOM EURATOM ist die 1957 gegründete europäische Atomenergiekommission.
European Parliament *n* The European Parliament, which is elected by the citizens of EU member states, is a forum for discussion of Commission proposals.	Europäisches Parlament Das Europäische Parlament, das von den Bürgern der EU-Mitgliedstaaten gewählt wird, ist ein Diskussionsforum für die Vorschläge der Kommission.
forum *n*	Forum
European Commission *n*	Europäische Kommission
European Council *n*	Europäischer Rat
EMU (European Monetary Union) *n* EMU is a goal of the Maastricht Treaty, which foresees the establishment of a European monetary union and the introduction of a single currency in the EU.	Europäische Währungsunion Die Europäische Währungsunion ist ein Ziel des Vertrages von Maastricht, der die Einrichtung einer Europäischen Währungsunion und die Einführung einer einheitlichen Währung in der EU vorsieht.
EMS (European Monetary System) *n*	Europäisches Währungssystem (EWS)
European Regional Development Fund (ERDF) *n*	Europäischer Fonds für regionale Entwicklung (EFRE)

SEA (Single European Act) *n*

Einheitliche Europäische Akte *(von 1986)*

The objective of the SEA was to remove obstacles to the free movement of goods, services, capital and persons between EU member states in order to create the Single Market by 1992.

Das Ziel der Einheitlichen Europäischen Akte war es, Hindernisse für den freien Waren-, Dienstleistungs-, Kapital- und Personenverkehr zwischen EU-Mitgliedstaaten abzuschaffen, um bis 1992 den gemeinsamen Binnenmarkt zu schaffen.

List of States and Capitals

STATE	ABBREVIATION	CAPITAL
Alabama	AL	Montgomery
Alaska	AK	Juneau
Arizona	AZ	Phoenix
Arkansas	AR	Little Rock
California	CA	Sacramento
Colorado	CO	Denver
Conneticut	CT	Hartford
Delaware	DE	Dover
Florida	FL	Tallahassee
Georgia	GA	Atlanta
Hawaii	HI	Honolulu
Idaho	ID	Boise
Illinois	IL	Springfield
Indiana	IN	Indianapolis
Iowa	IA	Des Moines
Kansas	KS	Topeka
Kentucky	KY	Frankfort
Louisiana	LA	Baton Rouge
Maine	ME	Augusta
Maryland	MD	Annapolis
Massachusetts	MA	Boston
Michigan	MI	Lansing
Minnesota	MN	St. Paul
Mississippi	MS	Jackson
Missouri	MO	Jefferson City
Montana	MT	Helena
Nebraska	NE	Lincoln
Nevada	NV	Carson City
New Hampshire	NH	Concord
New Jersey	NJ	Trenton
New Mexico	NM	Santa Fe
New York	NY	Albany
North Carolina	NC	Raleigh
North Dakota	ND	Bismarck
Ohio	OH	Columbus
Oklahoma	OK	Oklahoma City
Oregon	OR	Salem
Pennsylvania	PA	Harrisburg
Rhode Island	RI	Providence
South Carolina	SC	Columbia
South Dakota	SD	Pierre
Tennessee	TN	Nashville
Texas	TX	Austin
Utah	UT	Salt Lake City
Vermont	VT	Montpellier
Virginia	VA	Richmond
Washington	WA	Olympia
West Virginia	WV	Charleston
Wisconsin	WI	Madison
Wyoming	WY	Cheyenne

International Telephone Alphabets

ICAO PHONETIC ALPHABET * *Aviation and Radio*		BRITISH TELEPHONE ALPHABET		INTERNATIONAL SPELLING ANALOGY	
A	Alfa	**A**	Alfred	**A**	Amsterdam
B	Bravo	**B**	Benjamin	**B**	Baltimore
C	Charlie	**C**	Charles	**C**	Casablanca
D	Delta	**D**	David	**D**	Denmark
E	Echo	**E**	Edward	**E**	Edison
F	Foxtrot	**F**	Frederick	**F**	Florida
G	Golf	**G**	George	**G**	Gallipoli
H	Hotel	**H**	Harry	**H**	Havana
I	India	**I**	Isaac	**I**	Italy
J	Juliet	**J**	Jack	**J**	Jerusalem
K	Kilo	**K**	King	**K**	Kilogram
L	Lima	**L**	London	**L**	Liverpool
M	Mike	**M**	Mary	**M**	Madagaskar
N	November	**N**	Nellie	**N**	New York
O	Oscar	**O**	Oliver	**O**	Oslo
P	Papa	**P**	Peter	**P**	Paris
Q	Quebec	**Q**	Queen	**Q**	Quebec
R	Romeo	**R**	Robert	**R**	Roma
S	Sierra	**S**	Samuel	**S**	Santiago
T	Tango	**T**	Tommy	**T**	Tripoli
U	Uniform	**U**	Uncle	**U**	Upsala
V	Victor	**V**	Victor	**V**	Valencia
W	Whisky	**W**	William	**W**	Washington
X	X-ray	**X**	X-ray	**X**	Xantippe
Y	Yankee	**Y**	Yellow	**Y**	Yokohama
Z	Zulu	**Z**	Zebra	**Z**	Zürich

* International Civil Aviation Organisation

Measurements

LENGTH

12 inches = 1 foot; 3 feet = 1 yard; 220 yards = 1 furlong; 8 furlongs (*1760 yards*) = 1 (statute) mile

1 inch (in.)	2..54 cm		
1 foot (ft)	0.305 m	1 m	3.28 ft
1 yard	0.9144 m		
1 mile	1.61 km	1 km	0.621 miles

AREA

144 square inches = 1 square foot; 9 square feet = 1 square yard, 4840 square yards = 1 acre; 640 acres = 1 square mile

1 square inch	6.45 cm^2		
1 square foot (ft^2)	0.0929 m^2	1 m^2	10.76 ft^2
1 square yard	0.836 m^2		
1 acre	4047 m^2	1 km^2	2.471 x 10^2 acres
1 acre	0.405 ha.	1 hectare	2.471 acres
1 square mile	259 ha.		

VOLUME

1728 cubic inches = 1 cubic foot; 27 cubic feet = 1 cubic yard

1 cubic inch	16.4 cm^3		
1 cubic foot (ft^3)	0.0283 m^3	1 m^3	35.31 ft^3

CAPACITY

20 fluid ounces (*US 16 fluid ounces*) = 1 pint; 2 pints = 1 quart; 4 quarts (*8 pints*) = 1 gallon

1 pint (*GB*)	0.568 litres		
1 pint (*US dry*)	0.550 litres		
1 pint (*US liquid*)	0.473 litres		
1 gallon (*GB*)	4.55 litres	1 l	0.220 gall. (*GB*)
1 gallon (*US liquid*)	3.785 litres	1 l	0.264 gal. (*US*)

How economical is that car?
Petrol (gasoline) consumption is measured in miles per gallon (mpg).
To convert litres per 100 km into mpg (*GB*): divide **282.6** by the number of litres per 100 km.
Example: 7 litres/100 km = 282.6 : 7 = 40.37 mpg.
To convert mpg (*GB*) into litres/100 km, divide 282.6 by mpg.
Example: 30 mpg = 282.6 : 30 = 9.42 litres/100 km.
For mpg (*US*) substitute **235** for 282.6.

MASS

16 ounces = 1 pound; 14 pounds = 1 stone; 8 stones = 1 hundredweight;
20 hundredweight = 1 long ton (*2,240 pounds*); 1 short ton = 2,000 pounds;

1 ounce	28.35 grams		
1 pound (lb)	0.454 kg	1 kilogram	2.204 lbs
1 stone	6.35 kg		
1 hundredweight (cwt)	50.8 kg		
1 long ton	1.016 metric tonnes	1 tonne	0.984 (long) tons
1 short ton	0.907 metric tonnes		

SHIPPING

1 ton of shipping = 40 cubic feet (*1.1327 m^3*)
1 register ton of shipping = 100 cubic feet (*2.8317 m^3*)

DENSITY

1 pound per cubic foot (lb/ft^3)	16.02 kg/m^3
1 kilo per cubic metre	0.0624 lb/ft^3

VELOCITY

1 foot per second (ft/s)	0.305 m/s	1 metre per second	3.28 ft/s
		1 kilometre per hour	0.911 ft/s
1 mile per hour (mph)	1.61 km/h	1 km/h	0.621 mph

FORCE *(Mass x acceleration)*

1 lbf	4.45 N	1 Newton	0.225 lbf

PRESSURE *(force per unit area)*

1 lbf/ft^2	47.5 N/m^2	1 N/m^2 (1 Pascal)	0.0207 lbf/ft^2

ENERGY *(heat equivalent)*

1 British thermal unit (Btu)	1.055 kJ	1 Kilojoule	0.938 Btu

POWER

1 horsepower (hp)	0.746 kW	1 Kilowatt	1.34 hp

TEMPERATURE *(Fahrenheit)*

Water boils at 212°F (= 100°C) and freezes at 32°F (= 0°C).
Normal body temperature is approx. 98.6°F.

To convert Fahrenheit into Celsius (Centigrade): subtract 32, multiply by 5, divide by 9.
Example: 98.6°F - 32 = 66.6; 66.6 x 5 = 333; 333 : 9 = 37°C.
To convert Centigrade into Fahrenheit: multiply by 9, divide by 5, add 32.
Example: 37.0°C x 9 = 333; 333 : 5 = 66.6; 66.6 + 32 = 98.6°F.

Register

Alle im Grundwortschatz enthaltenen Wörter erscheinen als **halbfette Stichwörter**, alle Aufbauwortschatz-Einträge in normaler Schrift.

A

B

C

D

E

F

G

I

M

O

P

S

T

U

V

W

Y

Z